# 大树小虫

TIME WARP

池莉
CHI LI
著

江苏凤凰文艺出版社
JIANGSU PHOENIX LITERATURE AND ART PUBLISHING, LTD

**图书在版编目（CIP）数据**

大树小虫 / 池莉著. — 南京：江苏凤凰文艺出版社，2019.5

ISBN 978-7-5594-3131-8

Ⅰ. ①大… Ⅱ. ①池… Ⅲ. ①长篇小说－中国－当代 Ⅳ. ①I247.5

中国版本图书馆 CIP 数据核字(2018)第 293735 号

书　　名　大树小虫

著　　者　池　莉
责任编辑　黄小初　孙　茜
监　　制　毛闽峰　李　娜
出版发行　江苏凤凰文艺出版社
出版社地址　南京市中央路 165 号，邮编：210009
出版社网址　http://www.jswenyi.com
印　　刷　三河市鑫金马印装有限公司
开　　本　718×1000 毫米　1/16
印　　张　27.25
字　　数　400 千字
版　　次　2019 年 5 月第 1 版　2019 年 5 月第 1 次印刷
标准书号　ISBN 978-7-5594-3131-8
定　　价　55.00 元

一只盲目的甲虫在弯曲的树枝表面爬动，它没有注意到自己爬过的轨迹其实是弯曲的，而我很幸运地注意到了。

——爱因斯坦(1879—1955)

1915 年，爱因斯坦向世界宣布了他惊人的观点：时空弯曲，即广义相对论。多年以后，当爱因斯坦的小儿子爱德华问父亲因为什么如此有名，爱因斯坦为爱德华形象地解释了广义相对论，如上所说。

# 目录　Contents

第二章

## 故事
## 只是
## 男女主角2015年度实施造人计划始末

第一章

# 人物表
# 以及
# 人物表情的关键表述

没有爱情的婚姻是不道德的。

——恩格斯(1820—1895)

大地上的罪行，
怎么可以原谅?
我参与了其中一些，
另一些我躲在一旁围观。

——巴西诗人　卡洛斯·安德拉德(1902—1987)

# 1. 俞思语

## 人物介绍

俞思语，昵称：思思，1987年4月29日出生。2015年年头，故事发生当年，27足岁，28虚岁。

钟鑫涛的老婆。钟永胜、高红夫妇的儿媳妇。俞亚洲、任菲菲的女儿。俞爷爷、俞奶奶的孙女。格瑞丝的闺蜜。

## 人物表情的关键表述

全中国“只生一个好”时期出生的80后。

武汉市严格执行计划生育国策后的第一代独生子女。

父母工作忙、两地分居，由爷爷奶奶带大的女孩子。

身高160公分，体重63.33公斤。略显胖。肤较白。腮有婴儿肥。长发披肩、着高腰长裙、清纯高冷又飘逸的公主款型。

肺功能特别弱。经常需要深呼吸。深呼吸当刻智商为零。

他人对她印象与评价：憨人有憨福。

俞思语足月出生。分娩之前医院找了熟人，不料还是呛到羊水吸入胎粪，出生时没了呼吸，窒息十分钟，住进重症监护室。都以为她不行了，傍晚她却有了自主呼吸。次日又发烧、呕吐、四肢僵硬、哭声拉直，医生下了病危通知。俞家紧急求救亲朋好友。熟人帮忙拿到市立儿童医院住院床位，即刻转院。转院途中，俞思语自动觉醒，眼珠子转动，二便通了。入院治疗 18 天。

从那时起直至今天，俞思语支气管与肺，都相当脆弱，只要伤风感冒，必久咳不愈，有时还会咳血，粉红色带泡沫痰那种，多年查无因，中西医皆难治愈，对空气要求高，易气短，常需深呼吸。

肉体影响灵魂。成年俞思语依然好哭，口齿笨，易犯迷糊，经常花很长时间琢磨很简单的表面现象。一般表现是温厚慢性子。是多听少说。是既憨又乖。因此不招人恨，人缘关系不错。偶尔也会偏激爆发，翻脸不认人，口出狂言，多是对她父母。

俞思语接受教育很早。母腹六个月启动胎教。胎教专业课程有英语、音乐、唐诗宋词配乐朗诵，以及九九乘法口诀表的配乐朗诵。

三岁上武汉铁路局局机关汉口幼儿园——在全国铁路系统都很有名的重点幼儿园。所有业余时间，均被送进兴趣班、技巧班、世纪英才早教培优班。六岁就上小学，比同龄人早一年站在人生起跑线上。俞家爷爷奶奶都是铁路系统离退休干部，找熟人，进铁一小。中学铁一中，都是重点学校。校址在汉口从前的江岸机务段一带，接壤“日租界”的尾巴，人们戏称“铁租界”。铁中体育还很厉害，训练出不少短跑名将。可惜俞思语讨厌体育运动，只喜欢窝在沙发里看电视。这是很宝贵的一点时光。俞思语只能在规定的时间内看规定的动画片和少数神话故事或电视剧：《米老鼠与唐老鸭》《樱桃小丸子》《蜡笔小新》《千与千寻》《新白娘子传奇》《西游记》。中小学一共 12 年，课外各种培优班坚持不懈。俞奶奶俞爷爷姑姑伯伯全家上阵轮流接送。俞父俞母工作实在太忙就使劲出钱。花钱如流水。课外重点补习奥数、写作、英语和才艺，电子琴初中毕业时停掉，高中全力冲刺高考。

高考主要靠数学拿分。数学考试俞思语不慎当堂睡着，只因连续多天熬夜，突击做那些据说是高考试卷中抓分的题，实在实在太困，且这一天突然来了大姨妈。女孩子大姨妈一来，又困又乏，生理现象，自己有什么办法？结果分数只到二本线。最多也只能上江汉大学，一所省管本市高校。

18 岁时俞思语初涉世态炎凉：父母两种脸色很难看。在家里满脸愠怒，对外满脸堆笑，与人交谈十分豁达：“管它二本三本呢，我们和别的父母不一样，只要女儿健康快乐就好，从不看重大学牌子。”俞思语垂下眼皮，只听不语，强忍哽咽，深夜痛哭好多场，感冒咳嗽，咳粉红色泡沫痰，深夜多次起床，跑到阳台外面深呼吸。俞奶奶俞爷爷看在眼里，疼在心头，佯装没看见。

惊喜来了：华师大的录取通知书来了！211 全国重点大学！

俞思语有强大的父母！俞思语自小没和父母一起生活，一直亲近不起来，尤其不喜欢妈妈。没关系，关键时刻父母还是会为自己孩子好。俞亚洲、任菲菲夫妇都是事业型人，咬定青山不放松，坚信事在人为。高考录取是相当严格，但事在人为。就看你有没有人。他们有人，还不止有一个人，层层都有人，人还很给力，道路曲折前途光明，一番折腾，运气不错，他们的女儿俞思语，硬是给折腾进了华师大。那么他们女儿这辈子的起点，就高起来了。全家说出去都好听，面子总算给挽回了。俞思语一惊喜，感冒好了，咳嗽也好了。

俞思语摇身一变，变成了全国重点高校的女大学生。何况华师大美女如云，在武汉七十多所大学中有口皆碑。这个口碑俞思语特别喜欢。一拿到录取通知书，她三天就把大学四年想清楚了。三天里俞思语和奶奶爷爷说呀说呀说个不停。好好学习！多学知识！做一个对社会有用的人！积极要求入党——

啊！入党？入党是什么东东？思思年纪太轻了，爷爷不跟思思多说，说思思也不懂，总而言之爷爷对思思只有一个要求：大学务必加入光荣伟大正确的共产党。俞奶奶补充，言简意赅：在校入党，以后工作比别人好找很多！哦——俞思语懂了。那就入呗！入党说好了，然后奶奶对思思只有一个要求：大四必须开始物色男朋友！“男怕入错行，女怕嫁错郎”的老话绝对没错！是的，奶奶一点没错，“干得好不如嫁得好”，现在网上就有流行语。OK，学习好入党好对象好身体好——祖孙三人笑嘻嘻一起伸出手指做个“耶！”——俞思语笑死了好开心，她的奶奶爷爷和她在一起一直都像小孩子。他们一起好开心。

俞思语知道了，小结一下，四年大学，三件事：一、变美女；二、钓金龟；三、“捞党票”。

俞爷爷俞奶奶毕竟是老党员老干部老头子老婆子。俞思语毕竟是80后小女生。俞思语最要紧的是变美。变到最美，变到比其他女大学生都美才解恨。穿一身松垮邋遢校服、苦着一张缺乏睡眠的素脸女中学生，俞思语做够了再也不要了！没完没了的作业、没完没了的考试、大堆大堆无用的课堂知识噩梦一样看不到尽头，漫漫长夜终于熬过来了！据网上攻略，大学新生第一次进校的形象，决定了他的整个格局。特别是女大学生，同学们对她的第一印象，也就是她的终身形象。俞思语急不可耐要变美。来来来要进重点大学了长辈们的祝贺不要空口说，赶紧给红包。拿红包，买衣服。

俞思语启用秘密武器：格瑞丝！俞思语好幸运，女高中生结交了一个闺蜜是女大学生，还是在法国读大学，感觉够牛。俞思语的邮箱终于开始有那种纯粹私人通信了。俞思语写信这样子称呼：“Dear Grace”，格瑞丝回信这样子称呼：“My Dear 思思”。哦天啦，就是这种秘密私人通信。爷爷奶奶父母班主任全都不知道。那是去年暑假，格瑞丝来武汉旅行，一见俞思语就喜欢，俞思语一见格瑞丝也喜欢，她俩成了双方有话说不完还不可以让别人听见的那种闺蜜，可不是女高中生之间简单浅薄、幼稚可笑又互相欺瞒、绝不泄露解题诀窍的所谓死党。认识以后，她俩电邮频繁，交往密切。俞思语的每一封去信，格瑞丝必定热情回复，从无落空，丝毫不嫌俞思语低幼。“面临人生最重要的历史时刻，Dear Grace，小妹妹我急需你的倾囊相授。”——从小背诵唐诗宋词又考上全国重点大学的文科，俞思语在与格瑞丝的通信中总算物尽其用了，她会尽可能地使用成语，语气尽可能成熟，字词句尽可能才高八斗感觉。变美必须靠格瑞丝。格瑞丝受的是巴黎熏陶。世界上还有哪里比巴黎更时尚的呢?

My Dear 思思，前信已经祝贺你考上全国重点大学，现在我要祝贺你长成一个 18 岁的大姑娘了，的确是时候脱胎换骨，从一个黄毛丫头变成风情万种的窈窕淑女。格瑞丝很快就回信。果然倾囊相授，知心姐姐那样，按照俞思语的身材、气质、性格特点，提供了一个变成风情万种窈窕淑女的具体设想：上装短下装长高跟鞋，这是最适合你的基调和主旋律。短夹克、束身衬衣——注意，素色！切切，颜色搭配图片见附件。长裙——注意高腰并及踝！素色束身衬衣外面可搭配小马甲，注意，黑色！你信不信五五开身材立刻变三七开!

信了！不信格瑞丝不行！俞思语直奔建设大道新世界百货，武汉最高级的品牌店。买买买试试试，直到商场打烊。VIP 客服和服装导购小妹深情送客，帮俞思语将大包小包购物袋往出租车后备厢塞。俞思语提着长裙，穿着高跟鞋，一步步走下夜幕中的台阶，广告灯箱闪烁，恍若走秀场。VIP 客服和服装导购小妹一阵惊呼：太漂亮了！太淑女了！真的不敢不说真话：硬是换了一个人啊!

不信不行，俞思语的确换了一个人。她自己最恨的粗腿不见了，细腰显现了，即便个头不算高，三七开的黄金比例也让身材变得窈窕修长。人靠衣裳马靠鞍，这古老谚语等同于今天的科学数据，你不能不信。那一身松垮邋遢的女高中生校服，直接就丢试衣间了。马尾辫的橡皮筋，也直接丢试衣间了。非常讨厌的高中班主任，一个八婆，整个高中三年，就没停嘴地要求俞思语剪掉马尾辫，高考哪能顾头发?！你看看班级前三名的女同学哪个不是短发得抢时间啊！从此拜拜！高中所有一切都与校服一起丢试衣间了。

更有连 VIP 客服和服装导购小妹都不知道的秘密塑身技巧，估计中国女人就没几个知道，或者想到。也是格瑞丝的倾囊相授：My Dear 思思，我还要悄悄告诉你一个女人的秘密。你用的那种高中女生捆绑式文胸，是时候换掉了。也切忌上来就戴那种又厚又硬海绵胸罩。胸罩一定要品牌的，不可超市买大众——胸罩是塑造坚挺结实乳房最关键的用品！名牌、薄型、罩杯尺寸——注意，附带垫片的，必要时候会需要垫片，参考图片见附件。My Dear 思思，秘密在这里——怎样戴胸罩！没人教过你对吧？是这样戴的：胸罩戴上以后，弯腰 90 度或接近这个角度，用手，从乳房下面往上，轻柔推送；再从腋窝，将乳房，往罩杯中心，轻柔推送。你知道吗？这些地方都是副乳，只要你每天戴胸罩都坚持不懈将副乳推送到乳房中心，久而久之，你的美胸会更美，乳房会更坚挺。这也是一种自我按摩，乳房保健，越早开始越好，值得坚持一辈子。哦说远了你才 18 岁，准备好了吗？打扮好了吗？要走进华师大校园了吗？记得多拍些图片发给我哦。爱你的格瑞丝。

俞思语准备好了，打扮好了，高跟鞋穿一段时间也会稳稳当当走路了。她长发披肩、高腰长裙，清纯，高冷，又飘逸，走进了武昌桂子山的华师大。校园里桂花馨香氤氲，令俞思语心旷神怡，深深呼吸那么富氧空气，即便咳嗽也轻浅。

心旷神怡、款款而行的女大学生俞思语，其家世背景已经在师生们中间不胫而走。她爷奶厉害了，都是革命老干部；父亲厉害了，大学教授、博士，还有官衔；母亲更厉害了，武汉市的百灵鸟！就是那个发明说“早安武汉”“晚安武汉”的女播音员，前几年一下爆红成了名人。尽管俞思语很讨厌同学问她妈是谁，但她妈必然被交织在她的家世背景里，成为俞思语的一个光环，伴随着俞思语在华师大款款而行，与她的穿衣风格相得益彰，令她备受瞩目，这种感觉还真不错。比起那些农村来的同学，感觉好太多。

俞思语 18 岁的青葱人生，她的人生表情，果然就变到了青葱的直白和水嫩。

青葱水嫩的小女生人人喜欢，再加上俞思语口齿笨笨，说话会脸红，总是愿意更多地倾听老师同学说话。倾听的时候，说话者们都发现，俞思语的眼睛会逐渐睁大，露出见了世面的好奇，露出随波逐流的温和与宽厚，眼睛眨呀眨的，连双眼皮的皮，都亮得直冒胶原蛋白。俞思语积极要求入党，也就比爷爷奶奶预计的，还要顺利。

俞思语的入党，令俞亚洲、任菲菲对女儿刮目相看。或许女儿并没有那么傻。或许新生儿时候的窒息十分钟，脑缺氧并没有造成脑细胞永久性损伤。他们更高兴女儿的主动要求进步，在校已经成为光荣的共产党员，为她大学毕业以后的就业问题，创造了良好条件：俞亚洲夫妇还是认为，一个女孩子，身体从小又不是很好，又不像别的女孩子那样争强好胜，更适合在本市上班，坐坐办公室、看看文案、待遇较好、薪水不错。这种比较稳定的大国企岗位，还是找得到的，只要有人。当然，俞亚洲夫妇不会告诉女儿。家里谁都不会告诉。这种事情，越少人知道越好。俞思语对父母的运筹帷幄一点没察觉，一点不知道，只知道他们一如既往地架子大，忙得很，还不是一般忙。俞思语也懒得理睬父母，她在靠自己努力和打拼。

21 岁的俞思语，在入党宣誓时候的人生表情，就是很严肃很庄重的打拼表情。面对鲜红的党旗，拳头握得很紧，目光灼灼。台下大学生成千上万，大多数都是希望能够入党而没入上的。 俞思语是在真打拼。她做了不少好人好事，帮扶了好几个贫困山区的同学。平时一贯善于团结同学。高冷是高冷的外表，心肠还是蛮火热的，也舍得花钱，捐款活动都参加。

变成美女了。党票也有了。只剩下钓金龟，很不顺利。各方面条件匹配的男生，没有找到。没有找到，俞思语也还是积极努力了。不亲吻众多青蛙，你怎么知道其中哪个是王子？

差不多大一以后，俞思语就开始了异性交往。男女交往太难了。女生总是弱者，交往就有危险，万一被那个了，破身与怀孕，都是万劫不复的深渊。奶奶总以为读到大四再说。真等到了大四，哪里还有什么优质资源？奶奶也还是一句老话管总：一定要守身如玉。他们老人习惯性思维都是提标语口号，缺乏守身的具体操作方式。女生们都没有什么经验，撞到一出是一出。谢天谢地，俞思语有格瑞丝姐姐。格瑞丝针对具体个案，给俞思语支的招，往往可以出奇制胜。异性交往是这样子的：亲一下子，可以。抱一下子，也可以。情人节巧克力和玫瑰花，可以。生日礼物给惊喜，可以可以。圣诞节的烛光晚餐，敞开心扉了解对方，多多益善。但是，仅此而已。谁想要约开房，或约到校外出租屋搞周末派对，对不起，俞思语得毫不犹豫拉下脸，坚决拒绝。如果对方还扯，俞思语应该直接义正词严地说："现在大学生出的乱子还少吗？各个高校的八卦还少吗？有在校外租屋，被扫黄打非捂了的。有出租屋开周末派对，被举报聚众淫乱警察捂了的。大家喝多了闹嗨了一屋子胡乱睡倒，就可能涉嫌群奸群宿。这可都是犯罪。这个脸，你可以不要，我丢不起。这个一辈子的污点，你可以不在乎，我绝对在乎。"这段话要说熟，背会，牢记在心，可以在不同对象那里反复使用。其实只要女生当机立断，义正词严，把信息明确直接地传递给对方，一般男生都不敢鲁莽行事了。女生出事，都出在犹犹豫豫、含含糊糊、半推半就，抱侥幸心理，以为就是好玩而已。

现在好多男生特别脆弱，不是妈宝就是巨婴，也没有处理男女交往的能力，又自卑偏激，心理畸形，表白一旦被拒，要死要活的，跳楼投水的，在女生宿舍楼下摆巨型心形蜡烛，彻夜嘶喊"I love you"的，拿水果刀架女生脖子上歇斯底里要求"要么赔钱要么同归于尽"的，搞不好就出人命。格瑞丝教导说：这样子的男生须直接了断。俞思语可以这么拒绝：地点选在校园大道，人来人往，巡逻保安也很多。天气选择风和日丽的，千万别稀里糊涂不看天气碰到一个月黑风高夜。一起走着走着，俞思语渐渐沉默下来。怀抱书本的俞思语要突然开口，眼睛要直视对方，嘴唇抖动楚楚可怜，一旦捕捉到了对方眼神，必须逮住不放，把自己乌云密布的眼睛里头深深的忧伤与绝望，灌注给对方。这一下子，男生就预感不妙了，他的心理准备也就本能地跟上来了。这个时候，难以启齿的俞思语，就要不失时机地，一个字一个字地，把话说出口，仿佛每一个字，都是一只紧张胆怯、急于逃命的小兔子。

俞思语：咱俩分手吧。

男生：怎么啦？这就要分手？

俞思语：你自己做了什么你自己不知道吗?

男生：我做什么啦?你说呀!你说呀!

冷场几秒……

紧张胆怯、急于逃命的小兔子一个个蹦出口腔：你上课从来都不记笔记的!

男生：啊?!!!

效果很好。一般都不出意料：一种类型男生，悻悻然，讪讪然，当场逃窜，永不回头；另一种类型男生，当场凝固，变成一个大惑不解的惊恐石像。俞思语则赶紧垂下眼帘，快步离开现场。

格瑞丝启发俞思语：就当演电视剧，台词就是烂剧那种。

俞思语喜悦地"嗯"了一声。俞思语喜悦是因为她一看电邮，就知道这个台本太好了!不需要演，这就是俞思语本色。如果说"义正词严"那种台词还有点难度，还需要一点死记硬背功夫的话，这种无逻辑、无常理的随口戏说，正是俞思语的生活常态。萌萌哒。同学们和俞思语自己，管这叫作"萌"态。萌萌哒，小可爱。因此俞思语不遭人恨，人缘不错，入党也顺利。分手也顺利。

俞思语的分手理由，在男生中广泛流传，被说成"女学霸的世界咱永远不懂"。然后男生们就哈哈怪笑。成群结伙的怪笑特别富有集体主义力量，专治被拒或被分手男生的受不了。这样的分手，没什么值得难受也就没有什么尴尬的了。

遗憾也就在这里：大学四年直至毕业，俞思语既没有钓到金龟也没有遇上王子。现在的校园恋情，说到底还是不靠谱，都还是太年轻、没生活经验，也都不知道彼此将来的发展，也就是调剂一下单调无聊的大学生活而已，只要安全不出事就好啦。

难得俞思语，二十出头，小小年纪就有如此定力，也不存在什么伤心不伤心，反正年纪还小，前面有大把时间和机会。四年来俞思语都不怎么感冒咳嗽了，脸色看着亮起来，再化一点淡妆就接近光彩照人了。大学四年过得飞快。

俞思语一路摇曳着她优美绝伦的长发，长裙飘飘，给同学留下了深刻的公主印象。这也就是俞思语作为女大学生的人生表情了。

2009 年毕业季，22 岁的俞思语顺利大学毕业。顺利入职上班。入职本市最大的一家省属文化集团公司，利润丰厚、经营广泛，是一家连房地产都做的大型国企，董事长是俞亚洲的大学校友，高俞亚洲两届，他们一直有着多种合作；同时也是百灵鸟任菲菲的崇拜者，自称任菲菲的铁粉。俞思语去应聘时，董事长亲自接见，把人力资源部主任召到董事长办公室，给他介绍俞思语："你看这小丫头，党员啊！大学就入了党！可了不得！这么年轻就已经具备了党员的先进性，又是全国重点大学毕业，正是我们公司最需要的人才啊！"

——果然党员更好找工作。

俞思语自然就坐进了高级写字楼里的办公室，冬有暖气夏有空调，日不晒雨不淋，做的是案头编辑工作，看看策划部、项目部草拟的文案，理顺一下语句和修改一下错别字，月薪大几千，五险一金。同学们都太羡慕俞思语了，私下都充满了嫉妒，揶揄她"你爸爸是谁"？这年头还是有个好爸爸最牢靠啊。俞思语觉得很委屈，她爸爸仅仅只是给这个公司介绍了一下她，而已，谁叫你们都不是党员？人家公司党员队伍青黄不接，正迫切需要党的新鲜血液。最年轻的党员，又专业对口，又家在本市无需公司租房，当然是择优聘用啦。俞思语对工作舒适、待遇优厚没有多大感觉，社会上有的是更舒适更优厚的公司。俞思语本人最有感觉也最在乎的，就是上班本身。

踏上社会，看到各种各样的文化创意，结识更多熟人和新朋友，布置和参加各种峰会年会和跨界活动，公司领导出去谈项目跟在后面，做笔记，随领导出入高级餐厅包房，见识各种高档菜肴，听各行业大佬们侃侃而谈大长见识，象征性吃一点，矜持微笑，不会喝酒喝一小口就两腮泛起桃红——领导和贵宾都怜惜她都愿意替她代酒——小俞这么漂亮的头发估计是蛮爱护的，估计是怕酒精伤发质的——上班本身，感觉真的很好。终于换了一个不是学校的学习空间。比在学校学到更多东西。终于，俞思语的一头秀发，赢得了所有人的注目和赞叹。无论何时何地，这是俞思语私心里最在乎的一点。俞思语知道，她最大的优势，最大的与众不同，最靓丽的闪光点，就在于她的头发。

俞思语长发及腰。及腰！其长度一年四季都保持在 70 公分左右，一般女生发长都四五十公分，最多 60 公分左右，保持时间大都一年半载，嫌麻烦，就会换发型。俞思语坚持不腻不换。除了罕见长度之外，俞思语发量之浓密茂盛，色泽之乌黑油亮，质感之丝光水滑，都令人叹为观止。全凭这头秀发，俞思语在大街上的回头率，高到爆表。还有人回头多次。特别是中老年男人，看到她就呆了，两片嘴唇就傻傻张开，脚步随她移动，几乎要搞跟踪。

每个人都会用自以为是的最大优势，来面对世界。俞思语最大的优势，就是她的头发。

武汉的豪华地段，有那么几幢高层全玻璃幕墙写字楼，女文员川流不息出入。她们整体最大优势是年轻时尚。俞思语正是其中之一。而俞思语所拥有的这一头及腰长发，使得她在大群大群的女文员中，就像金子在沙子中一样醒目耀眼。

人类头发无疑是当代的重大悲剧之一。头发在当下遭遇了太多劫难：假冒伪劣化学制剂普遍使用，饮食饮水农残重金属严重超标，大病小病滥用抗生素，皮炎、皮癣、寻常疣之类皮肤病经由星罗棋布的美发店在头皮发根广泛传播。头发在“文革”结束之后新时期开始，获得了彻底解放，人们可以不拘任何发型地自由理发。 新时代一茬一茬年轻人，越来越习惯进美发店，被人伺候是一种太容易习惯的习惯。美发店里各种发型时尚杂志上，平面模特们流光溢彩，一页页在你手里翻来翻去让你心痒难熬，忽然就厌倦了现在发型，加上贴心伺候的发型师，总是认为你最适合换新款。便用劣质化学制剂或假冒优质实质还是劣质的烫卷了拉直，拉直了烫卷，染红了洗白，洗白了染黄，挑染了全染，全染了再换半截染。如此反复折腾，几十年以后的结果就是：川流不息出入全玻璃幕墙高级写字楼的女文员，她们的头发，比起她们前辈年轻的时候，显然要稀疏萎黄、干涩枯燥得多。所谓时尚，也全靠化学制剂摩丝发胶之类做出发型来。虚假外形掩盖不了事实真相，真相就是发质严重受损。随处可见的早生白发、即将秃头的些许发丝，悲剧感无法掩饰。 唯有俞思语幸免于难。唯有俞思语是当代头发的喜剧。

工间休息，女文员们会下楼透口气，在地下车库的地面花园活动活动肢体。那种树木花草永远长不大的盆景式小花园，专门给女文员们提供一种环境错觉，让她们感觉自己工作在一个优美绿化环境里，实质上这些浅根花草树木的制氧能力十分微弱。好在年轻时尚女文员的脑力还想不到什么实质上或非实质上，人人都还是很愉快。俞思语肯定要下楼，每次都，风雨无阻。俞思语需要深呼吸，更需要展示她的头发。

楼宇四周围正街背街都是人，男女老少，熙来攘往。走过路过的许多人，会喜欢瞟上几眼小花园的女文员。这样一种瞟，很容易激发女文员的青春感和高档感。看与被看，是大都市繁华地段活跃又无声的社交活动。被看就是价值。俞思语太喜欢被看了。因为俞思语的一头秀发如此惊人，她的被看率远远超过其他女文员。那一瞥目光，简直等于民意投票，俞思语心里头立刻就会冒出激动的小兔子，快活地蹦蹦跳跳。俞思语的手指，就会不由自主，再一次地去梳理与撩动她的长发，再一次地轻轻晃动脑袋，让那浓密乌黑、油光水滑的长发瀑布，形成一道道妩媚的波浪。妙不可言！

俞思语真心觉得：工作是美丽的。上班的延伸价值就是被看。加班加点和出差她都十分乐意，一点不累。出差让俞思语视野得到极大拓展，北京上海广州深圳南京合肥，还有成都，俞思语走遍神州无敌手，还真没有碰到过比她头发更好的女孩。俞思语长发及腰，人见人爱，人见人夸，更有无数人惊叹着向她取经，这是怎么保养的啊？入职一年以后，俞思语就升职为部门副主管，党小组组长，负责收党费。

俞思语职场的人生表情，活生生就是她小时候喜欢念叨的那句雀巢咖啡广告词：雀巢咖啡，味道好极了！

上班工作，味道好极了！

2010 年的春节小长假，俞思语获得“最成功女生”称号。

年假里，俞思语参加了一次盛大同学聚会。是从幼儿园到大学的同学们首次相聚。到场五十多个同学，评一评，比一比，综合指数居然没有任何人比得上俞思语。评比项目是工作单位、职场待遇、岗位是否高尚且稳定舒适，再加上着装打扮品位以及发型发质——头发总是为俞思语加分。俞思语实力雄厚，高居榜首。从前班里那些前三名，考上了985最牛大学的，现在一到社会上统统都进不了前十。最牛大学的两个最聪明女生，一起去上洗手间，躲在那里，满脸不屑，相视一笑，说只俞思语憨人有憨福嘛。

俞思语似乎就是有憨福——被老人带大，不懂时尚衣着，她却有个Dear Grace！而且格瑞丝现在就在武汉了！无需电邮，可以随时随地为俞思语设计造型！俞思语没到场时，同学们纷纷打赌俞思语今天装扮肯定还是走公主路线，清汤挂面长发，短衣长裙，清纯依旧。结果俞思语一进门，小伙伴都惊呆了。俞思语同学今天牛仔石磨蓝连体工装裤，裤管直筒带微喇，遮住了脚踩的恨天高皮靴后跟，仿佛她腿天生就无比修长，上身是超短休闲羊毛开衫，只扣一颗扣子，辫一条粗大麻花辫垂到臀部。“哈罗大家好——”小伙伴们瞬间眼睛发直。比例，还是比例！穿什么都必须提升腰际线！黄金比例就是维多利亚的秘密！而小伙伴们，才二十来岁的女生们，普遍都随大街流行风，别人穿什么我穿什么，普遍都以为模特身上的挂样好看就我穿也好看。而俞思语，凭的是巴黎来的格瑞丝。轰动了。众同学玩起青春疯狂、装疯卖傻、将卖酒美女挂的绶带“借”来，写上“最成功女生”，斜挂在俞思语身上，还纷纷求留手机号码，希望保持联系，将来有好事记得与老同学分享哦。

雀巢咖啡，味道好极了！俞思语也很随和，破例喝酒，高举啤酒杯，胳膊伸出老远，和四面八方都碰杯碰杯碰杯。这就是传说中的人生狂喜吧？是的，狂喜！女生的狂喜！俞思语初尝狂喜滋味。可怜那些穿错的丑逼傻逼都懵成了什么样子啊！俞思语狂喜的程度，似乎应该没有什么可以扫她兴的了，除非最扫兴的——很不幸偏巧就是撞上了最扫兴场面。

该餐厅是一巨大迷宫般建筑，俞思语从洗手间出来走错了方向，一推门进了一个豪华私密包房的送菜间。送菜间朝包房开着一个小窗口，挂着伪装成风景画的小卷帘。俞思语发现走错，就要退出，纯粹因为手贱，拉起了一点帘子。天啦！就这一瞅，就这一眼，瞥见一男一女在共进烛光晚餐，宝石红葡萄酒装在高脚水晶杯里，端在男女手上，男人正面朝向俞思语，是永远都把自己头发染得黢黑的他们公司董事长。女的背面朝她，微侧，任菲菲！她的妈！这就是说：俞思语那号称武汉百灵鸟的明星妈妈，和别的男人在外面烛光晚宴喝葡萄酒，单独！单独！单独！别的男人！不是她爸爸！这个女人太不要脸了！送菜小妹进来，差点撞上俞思语。俞思语黑着脸，粗暴推开对方，抢身跑了出去。

跑出去碰到一个洗手间，俞思语赶紧拐进去，把自己关在隔间，一屁股坐马桶上，让时间修复心灵创伤。时间果然是一剂良药，很快就完成了修复。反正俞思语以后有她妈好看的！不能够让小伙伴久等！对着镜子，仔细补妆。化妆也全凭格瑞丝传授技巧，以前，天啦，那叫什么化妆？眼睛涂得像大熊猫，脸蛋涂得像猴子屁股。在聚精会神补妆之后，时间已经过去了好几分钟，悲愤基本淡化，俞思语恢复了正常。今天谁都无法扫她兴！

喝多了。迷路了。又找到了宴会大厅。进门笑成一朵花。再喝。谁有香烟要不也试试？跺脚。捶桌子。起哄。喝啤酒。学抽烟。咳嗽。把脑袋伸出窗外深呼吸几口。再笑闹。嚎叫。呕吐。放肆玩一把。

这次盛大的同学聚会，不比不知道，一比吓一跳，俞思语在人生道路上已经遥遥领先了，不由得她不产生成就感。

俞思语的自我定位，一下子就提升到了一个前所未有的新高度。

俞思语在这个新高度的人生表情，就是满满的自信。尽管粗腿似乎更粗了一点，体重就算不吃饭光喝水都下不来，婴儿肥的减膘速度实在缓慢，不知要等到哪一天才瘦成锥子脸，但，这些旁枝末节的事一律都扫不了俞思语的兴。睡一觉，第二天照样兴高采烈。

成就感让人自信。自信带来光彩。光彩又带来成就感。俞思语进入良性循环。时间很快就到了 2010 年春天，俞思语参加了一个特色饭局，与钟鑫涛一见钟情。

这个特色饭局的特色是：作为成功人士的父母晒他们的成功子女。换句话说——中产阶级联谊会；通俗地说——成功人士的子女们认识一下呗。俞亚洲听到一笑，说扯淡，他工作忙得要死，那天要去北京出差开会，才没闲工夫去这种无聊饭局，还要带女儿一起，俞思语哪里会愿意跟父母去吃饭？开玩笑！任菲菲也忙得要死，也没有时间应酬有钱人的无聊饭局。她那天还有重要的直播采访，她也没法去，更别说带女儿了。俞思语会愿意跟父母一起去吃饭？想都不要想！

发起饭局的东道主不依不饶。电话不停打，话很多：父母这辈人总算比较成功了，但年纪不饶人，转眼都奔五了，不敢相信都快五十岁了！是时候让子女们互相认识认识，成为朋友，形成自己圈子。中国社会别的都不说，人脉关系最重要是不是？再说主要是他女儿大学毕业了，是出国留学读硕，还是留在国内发展？大家一起吃个饭，帮忙参谋参谋，好久不见很想念。关键在于，东道主是武汉首富。首富邀饭局谁不给面子谁自己就是很没有味口的人。俞亚洲、任菲菲表面都客客气气满口答应：你饭局总是最高档的享受，不参加是人生一大遗憾，必须的必须的！

说好了？说好了！临了，带俞思语参加饭局的家长，却还是俞爷爷俞奶奶。大家都说可以理解，大领导和名人的确是太忙了，二位老人能到场规格更高哈哈哈。俞爷爷俞奶奶也的确很特殊，他们实际上直接就是俞思语的家长，历来的学校家长会也都是他们出席。而俞爷爷俞奶奶参加，俞思语才会随他们参加，俞思语随不随父母还真难说。俞思语脑子嫩，想不了事，答应什么也快，不答应什么也快。跟父母去，绝对不！陪爷爷奶奶去吃个饭，好嘞！让爷爷奶奶作为家长炫耀一下自豪一下，好嘞！认识一下富翁的子女们，好嘞！既然还有首富的女儿盛装出席，那么俞思语就最操心自己穿什么了。别担心，有格瑞丝。格瑞丝和保罗也是饭局特邀嘉宾。他们这一对人儿正在武汉走红。保罗西装礼服一穿，黑领结一戴，花白头发往脑后一梳，比起中国人穿西服，更像那么回事。西服还就是洋人的正装。东道主特别高兴，能够请到法国贵宾，太有面子了。

地点是汉口西北湖广场的好世纪大酒店，提供武汉市最豪华最昂贵的海鲜大餐。格瑞丝和保罗接上俞爷爷俞奶奶，他们一行先到。

格瑞丝致电俞思语——这是俞思语人生最重要的一通电话——听起来与日常无异，还有点好玩，有点游戏感——格瑞丝这么说：思思！思思你到了不要上楼！包房人都在抽烟，空气很糟，你先在湖边坐坐、走走，呼吸呼吸新鲜空气。等人到齐，快上菜了，我会叫你。或者我发信息给你，你一定一定，思思，一定要听我的。等等，思思，听我说完，最重要的主角总是最后一个出场，今天你这身时装秀，可是我的呕心沥血之作，咱们一定要闪亮登场，力压群芳！首富女儿名字就叫谢群芳，说好了啊！

俞思语听电话听得直发笑，连说好的好的好的。五个家庭，五个子女，两男三女，就三个女生还力压群芳呢。好吧。那就力压群芳！俞思语正是臭美妞阶段，自信得不行，可乐意晒自己了。包房有人抽烟，那确实是俞思语最怕的，搞不好咳嗽起来半途退场，那就太扫兴了。仲春的西北湖，桃红柳绿湖水荡漾，空气甜丝丝的，的确更适合俞思语。

其实，宴会厅包房里，五个家庭除了俞思语还在路上，其他每家三口都到了。大家互相介绍相见甚欢，以前不认识的马上都认识了。本市成功人士们就算以前没见面，报纸电视新闻上也都早见过了。大家早就是朋友了。五对家长加上特邀嘉宾格瑞丝和保罗一起喝茶嗑瓜子热情聊天。两男两女四子女，被家长介绍互相认识以后又互相不认识了，都各自一边玩手机。首富女儿谢群芳的穿着打扮高贵非凡，主打世界顶级奢侈品牌爱马仕，全身衣裙撞色艳丽。艳丽女生对钟鑫涛有点意思，主动过来攀谈。钟鑫涛也是盛装出席，一身杰尼亚，亦庄亦谐风格的那种西装，刚刚流行的布鲁克林发型，顶发耸老高，皮鞋有内增高功能，这样子原本偏胖不够高的钟鑫涛，也就比平常高大英俊很多很多。钟鑫涛不喜欢牙齿地包天的女生。谢群芳问三句，钟鑫涛答一句。家长们假装没看，却都看在眼里，都在观察之中。钟鑫涛母亲高红见状暗喜，与老公钟永胜对了对眼：他们家不缺钱。女生家是不是首富不重要，重要的是女生本人，地包天肯定不合适。钟家虽不是表面首富，也算实质豪门。他们家的儿媳妇必须先过他们父母这一关。儿子的终身大事，父母不把关，年轻人自己晓得个屁。

服务生再一次来请示：先生，可以上菜了吗？人数一点，就差一个女生，俞思语。俞奶奶赶紧向各位道歉：来了，人来了，主要我们家思思还是个小女孩不懂应酬，又喜欢大自然，春天花都开了，在湖边贪玩呢。这就叫她。

格瑞丝赶紧打俞思语手机，通了，没接。肯定又静音了，又陶醉于鸟语花香了，不知道怎么大学就入党了的！家长们都笑了。也吃惊，小丫头，大学就入党，觉悟得好早，我们家这个，大学就知道玩。高红说话了：看这里，钟鑫涛，我们家傻儿子——过来过来近一点，让叔叔阿姨看看，也是一个大学入党的同学。哇，五个重点大学毕业的大学生，就有两个党员，比例不小啊！我党后继有人啊！家长们笑成一片。

那么，关键时刻到了：党员，先进分子，吃苦在前，享受在后，钟鑫涛同学，你下楼去叫一下那个女党员吧，叫什么来着——俞思语。对，俞思语。是俞厅长和百灵鸟的女儿。哇！“早安武汉”的百灵鸟——名气有时候比金钱耀眼。

当然。钟鑫涛当然会去。钟鑫涛转身下楼去叫人。西北湖是市中心的一个天然湖，西北湖广场就在好世纪楼下。西北湖畔的俞思语，已经收到格瑞丝信息：背对餐馆散步，有人来叫你！俞思语一看又傻笑，就格瑞丝最好玩了，搞得好好玩！好吧本小姐就散起步来——西北湖饱含绮丽湖光水色，由岸边丝丝垂柳掩映的小径，向来者钟鑫涛，缓缓地、隆重地，推出了俞思语的背影。背影是一袭无袖高掐腰的黑色连衣裙，黑亮的高跟漆皮鞋，亭亭玉立的背影衬托出的是最最最炫的——黑亮丰沛的及腰长发，及腰！

钟鑫涛当然见过长发，可没见过这么长的长发。现在全公司和满大街，好多女生留长发，但与俞思语的这部长发一比，其他人的都是杂草。本来女生的长发是男生最软的软肋，何况俞思语这一头前所未见的美发。俞思语吗——这四个字本是钟鑫涛心里所想却不由自主嘴里已经抖抖发出了声。

嗯——俞思语一时间不能够确定谁在叫她，徐徐地一个回眸，探看，于是美丽的及腰长发随之摇曳生姿。俞思语一眼就看到了钟鑫涛，天啦，怎么从港台青春偶像剧里走出来了一个男生？俞思语的心顿时怦怦直跳，白嫩的脸上闪现一抹绯红，她笑不露齿，十分羞涩，只朝钟鑫涛点了个头。

你是——？

我，钟鑫涛。

游戏成真。原来生活就是游戏，游戏就是生活。西北湖边，忽然就走出来了两个青春偶像，偶像剧现实真人版，一男一女，少男少女。至关重要的是：这对妙龄男女是被他们自己发现的！激起了他们同样的共鸣：突然好想好想谈恋爱！少女俞思语顿时天翻地覆，头晕目眩；少男钟鑫涛症状更明显，脸涨得通红，口干舌躁，也是顷刻间天翻地覆头晕目眩的样子。钟鑫涛一连咽了好几口清涎，才得以再次发出声音来：吃饭了。

一见钟情，瞬间发生并成定局。网上正开始流行的青春台词，恰好就是“待我长发及腰，少年娶我可好”，火上浇油，俞思语钟鑫涛也是醉了。人世间就有这样的才子佳人故事，以前有过，现在也有，就看你们运气好不好。俞思语运气太好了！钟鑫涛与她既门当户对，又情趣相投，又都会说一口武汉本地话及一口武汉普通话，一点都没有可笑的地县以及乡下口音，又都喜欢留在武汉别的城市都不想去，又都酷爱热干面，又性格互补：俞思语少言寡语、善于倾听，钟鑫涛滔滔不绝，最需要听众。约会开始。处对象了。处对象，奔何方？俞思语可不是一个随便、轻浮的女生。俞思语家教可严了。俞思语被钟鑫涛约出来的第一个夜晚，十点以后家里就来接人了。以后俞思语的伯伯、姑姑，偶尔也有爸爸，会轮流接她回家，夜里绝对不过十点，婚前绝对不允许同居。处对象俞思语只奔婚姻。俞思语可以坦率地告诉钟鑫涛：她身体的第一次，只想献给神圣的洞房花烛夜。俞思语的较真与守身如玉叫钟鑫涛好生喜欢和佩服，他父母和他要找的就是这样的女孩子。现在女生太容易上床了，说处对象就同居。难得俞思语、钟鑫涛都是认真负责且有强烈道德感的青年，难怪两人都是党员。他俩都高度认同“不以结婚为目的的谈恋爱就是耍流氓”这句网络流行的道德格言。谁说现在年轻人不讲道德？

俞思语当然不知道，或许永远也不会知道：她和钟鑫涛更重要、更实质的婚姻要素，早在几个月之前就由双方家长交流和确认过了——高红夫妇确保儿子有生育能力，当然他们不会傻到说钟鑫涛已经搞大过女生的肚子，只说做过专项检查。俞奶奶老两口确保他们孙女是处女，至于生育，身体这方面的机能十分健康，相信如果决定结婚，婚检可以证明这一点。两个孩子又都这么年轻，正是血气方刚的时候，一般来说，只要结婚了，一碰就怀。

双方家长一致同意：当今社会太乱，大量外来人口拥入城市，年轻人素质差别很大，家庭贫富悬殊严重，物质女生太多，当然也不少物质男生，并且物质家长也很多，子女年轻不懂事非常容易上当受骗，所以，缔结一桩美满的婚姻，实在是家长们一项最艰巨的任务和工程。从几大公园相亲广场的相亲资料来看，优质相亲资源十分稀缺，既然钟俞两家都进行了广泛的考察，最终能够碰到一起也是天大的缘分。更难能可贵的是，碰到了还能够说到一起，最后还能够成功地为孩子们打造出来他们自己一见钟情自由恋爱。怎么说呢？真是老天有眼，菩萨保佑，该是钟俞两家前世都是好人，都做了好事，后代才得到好报。

一无所知的俞思语，满心欢愉，太自豪了，自己太厉害了！不仅一见钟情，还有二见满意。钟鑫涛是中国地质大学研究生毕业——地大也是 211 大学——就职于中国矿业公司湖北分公司，前途无量的航母型大国企。钟家父母共同经营着武汉市的一家老牌私企，属于挖到第一桶金先富起来的那拨成功人士，房产多套，小车多辆，家底丰厚。俞思语是睁着眼睛找老公的，刻意就要优质工科男。这是俞思语和奶奶爷爷一起早就议论过的。俞思语自己学文科，也吻过文科青蛙，不成。文科男小气又花心，是会搞一点浪漫和小惊喜，但人花、家穷、多疑、心胸狭窄，她才不要嫁这样子的。钟鑫涛正是优质工科男，眼神清澈，毫无杂质，透着单纯，透着可爱，城里人，家境好，手面大，性格阳光，有话就说，咧嘴就笑。要说美中不足，就是微胖、微矮、微强势。但是俞奶奶说了，人要有自知之明。俞思语自己不也微胖吗？世界上没有十全十美的事物。何况他俩是一见钟情啊！那天的西北湖，两个人就是天造的一对、地设的一双，这是俞思语一辈子最美好的记忆。

俞思语钟鑫涛以结婚为目的处对象八个月。双方以及双方家长都十分满意。领取结婚证前，俞思语很配合地接受了格外认真细致的婚检，包括生殖系统和女性激素检查，好像别人都不做那么多项目。俞思语任劳任怨地做了，钟鑫涛出差不在场，说是他的婚检已经做过了，有检查单钟鑫涛母亲高红全程陪同俞思语。未来婆婆对未来媳妇很好，无微不至，检查结束后带俞思语去武汉天地最昂贵的餐厅吃饭，不停表态："爱吃什么随便点！"

俞思语顺便叫上了格瑞丝。格瑞丝和保罗在武汉开了一家"保罗木梳品酒屋"，就在武汉天地。高红也就顺着俞思语意思，一起吃一起吃，有朋友一起吃热闹，免得长辈在场小辈吃不自在。格瑞丝笑盈盈接话：噢，看来婆媳已经是朋友了，真好！这一说，俞思语也就慢慢有了一点朋友感觉。高红大吃大喝，德国瓶装啤酒直接吹，嫌倒进杯子跑气还多一次污染，餐馆玻璃杯未必就干净？俞思语笑，点头同意，拘谨就没有了。高红也不再问俞思语这呀那呀，只管自己大说大笑，讲很多她年轻时候当警察的笑话。在高红去上洗手间的时候，格瑞丝对俞思语说，看吧你这个婆婆人不错吧，是那种心直口快胸无城府的女人，好相处，婆媳关系不难——话音未落，俞思语"啊呀"一声惨叫，背后有人狠扯了她几根头发——"婆媳关系不难处的结论别下早了，现在就可以下结论的是：姑嫂关系最难处！"

钟鑫涛的妹妹钟欣婷出现了。钟鑫涛有个妹妹，这是俞思语万万想不到的，计划生育国策下每对夫妻不就一个孩子吗？俞思语大惑不解。哦，格瑞丝认出来钟鑫涛的妹妹了。这次钟欣婷又换了更短的发型，挑染了几缕粉蓝。钟欣婷却甚是反感格瑞丝：你认出我了？我怎么没认出你？你谁呀？人家婆媳吃饭，婆婆有心考察媳妇，你八婆跑来掺和？有你什么事？俞思语不知道说什么好，这也太不礼貌了。她歉意又难过地看看格瑞丝，格瑞丝倒是宽宏大量摆摆手，一点不计较，反而用微笑安慰俞思语。

在校大学生钟欣婷和她一个同学一起，两个小女生勾肩搭背，一副玩世不恭的样子。钟欣婷扯断俞思语几根头发，还让同学帮她拍了照。钟欣婷把手机在俞思语眼前晃了晃，乐得哈哈笑。照片里的俞思语是惨叫回头、龇牙咧嘴的丑态怒颜。立此存照，钟欣婷说，以纪念姑嫂历史性见面。俞思语哭笑不得，完全哑口无言。

高红从洗手间过来，远远发现了女儿钟欣婷，立刻发火，大声叫喊：钟欣婷！你又搞什么鬼？现在还没你事呢，没让你出场呢，到时候自然会介绍你的。就你八婆，到处掺和！谁让你来的？

钟欣婷丝毫不在乎她母亲：喂喂，注意一点，公众场合，降低音量，别制造噪音！你们能来这家餐馆吃饭，我凭什么就不能来？既然来了，发现了俞思语同学——是叫这个名字吧？不过来打个招呼，也太不礼貌了吧？因为我预感到我哥这次能成，那么这位长发版丰满型芭比娃娃，和我就是姑嫂关系了。

高红给女儿的回答就四个字：吃你饭去！

俞思语僵在那里，一个字都说不出来，心里有委屈，脑子里却一片空白，眼眶也在泛红。高红见状心下窃喜，她要的就是这种老实媳妇。高红马上表态：思思啊，婷婷这个丫头，脾气坏得很。没办法，属于意外怀孕，发现已经月份大了，我身体不好做不了引产，否则哪有她在这里成天找我茬？不是冤家不聚头，我就硬是生了一个小冤家。格瑞丝今天在很好，以后有格瑞丝作证。我永远站在你这边，以后凡事都绝对支持你。思思你只管放心！我这人说话算话的！警察出身的人，绝无戏言。

格瑞丝逗俞思语：笑一笑。

俞思语不好意思地笑了。回头想起来还是委屈，钟欣婷太霸道了。私下俞思语问钟鑫涛，你怎么都没说过你有个妹妹？钟鑫涛的回答是：以前不是还没有领证确定关系吗？还不是一家人，我啰嗦家里私事做什么。

钟鑫涛显然比俞思语能说会道。俞思语眨巴眨巴眼睛，觉得钟鑫涛说得也是。小事一桩，也就过去了。

随后拍了全套婚纱照。婚纱照漂亮得一塌糊涂。在江滩拍照的时候俞思语就无比快乐，因为眼看着秒杀很多走过路过的丑逼苦逼。照片出来的效果好到连俞思语都不敢认自己：绝对超过任何一个电影明星。俞思语留下了她这一辈子最美好的形象。太满足了。

更满足的还在后面：婆家把他们家最好的房子给俞思语钟鑫涛了。这可是此前俞思语可望而不可即的房子，武汉市最高档楼盘最高档社区，汉口江边金观澜公馆第二十八层的四室两厅，天啦！婆家特别尊重本市习俗，聘礼，新媳妇见面礼，婚礼新嫁娘整套首饰五金一钻，妥妥地都给俞思语戴上，天啦！俞思语的娘家，父母被倒逼得没退路，又有爷爷奶奶的严格要求儿子媳妇，坚决维护思思的利益，临了俞亚洲、任菲菲给出的嫁妆惊吓到了俞思语，吓得她甚至认为父母还是非常爱她的。新房全套寝具厨房用具家电，一律顶尖名牌，能够原装进口绝不妥协成国产的。陪嫁一辆新车，是俞思语渴望已久的德国宝马，天啦！这一切的一切，都是俞思语使劲做梦都梦不到的。

2011 年 2 月 19 日，数字隐喻是“爱要久”，又是黄道吉日，俞思语钟鑫涛举行了盛大婚礼。俞思语穿金戴银香车宝马隆重出嫁。

23 岁俞思语出嫁的人生表情，没有语言可以描述。只有她的一群伴娘，都是同学同事朋友，羡慕得再三要哭，又怕妆花了，一个个捂住嘴巴鼻子，只眼睛红红的水亮水亮，小心谨慎地把泪水往肚子里吞了又吞。俞思语的人生太成功了!

顺风顺水，好运又带来好运。

婚礼进行过程中，到新娘新郎敬酒阶段，俞思语生平第一次把感恩父母的话，当众说出了口——这是俞奶奶的硬性要求，无非是想说明他们老人带大的小孩子，也是非常有教养、有孝心，懂得尊重和感恩父母的。说实话俞思语也被丰厚的嫁妆感动了一把。还因为新郎钟鑫涛每到一桌都敬酒感恩，感恩的话开口就来，很是流畅。俞思语伴在钟鑫涛身边，经过了最初的惊诧和不适后，很快就发现钟鑫涛是对的，接着就跟着学，很快也就克服了畏难情绪，也能够开口感恩了。

俞思语在给自己父母敬酒的时候，说了这么一句：“女儿今天的幸福与辉煌，都是父母无私奉献、辛勤付出、特别注重教育的结果。爸爸妈妈辛苦了！”

俞亚洲、任菲菲夫妇大为震惊，高兴得不行，面部笑肌哭肌一起抽搐，却不知该作何反应才是。俞亚洲突然使劲鼓起掌来。任菲菲立刻跟上。他们夫妇这一带头鼓掌，全场受到感染，立刻跟着掌声如雷。

新郎新娘敬酒到了俞爷爷俞奶奶这里。俞思语看着奶奶，俞奶奶看着亲孙女，往事历历涌上心头，都激动得不能自已。俞思语一下子扑进了奶奶怀中，俞奶奶紧紧搂住孙女。俞思语终于绷不住了，不管妆会不会花，呜呜大哭起来。俞奶奶也流下了喜悦的泪水。俞思语膝盖一软，往下一出溜，跪在奶奶面前了，祖孙俩再一次紧紧搂抱，又哭又笑，真情触发，感人肺腑。婚礼主持人也激动了，赶紧临时加台词，麦克忽然过分洪亮地响起来：“哇，跪了跪了！孝女啊孝女啊！中华民族传统美德啊！必须掌声鼓励—— 一、二、三——”婚礼大厅再一次掌声如雷，经久不息，好多老人抹起了眼泪。

2011 年 5 月 13 日，母亲节，俞思语突然收到了参加一个表彰大会的邀请。俞思语他们公司所在的街道办事处，把俞思语评为了本街道办事处“孝老爱亲”道德模范。戴鲜花、走红地毯、登领奖台。公司临街的大门上拉了横幅祝贺。公司一位副总经理亲自送俞思语去参会领奖，全程陪护。

这就是中国老话说的“好运来了门板都挡不住”。2011 年年底，在公司的全年工作总结业绩表彰大会上，俞思语再次受到嘉奖，被评为全公司的“年度中华美德传承脊梁”，公司临街的大门上也再次拉了大红横幅，以示祝贺。

这个时候俞思语的人生表情，就与央视主持人的表情很接近了。他们部门的同事认为她最接近倪萍——年轻时候的倪萍。也有人说接近朱军，只不过有男版女版的区别。

俞思语的人生道路，差点走上主流仕途。荣誉接踵而至，大学就入党的年轻党员，太有培养潜力了。俞思语被邀请出席报告会，演讲她的孝道事迹，记者拍照，媒体报道。俞思语兴奋到傻，她从来没有想到自己也会有登台做报告的这一天。

受宠若惊、倍感荣幸的俞思语花了很多时间做准备，到了现场还是讲成了这样一个故事。故事大意是：俞思语从小体弱多病，三岁以前不长头发，头皮寸草不生，四处求医无果。是俞奶奶用剃头刀、牛角篦子、小磨麻油坚持为俞思语刮头皮、篦头皮，小磨麻油涂抹按摩头皮，三年如一日。奇迹出现，就在俞思语六岁那年，突然生出了乌黑油亮的头发，且越来越茂盛浓密。如今她头发的柔韧度强到不可思议，会令剪刀在她发丝上打滑——一般讲到这里，听众都会“啊”的一声，目光都落在俞思语的长发上，惊讶不已。然后俞思语会沿着头发的思路讲下去：俞奶奶如何二十年如一日地坚持给她熬炼皂角液洗头，俞思语只用自家的天然洗发液。她自己又是如何用科学方式中和平衡皂角液的酸碱度，如何坚持自己洗头吹头保养头发而不去美发店，如何坚持不烟不酒不胡吃海喝。一般讲偏题了，主持人会递条子提醒时间到了。然而，提醒也来不及了，最后现场互动，听众提问，问的都是头发。

主办方就找俞思语谈话了。主办方谈话的方式，当面总归以表扬和肯定为主，最后才说一点遗憾和不足。俞思语虚心地频频点头，但实际上并没明白过来。思想政治工作的套路俞思语完全不懂，她不知道最后说的“一点遗憾和不足”，才是问题的实质，正是她的致命缺点。俞思语还满心欢喜，以为自己获得了高度评价，下一次再到百步亭社区做报告，故事还是老版本，还是偏题到头发上。

百步亭社区是全国文明社区示范点，还是全国和谐社区示范点，还是全国文化先进社区，还是荣获“中国人居环境范例奖”的唯一社区，这个社区干部群众的政治意识和演讲水平，那不是一般的高。俞思语也就在百步亭遭遇了她人生的滑铁卢，最终未能入选全国道德模范巡回演讲团，政治方面的荣誉和提升走势也就戛然而止。

所谓青春无敌，也就是无敌在无知无畏。俞思语丝毫没有因此产生受挫感。她无所谓。她以为这个活动就是正常结束了，而事实上这种活动是永远不会结束的，假如她有点眼力，就有可能走向全国。根据医学，新生儿大脑缺氧三分钟，即可造成脑细胞的不可逆损伤，而俞思语窒息了十分钟，当然谁也不知道俞思语眼头不亮是不是与这一点有关。机遇与人的关系，就是这么说不清。俞思语也并不真心喜欢演讲。她本身就不喜欢说话，话说多了她累，伤元气，咳嗽。俞思语照样每天快乐上班，在工作中逮住机会大秀美发。人民群众也更热衷于传奇和神迹，俞思语头发的故事被广泛传诵，口口相传到居然不断有人寻到公司来问偏方，皂角液怎么提炼？在哪里搞到皂角？公司也就趁机造人气、拉客源，让俞思语给客户做护发讲座。及腰长发是俞思语身上一道最为靓丽的风景线，是她的宝贝，是她的命根子。头发成了俞思语的护身符。

2011 年 7 月：婚后连续五个月，俞思语未能受孕。

家人都偷瞟俞思语腹部，尤其是抱孙心切的婆婆高红。钟欣婷倒是格外快乐，每周从学校回家几次，在家里蹦蹦跳跳，对哥哥嫂嫂热嘲冷讽幸灾乐祸。俞思语的人生表情开始尴尬。

2011 年 8 月：不管媳妇俞思语是否尴尬，高红开始忍不住老着脸询问她床上细节。俞思语低头不语，就是低头不语，手指不停地绕着发梢。再问就哭了。高红急得没办法。高红当然是已经问过儿子多少遍了。钟鑫涛每次回答一模一样：床上正常，那事有做，也没避孕。高红找了俞奶奶，也找了任菲菲。俞奶奶和任菲菲的态度是：急什么？五个月不怀孕的多的是，不要把孩子们搞紧张了，放松才更容易怀。俞家父母嫌高红有点过分。高红对钟永胜说：我怎么过分？我们一个独儿子，我们花这么多钱买一只不下蛋的母鸡？！

看病去！趁早看病！俞思语不情愿去医院。她婚检结果都在，才检查了几个月，生理指标各项都正常，凭什么又叫她去医院？医院病人多得吓死人，又乱又挤又到处排队，空气里都是病菌，待一个小时就咳得要命，各种检查一大堆，B 超憋尿憋得难受死了，不去！俞思语向俞奶奶哭诉。俞奶奶投诉给任菲菲。任菲菲作为母亲出面，打电话责备高红。高红使劲忍耐，好言相求，任菲菲只说不要这么急嘛，再等等看嘛，他们还年轻得很嘛。妈逼官太太口气，大口大嘴的！高红回头就骂。亲家翻脸。这边高红照样催逼媳妇去看病。俞思语说这段时间公司好忙，不方便请假——高红一听就是借口。劈面直接对媳妇说：在我面前你还想说假话找借口！你是公司的啥？你那工作不就是闲玩？不就是人家董事长巴结你父母的？公司无非是掏钱养一条人脉关系，你还以为自己重要到不方便请假？

俞思语脸白了，哭。抽泣变大哭。晚上找钟鑫涛哭诉。

钟鑫涛也没有办法。被俞思语哭到心烦，只好陪她一起去。小两口被高红、钟永胜像押犯人似的押到医院，再押到另一家医院，再换一家更厉害的三甲医院。

俞思语这个时候的人生表情，就是一受尽委屈、忍气吞声的小媳妇了。

俞家家长也都知道这个状况，也都想翻脸，可是翻脸也没有好处。女孩子嫁出去了，变成已婚妇女了，生活在别人家，总不至于把“离婚”说出口吧？离婚总归女方吃亏——一黄花姑娘又回不来了！

结果还是医院最公平：钟鑫涛有病。钟鑫涛上次根本就没婚检，只因他让女生怀过孕，高红压根儿想不到问题在自己儿子身上。好在也不是什么大毛病。钟鑫涛严重包茎并重度炎症，传染给俞思语，造成严重宫颈炎加上阴道炎。精子在半路上都被杀死了。只是这种严重包茎，小时候就应该手术切掉包皮的。问题是高红不知道儿子严重包茎。钟永胜被高红责备的时候也说他也不知道。钟鑫涛小时候都是阿姨李雨青帮洗澡。李雨青现在还在钟家做事，受到责备，李雨青说她怎么就应该知道呢？她这辈子只生了一个女儿，她就从来不知道啥叫包茎。那么钟鑫涛自己呢？钟鑫涛自己也根本不知道，学校和教科书又没有教过。俞思语更是一无所知，她一个处女嫁过来的。俞思语还是包茎最大的受害者，白带发黄，恶臭，奇痒，她只能默默忍受，自己偷偷在药店买药水洗洗。网上说这是大多数已婚妇女的普遍毛病。俞思语以为普遍毛病就不是毛病，只是结婚的副作用。

高红赶紧说算了算了多说无聊。回头去香港购物，带回一只最新款香奈儿包包送给了俞思语。俞思语好喜欢这款包包，内地没有，公司同事都没有，真是令人非常愉快。

炎症好治，很简单：钟鑫涛切包皮并做抗炎治疗。俞思语激光抗炎加口服药片。过了两个月，俞思语突然发现怀孕了。

俞思语喜极而泣。悲剧加上时间就是喜剧。

2011 年 10 月：俞思语早孕期间驾车上班，塞车途中，烦躁不安，动胎见红，全家一致决定，让她赶紧辞职回家，全程保胎。

此时俞思语的人生表情，就是一保胎孕妇了。走路怕踩死蚂蚁。树叶掉下来怕碰了肚子。高度注意天气冷热。千万不能感冒。感冒了也不能吃药以免副作用伤害胎儿。孕妇营养要全面，网查再网查，淘了各种原装进口食品、营养品堆在家里。高红再三要求俞思语剪掉头发，说孕妇没有不剪短发的道理。唯独头发，俞思语万万不能从命。不过为了自己腹中胎儿，俞思语还是拿出了最大的牺牲精神，把七十公分左右及腰长发修剪成五十公分的披肩长发，再短不可能！就连修剪的时候，俞思语一直就是泪眼婆娑的。钟鑫涛给他妈使劲使眼色。高红只好罢了，儿子都这怂样，娶了媳妇忘了娘。高红还不是为了媳妇肚子里的胎儿好，又不是为高红自己，真是的！

高红作为婆婆是个长辈，被丈夫钟永胜不断敲打提醒，说话要温和一点，脾气要大人大量一点，媳妇孕期是一个特殊阶段，在这阶段，全家一定要有共识，求大同存小异，多宠孕妇一点，孕妇开心一点才对胎儿更好。俞家这边，主要是俞奶奶在密切关注。俞亚洲夫妇基本不理不睬。为五个月不孕就可以翻脸，就吵上门，他们认为这种亲家不靠谱。俞奶奶一直叮嘱思思要懂得满足，不要斤斤计较，要知道婆媳关系、姑嫂关系自古以来都是最难处的关系，你们现在处成这样，能够每天一个锅里吃饭，已经算是很不错了。思思要相信奶奶。平心而论，婆家能够提供的条件和照顾，可以说好到不能再好了，要知足，知足常乐，对胎儿最好。钟俞两家，只因有着同一个伟大梦想和宏伟目标，就算偶尔有一点小小的口舌之争，也都能够很快化解。反正，总之，俞思语怀着孩子，大家都得让着她。孩子是重中之重。是钟俞两家的希望和未来。

生活条件的确是够好的了：俞思语钟鑫涛小两口自己住在金观澜公馆，都不用开火煮饭的每天都是回家吃。家里原本就有李雨青煮饭烧菜，俞思语怀孕以后又请了一个保姆，准备专门伺候俞思语坐月子。离家的距离，车程也就是一碗汤工夫。他们在花桥小区的大家庭，高红夫妇早就高瞻远瞩地考虑和经营，一楼两户人家，把隔壁高价买过来了，打通装修，变成了一个大屋，孩子们包括未来孙子，都有各自房间。一楼后面赠送的小花园，就变成较大花园了，挂了一架秋千，因为小孩子都喜欢荡秋千。附近的育才幼儿园、育才小学，分别是武汉市最好的幼儿园和小学，都步行可达。将来，将来孙子读到高中，就准备送出国留学。最令人满足的是：不花钱！不要小两口出一分钱！俞思语的薪水只管自己攒着。俞思语是为钟家生孩子辞职的，工资照发，高红每月都照样给媳妇开工资，按时汇到俞思语银行卡里。还要怎么样？俞思语的任务就是为钟家生个健康宝宝！天下多少女人，婆家什么都不给你，你还不得照样生儿育女！

俞思语完全被说服，被自己所享受到的无忧无虑的生活，被公公婆婆的关怀、宠爱与呵护说服。还要怎么样？有时候俞思语百无聊赖无所事事转动着她茫然的眼睛：她不要怎样。她就这样，挺好。日常钟欣婷的嘲笑讽刺，也打击不了俞思语了。胎动了。孩子踢妈妈肚皮了。一个惊喜接一个惊喜。俞思语不由自主，进入了母爱语境。

俞思语肚子慢慢大了起来。一切的一切，都围绕大肚子转。

2012 年 7 月：预产期到，顺产，女婴，正常，健康。钟俞两家皆大欢喜。家长们都松了一口气。高红和钟永胜高兴之余，私下还是有点小小的不悦：要是男孩子就好了。儿子谁不想？！不过，脸面上还是欢天喜地。头胎女孩没有关系。只要有生育能力就好。现在计划生育政策大有松动，以后有机会生二胎的。怀二胎就可以提前准备，全力以赴生男孩。指不定将来还可以生第三胎。反正家里不愁钱，养得起，俞思语不用上班，躲家里生孩子，生几个鬼知道？

俞思语什么都不多想。结婚总归应该生个孩子。不能生育总好像有点不正常，说起来别人都故意和你回避这个话题，你就尴尬了。现在自己生养了，证明自己是正常人了。这下都好了。别人人生里有的，俞思语也有了。很好。

俞思语很小资地为女儿取乳名叫寻寻，说是千与千寻得来不易。高红和钟永胜装没听见，他俩翻阅了很多资料，借鉴了流行的一些名字，再结合对孙女远大前程的期望，为孙女取名钟宇涵。在家就叫涵涵。全家都叫起涵涵来，从来没人叫寻寻，俞思语为女儿取的乳名也就自然消失了。消失就消失。俞思语无所谓，名字嘛，无非是个符号。反正是钟家的后代，是钟家的孙女，又都是钟家出资全包，据说从月子里包到将来大学毕业。公婆这么积极认真地取名，说明他们在乎孩子。公婆不嫌弃她生的是女孩子，没有那些封建旧思想，这不太好了吗?

俞思语就在婆婆家坐月子。小宝宝也就在大家庭里抚养。江边金观澜那边也为涵涵准备了一个婴儿房，纯属做做样子。俞思语钟鑫涛索性就在大家庭这边安营扎寨了，家里有老工人李雨青带着保姆料理伺候，还另外雇了一个专业月嫂，懂得给产妇煨汤做菜催奶的。一个宝宝一群人带，俞思语太省心了。俞思语吃了睡，睡了吃，一点不累。月子里半夜还会被叫醒哺个乳，三个月以后就只白天哺乳了。俞思语恢复很快，除了瘦身难一点，长发保养很好，没因为营养给小宝宝了而大面积脱落，也可望再一次蓄到及腰。俞思语的人生表情，就是轻松愉快的了。长期的计划生育国策“只生一个好”已经深入人心，俞思语 80 后这代人，也感觉生了一个就已经完成了人生生育指标，这桩大事已经 OK 了。

2013 年 7 月：钟宇涵年满周岁。俞思语在家闲死了闷死了无聊死了。宝宝半岁断奶以后，俞思语就说要出去上班。家里一个李雨青一个保姆，用不着俞思语了。全家人都上班在外，早出晚归。钟鑫涛经常出差，跑遍全国考察矿产，快活得很，吃遍了各地土产特色美食。就连钟欣婷，一个江汉大学毕业生，也不停地入职银行上班试试，不满意辞掉，过几天再入职保险公司上班试试，不满意辞掉，再在外面三朋四友自主创业成立公司折腾得劲抖抖的，还可以夜不归宿玩通宵。

俞思语说了几个月的要去上班，没人理睬她。继续说，继续没有人理睬。全家人都与她打哈哈，就是没有人当回事。到后来，就连小宝宝突然放了一个响屁，全家都会欣喜若狂奔走相告，哇！涵涵放屁了涵涵会放屁了！俞思语说话却连放屁都不如。难道俞思语戴美瞳、做指甲、精油养护长发、穿名牌时装挎名牌包包、手机电充得足足的、踩着高跟鞋，就在家里走来走去？就只是面对老工人李雨青、带孩子的保姆、以及要么在吃要么在拉要么在睡觉要么在玩的小宝宝钟宇涵？后面三位各有各的使命，根本对俞思语熟视无睹。

一旦变成了孩子他妈，俞思语发现她身边人对她态度都有了奇怪的变化：格瑞丝没生过孩子，不喜欢谈孩子。格瑞丝生意忙得要命，还十分顾家，要照顾她自己父母。她妹妹弟弟先后都退学跑到武汉来投奔她。格瑞丝麻烦多多。俞思语一倾诉，格瑞丝就只嗯嗯，不断有电话和有人找。婚姻美满又生了孩子的俞思语是人生圆满的俞思语了，没啥事值得烦心的了。甜蜜琐碎的妈咪小烦恼，人家真没工夫听。

俞爷爷俞奶奶开始在俞思语面前变小。他们变得像小孩子，俞思语一进门，就抢着问她：思思你看我是不是又老了很多？看看我后面头发，是不是也都白了？俞思语给他们剪指甲，两人也抢，奶奶说我先剪好了要去做饭，爷爷大为不满，说每次都你先不公平嘛！俞思语是来诉说烦恼的，甜蜜琐碎的妈咪小烦恼，老人不听。只要知道小宝宝健康顺利就足够了。老人专注地盯着自己脚指甲，思思莫剪到肉了啊！俞爷爷抢先剪完指甲，舒服了，跑去打开电视机，又打开收音机，找养生节目，找医学专家节目，找美食烹饪节目，俞奶奶得高声大嗓地再三提醒：这个时间没有！

俞思语只能望天哈气：俞思语婚姻美满又生了孩子，婆家有钱，条件优裕，俞思语已经不在老人需要操心的生活里了。俞家爷爷奶奶对孙女思思，那是超额完成任务了。俞思语噘嘴巴生闷气的神态，俞奶奶还是很熟悉很了解的。那么俞奶奶就发表一下个人意见：思思，奶奶说话得公平一点，不能总是偏向你。在生养这个问题上，你恐怕要更多理解你公婆。人家一个独生儿子，肯定想要个孙子延续香火。生养总是越年轻越好，恢复快，你尽快再生一个男宝宝，有什么不好呢？你要真能够再生个男孩，那就是你这辈子最好的靠山，将来你婆家那些房产财富，不都是你儿子的？我们这辈人，一生太苦了，年轻时候我生五胎就丢了两胎。现在不是我说你，你真是有点身在福中不知福啊。

奶奶！俞思语很吃惊。你怎么站他们一边去了？我剪你肉了啊，看不疼死你！

俞奶奶呵呵直笑。认输，服软。好吧好吧他们不对，我思思是对的。可是，最后，抬起哀怜的眼睛看着俞思语，说了一句心里话：爷爷和我老了，不定哪天眼睛一闭就走了，要说心里还有想头，就是想看到你又得了一个男宝宝。儿子中国人谁不想？你儿女双全，十全十美，我们死都瞑目。

俞思语眼睛立刻就湿了。手一失去深浅，真剪到肉了，奶奶痛得嗞了一下，又赶紧说没事没事。

老人就是老一套。就是老意识。人人都想要儿子。跟他们说没用的了，徒惹伤悲。

为了出去工作，为了能进大公司好单位，俞思语只好觍着脸，跑去医院看望住院的妈妈。妈妈还是很精明的，俞思语希望妈妈能够主动开口帮她找工作。可妈妈还是任菲菲，还是明星派头：“谢谢你们来看我！你们年轻人有自己事业，抓紧忙自己的吧，青春岁月一寸光阴一寸金，不必浪费在我这个老朽身上。来，涵涵，外婆抱抱。怎么又哭啦？”

你们抓紧忙自己的吧！我这个老朽是个病魔缠身的倒霉鬼——俞思语明白了。俞思语不用说什么了。俞思语生活这么圆满幸福还忍心给妈妈添麻烦，太不懂事了！爸爸也一样，爸爸还是俞亚洲，还是领导干部风格，不等俞思语开口就下起了指示：“最近还好吧？涵涵满周岁了，你要更多时间看书学习，年轻人不看书学习老玩手机不成的，没文化啊！”俞思语一听就烦，赶紧跑掉。俞亚洲作为父亲还是要表个态，女儿听不听是她自己的事：“钟家希望再添一个孙子，可以理解嘛。关键是你们小两口得拿出具体计划，安排好你们的事业、工作、学习和生活。至于我和你妈，不会干扰你们，也不会要求你们一定要孝顺父母，只要对你们好我们就会全力支持。”

说些什么呢？扯到哪里去了！不懂。赶紧跑掉。

家长们无法懂得在家闲死、闷死、无聊死了的死法有多糟糕。不是当代年轻人就无法体会戴美瞳、做指甲、穿时装、挎包包、驾小车意气风发奔驰在大路上、一走进公司就引起一片惊呼，那才叫，活着。

就这两年不到时间，社会又有许多新变化。手机推出微信了。朋友们纷纷加微信，建朋友圈，晒出来的图叫俞思语看得心酸。显然一个个女生都在变靓，力争逆龄，健身跑步，出境旅行，做美容，打玻尿酸，抓住青春不放手。也真有少数原本傻大粗笨的女生，从自拍照来看，这两年的确是变得风情万种了。俞思语知道某女生原本是一头稀疏枯草似长发，现在居然柔美光滑随风舞动美不胜收了。而俞思语拥有真正罕见的美发，却明珠暗投，闲置在家，毫无光彩。早知如此，还不如当初出国留学。出国能吃多大苦啊？不就吃不习惯嘛。堂哥也只大俞思语四岁，去美国读的大学，一转眼他都在美国硅谷工作了，与美国女孩处上对象了，最近发来一大堆婚礼照片，在美国的教堂举行的婚礼，漂亮得就像好莱坞电影剧照。堂哥做美国女婿了，伯伯婶婶也移民了。此前谁敢想啊：婶婶就是天天跳广场舞一中国大妈。唉，什么人都过得比俞思语精彩。

俞思语的人生表情，开始郁闷了。越来越频繁的郁闷。脾气也就不那么温和了。

俞思语把要说的话，在卧室在卫生间悄悄并反复练习，终于可以掷地有声了。有一天吃饭时俞思语把饭碗一放，摊牌。她明天就出去找工作。她坚决不会继续做全职主妇。任凭婆婆高红怎么讲、怎么说，用名牌包包砸也不成，用高于一般公司的月薪砸也不成。俞思语与婆婆话不多，也不反驳公公的话，也不与老公争论，也不在乎小姑子阴阳怪气。只在个人微博发表观点：“在当今时代，一个年轻女生，难道还是封建社会大家庭的小媳妇吗？难道还只是生育机器和高级保姆吗？难道还应该被束缚在家里相夫教子伺候公婆吗？不！她应该做新时代职业女性，个性自由，融入社会与潮流，至少每天早上醒来，知道大街上流行穿什么，吃货们流行吃什么，网络上流行哪些热词，不然她的人生还有什么个人价值！”

俞思语获得了女性同事朋友的纷纷点赞。

钟家人背地里都看了微博。高红气得要命。媳妇还敢说自己在相夫教子伺候公婆？分明是公公婆婆在为子女当牛做马！他妈的有没有搞错！钟欣婷说她妈：你气什么？不都是你惯的！不是自己亲生的，还是养不家吧？这下明白了吧？

俞奶奶被动员出来当说客，不成。格瑞丝被动员出来当说客，也不成。俞思语一旦倔强起来，程度超过所有人想象。因为，这不是钱的问题！上班的感觉，再多钱也买不来。那么对不起，婆婆高红也就把话摊开：涵涵周岁了。俞思语生理期也早就恢复正常了。家里都在开始筹划生二胎了。钟鑫涛是独子，俞思语总得为钟家生个男孩对不对？否则钟家就算无后了。中国现在大讲孝道，自古以来，不孝有三无后为大呀，做媳妇的不能不讲道理。家长已经在外面到处寻找生子秘方，不惜重金，说好了一旦找到，小两口就开始行动。

妈逼——这个激愤又粗鄙的词，在俞思语心里说出来了，嘴里还是说不出——妈逼！原来如此！以为钟家对自己有多么好，其实都是有算计的。还口口声声说不重男轻女，其实还是重男轻女，还是想要儿子。那么以前对你这好那好，都是假的，就是哄你生二胎为钟家添丁加口！还说没有谁把你当生育机器。人啊人，好虚伪好丑恶啊！生了头胎，一年都还没有瘦下来，紧接着再怀第二胎，身材那不成了猪？怀孕不累死？生孩子不痛死？社会上找个代孕 50 万起步，100 万常见，指着要生男孩子，那该是什么价？网上不难查到。不要以为俞思语老实好欺负好哄骗就连上网都不会了！生个头胎照顾了一下，就以为给媳妇多大好处了，媳妇太廉价了！要生让你们儿子自己生去——丑话倒是一句都没有说出来，俞思语在公公婆婆面前，就是什么话都说不出来，满嘴跑的字，都连不成句。反正，总之，俞思语死不点头，死不吭声，就是要出去上班。

2013 年 8 月的一天，俞思语鼓起勇气，好马也吃回头草，干脆走进了以前的公司。反正自己也是熟门熟路，直接找董事长。哪里想到：董事长已经出事，被双规了。现任董事长不认识。很忙，不在公司。之后再去找，董事长不是在出差，就是在开会，总之俞思语是见不到的。冷了俞思语一段时间以后，人力资源部电邮通知俞思语：现在公司暂时不进人。俞思语电邮问：暂时是几时？又过了好多天才回她邮件：您好！我司招聘事宜要等总部统一部署。谢谢！

俞思语傻眼了。

一急，俞思语到处投简历，连续跑了人才市场和招聘大会。居然！太荒谬了！都是一些什么事啊？！不是待遇低到离谱，就是加班加点节假日无休，工作强度高到离谱！还有的不办五险一金。居然！连俞思语这样的，有重点大学毕业文凭的，有丰富工作经历的，大学生党员受过道德模范嘉奖的，拥有一头瀑布般长发的，形象好、素质高、普通话不错的，本市有住处的、才 26 岁的、已婚已育的女性，也找不到合适的有尊严的工作。高不成低不就。网上投出去更多简历，当然都是世界几十强的那种正规大公司，网网落空。

俞思语匹马单枪闯世界，有生以来第一次发现，外面的世界一点都不稀罕她。

现在，俞思语习惯性地在吃过晚饭以后和女儿玩一会儿，然后就回自己小家金观澜。在金观澜，坐窗台边，面对长江，以泪洗面。

钟鑫涛递纸巾，递水杯，大骂社会上那些有眼无珠的公司，竭力表现一个老公对老婆应有的同情。时间长了熬不住，一不小心脱口而出：至于吗？

俞思语的眼泪又出来了。

2013 年 11 月，俞思语终于入职江山盛世文化产业有限公司，是北京盛世集团公司的子公司。北京盛世实力雄厚，影响力覆盖全国，名头很大。

俞思语倔强起来谁都不要小看。俞思语说要出去工作就会拿出百折不挠的倔强劲。功夫不负有心人，俞思语终于联络上了梁明辉，以前的领导，以前公司的副董事长、副总经理，曾陪俞思语参加过“道德模范”表彰大会。老董事长双规后，梁明辉退出老公司，加入了盛世集团，开创了武汉子公司。俞思语胖了不少。不过呢，孕妇膘也自带喜感，又白又嫩，皮肤水色又光又亮，熨斗熨过似的，又还是长发飘飘，头发还是乌黑发亮无与伦比，性格也还是温和厚道不爱抢话。梁总很喜欢这样的女职员。梁总很不喜欢公司进出的都是又黄又瘦的白骨精。俞思语顺利入职。在策划部，专门策划文化生活类项目。月薪保密，俞思语不肯对外说。她此番再次出来上班，目的就不是钱了。

涵涵宝贝拜拜！妈妈上班去了，飞吻一个——俞思语终于再次和太阳一同升起，清晨驾车去公司上班，淡妆、红唇，美瞳、蔻丹指甲、丝绸般长发、名牌时装、名牌包包、高跟鞋咯噔咯噔让身体不由自主昂首挺胸——这是什么人生表情？俞思语是一副傲娇的表情。

可惜傲娇不长久。俞思语遇到了唐琪。唐琪很快就打击了俞思语的傲娇。两人第一次见面，俞思语笑，唐琪不笑，又黄又瘦，公事公办。唐琪打量俞思语一眼，就像打量新到货的办公机器人。俞思语打量顶头上司，策划部主管唐琪，有点老，职业套裙，一双腿还穿着加厚连裤袜，松垮、臃肿又粗糙，看来落伍到不是个70后就是个60后，尽管年龄保密。

唐琪干瘦脸，短碎发，顶发稀疏、头皮隐现，但精明能干，事业型女强人，一本正经、一丝不苟到琐碎，满嘴跑标语口号到假大空，走廊碰到老总梁明辉，老远就会停下脚步，靠边立定，脑袋微垂，姿态恭敬，让梁总先过去，还要说声“梁总好”。在唐琪的带头和示范下，全公司职员都跟着这样做。梁总一进公司俨然皇上驾到。俞思语好难习惯。从前在大国企上班，董事长还那么平易近人呢。

更不爽的还在后面：讲真俞思语是没有真正工作过的。以前在文化编辑部只看文案，不与经济效益直接挂钩，说白了这个部门就是专门供养人脉的，都是重要人物的子弟。江山盛世一上来就讲经济效益指标。策划部要自己原创项目、亲自策划原创文案并亲自实施，俞思语刚上班就懵掉了，需要适应一段时间。三周了——唐琪当众问俞思语：你还没有适应吗？别人都在拼命干活，跑出跑进的，就你慢慢吞吞，心不在焉，温室花朵，靠在办公椅上养指甲、理头发、QQ聊天，你好意思？俞思语一下子惊呆了。她长这么大，还从来没有碰到过对她说话这么直接和不客气的！唐琪说：那恭喜你，现在碰到了。

唐琪你怎么能够这样？！

唐主管！在公司都应该叫职务，新来要知道公司规矩啊！我这个主管应该怎样对待自己懒惰的员工呢？跪求吗？商场如战场，现在竞争这么激烈，你今天不努力工作，明天你就该努力去找工作了！

俞思语气得泪水哗哗直流。想想还是咽不下这口气，长发一甩，直接跑到梁总那里评理。梁总秘书挡在门外，必须敲门通报获得梁总准许后，俞思语才能进去。俞思语等了好久。梁总在那扇严密厚实的大门被秘书紧紧带上以后，才对俞思语变得和蔼可亲。真的吗？这是过了过了，唐琪就这毛病，工作狂，铁面无私，回头我批评她。但是思语呀，你也要各方面注意一点，不要让唐琪抓到把柄。唐琪也没有办法，公司对她也有经济效益指标考核。梁总作为俞思语的老朋友，不妨私下透露一点内幕给她：唐琪这女人，来头也蛮大的。还是总公司的股东之一，你想想，她能够不严格要求员工吗？

俞思语的眉头皱紧了，畏难情绪出来了，哦哦哦——梁总走过来，用指头按住俞思语的眉头揉一揉：不许皱眉！这么光滑的脸蛋，别皱出皱纹来了——俞思语破涕为笑了，脸也红了，有点不好意思。梁总点拨和鼓励俞思语：你也是有来头的，大胆出去跑嘛，把你父母的资源都发掘出来。文化项目方面，你父母可都是武汉首屈一指的大腕哦！你都不用麻烦你父母，只要亲自去找一下他们的那些同事下属和朋友就行了。大家就是共同做文化事业，搞点文化惠民活动嘛，说不定他们也正需要你的项目呢，互惠互利的事情嘛都是大好事。思语，大胆点，走出去！记住，你的项目，我都会全力支持哦！

梁总成功了。公司人人敬畏的冷面皇上，单独对俞思语露出微笑，认老朋友交情，还手把手亲自指教，俞思语就备受鼓舞了，也就可以不那么计较唐琪了。俞思语鼓起了天大勇气，出去找人。俞思语跑出去的效果，意想不到地好。大家都很客气：哦你是俞厅长千金啊。哦你是百灵鸟女儿啊。更有好几个人夸俞思语头发好漂亮！现在就是要搞大文化，这些社会活动都很有意义，那就联合主办吧。钟鑫涛看见俞思语情绪有起色，赶紧帮老婆把他以前在地质大学学生会的资源，也都调动起来。

俞思语也就成功做了两个大项目。一个活动是“放飞青春——千名大学生迎春长跑”，在汉口江滩，围观者很多，除了邀请的媒体，还有许多自媒体不请自来，社会效益很是不错。再一个活动是“我爱我在——百名礼仪小姐街头捡垃圾让武汉靓起来”，围观者也很多，媒体也自动来不少，社会效益也真是很不错。为工作俞思语可是吃了大苦头。2013年的初冬到2014年的春季，武汉空气污染突然加剧，连续多天重度雾霾，俞思语无处深呼吸，咳嗽咳得一塌糊涂，一口口粉红色泡沫痰，偷偷包在纸巾里头扔掉，强撑着身体，在户外跑得精疲力竭，终于把自己策划并实施的项目一一落实完成。加了多少班，多少周末没有休息，多少次被江风吹得披头散发，发梢都打结了。《长江日报》和《长江晚报》上，好几次出现俞思语的名字和活动的照片，好些照片中都有她出镜。这个业绩，在江山盛世，也算显赫了。俞思语大大出了一口气。在唐琪面前昂首挺胸走来走去，目光都不向对方转动，只当两人都没眼睛。俞思语总算在江山盛世站住脚跟了！

但是你以为呢？唐琪开会，一副寡妇脸，阴沉刻薄。墙上挂的大白板，写明所有项目赚的利润。不用我说，啊，绩效数据在这里，都看到了啊，俞思语那个捡垃圾项目全公司垫底。利润！说白了就是赚钱！我要的就是赚钱！而不是拿公司本钱出去搞社会效益、搞热闹轰动、登报纸、上头条、给自己脸面贴金，那是宣传部的事啊，大家职能不要错位。

其间有人偷笑了几次。最后一句引起哄笑。俞思语吃力不讨好，冤枉大如天，跑去找梁总。梁总出差了。俞思语回家路上大哭一场，把车先开到江边金观澜家的地库车位，停在那里哭，一边咒骂唐琪一边对驾驶室拳打脚踢。发泄过后，俞思语补好妆，再驾车回花桥的大家庭，李雨青赶紧替她热菜热饭。大家早就吃过了，今天俞思语又加班到这么晚了唉。涵涵说妈妈我要和你玩。李雨青说涵涵乖，让妈妈吃饭，妈妈加班好累，妈妈在给涵涵赚钱。

俞思语当没听见。真把李雨青的话过心，俞思语又要流泪。赚钱赚他妈个老逼——粗话俞思语绝对不会说出口，那也太粗俗了，但心里不说也不可能，那也太憋屈自己了。

找梁总两回，都不在。俞思语想事不过三，再找第三回，如果再说不在，拉倒，不找了。咦——梁总好像有感应，这回在。梁总这回肯定在了。梁总调教员工，怎么吊足对方胃口，老到得很。没有玩人的经验，梁总还开什么公司?

俞思语冲进梁总办公室就噼里啪啦指名道姓直接投诉唐琪。梁总即刻按铃：叫唐琪上来!

很快唐琪就来了。敲门。请进。唐琪进门，笔直立定，低眉顺眼：梁总好!

唐琪，你是主管，平时我怎么说的——我们每一个干部都要关心自己的战士！去，主动和俞思语握个手。你剋起人来我知道那是尖酸刻薄得很。俞思语一个新人，一年不到也做了两个规模不小的项目，社会上普遍有反响，口碑也是人气嘛，人气可以创造利润嘛，你不要操之过急嘛。

唐琪过来抓起俞思语手握了一下，就算了事。梁总我接受你的批评。可是今年的项目——没有可是！梁总严肃把唐琪堵了回去：你可以退下了！

唐琪悻悻后退，转身离开。办公室厚实严密的大门被秘书紧紧带上。梁总朝俞思语双手一摊，给了她一个有点讨好的微笑。梁总也有点拿唐琪这种人没有办法的样子，开公司，总要用人啊。俞思语满意了，好感动，垂下头，捂住嘴巴，不让自己的抽泣发出声来。梁总离开他那宽大的办公桌，走了过来，拍拍俞思语的肩膀，手指抬起俞思语下巴，替她把夹在嘴角边的发丝轻轻捋到耳后。两人距离一下子近得让俞思语视线焦距模糊，但又清楚看到了梁总两鬓露出的白发发根，原来他也是染发的，只是不像老董事长或她公公钟永胜那样染得黢黑——人的心理活动总是四处乱跑不肯呆在正题上。梁总与俞思语脸对脸说：“我看好你！你的潜质才刚刚开始被挖掘，今年项目绝对会更上一层楼。思思加油！”俞思语被这句感人肺腑的话引出来一颗晶莹的大大的泪珠子。梁总轻轻把这颗泪珠子抹掉，轻轻把俞思语揽进怀里，拥抱了她。俞思语的反应迟疑片刻，然后也回应了一个拥抱动作。俞思语的片刻迟疑就是在分辨这个拥抱的性质——反正比他们老的人都是认为男女授受不亲搞不得拥抱的，而他们年轻人，就像所有青春偶像言情电视剧那样，好朋友之间总会来一个友情拥抱，有国际视野的朋友之间就更习惯抱抱了。那就抱抱吧。如不抱抱，无以回报。

本以为，上面有人，加上自己努力，万事开头难，随后就应该顺利起来了。2014 年快到年底，策划部全体开会，评估明年新项目。俞思语的第二届“放飞青春”提议升级到万名大学生迎春长跑，被唐琪一口否定。你还想“放飞青春”啊？千名大学生都够危险的，还万名？万一猝死一两个，公司赔得起吗？第二届升级版“捡垃圾让武汉靓起来”也被唐琪一口否定。还有一个新创意……停！停！俞思语不用说了！

唐琪认为现在年轻人，什么 80 后 90 后，太多猪脑子，抱歉不是贬低你们，你们也是受害者，可能是地沟油空污应试教育致残。你们的项目都偏于高大上、假大空，都是让公司做亏本买卖，还华而不实高谈阔论什么众创空间跨媒体跨终端互联网＋。职业套装加厚长筒袜的唐琪，一副自信到自己从来没有吃过地沟油的高智商样子，站在台子上，顶尖专家授课那样指手画脚侃侃而谈。

而俞思语，梁总私下的好友，被梁总特别看好的潜力股，就得又像女大学生那样坐在下面老老实实听讲。俞思语更不知道的是，唐琪所讲的话，都有针对性，主要针对俞思语。事情正在发生，就在唐琪的话语里，就要临到俞思语的头上。俞思语全然不知。还对唐琪的讲话爱听不听的，视线老是落在唐琪的加厚长筒袜上，替唐琪的土气难受和难堪。

注意了，唐琪说，现在公司决定做有潜力无成本的长线。项目一开始就不需要公司投资，社会投资分分钟会被吸引，会哭着喊着给我们投资。什么项目？婚庆项目。广场舞项目。我们总公司的北方子公司南方子公司早就起步，一下子抓住机遇，现在市场已经成熟，正不断升级提档，一条龙套餐，跨省联合，除了舞蹈音乐本身现在连同广场舞集体服装、广场舞全国比赛优胜者出国旅游，都做得红红火火，覆盖全国几十个省市自治区，尤其还培育了三四线城市市场，利润爆棚。简直爆棚到不敢看数据。做旅游的啦做保健品的啦做服装的啦做纯净水的啦，投资人挤破门。现在我要说什么？是要告诉大家一个、特大、好消息！一个利润空间更为惊人的大项目，总公司给了我们公司，我们梁总已经做过了前期调研，现在正式启动，今年我们要大干快上！2015 即将到来，2015 耶！——两指叉开朝天一举。

下面全体员工必须集体大声呼应：2015 耶！——两指叉开朝天一举。这叫一呼百应鼓士气，公司开会的规矩。俞思语觉得太白痴了，她没有举手指。俞思语认为自己有个人权利不举自己手指。唐琪自然是看到了。唐琪也没能怎么样。但是，唐琪显然在猫戏老鼠，只是俞思语没有看出来。和俞思语关系好的王茜，在下面偷偷踢了一下俞思语的脚，提醒她警惕。俞思语眼睛骨碌骨碌在唐琪身上转来转去，也没有发现什么。王茜还不知道俞思语和梁总是老朋友呢，唐琪敢害俞思语？

唐琪继续保持着猫戏老鼠神态，继续高谈阔论：什么大项目呢？

那就是：丧葬项目。从文化的角度，公司把它叫做“登喜路套餐”或者“上天堂套餐”，我们文案的主题是：“灵魂颂歌，天使乐团，专职引导身后魂灵上天堂。”

现在全国大面积来讲，丧葬非常混乱，缺乏仪式指导，乱七八糟，请人假哭啦假唱啦歌曲选错啦，还乱收费，老百姓普遍不满意。现在我们要做丧葬套餐了。把仪式规范化程序化，音乐歌曲选择老百姓最喜闻乐见的，精心选择精心制作大力推广。试想一下：中国十几亿人，又进入老年社会了，正是抢占市场的大好时机。现在物质过剩，进口商品更多，人们可以捂紧口袋不买，但是人死了，你口袋就捂不住了。我们这个民族尤其讲究孝道，百善孝为先，就是穷乡僻壤，人死也要办丧事，不办不成，不办活人被人骂，没面子，死者不安息。就算再抠门的人、再穷的人，借钱也要办事。这是多大市场多大利润？我请你们深呼吸，特别有人需要深呼吸，让脑洞打开进点氧气清醒一些：哪一块的钱是赚不完的？只有死人这一块啊！

唐琪说得兴奋不已，脖子青筋凸暴，双手动作飞快，好像在忙着数钱。然后用力拍拍巴掌：大家听明白了吗？

下面齐声回应：听明白了！

再用力拍拍巴掌：OK！这个项目，公司决定给俞思语！80后90后搞个小组，年轻人有精力跑乡下，俞思语领衔！

大家鼓掌。

一棒子打在俞思语后脑袋上了。

俞思语脑袋一轰，碎片直飞，满眼惊惶。

唐琪终于发出微笑：俞思语，赶紧赶紧啊，动起来！明天就开始，调研策划写文案，快快快，跑湖北三四线城市去！特别是那些小镇子、大村庄，蓝蓝的天空，阵阵花香，农民朴实，空气新鲜，满满家乡味道，特别适合你。咱们就像毛爷爷当年创业，农村包围城市。经济效益是一本万利，黄金滚滚。社会效益是提升民俗文化，满足人民群众对美好生活的强烈追求！多么完美的项目！我们梁总太有智慧了！

俞思语去做丧葬？跑乡下？俞思语从来就不喜欢乡下，对乡下陌生到不知其为何物。她家乡就是武汉市啊！满满家乡味道就是热干面啊！除此以外俞思语哪里都不想去，她连出国留学都不想去，她觉得除了武汉她在哪里生活都适应不了，她怎么可能去乡下？而且还是去忽悠那些可怜农民的一点血汗钱？俞思语再傻，也知道这种项目就是忽悠啊。俞思语的婶婶，一个广场舞迷，从买音响盒带DVD教学碟片到四季服装到外出观摩比赛到团购保健品等等等等，一年也被忽悠走了几千块钱。伯伯总骂婶婶是个纯傻逼，两口子吵闹不休。这是就在俞思语眼皮子底下发生的事呀，俞思语再傻也知道。

对不起！俞思语在唐琪已经宣布了散会，才憋出一句反抗的高喊：对不起！

俞思语脸色铁青：这个项目我做不了！我不懂做！我完全不了解乡下！

好吧大家都回来！继续开会！唐琪巴掌拍得呱呱响。原本打算今天先下班，让俞思语回家消化一夜，明天再继续具体贯彻。

俞思语宁愿加班，今天解决掉问题，不然今夜肯定无人入睡。

既然如此，大家都愿意加班，那好，继续开会！公司请吃盒饭。大家先看几个视频。唐琪放了好几段视频。都是丧葬。视频长短不一，其中有很烂的，也有很不错的，以提供比较。梁总高瞻远瞩，雄才大略，不打无准备之仗，早做过调研了，收集了不少丧葬现场视频，这些是长江中下游地区，与湖北风土人情差不多，我们先在湖北做起来，再推广到中南五省，再走向全国。仅就湖北一个大几千万人口的农业省份来说，第一步做好了，也会赚得盆满钵满，大家奖金绩效挂钩啊，绝不封顶。

俞思语不缺钱！俞思语上班不是为了钱！是为什么？俞思语就不知道了。俞思语一边观看视频一边扒拉外卖盒饭，真心咽不下去，满腹泪水在翻江倒海，直往外涌。唐琪不吃饭，她不饿，她解说视频，随时暂停，即兴补充，又说又唱，亢奋得像个疯子。

这段现场视频再放一遍，来自江苏兴化乡村。俞思语特别要认真看，你文案可以直接借鉴复制拷贝。这是村里一个八九十岁老人过世，喜丧性质。你看，披麻戴孝的麻和孝，不够用，家人到处找替代品。这个我们制作提供即可，用完回收再用，省得家属麻烦。移动大棚、活动房、桌椅、麻将和麻将桌、餐饮公司，我们全提供。人一死，我们走物流迅速到位，亲戚一来就有得住有得玩，用完回收再用。最关键的是守丧送葬的文化娱乐部分，包括做道场。俞思语你看好了，这里都是请的和尚，真假和尚一大堆，响器班子滥竽充数，家属亲戚看热闹的乡亲们，显然都不满足。来吧，我们制作提供，组织民间专业班子。歌曲哎哎注意歌曲，乡村就爱听个通俗歌曲，歌特别要注意选对。这里是《小草》——唐琪唱了起来，原来唐琪是优美的女中音——终于要惊艳了!

天啦，俞思语绝望得要吐。当会唱两口的人逮住了机会——今夜没人能够阻止唐琪把兴化这个葬礼上的歌曲全都唱一遍，以丧葬的感情和致哀的节奏，主要是要教导俞思语们注意绝对要与广场舞风格区别开来。《走进新时代》——总想对你表白，我的心情是多么豪迈；总想对你倾诉，我对生活是多么热爱；勤劳勇敢的中国人，意气风发走进新时代，啊啊啊啊我们意气风发，走进那新时代……《边疆的泉水清又纯》——边疆的泉水清又纯，边疆的歌儿暖人心，暖人心，清清泉水流不尽，声声赞歌唱亲人……《糊涂的爱》最重要，刘欢唱得最好：这就是爱/说也说不清楚/这就是爱/糊里又糊涂/这就是爱/他忘记了人间烦恼/这就是爱/能保持着糊涂的温度。

都是经典老歌。80后90后啊，必须高度重视和学习经典老歌。张也、李谷一和刘欢，在乡村深入人心，广受欢迎，必须放他们的原唱，现场响器班子演奏和歌手真唱。千万不要搞什么“鹅鹅鹅，鹅把缸郎死塌!”这种属于城市哈韩小青年的菜，一阵风就过去了。丧葬必须经典老歌!赶快下乡调研，死人的事是经常发生的，到处都有，公司会联系好，一通知你们地点，你们就随时出发——俞思语，这次你是小组长，准备好带领你的人，拉杆箱备好，说走就走!

死盯着唐琪哀婉歌唱的嘴唇，俞思语感觉一阵阵发冷，法令纹深到都可以夹死蚂蚁了她还唱得这么得意忘形! 俞思语死活忍住没吐，但一慌，盒饭打翻了。她自己的翻了，也把旁边王茜的碰翻了。她俩互相看了一眼。俞思语明白先头王茜为什么踢她脚了。一股廉价的重口味饭菜气味冲天而起，弥漫在空中，唐琪在这种气味中宣布：下班!

户外，一轮寒月东升，雾霾遮住了月光。俞思语心中迷惘凄凉，钻进自己小车。不管三七二十一了，使劲拨打梁总电话。梁总电话无接听，要么就是呼叫转移。

俞思语只好发微信：我要见你!!!!!! ［表情图］急!!!!!! ［表情图］［大哭表情图］

俞思语此时此刻的人生表情，全靠微信表情图来表达了。

一直看手机。一直等候微信的叮咚声。一直没有。俞思语回家没吃两口饭，也没陪涵涵玩什么。口里叫着涵涵宝贝，一副心不在焉的样子。高红看在眼里，撂了一个眼神给钟永胜，钟永胜回眼神：沉住气！别大惊小怪！高红再用眼睛去看钟鑫涛。钟鑫涛饿得只顾狼吞虎咽。今天公司太忙了，忙太饿了，好香喔好香！钟鑫涛一吃完，俞思语就要走。小夫妻和女儿涵涵宝贝拜拜，双双驾车回到金观澜。

钟鑫涛问这么急回来有事吗？俞思语哭起来，唐琪欺负我！钟鑫涛说哦那我去打死她呵呵。人家说真的！钟鑫涛还是不当真：公司上班就是这样子的，那我真的去打死她哈哈！钟鑫涛洗澡去了。俞思语手机微信叮咚一声，俞思语如遭电击跳起来，跑到阳台上看微信。真的是梁总：说话方便吗？随即俞思语就拨了梁总电话。

梁总北京开会刚刚回到公司，正在办公室收拾文件，明天一大早奔机场，出国考察二十天。俞思语如果有急事就赶到公司一趟，不急的话回来再说。实在抱歉没时间说电话。丧葬项目吗？是的是从总公司争取到的，的确是个只赚不赔的好项目。没事我让唐琪亲自做。唐琪家是湖北农村的，她考大学考出来的，她太有切身体会和经验，做好这个项目没有问题。怎么啦？一个普通员工跟我大谈公司应该怎样选择项目？说真的小朋友我觉得这有点不靠谱哎。实在抱歉思语，我没时间说电话！

好吧，俞思语决定马上赶到梁总办公室。当面才说得清楚！

梁总：这么晚了，你确定？

俞思语自投罗网：我确定！

夜的公司，一片漆黑，只有电子锁在大门上闪烁着绿光。梁总的司机在门外等候俞思语，替她打开了大门密码锁。梁总的办公室里面有一间休息室，书柜就是推拉门，看起来十分隐秘，就像谍战片里那种秘室，俞思语以前都不知道，当然这不需要俞思语知道。梁总上班同样也需要午睡或者加班熬夜后也需要休息。司机在退出去紧紧带上办公室厚实严密的房门之前，告诉了俞思语怎样按钮再滑开书柜。

俞思语就按了钮再滑开书柜。一股浑浊的烟草及酒气扑面而来，俞思语走进了另一个世界：灯光幽暗迷离，家具暗影重叠。沙发、床上卧具、靠垫都是大金大红，十分土豪。水晶酒杯和洋酒瓶在昏暗中也闪着小星星一般的光亮。烟缸里戳着好几支半截香烟。梁总裹着睡袍，笑眯眯地欢迎俞思语。这个世界太意外太陌生了，梁总不就是一个普通平常不谈生活只谈生意的老大哥或者大叔吗？梁总不就是作为年长大叔十分呵护与爱惜小女生俞思语吗？梁总甚至是长相有点丑的那种他自己不知道吗？男女之间不是应该有纯粹友谊吗？俞思语眼花缭乱，双脚钉子钉住一样定在门口。梁总说：来口威士忌？俞思语摇头。吸口雪茄试试？俞思语使劲摇头。可乐？摇头！茶、水或其他饮料总要喝点什么吧？ 梁总这里应有尽有。

使劲摇头。俞思语要咳嗽了，忍住，她只说一点点事情就走：唐琪她——你少他妈给我提那个贱人！梁总恼火了：喂你都自愿来到了这里，你还装什么？还给我谈项目？还不明白只要你他妈是我的人，这个公司一切都会如你所愿。你是扮清纯还是真傻逼？！

俞思语脑子挨了一顿乱棒。一天之内，她脑袋被揍多次了。思考问题是不可能的了。只剩本能了。本能让俞思语产生了一种猎物感。赶快逃跑。突然转身。开门。门却滑不开了。

捕猎开始——愿上帝保佑猎手也保佑猎物：俞思语从背后被梁总抱住，他力气很大，抱着她往床边挪。俞思语奋力挣扎。急急叫：不不不！梁总没有语言了。梁总专注于行动了：一把揪住俞思语长发。俞思语痛得口中一咝气，身子就松了。梁总顺势把她拖了过去，推倒在床。俞思语仰面朝天，这才发现她敬爱的梁总，睡袍已经不在身上。梁总不再是梁总，是一个一丝不挂下身勃起的急吼吼男人。女人一倒在床上，男人就猛压上来。俞思语胸部骨头咔嚓一声，疼得撕心裂肺，不由自主大叫：疼死了！男人早在语言之外，对女人的叫喊充耳不闻，只顾打压女人乱踢乱蹬的手脚，喉咙里是吭哧吭哧的动物猎食声。这个时刻的男人已经不再是男人，完全是雄性动物了。女人的裙子和内裤，几把就被扯下。急得女人也放弃了语言，把全部力量都集中在肢体上，将她那两条原本被裙子掩藏的粗腿，紧紧绞在一起。大肥腿这么一绞紧，又如此年轻壮实有力气，屁股腰肢不停地左右扭动，中老年雄性动物就左右不得要领了。勃起有时限，男人很焦急，死命拽女人长发扯痛她，好不容易，才把下身那支小起子，插进了女人大腿缝隙。却仅仅只是插进缝隙，还离题万里，就再也坚持不住，哧地泄了。雄性动物立刻石化一般，脑袋昂起，凝固在半空中，少顷，轰然倒塌，滚到一边，瘫在床上，还原成男人原形。

刀光剑影惊心动魄的一刻，过去了。男女身体都突然松弛，一时间都无法动弹，都在急忙喘息。随后俞思语发现自己眼泪在哗哗流淌，鼻子开始抽泣，呼吸开始发生困难，咽喉开始咳嗽，肋骨那里一咳就一阵刺痛。

男人又是梁总。睡袍飞快遮盖了裸体。一旦变成梁总，躺着也能够发号施令了：去冲澡！

冲干净！穿戴整齐化好妆！从卫生间出来，直接给我滚出去！喂喂内裤留下！

俞思语默默照做，默默出门，默默驾车回家。后面一辆车，一直跟随着她。那是梁总的司机。司机告诉俞思语：太晚了梁总怕不安全，要我一直把你送到家。

俞思语说：谢谢。

哎稀奇了！俞思语发现自己还能够完全正常地对人说谢谢。梁总怕外面不安全，他那里面就安全？真是一个冷笑话。

次日，俞思语就病了。咳嗽了整夜，反复噩梦惊悸，早晨开始发烧，鼻子塞住，嗡得厉害，重感冒了。重度雾霾已经连续多日，呼吸道脆弱的俞思语濒临绝境，趴在窗口也无处深呼吸，户外雾霾更重。两台空气净化器统统开到最大功率。不成，只得住院了。医生一看支气管严重发炎，高烧不退，很担心引发肺炎，挂点滴的抗生素里头又加了安眠镇定药物，病人只要能够睡觉，抵抗力就会恢复很多。俞思语陷入昏睡。家人来探病，俞思语就像睁眼瞎，对家人敷衍一笑，其实魂不在。格瑞丝和保罗来探病，也是这样。钟鑫涛跟在医生屁股后头，偷偷塞红包，问是怎么回事，怎么办？医生耐心告诉钟鑫涛：没事。从小肺功能弱。缺氧。这次好了，最好带她出去疗养一下，找个山清水秀的地方，呼吸呼吸新鲜空气就好了。哪里山清水秀、空气新鲜？医生私下说实话：除了国内哪里都山清水秀、空气新鲜，你们方便去哪就去哪呗。

钟鑫涛跑到江山盛世公司，取回了俞思语的私人物品，他老婆不干了！俞思语不仅不干了，钟鑫涛还要找唐琪算账！唐琪呢？唐琪不在。众人默然。钟鑫涛砸烂了俞思语桌子上的办公电脑——让唐琪来找我索赔！众人默然。皆无表情。

公司没有谁来看望俞思语。几天以后王茜跑来了。王茜也不想再在江山盛世干了，索性就敞开心扉，控诉了唐琪很久。俞思语就那样听着，也没有受到多大安慰的样子。王茜最后说，你不知道吗？俞思语茫然。唐琪这么有恃无恐，是为什么？她是梁总老婆啊。这两口子，以为瞒得住公司所有人，一直都是一个唱红脸一个唱白脸，费尽心机整我们员工，替他们当牛做马，钱都赚进他们自家口袋里了。王茜说她也要学俞思语老公那样出口恶气：临走砸掉公司的电脑！

原来梁总和唐琪是夫妻?！俞思语忽然扭过头去，望着窗外，久久望着窗外。王茜再说什么，她也听而不闻了。王茜发现俞思语在使劲强忍泪水，马上就要哭出来了。王茜连忙仓促告辞。

直到俞奶奶的手一把一把地在俞思语额头上轻轻抚摸，替她拢头发，俞思语才终于清醒过来了。眼睛慢慢睁开，眼皮双得厉害，眼珠子也就变大变清亮起来了。

哈罗爷爷！哈罗思思！我正忙呢这么多病人啊！俞思语笑了。她竟以为自己再也不会笑了的。

俞爷爷在病房闲逛，背着手，弯腰细阅读挂在一张张病床上的牌子，这是几床什么病，领导看望你来了，来来来握个手，有什么需要只管告诉组织啊！祝你早日恢复健康！被握手的病人都笑起来。俞爷爷就很得意地瞟一眼俞思语。俞思语就忍不住笑。俞爷爷俞奶奶一旦和他们的思思在一起，就会变得很好玩，就会变成一对老顽童。俞思语也就回到了自己熟悉的状态，这状态仿佛就是回到了家乡——如果说人人都会有那种虚拟小村庄式的家乡的话，俞爷爷俞奶奶就是俞思语的小村庄。

俞奶奶噢噢几声拖长长的，拍拍自己胸口。奶奶放心了。她的小思思病好了。俞奶奶凑近她的小思思，悄悄告诉她一个机密：你出院了鑫涛要带你去马尔代夫旅游，休养，呼吸新鲜空气！你要假装不知道啊，你老公要给你一个大惊喜。

俞思语已经惊喜了：还是自己老公好啊！

俞奶奶说那还用说！为什么一个叫老公一个叫老婆，就是一对公母啊，世界上成名堂的东西都得是成双捉对的！

俞思语再一次笑了。俞奶奶眼瞅着就欢喜。

是啊思思，鑫涛这个孙女婿真是选对了，我们打心眼里觉得自己英明。

什么呀奶奶，一见钟情很重要。首先是我们自己一见钟情的——是是是，你们一见钟情一见钟情。

俞奶奶几乎是说漏了嘴。其实只是时间问题，隐藏的都会被揭发，秘密都会被泄露。俞奶奶赶紧扯开话题：鑫涛去过思思公司了，替她反炒了公司鱿鱼，还去修理了唐琪，唐琪躲女厕所不敢出来。鑫涛的话她肯定是听见了。鑫涛说我今天特意来给你们唐什么主管举行一个丧葬套餐。思思，你看看，你老公给你出气了。唐琪她再坏，也害不到你了，也不敢了。这个世界就是人怕狠鬼怕恶。你是太老实太本分了。我的小思思怎么一直就是这么单纯、文静、高贵、典雅的小姑娘伢呢？

俞奶奶大家闺秀出身，小时候在教会学校读书就是会用词，絮絮叨叨也都是文绉绉词语，很是有趣。全家再没有别的人会对俞思语说这些话。全家其他人只会抽象到什么具体情况都不追问，就是旗帜鲜明维护俞思语。只有自己从小带大的孩子，才是这么亲。俞思语又笑了。终于俞思语想说话了。

奶奶啊，外面怎么这么多坏人啊？

哎呀思思，外面就是坏人多啊！你这点事还不算什么，职场小冲突。奶奶这辈子经历了多少政治运动、大风大浪，哪一回人家不是把你往死里整啊！家庭出身不好这顶帽子就像大山一样压在头顶几十年啊！还不是熬过来了？只要相信党相信群众，最终还是会拨乱反正。你爷爷最后还得到了离休干部待遇呢！主要是下面人觉悟不高，群众愚昧，坏人隐藏在群众里头，一到政治运动就跳出来兴风作浪唯恐天下不乱。

俞思语又心不在焉了。俞奶奶就知道孙女不爱听这些老人老事老话。俞奶奶懂得赶紧再把话说回来。说思思爱听的，听得进去的。俞奶奶的确是有满腹话满腹经验教训要对思思说了。七老八十了哪天眼睛一闭就来不及了。现在是个好机会，俞奶奶不会错过：俞思语只能待在病房，只能坐在病床上，还在挂水。

思思啊，是啊是啊，现在社会不一样了，可是坏人还是一样坏啊！

俞思语爱听这话。眼睛又回神了。俞奶奶这句话激起了俞思语内心的共鸣。俞思语眼睛立刻就湿漉漉了，看着奶奶，直点头。思思，听奶奶说：外面坏人多得很！你要记住，害人之心不可有，防人之心不可无！外面不管谁，你都要先防着一点。好在现在没有政治运动。更好的是你托生在一个好家庭，你爷爷你爸爸给你的都是最好的家庭成分，人家整不到你。你又嫁得好。娘家婆家一大家子人，都护着你。家里再多矛盾，也还是自家人好！

——又说到哪里去了？历史长河太长了，俞奶奶只要回望一下，就难免说得太远。哦是了，重点要说俞思语与他父母的关系。俞奶奶老两口七老八十了哪天一闭眼走了，思思还是这么疏远冷淡她父母可不行。外面坏人太多了。

思思你这次生病睡得迷迷糊糊的，你父母都来看你几次了。你对他们一向冷淡，你看他们一点不怪你。自己亲生女儿，他们总是真心为你好的。思思你真的不可以怪父母。不是他们不想给你找好单位。是他们有自己难处啊！你爸仕途不顺，有点被边缘化，人不走茶都凉。他一个高级知识分子、脸皮又薄的人，怎么开口求人？明知人家不一定买账？你妈身体不好老在住院，已经不能再上节目播音了，久病床前无孝子，何况朋友？那不都跑远远的。他俩都是有头有脸的人物，求人求不到，脸也挂不住啊！思思你要理解你父母。他们的话，或许难听一点，对你要求高一点，但句句都是为你好啊！

思思你不知道奶奶好悔恨啊！奶奶年轻时候，没有把养父母的话听进去，没有把彭厨子的话听进去，铸成了一生的大错！一切都来不及了！人生没有后悔药啊！

俞思语这一次，才真正把“彭厨子”这个名字听了进去。此前爷爷奶奶叮叮角角，争吵中把“彭厨子”这个名字说了无数次，但这个名字从来都没有真正进过俞思语的耳朵。

奶奶，真有一个彭厨子？

当然真有啊！彭厨子几十年一直都在我眼前晃啊！是我们彭家最好的人，大圣人，穷人都叫他彭菩萨，论辈分是我的爷爷辈，可他没那么老。那时候，革命风暴席卷全社会，新中国成立，我们年轻人反独裁争自由，为人民求解放，意气风发闹革命脑袋热烘烘的。彭厨子叮嘱了我多少，提醒了我多少，他其实是支持我闹革命的，只是要我冷静一些，凡事多动点脑筋，不要轻信盲从。可是我哪里听得进去啊！天啦，突然，就来不及了！就在我出嫁那天夜里，彭厨子被杀了！那天彭厨子穿得好体面，主持我和你爷爷的婚礼，锣鼓喧天、喜气洋洋的。彭厨子亲眼看到我嫁给一个好小伙子，乐得嘴巴合不拢。哪里会料到，就这天的深更半夜，人就没了呢！

俞奶奶说不下去了，哽哽咽咽，泪如涌泉。只因往事并不如烟，声香味触历历都在眼前，活人就是这样，总有活人要受的罪。

俞思语眼望着她的俞奶奶，只觉得这种离奇的事不可思议。但她自己身上刚刚发生了一件离奇事，也不可思议。历史与现实都突然发生了不可思议的事，俞思语就有了一种强烈的共鸣。奶奶念叨说都怪我自己都怪我自己。奇怪了，这也是俞思语想念叨的话！

俞思语扭头去看窗外。奶奶也随她一起看着窗外。窗外是住院部院子的一棵大树。树梢凭空地、徒劳地，一下一下地搅着空气，无非是在捕风。这情景，徒增了看景人的无能为力之感，只是看景人并不自知。祖孙俩就这么兀然地发呆了。

俞爷爷突然跑过来，又急又气，慌慌张张，对俞奶奶吼叫：我没杀彭厨子！不是我！我没杀他！

嘘，嘘——这是在医院病房呢。现在不是在说你！没有谁说你杀了彭厨子！ 现在不是在说你！老头子你闭嘴！俞爷爷却无法闭嘴，无法冷静，用更大声音叫喊，要与老婆子说清楚。老婆子一辈子都不放过他。刚才分明在对思思造谣，说是他杀了彭厨子！这不是事实！老婆子竟然教唆思思敌视他！俞爷爷很生气：我说没有杀彭厨子！就是没有杀彭厨子！就是没有杀彭厨子！

俞思语赶紧打钟鑫涛手机问他在哪。钟鑫涛就在外面楼梯间玩手机，赶紧跑进病房。大家一起设法把激动万分的俞爷爷送了出去。俞思语一直搀扶着爷爷下楼。俞爷爷反复确认：你不会敌视我？我不会敌视你！爷爷放心，思思永远都不会的！我没杀彭厨子，你奶奶污蔑我！奶奶今天没说是你！真的没说！

钟鑫涛把车开过来，俞思语帮奶奶一起把俞爷爷弄上了车。钟鑫涛送爷爷奶奶回家。俞思语立在住院部院子里，目送小车远去，一下子感觉是自己在送病人，而不再觉得自己是病人了。俞思语二十七年来一直都只是知道爷爷奶奶是老干部、老革命，他们家是挺有档次的一个家庭，仅此而已啊。今天才发现爷爷奶奶其实不易，其实受过不少苦，其实心里都有病。他们这么大年纪带大俞思语的确是不简单，真是到了该俞思语尽孝的时候了。

俞思语这一刻的人生表情，忽然显得好懂事好懂事。

哦，俞思语该出院了。该带涵涵去一次动物园了。也该哪天回家和爸爸妈妈一起吃顿饭了。还要把对公公婆婆的感谢，向他们说出口。这次住院，能够住在比较好的病房，选择到最里面靠窗口的病床，能够有主治医生亲自会诊，都是他们找了人送了红包。外面坏人太多了，还是回家吧。让过去的事情过去吧！

俞思语出院以后，变得成熟了许多。也变冷静了许多。话也更少了。脸上总是冷冷的。这次生病，头发掉了不少。生病以后，脾气倒是缓和了。比在江山盛世上班的时候，温和多了。

碧海蓝天、空气新鲜的马尔代夫。钟鑫涛、俞思语经常坐在海滩上看夕阳。沙滩上好些老外带着他们的子女欢笑嬉闹。有两三个小孩的家庭是绝大多数。

这一天俞思语对钟鑫涛说：或许他们是应该再生一个。

钟鑫涛顿时喜出望外。俞思语腮边被老公喜不自禁地亲了一口。俞思语望着海的远方笑了。俞思语愿意生养这是一个特大礼物，比钟鑫涛送给俞思语的马尔代夫度假大了很多很多！钟家就是要要男孩，要传人啊！钟鑫涛立刻走到一边，给他妈打电话报喜。报喜完毕走回来说我爸妈高兴到爆。坐了一会儿，钟鑫涛小心翼翼问：你想随便怀还是选性别？ 俞思语的目光还是定在海的那边，结结实实回答：选！这回我要生一个，男人！她把男孩口误成男人了。

钟鑫涛两只胳膊举起来，两只手狠狠地，同时做了一个胜利的手势，耶——！

2015 年就怀！是的，马上就准备怀！马上封山育林，钟鑫涛保证从今天开始就不喝酒了！2015 年怀 2015 年生—— 一个大胖小子。来吧，儿子！

2015 年从马尔代夫朝俞思语走来。俞思语的人生表情稳定了，向前看了，有新的人生目标了，她一脸凝重，凝重之中又增添了暗喜的亮色。

# 2. 钟鑫涛

## 人物介绍

钟鑫涛，1984年2月4日出生。2015年年头，故事发生当年，31足岁，32虚岁。

俞思语的老公。小宝贝钟宇涵的爹地。钟永胜、高红夫妇的儿子。钟欣婷的哥哥。俞亚洲、任菲菲的女婿。俞爷爷俞奶奶的孙女婿。

## 人物表情的关键表述

全中国“只生一个好”时代的人。

武汉市严格执行计划生育国策时代的非典型独生子女。

非典型独生子女的意思是：表面是独生子女，实际上其父母后来还在乡下偷偷生了一个女儿，此乃智慧勇敢的人民群众上有政策下有对策的普遍做法。

性格活跃。积极上进。乐于表达。善于交友。

外人看他就是一个富二代。

他看自己就是一个成功者。

他最擅长的就是自我认可。

诞生于阴谋性怀孕：1983 年春节，钟永胜和高红结婚。这对年轻夫妇并没有按照国策要求与规定，先申请怀孕指标，拿指标再行同房和怀孕，而是擅自同房，偷偷怀了孕，再偷偷做超声波，检测胎儿性别，他们的策略是男胎留，女胎刮。结果第一胎是女胎，就偷偷做了人工流产。刮宫大出血，高红气息奄奄、虚弱不堪。钟永胜不惜与兄弟姐妹翻脸，强行搜刮了全家族的食品供应票证，并到处借钱，确保高红坐小月子能够连续喝几次鸡汤。在吃掉三只老母鸡以后，高红恢复体能，恢复月经，开始长胖。钟氏夫妇的阴谋诡计继续施展。他们吸取前次教训，启用民间生子偏方，有的放矢地怀孕。受孕之后，还是先偷偷做超声波确认胎儿性别，这次是男胎。

1983 年 5 月，钟鑫涛还是胚胎，钟氏夫妇私下坐胎成功。然后，钟氏夫妇马上跑去计划生育办公室，申请怀孕指标，假装婚后从未怀孕的样子，签名盖章表决心：绝对只生一个孩子！顺利获批，拿到指标，胚胎得以在母腹中公然生长。

1984 年 2 月 4 日，钟鑫涛出生。为与计生办批件日期保持一致，钟氏夫妇对外宣称儿子早产。实际儿子没有早产，是足月分娩，瓜熟蒂落。

真相对于生存来说，一点都不重要。钟鑫涛的人生来历，标准版本定型为：一是父母头胎孩子，俗称头男长子；二是早产儿，一辈子都先天不足，要注意补养身体。

面世最初一刻就很辉煌。

钟鑫涛出生即引起轰动：1984 年 2 月 2 日凌晨，足月胎儿钟鑫涛在母体发动。因胎儿过大，入盆姿势不精准，高红剧痛，翻滚一夜一天痛得死去活来都生不出来，母子皆有生命危险，钟永胜赶紧将高红从附近社区门诊转到市立二医院本部，入院就剖腹产，成功剖出新生儿钟鑫涛，重达八斤八两。

八斤八两一大胖小子，出现在普遍清瘦的年代，可是一大奇观。大胖小子一出母腹，新鲜活泼，弹手弹脚，哇啦大哭，很快睁开眼睛，还竭力四处张望。产房医护人员发出一片欣喜的尖叫，都纷纷抢着抱毛娃、洗毛娃、拿襁褓包毛娃，就像玩击鼓传花游戏那样，人人都要来沾点喜气。妇产科外面的走廊上，挤满围观群众。那些待产妇、已产妇以及陪护家属们，倾巢而出，全都拥到走廊上，拥挤在婴儿室玻璃窗外面看稀奇。

钟永胜理所当然地被众人簇拥在玻璃窗最前面。护士们抱着新生儿从产房跑过来，冲着玻璃窗外的年轻爸爸夸张地展示了又白又胖的新生儿以及他胯下的小鸡鸡。围观群众一见大惊，连声啧啧，羡慕不已，转而纷纷打量钟永胜，目光完全就是看一个英雄人物。钟永胜面对身边的群众，顿时自高自大起来，故意踮起脚尖老高，越过人头，与等候在妇产科病房门外的父亲对上眼神，高高竖起大拇指。群众的人头，又跟随转向，也看到了远处的爷爷，也都目光闪闪，羡慕不已。爷爷看到儿子打的手势就知道生的是大胖小子，就大大地笑了，也回应了一个高高的大拇指，更猛抽一口香烟，再狮子张大口一般喷出烟来。这可不是一般爷爷啊！群众都震惊了：从大胖小子到人高马大的儿子，到神采飞扬的爷爷，这一家祖孙三代，威武！这是多大福气啊！

毋庸置疑，这是新生儿钟鑫涛的功劳。这一刻的辉煌与轰动，归因于他自己的肥美与小鸡鸡。

1984 年 3 月 4 日，钟鑫涛满月。

因是头胎且向党和政府承诺保证只生这唯一一胎，男婴钟鑫涛便顺利领取了独生子女证，顺利报上户口，再凭居民户口，顺利办到粮油关系，获得了政府分发的每月一斤食油、九斤粮食、一斤猪肉的供应票证，成为武汉市的合法小居民。作为婴幼儿的钟鑫涛，主要吃母乳，他的定额票证，等于是帮家里赚的，好家伙的，一出生就赚到难得的票证了。

“倾家荡产何所惧，小小儿郎赚回来。”——满月酒钟永胜喝高了，心血来潮，出口成诵，用他自己话说，就是“写了一句诗”。当然，也载入了钟鑫涛的功劳簿。在钟鑫涛的成长过程中，“一句诗”的故事，由父母不断强化给儿子，成为钟鑫涛茁壮成长的家庭语境：他从小就是家族的福星。

自从儿子钟鑫涛出生，母亲高红就办理了停薪留职，亲自带娃，坚持母乳喂养，至钟鑫涛两岁才断奶。奶奶提前病退，当然没病，假造即可，以便全天候辅佐儿媳妇照料孙子。爷爷高瞻远瞩，未雨绸缪，根据“两报一刊”和每天央视《新闻联播》，预感经济体制改革开放是历史大趋势不可阻挡，知识分子将成为国家栋梁，文凭则是登堂入室最重要门票，遂积极折腾，请客送礼，勤跑房产局及换房站，把全家几处零星散布的单位宿舍小房子，调换来调换去，终于在钟鑫涛三岁到来之前，一家三代五口，迁居汉口花桥一村的大房子。那是最新式的生活小区，附近有育才幼儿园与育才小学，教育质量都是一流。爷爷要孙子钟鑫涛从三岁开始就接受最好教育。

1987 年，三岁的钟鑫涛以非市直机关干部职工子女的身份，获得了一个特批入学指标，进入汉口育才幼儿园。这幼儿园园舍是从前教会的欧式小洋楼，红砖小洋楼四周是绿色草坪、花园、秋千、游泳池，全武汉市唯一的最高级幼儿园。只有这样的环境才配得上特宝儿和小皇帝钟鑫涛。

幼童钟鑫涛，没有像一般小孩子那样哭、闹、耍赖，而是大大方方、高高兴兴、蹦蹦跳跳地牵着年轻漂亮女老师的手，随她入园，以阳光灿烂之笑容，走进他人生的集体生活，融入社会，与家人说拜拜。钟鑫涛才三岁啊，简直气度非凡啊。幼儿园大门外送小孩子的家长们简直不敢相信他们的眼睛。钟鑫涛的爷爷奶奶、爸爸妈妈以及家务工人李雨青，都相信自己的眼睛：他们钟家这个孙子，就是气宇轩昂、气度非凡、气吞山河。

1989 年 6 月 1 日，钟鑫涛五岁，忽遭一劫。这一天是国际儿童节，家人带他去中山公园游玩，划船落水，差点淹死。其严重后果是：一、导致钟鑫涛终身怕水，不会游泳；二、导致钟氏夫妇极度恐惧，认为只生一胎太不保险，就蠢蠢欲动，胆大包天地再施阴谋诡计，严重违反独生子女国策，私下再生一胎，为家族后继有人搞了一个双保险。后来遭群众举报，东窗事发。

1994年，十岁钟鑫涛，遭遇人生第一个重大社会挫折。钟鑫涛十周岁，是钟家的大日子。风俗习惯就是这样：男孩子是要隆重过十岁的。何况钟家认定钟鑫涛这男孩子绝非等闲之辈，更是隆重得不得了。不料就在这天大清早，钟鑫涛已经是重点小学育才小学三年级学生的时候，学校领导叫去了钟永胜、高红夫妇，通知他们：他们的儿子钟鑫涛受到除名处分。原来是钟氏夫妇偷生二胎东窗事发了。紧接着，大人小孩都遭到一连串严厉处分：钟鑫涛独生子女证被收缴，独生子女待遇被撤销；钟氏夫妇双双被开除公职。家里顿时塌了天。钟氏夫妇痛不欲生，鬼哭狼嚎，又互相指责抱怨争吵不休。一直被排挤在偷生二胎机密之外的奶奶，也趁机兴风作浪冷言冷语，大有幸灾乐祸之嫌。爷爷拍桌子、打椅子，要求全家保持高度镇定，还打了奶奶一个大耳光。

十岁的钟鑫涛，虽然少不更事，不明就里，但是家庭这幅画面令他十分惊恐。大有晴天霹雳之感，发高烧连续七天不退。

钟鑫涛以及他父母的灭顶之灾，还是靠爷爷。钟家爷爷挺身而出，最终化险为夷。

爷爷动用了平生积累的全部人脉关系，连几十年前他自己的入党介绍人和被他自己介绍入党的人，只要有一定官职的，都逐个找到了，都逐一登门拜访了，都发自肺腑地恳求和拜托了。自然是不兴空手跑到人家家里的。爷爷一辈子的存款和珍藏的几瓶茅台和五粮液，全部用掉，再及时将二胎女婴送人，村里也配合开具了文字材料，证明该女婴系本村某妇女所生。再慷慨赞助育才第二小学一笔钱建设图书馆。终于，熬到1995年春节过后，钟鑫涛得以插班入学，进入了教学口碑更好的育才二小。钟鑫涛比全班52个同学少上一个学期的课，拼搏赶超不仅是全家对他的殷切希望和谆谆教导，也成了他的自觉行动——灾难是最好的老师。

钟永胜、高红恢复公职是不可能的，计划生育国策一票否决非常严厉。但是他们也并没有沦落成社会渣滓，没有无着无落地在社会上游荡，有一口吃一口，没吃就硬挨饿。他们夫妇都被武汉东方红搪瓷厂聘用了。钟家爷爷就是该厂“文革”时期的军代表，现任党委书记。该厂厂长是高红的父亲。主要是时机也不错：经济体制改革开放开始了，工厂有聘用能人的自主权了。企业的用工编制，劳动局权力下放了。

期末考试，钟鑫涛所有成绩都在 95 分以上，政治进步，还戴上了红领巾和三道杠。

欢声笑语又回到了钟家爷爷荫庇的大家庭。

1997 年 5 月 4 日青年节，是钟家的大喜日子。钟鑫涛同学在爷爷的精心教育帮助下，政治上一直都很要求进步。这一天他加入了中国共产主义青年团，成了共产党的后备军，是全校初中二年级学生中唯一的一个。

钟鑫涛才 13 岁，就已经获得了这么高的政治地位。全家都很高兴，爷爷格外开心。

早几天家务工人李雨青就开始忙碌了，打酒买肉，剁肉泥、斩猪蹄子，家里砧板刀具乒乒乓乓响得好听，厨房肉香四溢。正日子到了。钟鑫涛在学校宣誓的活动结束，兴奋不已地戴上团徽回家了。家里女人们踩着轻快碎步，上了一大桌子菜。好酒满上。爷爷上座。钟永胜要陪老爷子痛饮一顿了。动筷子之前，钟鑫涛为全家表演，高唱了一曲少先队队歌《我们是共产主义接班人》。因为这个歌好听，很流行，钟鑫涛一唱，爷爷奶奶父母亲都跟着唱。按说今天应该唱团歌，只是钟鑫涛还没有学会，团歌也不好听，没有流行起来。家里气氛是好得不得了。季节又是春天，金银花藤蔓都爬上了窗户的防盗网，争先恐后想要开花。只是世事难料，人都不知道下一刻的事。下一刻乐极生悲：钟家爷爷被他自己最爱吃的红烧猪蹄骨头卡喉，食道大出血，抢救无效，当场去世，不算高寿，才六十多岁。

钟鑫涛哭得死去活来。一般 13 岁少年都不懂这么哭的。实在是爷爷太宠爱他、太看好他了。祖孙的感情深似海洋。

三个多月以后，家里再次发生大事。钟鑫涛参加了一个暑期夏令营回家，不见了奶奶。钟鑫涛被他父母悲痛地告知：奶奶因为爷爷去世伤心过度而突发心脏病。大夏天尸体腐烂太快，医院直接就送去了火葬场。自然是不能够等到钟鑫涛回家。再说也没有必要，奶奶和钟鑫涛感情一般是不是？多年以后，亲朋好友中有小道消息才传到钟鑫涛耳朵里，据说奶奶并没有去世，是改嫁了。钟永胜拒不同意母亲改嫁，盛怒之下，他与母亲彻底断绝母子关系，从此老死不相往来。钟鑫涛一直还没能找到机会与父母聊一聊这个事情。但是需要聊吗？钟鑫涛不确定。他的人生，时间一直都非常紧张。钟鑫涛又好强，成绩要好，政治也要好，别的都顾不上了。

钟鑫涛的人生表情，就是他贴在自己房间墙壁上的座右铭：好好学习，天天向上，不吃零食，不搞对象。

1999 年，钟鑫涛 15 岁面临淘汰式的残酷中考。2002 年，钟鑫涛 18 岁面临竞争激烈的高考。钟永胜、高红夫妇都有花重金寻求民间高人给钟鑫涛看相，都有去汉阳归元寺拜文殊菩萨捐香火，都有去新洲孔子问津处烧高香拜孔子。父母把能够想到的办法都做了，宁可信其有不可信其无。正如看相大师所说：钟鑫涛属相为子鼠，而 1984 年的子鼠，是海中金命之鼠，是屋上之鼠，世运高高在上，一生衣食无忧，天性灵巧活泼，与人亲善，容易相处，人缘财源都是左右逢源，只是要注意小人不可得罪，切勿轻信任何人，谨防朋友下套。

钟鑫涛的性格，似乎正被大师说中；钟鑫涛的运势，似乎也正如大师的预言。

钟鑫涛从小学到大学，虽小有挫折，但最终好运。他从小到大上的各种培优班、精英班都是武汉市价格最高的，老师也是最厉害的，厉害到考试总能抓到题的。钟鑫涛的考试分数也就不负重金培养，总归能够上到重点学校。钟鑫涛还有一般学生不具备的优势：他深信自己是世纪人才。就这一点，去世的爷爷已经对少年时代的钟鑫涛，完成了充分灌输并使这一信念牢固确立。钟鑫涛在学校就很是自信与大胆，发言啊讲话啊表决心啊，钟鑫涛都毫无惧色勇往直前。钟鑫涛还一直保持着尊师爱校、团结同学的优良品格。从戴上红领巾的那一天开始，钟鑫涛每天看央视《新闻联播》，《人民日报》《光明日报》《参考消息》三大报纸是必读。11 岁戴上三道杠，12 岁担任中国少先队武汉市江岸区总队副总队长，戴上四道杠。戴杠是可以为升学加分，让学校优先录取的。13 岁入团。钟鑫涛初中得以进入武汉市华师一附中，寄宿学校，全市最牛逼的重点中学之一。初二参加“楚才杯”作文比赛，以《人民的理想我的梦》获一等奖，这个奖项也是可以加分的。以钟鑫涛所有的政治表现累计加分，加上他文化课不错的考试分数，初中毕业得以稳稳升入华师一附中高中。这个牛逼高中的高考入学率，是十分牛逼的百分之百，只是大学等级的不同。2003 年，钟鑫涛考入中国地质大学，211 全国重点，挣足了面子，校址又在本市，正合他父母钟永胜、高红心意。父母一直可以看到儿子。钟鑫涛本硕连读六年，学生干部，在校入党。2009 年毕业，说好暂时不接家族生意，先在外面经风雨见世面，就选择了中国矿产集团武汉分公司，大国企，好公司，专业趋势在国际上特有发展潜力：矿业开发！最可贵的是金属原料市场！

钟家花好月圆，皆大欢喜。

钟鑫涛的人生表情是志得意满，男青年的脸也笑容灿烂、容光焕发、像一朵早春的雄性鲜花。

唯一的美中不足在性方面。

这个美中不足还是一个很严重的不足。关于性知识既没有学校授课、老师讲解，也没有任何教科书或者其他明白易懂的生理知识书，更没有父母教育会主动涉及这个方面。除了小时候顽童们的粗口和叫骂，再就是后来网络上的夸张和乱说，影视里涉及的其实都在性知识之外，是戏剧化的谈情说爱形式。与现实中的真实相距甚远。多年来，性这个东西和它所包含所生发的意义，好像被一种强力，阻隔在钟鑫涛的生活之外。

钟鑫涛青春的首次疑问和焦虑，发生在16岁。

2000年冬季，16岁的钟鑫涛发生了首次梦遗。早晨发现时，他脸都吓白了。低头、埋眼、羞臊不安，手脚没处放，悄声对爸爸说："爸，我把床单糊了。"

钟永胜愣了一下，旋即明白，赶紧安慰儿子说："没事！不怪你，是梦。这种梦就像感冒咳嗽吐痰，男人都免不了的，结婚就好了。"

"你能不能不告诉妈？"

"当然不告诉！她一个女的，大男人的事，告诉她干什么？你就放一百二十个心吧！我来处理，你只管把精力集中在学习上！"

钟永胜当即扯起床单，一卷一窝，塞进一只双肩挎包，然后致电李雨青，说鑫涛床上的旧床单，我带到公司午休用了，你给铺个新床单啊。说罢，钟永胜把儿子肩膀一拍，两人来到饭厅吃早饭，行若无事。高红正忙于吃早饭和她自己的穿戴化妆，随口问了一声你要李雨青做什么啊？钟永胜当没有听见，无需回答。高红也很习惯自己的问话没有回答。清晨总是时间不够，上班的上班，上学的上学，总是都在抢时间。于是高红也就对儿子的初次梦遗一无所知。

这是少年钟鑫涛的一次启蒙教育。与性有点关系，但又和性几乎没有关系。父亲教给儿子的是处世哲学：一个人，处事待人，首先要会装和瞒。就算你身上发生了最最最丢脸羞耻以及所有不可描述的……你也要当没事，绝对当成没事！深藏不露。一脸麻木。面无表情。就算是你亲妈也不告诉。谁能够把你怎么样？谁有嘲笑和打击你的机会？

钟鑫涛确实是一个好学生，很快学会，事后就悟出这个道理来了：处事待人，首先要会装和瞒。还是父亲老练厉害，难怪他能够挖到第一桶金。

一个喜笑颜开的少年，自从首次梦遗以后，人生表情就开始逐渐发生微妙变化：木着脸、无表情。钟鑫涛在女同学眼里，看起来就很深沉很正派了。

大三下学期开始，钟鑫涛荷尔蒙分泌特别旺盛，嗓门粗了，胡茬子长出来了，脸上老是冒青春疙瘩，东一颗西一颗的。老远看见漂亮点的女生就身体发热，脸红。拐弯，绕道走，躲开。钟鑫涛尽量避免单独面对女生。因为女生开始有攻击性了，主动碰他胳膊呀手呀。每一次皮肤上的亲密接触，钟鑫涛灵魂都要战栗。每一个有意无意触碰他的女生都是一道突然袭击的奥数题，钟鑫涛一看就蒙。没有上过奥数培优班，没有做过任何练习题，这种题就完全不懂。

钟鑫涛参与集体活动活跃。大家一起演讲啊说啊唱啊高呼口号啊，都没有问题，这种题他懂，有套路。单独碰手他就不行。钟鑫涛又是富二代，又是学生会干部，大学生党员，长得也没有多大差错。女生的胃口都被他吊了起来，以为他挑剔，看不上一般女生，心目中有自己的女神。同学之间，这些话传来传去，令钟鑫涛颇为难堪，愁肠百结。

父母也看出来了。

钟永胜、高红夫妇私下聊了聊。觉得儿子是以前爷爷教育得太正统了太严肃了。高红一方面自豪，说还是我儿子好，没有接你风流成性的代，一方面又发愁，怕搞不好会影响以后正常结婚生育。钟永胜说你放屁，我风流？还不都是你勾引我的！于是夫妇俩认为单纯小青年还是需要女生勾引勾引。钟永胜有点担心出事。高红说：我们家是男生，能出什么事？不过就是搞大女生肚子而已，搞大了我来搞定——高红处理这方面事情易如反掌，现在外面多是物质女生，有钱就能搞定。

很快钟鑫涛发现自己的生活环境忽然大变：父母给他在校外租了房子。说是单独居住学习和休息更容易自己掌握节奏和调剂生活。是啊，对的！父母让他去学了车、拿了驾照，然后 21 岁生日礼物就是一辆小车。说是时间就是金钱，有车速度更快，更能抓紧自己时间。说是当代青年应该有大气魄，小车的好处就是极大扩展了人生交游范围，你行路的半径有多大，你的人生就有多广等等等等。钟永胜是一个特别喜欢也特别善于说话的人，俏皮话，顺口溜，时髦的，流行的，他都可以把儿子说到晕倒，说到笑倒。他要说的实质性问题，就都埋伏在晕倒笑倒之中，那就是：钟鑫涛在校园里小车一驾，女生们就会为他疯狂。然后高红也在节假日亲朋好友的饭局和麻将桌上，用武汉话的那种调笑口气公开暗示了儿子，说："我当然有福气啊，我儿子都可以玩姑娘伢了！一不小心我就可以升级当奶奶了哈哈哈哈！"

钟鑫涛的父母不说只做。他们对儿子的怂恿，都只用行动来表示。

钟鑫涛在父母营造的"不妨玩点姑娘伢"的语境中，自然就明白了，就开始顺应自己身体的呼唤，小心翼翼与女生交往起来。

首先肯定是选漂亮的。食堂买饭时候要钟鑫涛帮忙排个队，漂亮的她有点急事出去一下。漂亮女生一般手也还算漂亮，碰上钟鑫涛手，钟鑫涛手背皮肤一阵麻，他硬是坚持承受，不再躲闪。

接下来周末就约在一起出去玩了。玩主要是逛一些豪华商城综合体，时尚服装看看，艺术首饰看看，书店也进去翻翻书，再吃饭喝咖啡。女生说生日快到了，暗示钟鑫涛应该主动买点礼物。女生都喜欢名牌包包或者苹果手机。钟鑫涛不是很舍得花这种成千上万的冤枉钱。钟鑫涛就是老着脸不买，只逛不停脚。不是钟鑫涛没有钱，是他认为时候不到。钟鑫涛什么人？父母都是成功企业家，自己是成绩不错的学生会干部、党员，又不是个傻子，不会碰了一下手就割肉挨宰。钱方面，钟鑫涛最沉得住气。

几乎每一次约会，都没有两个人谈恋爱那种感觉。约会都在公开场合。公开场合的所有人物、所有存在都会参与进来。背景音乐，店铺装潢，这家还不错，够酷啊。还有其他人，在其他桌子上，喝其他咖啡和点心，玩其他手机，约的是其他女生，或者几个男生，间或传来两个字"我操"。几个女生，叽叽喳喳中泛起一阵阵神秘的笑声，以及诡异的和嘲讽的笑声。补妆，自拍，眼睛到处张望，假装并不在张望他人。和钟鑫涛约会的几个女生，都是这样，与陌生人更容易水乳交融，在咖啡店一坐就像牛奶融入咖啡，和这个说说笑笑，和那个也说说笑笑。见面熟。

这一幕结束，下一幕开启。公开约会转入单独面对面，在钟鑫涛的出租屋。

钟鑫涛在第一幕没能够提起兴致，以为第二幕会好起来。第二幕才是实质性的重头戏。

哪里知道，演员和剧本是两回事。钟鑫涛和女生一起走进他的出租屋，忽然，钟鑫涛一阵失重。失去了公开场合的依托，人好像忽然就会失重。女生看起来也是。半个屁股刚坐到沙发上，拍拍沙发，站了起来，晃来晃去。再把半个屁股搁在床沿上，又拍拍床沿，站起来，晃来晃去。男女两人，都有点尴尬。说什么呢？就傻傻笑笑。

其中有些女生，窘迫得受不住，忽然说哎呀还有急事呢差点忘了，自己就赶紧开门，一溜烟走了。还有些女生留了下来，先聊天。总要聊点什么吧？女生聊天一般都话多一点：你爸是做什么生意的？你妈在你爸公司一起那做什么职务呢？哦财务啊。是啊是啊，女的一般都管钱。男的有钱就变坏。你父母是武汉新移民还是城市土著？土著几代？！啊呀我的妈，那你家多少套房啊，听说以前城里有单位人人都分配公房的，你家几套房敢不敢说实话？呵呵。失重感好不容易克服掉，又一阵眩晕感袭来。进屋的分明是一个漂亮女生，在她说了这么多话的状态下，就只剩下了一张嘴。嗷嗷待哺的雏鸟的嘴巴，活生生就是电视探索频道里头的画面，鸟巢中的饥饿小鸟，只管喳喳叫。钟鑫涛受不了了。他忽然说哎呀还有急事呢差点忘了。女生自然也要马上离开。开门。出门。钟鑫涛无话，锁门，简单粗暴。

男女关系好难啊！

钟鑫涛有苦说不出。不如自己动手。一个人一个身体，不会闹分裂。自己的手与自己的下体，配合默契，无师自通。脑子里头的想像力也很配合。视觉也很配合，只需要给它美女图片就好，网络图片、杂志图片，都不挑剔。有时候很快，几秒钟就撸出了祸水。祸水一挤掉，心就单纯了。该做什么做什么。学生会正在筹划几个大活动忙得要命：对口扶贫。演讲比赛。志愿者在行动。去养老院做好事。

但是大家暗地里都传手淫不好，对身体有害，容易肾亏，影响以后生育，长期撸和过多撸，会导致阳痿早泄或者阴阳失调。是啊，男女就是阴阳啊。这一点钟鑫涛相信。否则大家都要结婚干什么？肯定还是男女做那事对身体最好吧。钟鑫涛害怕了。为了健康和未来，他只得节制用手。那么，就还是不得不回到男女主题。

男女主题好理解，科学上称为性交。钟鑫涛都私下百度过了。可是百度来的缺乏标准官方答案，缺乏男女正规正常的做事细节。许多都是网友乱写，疯癫的，下流的，胡说八道图嘴巴快活的，反正都用的网名，完全可以不负责任，网上过干瘾。钟鑫涛还是只能靠自己摸索。

细节全是陌生的。不同人的细节，还都是不一样的。少数女生，好不容易，进行到了拥抱、接吻、脱衣和上床阶段，女生一边脱一边低头哧哧笑，手指捂住嘴巴，视线到处飘。女生在说什么？问什么？看什么？钟鑫涛既听不清楚，也判断不了。女生衣服一脱，就连人带声音玩漂移，整个板块都游离到十分遥远的远方，只有模糊的影子和含糊不清的嗡嗡声。钟鑫涛也拿不准是否自己的视觉和听觉突发了什么毛病。网上都说男的应该主动一点对不对？一般女的更害羞。钟鑫涛要明确自身是一个男的。一个男的！一个男的！男性意识一明确，体内荷尔蒙就开始分泌。激素促使钟鑫涛张开双臂，扑上去拥抱。四条胳膊怎么放？谁在上谁在下？ 怎么抱起来两个人就像打架，左右都不合适？有的女生会提出请求：来个公主抱好不好？这个时刻男的怎么好意思说不好？ 不好就是男人没本事。钟鑫涛没有退路没有余地，上前就把女生拦腰一抄，女生也就娇态毕露地往后一仰，结果人仰马翻，两个人歪歪扭扭、拉拉扯扯跌到了地上。钟鑫涛胳膊实在没有力气，抱不起这么重的女生。女生体重多少？钟鑫涛估摸不出，他又不是体重秤。女生腰也给扭痛了。这次肯定就不好意思再走下一步，都赶紧穿好衣服，拜拜。拜拜。

几次不成功的上床，钟鑫涛还是有收获的。至少学会了一点：绝对不再搞公主抱。

奇怪的是女生，她们似乎都很渴望公主抱。被肌肉男轻而易举抄起来，托在手里，往床上丢，她们愿意，往海里丢，她们也愿意。钟鑫涛完全无法理解这是几个意思。后来几度遭遇漂亮女生提出公主抱，钟鑫涛就说我背你吧，背坨坨换酒喝——这是我爷爷教我的古老儿歌，是我最美好的童年记忆——只好请文化出来帮个忙解个围了。女生都会不好意思没文化，就同意背坨坨了。

钟鑫涛背了好多次女生。都很辛苦。就是扛大包、做苦力的码头工人的感觉。丝毫没有约会感。约会至少得看见脸吧？女生一上后背，脸就不见了。以后碰到怀有这种希望的女生，再漂亮，钟鑫涛也不得不割舍。女生真的很奇怪，她们在约会中会提出很奇怪的希望，钟鑫涛网上都查不到，他真的完全无法理解这是几个意思。比如：女生的包包，那种精美小挎包，大名牌，很炫目，本来就是装扮女生的，里头装的也是女生常用品，都是说用就要用的纸巾、粉饼、口红、卫生巾，还有手机，可是他妈的，她们却希望背在男生身上。每次钟鑫涛被迫替女生背上女包，心里就一阵别扭，觉得自己顿时好娘好难看。女生为什么这么做？不知道！无解！纵然看遍美国好莱坞爱情片，都找不到答案，绝对无此画面。钟鑫涛只好认为这是中国特色了。

好在天无绝人之路。钟鑫涛各方面条件实在很不错，还是有女生愿意删繁就简，直接上床做那事。但是直接上床，同样是细节问题很严重。好比突然袭击的考试，当场就发卷子，限时交卷，卷子一下子摊开在钟鑫涛面前：立体几何！

几何：研究空间结构以及结构性质的一门学科。

钟鑫涛课本学习还算聪明，功课不错，除了数学几何，其他都可以拿高分。但是几何，尤其是立体几何，是他的致命短板。钟鑫涛第一次把手伸进刘雪晴内裤里头，一手毛，也就是这么一块三角区域，满是浓密的毛，其中还碰到了有点硬硬尖尖的东西，不会是比较小的鸡鸡吧？这刘雪晴，是女生还是男生？会不会是个男性化的女生？钟鑫涛身体就收缩了，手也赶紧缩回了。功亏一篑，只能顾左右言其他。

钟鑫涛没有找到传说中的那个小洞洞，帮刘雪晴扯上了内裤，刘雪晴感动得流泪了，高度肯定了钟鑫涛。说钟鑫涛在关键时刻还是克服了人性弱点，牺牲了自己欲望，成全了女生的贞洁。钟鑫涛表示他一定会更加谦虚谨慎、戒骄戒躁，接着以最快速度结束了约会并结束了关系。害得刘雪晴不明就里，痛不欲生，留下了一辈子的心灵创伤。

下一次，也进展顺利，很快被女生默许摸下面。是欧阳潇潇，还是胡杨潇潇，还是叫韩李楚楚？反正四个字的名字。钟鑫涛没有能够记得住。拥抱没有踉跄，钟鑫涛暗中使劲把脚跟站稳了。下面的隐秘处也摸到了。上面开始接吻，女生往后一躲，说我们好不好先刷个牙再——？这四个字姓名的女生，自己还戴着矫正牙箍，自己嘴巴里头寒光闪闪，似乎嗅到钟鑫涛口气不佳。女生疑似嫌弃，钟鑫涛身体就收缩了，手也赶紧缩回了。功亏一篑，只能顾左右言其他。

钟鑫涛其实始终不知道接吻谁发明的，一点都不卫生。当嘴巴与嘴巴一接近，涎水、浓痰、龋齿、口腔炎，马上都会被钟鑫涛联想起来，还加倍放大。还有其他都还顺利，女生也不要求拥抱接吻，手可以直接摸进去，结果一摸：没有毛。光秃秃像和尚脑袋。这正常吗？女生恐怕有病吧？蔡雨欣，是这个名字吧？钟鑫涛特别喜欢这个名字，不知道为什么，一看名字就想见到人，人也是学生会干部，低一年级的小妹妹，粉嫩白脸，蛮不错的。郎有情妾有意。待衣服一脱，明显两个奶子不对称。小脸蛋很白，身体很黑，还粗糙，汗毛那么长。钟鑫涛黯然神伤。

男人世界有一传说，据说女人都是一样的，关了灯。简直严重误导！每一个女生都是她们独特的自己。钟鑫涛在男女的路上摸索得好累。钟鑫涛以为自己不管多累，总算积累了一些人生经验。但一旦面对女生的突然变化，钟鑫涛所有的经验都作废了。这个突然变化居然是：上床一次，跑掉一个。上床一次，跑掉一个。最多睡两次，女生就不再出现。怎么约也约不到。最近好忙。校园里，小路那头，远远看见了，女生明显躲闪了。钟鑫涛条件这么优越的男生，为什么会被女生甩掉？看来有文化的女生，仅有优越条件也是不够的。那么还需要什么呢？钟鑫涛好苦恼，死活想不通。还跑去缠住其中一个女生，逼着问。女生死活只说五个字："感觉不合适。"睡一次，两分钟就感觉不合适？女生红脸，点头，跑掉，不要再找我！

钟鑫涛的从少年到小青年阶段的人生表情，除了在表面竭力保持阳光活跃积极开朗之外，一离开表面事物，独自相对，就是一副沮丧模样。除了沮丧还是沮丧。脸上的青春疙瘩都结疤了，变酱紫了，内心却还有大面积的青春疙瘩，正在发炎，尖头猩红，又痛又痒。

钟鑫涛与社会上的狐朋狗友喝酒。喝高了，他们都吹自己睡了多少女生。钟鑫涛从来不吹。他没觉得睡了多少就是好事。他喜欢听人吹。发现男生都喜欢胡编乱造，瞎吹牛，也蛮好玩的。不过哎，还真听到一些好主意：别一上来就找那些高大上女生，女生越有文化毛病越多，又矫情兮兮的，不好玩。想爽，就找那种地县进城的新移民女生，父母来打工的，女子职高或技校或在超市或洗脚屋或餐馆打工的，那种小妹子，可开朗了。LV 小包，网店 A 货，又不贵，一个包就可以打倒。先玩了再说。先长知识再说。有钱没钱，都要过年。哄她说有钱不就行了嘛。钟鑫涛倒是不缺钱，有条件尽情玩。

钟鑫涛也就动心了。他有什么条件尽情玩？兄弟们啊，大学校园箍住了。女大学生又丑。兄弟们说这个好说啊。只管开口啊。外面漂亮鲜嫩的小妹一抓大把啊！钟鑫涛就喊服务员美女美女，再上酒再上菜，钟鑫涛买单。社会狐朋狗友很快就把事情办成了。下一次饭局，带了三个鲜嫩小妹任钟鑫涛挑。钟鑫涛就挑了李小雪。李小雪鲜嫩到掐得出水那样子，才 18 岁，就是笑点低。随便人说什么段子，不好笑的笑话，她都笑。一笑还都是一串滚动的那种，大珠小珠落玉盘。钟鑫涛身为苦恼人，被这笑撩得开心，也可以跟着无原则地笑。一顿饭结束，钟鑫涛当场赠送小礼物，牌子不错的手机一部。李小雪立刻就咯咯笑地谢谢涛涛哥哥。散场后自己主动跟着钟鑫涛，欢快地钻进他的小车。进了钟鑫涛的出租屋，主动就跑去冲澡，上床，在被窝里脱掉衣服，用下巴压着被子，朝钟鑫涛咯咯笑。钟鑫涛乐了。一乐，就比较放松了，也跑去冲澡，再跑出来直接钻进被子。在被子掩护下，钟鑫涛一下子就爬到小雪身上。小雪立刻模仿影视叫床声，明显失真走调这可把钟鑫涛逗得笑死了。小雪自我解嘲说：哦太快了，是有点假。钟鑫涛更乐了，说你还蛮幽默的。小雪说：我就是幽默。钟鑫涛说：这可不容易！是个大优点！小雪说：哥哥啊，不难，实话实说就行，我就是只会说实话，刚才我叫早了，现在叫怎么样？

钟鑫涛大乐，射了。前所未有的舒服。凌晨，钟鑫涛又被自己的勃起弄醒，再次翻身上马，又做了一次。钟鑫涛快乐地想：自己终于也有吹牛的资本了！

再见面的礼物，就是钟鑫涛真心要送的了。一只LV小挎包，当然是网购A货，但货色不错，李小雪根本看不出来真假。女孩子高兴坏了。跳进钟鑫涛怀里，又亲又抱，两人自然就把那事又做了一回。搞得钟鑫涛都想把小雪娶回家了。做我老婆好不好？好啊老公！小雪这就叫起“老公”来了。钟鑫涛也叫小雪“老婆”起来。不久“老婆”就给“老公”报喜：她怀孕了！

怀孕？！这就是传说中的怀孕？ 会临到钟鑫涛身上来？钟鑫涛猛然一惊：大事啊！这是真正大事！小雪的肚子就要逐渐大起来，全社会所有人，包括同学父母家人都会看见这个肚子，都会发声和采取行动：道德不道德啊？负责不负责啊？小孩子出生了怎么办啊？钟鑫涛就要硕士论文答辩了，他时间和精力都得集中在答辩上，他不可能同时答辩同时思考让小雪怀孕了的他该何去何从。

吃惊过后，第一时间，钟鑫涛告诉了他妈。怀孕是女人的事，告诉自己母亲很自然很顺口。高红在电话里一听，愣了，随即就哈哈一笑，乐了。高红第一句话就是：“哎哟喂我的儿子！”钟鑫涛就知道父母不仅不会责怪他，甚至还会惊喜，自己儿子能够搞大女孩子肚子了！是个真男人了！钟永胜会为这桩事实惊喜，高红也会为这桩事实惊喜——事实说明自己儿子具有男性能力——现在社会上的不孕不育症越来越多了！父母一惊喜，说不定就同意钟鑫涛娶小雪算了。钟鑫涛倒是愿意娶小雪的。小雪年轻、漂亮、简单、幼稚、放松、随意，一笑就是一大串，这样一起生活愉快，最重要的是小雪让钟鑫涛做那事很舒服很舒服，身心畅快，这种感觉太好了——这一点自然就无法对父母说了，怪害臊的。好在怀孕说明了一切。钟鑫涛真不在乎小雪文化低，在超市打工，父母都打工，在武汉上无片瓦下无寸地，家中还有一个弟弟上初中。无非女方家经济条件差一点，钟家经济条件好就行了呗。还有钟鑫涛自己，这么强事业心这么好的探矿专业，将来前途无量，钱会大大地有，养个老婆还怕养不起？

钟鑫涛此时的人生表情，都是要结婚的表情了。很男子汉地搂着小雪，大包大揽地请“老婆”放心！

这是一个阴谋啊！钟永胜、高红夫妇第一时间的惊喜，那是为儿子的男性能力，第二时间就同时从对方眼神中读到了他们共同的判断：阴谋。讹钱。现在社会上这种女孩子多了。钟永胜、高红什么人，能够逃过他们的火眼金睛？儿子是太年轻了。也好，有这么一次人生经历也好，受一点锤炼，以后就有经验了。

儿子啊，你有没有想过被人讹了？

哈哈，钟鑫涛大笑一声：我？小雪会讹我？她才18岁耶，还是个小丫头耶，满脸都只一个大写的词：单纯！

钟鑫涛了解小雪。钟鑫涛更了解自己。小雪的验血单，他看过了。他也懂得提防女孩子玩假孕，也找了一个借口亲自带小雪去了另一家医院，亲自看着检查结果出来：真怀孕了。小雪这女孩子的优点就是喜欢实话实说，文化程度低、年纪小，还没有学会不说实话。

钟永胜和高红对看一眼：得，儿子鬼迷心窍了。男人年轻时候都难免遭此一劫。钟鑫涛好在不会落难，不会终身陷入困境，有父母把关呢。钟鑫涛安心，集中精力，做好硕士论文答辩。父母先调查了解一下。如果小雪真是一个纯真的好女孩，一心只爱钟鑫涛，那就娶回家，钟家巴不得儿子早生贵子呢。万一不是这种情况，那也会让钟鑫涛看得明明白白。

怎么样？

好的。钟鑫涛同意。钟鑫涛还是蛮佩服父母的。也难怪他们生意做得好做得大。父母的确更理性、更有智慧。钟鑫涛得冷小雪一段时间。就说忙硕士答辩。小雪说嗯你忙。就冲小雪这份爽快放手不缠人，钟鑫涛真是蛮想娶她的。

事情并没有耗时多久。高红警察出身，办事麻利得很。很简单，父亲钟永胜陪着儿子钟鑫涛待在一排屏风后面，不出声，听着就好。这边小房间，高红请李小雪吃饭，结果摊牌。钟永胜、高红夫妇处理问题绝不遮遮掩掩，拖泥带水，只是一番小小设计，儿子钟鑫涛就足以死心。

高红带小雪一坐下，服务员就来问，有几种餐前开胃小食你们想点那种？小雪抢着点了一碟油炸虾片。还可以点一种，小雪抢着说我还要油炸虾片。小雪叽叽喳喳告诉高红：她最爱吃油炸虾片了，以前家里只有过年才偶尔吃到。两碟油炸虾片上来，小雪扑上去，嘁里喀喳，一口气就吃光了。连做做样子礼让一下都没有。没有教养得如此直截了当——还娶回家当儿媳妇？高红笑而不语，坐在那里看小雪吃完。小雪醒过神来，说：孕妇好像都是这样吧？高红说：得了！这才怀几天，远不到嘴馋时候，你就是天生嘴馋，缺乏家教。小雪也不介意，说：是啊，我家教的都是抢着吃。

转入正题：小雪，清单都开好了吗？开好了。高红念道：打胎五万元整，坐小月子营养费五万元整，精神赔偿五万元整。高红笑道：总共15万元整对吗？这也太贵了吧？10万好吗？一次付。小雪没笑。小雪一脸凝重，说：不兴讨价还价的。等等，另外还有一笔治疗费。小雪拿出一本病历复印件，以证明她所述属实：小雪和钟鑫涛在一起以后，就开始下身发痒，宫颈糜烂。“你儿子让我得了妇科病，毁了我一生，现在看病又贵，再加一万。”

小雪呀，这就不好了，你这是讹钱啊，谁知道你以前跟哪些人鬼混得病的？

阿姨啊，你骂我我无所谓，你这么大年纪了，至少要为子孙后代积点口德！

16万元整。一分都不能少。少了我就生下来，抱你家，牵出去让大家看看，长得像谁。

唉小雪呀，你才18岁啊，一脸单纯还蛮可爱的啊，一定是有别人背后教唆你吧。

阿姨这你就不要操心了。签字按手印吧。

钟鑫涛目瞪口呆。在目瞪口呆之前，几次想要冲过去，钟永胜按住了儿子。钟永胜朝儿子摇头，手指放在嘴唇上，十分冷静。价格的确比玩婊子都贵多了。但是钟永胜不会为这 16 万发生任何冲突。有的人生教训，就是用钱买来的。被父亲一再制止，钟鑫涛的激动，也就慢慢平息下来。钟鑫涛暗暗希望能够听到小雪提一提他，但全程没有。钟鑫涛根本不是小雪的中心议题。小雪只有 18 岁，但嘴尖舌快，不输高红，这是钟鑫涛从来没有看见过的另一副面孔。钟鑫涛深感自己过于菜鸟。最后就带着菜鸟的羞愧，目瞪口呆了——这就是钟鑫涛在搞大女孩子肚子以后的人生表情。

儿子玩到这一步，也应该算是玩够了。

钟鑫涛玩到这一步，也应该算是玩够了。

小雪的事过去之后，父母与儿子也没再说什么。钟永胜喜欢说俏皮话，说说笑笑也就过去了。高红都不屑于插科打诨，事情过去了就是过去了，一切朝前看。钟鑫涛综合继承了父母二人的性格基因。大家就有了共同的人生感觉：玩够了。硕士文凭也拿到了。大国企的入职上班也顺利。下一步就是按结婚对象的标准，去找结婚对象了。然后规规矩矩，生儿育女，让父母早抱孙子，升级为爷爷奶奶。顺理成章，这就是人生。

钟鑫涛同意父母意见。钟鑫涛对父母多少有点歉意，更多是感恩。钟鑫涛几年来和女生的相处可以说是一场灾难。对外面狐朋狗友吹牛是要吹的，但是实际上的确也是烦了。父母的熟人朋友介绍来的女生，见过几个以后，也烦了。第一次见面十分钟之内，肯定开始谈条件。男对女什么要求？女对男什么要求？就这样按图索骥地配婚，就算女生长得还算漂亮，钟鑫涛也提不起精神来。这种程序化的婚配，对于还有梦想的年轻人，真是无趣，真是庸俗。

唯一，仅仅，只是，钟鑫涛最后不能够甘心这个样子。

要不老爸老妈，干脆你们说哪个好就行了，不用我一个个看，我看来看去都一样。

钟永胜、高红又互相看一眼，他们懂儿子心思。他们也是年轻过的，甚至现在也还觉得自己是年轻的，也还是挺喜欢一些浪漫的东西的。唱歌啊跳舞啊外地旅游看风景啊结识新朋友啊，他们都还很喜欢的。更何况钟永胜和高红当年就是一见钟情。那场恋爱轰轰烈烈得很。

哇，大新闻！父母居然还是一见钟情、轰轰烈烈的爱情。钟鑫涛简直不敢相信自己耳朵。钟欣婷说傻子才不敢相信，这两个二杆子，就能干出二杆子事——妹妹都这样说话了，钟欣婷都长成大姑娘了并咄咄逼人！钟鑫涛这个哥哥，的确是该成家立业了。

钟永胜、高红坚信儿子福气大、运气好，还有最喜欢他的爷爷在天之灵保佑，奇迹总会有！

每逢父母说这话，钟鑫涛只是笑笑不当真。

可是，那一天，俞思语就出现了。

2010 年，那是一个春天。明媚晴好的一天。鸟语花香。西北湖边，小径上，一个黑色连衣裙的窈窕背影，一头惊人的及腰长发，一个名叫俞思语的女生。钟鑫涛在下楼之前，在走向这个窈窕背影之前，如果说脑子里头还有想法的话，也就是那么一点点，浅浅的好玩的想法：该女生据说也是大学入党的，一女大学生党员，该会恐龙到什么地步啊！别跑出来吓人啊！此前钟鑫涛在宴会厅，已经被父母介绍认识了武汉首富的千金——钟鑫涛猜想着就是父母与首富夫妇的良苦用心吧。其他几个家长和子女，都是陪衬。父母们在苦心营造一种自由恋爱气氛。可怜天下父母心。首富千金对钟鑫涛感觉不错，主动搭讪，她全身都是艳丽撞色，一色的爱马仕，整个人都可以称之为奢侈品，的确华贵高档，人也还大方坦诚。只是钟鑫涛真心不能够接受她那种牙齿：地包天。牙齿是可以矫正。是的是的！她一去美国读书就看牙医，在美国矫正疗效肯定好，已经联系好一个很著名的牙医了，据说只是需要戴三年牙箍。三年！还叫只是！而且以后生的小孩子，多半还是地包天——钟鑫涛想远了。

然而。历史上会反复出现的然而，出现在了钟鑫涛的现实人生。

然而，要上菜了，还差一个人。

该女生是年迈的爷爷奶奶带来的。据说父亲是高官，派头很大，一般不会参加民间饭局。据说该女生与钟鑫涛一样，也是大学入党的。哦！女生入党！哈哈。

然而，格瑞丝打电话无人接听。据说该女生党员比较喜欢大自然，想必陶醉在楼下西北湖美景里了。

当然。钟鑫涛跑一趟，下去叫人。当然。然而。

向俞思语走过去的钟鑫涛，这一天的净身高 1.68 米，净体重 75.8 公斤。但是脚下的内增高皮鞋，头上的布鲁克林发型，修身版型的意大利原产名牌西装，又从视觉上拔高了钟鑫涛许多，令他更清瘦和挺拔了许多。

是俞思语吗？

那一刻，当俞思语一个缓缓回头，当她那罕见的及腰长发，乌黑油亮浓密，随着她的回首，甩起一道流线型闪电，钟鑫涛的眼睛、脑袋以及脑袋里头的思想，受到一种比地震还强烈的震撼。女生分明是眼睛亮了。她的笑容分明如此羞涩、腼腆却如此灿烂。

钟鑫涛与俞思语一见钟情。

奇遇。邂逅。意外。童话。寓言。神话故事。无论什么样的浪漫，也比不过钟鑫涛的浪漫。世界之大，无奇不有。钟鑫涛就是等到了他的美梦成真。当下心里头就有誓言雄壮地响起——他钟鑫涛非这长发仙女不娶！

俞思语，多美的名字！

比钟鑫涛更为激动的是他父母。此时此刻，此情此景，让站在宴会厅落地玻璃窗窗帘旁边紧张偷看的钟永胜、高红夫妇激动到想哭。终于一块石头落了地。他们夫妇喜悦地看了看俞爷爷俞奶奶，也看了看格瑞丝，大家会意，都露出欣慰的笑容。钟家夫妇几个月不辞劳苦奔走于相亲广场，俞爷爷俞奶奶几个月不辞劳苦奔走于相亲广场，终于获得回报。加上格瑞丝的辅助，更使得这次一见钟情、自由恋爱打造得自然而然，不露痕迹。今天这顿饭，太美味了。

世界上还有什么不能打造的吗？没有。

钟鑫涛谈恋爱了。

钟鑫涛喜欢俞思语的口拙舌笨。喜欢她是一个不多话的女生。喜欢她只是矜持端坐，眼睛只看钟鑫涛，耳朵只听钟鑫涛说话。一次次约会，钟鑫涛极尽所能，搜肠刮肚地歌颂俞思语的及腰长发：

“讲真我觉得像你这样长发的女生才够温柔。”

“我认为没有长发的女生就像没有胡子的男生，一点味道都没有。你是太有味道了！”

“说实在的女孩子留长发是永远都没有错啦！”

“我真心好喜欢传统型淑女型的你，我这才知道长头发大摆裙才是真正的美女。”

“思思怎么会有这么好的头发？我怎么会有这么好的运气？”

“思思，你背后好多人在看你呀！”

“哇塞，好多人在看你，看，看，还在回头！哇塞，好多人羡慕我啊！”

“告诉你呀，我同学聚会他们是怎么介绍我的，说，钟鑫涛，他就是那个最美长发女生的男朋友啊！”

——这是恋爱约会中钟鑫涛的永恒话题。在餐馆、咖啡厅、电影院、公园……低到尘埃里的日常生活就此发生质的飞跃，突破凡俗，火箭升空至无垠宇宙，欣赏到灿烂星河，这是何等美妙、壮观与震撼——俞思语的及腰头发，质变为爱情起源、爱情象征与爱情旗帜—— 一个人的初恋何等宝贵——尽管为什么宝贵谁都不知道——单知道宝贵就行了——钟鑫涛与俞思语的恋爱是他严格意义上的初恋，以前算个毛！钟鑫涛、俞思语彼此执手，眼睛互望，郑重承诺：这是他俩的初恋，也将是他俩的终恋——死生契阔，与子成说。执子之手，与子偕老——俞思语文科生啊，话是不多，出口却都是典故。

直至地老天荒。俞思语说。

钟鑫涛鹦鹉学舌：直至地老天荒。

夜里十点了，俞思语的伯伯来接她回家了。

时间怎么会过得如此飞快？钟鑫涛实在恋恋不舍。俞思语也实在恋恋不舍。但是俞思语的伯伯来了，就站在不远处，等着。俞思语的家教就是这么严格。外面坏人多，夜晚更危险，女生回家，不得过十点。俞思语这女生，可是一位最可宝贵的处女。

八个月比八年还漫长，钟鑫涛熬不住了，迫切需要结婚。与父母一商量，父母都说好。钟永胜、高红都蛮喜欢俞思语。只有钟欣婷不喜欢，她讲这女生有点作。但是钟欣婷在家算哪根葱？那就启动婚姻。首先求婚，订婚。赶紧买钻戒，玫瑰花，香烛……现在社会上据说还时兴男生单腿跪下，就流行这个了怎么办？那就跪。母亲高红慷慨地说：反正又不是双腿。

据说双腿才叫下跪。单腿叫做跪下。中国男人膝盖骨最硬了，一生只跪皇帝、祖宗和父母。尽管钟鑫涛只用了一条腿，也是不容易的，也够打动俞思语了。以及，打动了俞家全家人。何况跪求还是当众，在格瑞丝和保罗的“保罗木梳品酒屋”，满屋子见证人。热烈欢呼！大放鞭炮！上法国红葡萄酒！

2011 年 2 月 19 日，钟鑫涛和俞思语举行了盛大婚礼。

钟鑫涛的人生表情：世界上最幸福的新郎。

人生大不易，剧情有反转。婚后俞思语连续几个月未能受孕。五六个月没受孕小两口并没有多大感觉。刚刚结婚，才一眨眼工夫，暂时不孕正好有时间玩。但钟鑫涛父母眼中的事物是不一样的：中年越往上走，人越脆弱，曾经的被剥夺都是血的教训，都得尽量防患于未然！等到了第六个月俞思语还没怀上，钟鑫涛父母已是惊天绝望。私下就开始频频询问儿子了。钟鑫涛一开始还嫌父母小题大做。随后被父母紧张催逼，搞得他也很紧张了。钟鑫涛和他父母三人，一起面对过李小雪怀孕事件，都知道钟鑫涛是没有问题的。那就只能是俞思语有问题了。

钟鑫涛好烦！

钟鑫涛知道俞思语有问题，但是他真的不愿意听他父母的，要他有心理准备离婚。如果俞思语不能够生育，离婚越早越好，长痛不如短痛。

钟鑫涛看俞思语，俞思语一脸无辜，在他们婚房的镜子面前，梳理她的长发，涂抹精油，馨香可人，一心一意，从容安好，秀气的娃娃脸让她像一个无思无想的女中学生。钟鑫涛心里过意不去了。提到怀孕，俞思语还是一脸无辜，她婚检都检查过了，生殖系统内分泌系统激素什么的，一切正常。她认为只是碰巧。有人碰巧怀孕，有人碰巧不怀孕。这不刚结婚？急什么，自然而然就好——俞思语用女中学生的目光看事物。

放屁！高红明确且粗鲁地否定了媳妇的态度。

高红分析：什么叫做自然而然？都半年怀不上了！像俞思语这种年轻女生，自然而然就应该是一碰就怀。你想想以前那个叫小雪的？万一有病，就很麻烦。治不治得好，太难说了。钟永胜说是的，现在不孕不育很难治，空气污染、食品污染是新病因，还没有找到治疗方法。

钟鑫涛像个傻子那样垂头丧气坐在父母面前。

家里大事，高红、钟永胜夫妇总是会一起商量。一商量就发现这里头还是有阴谋诡计。儿子你想想，俞家自己养大的女孩子，难道俞家之前真不知道她有问题吗？不可能！难道俞思语父母真不知道？不可能！现在越想越明白，难怪这对夫妻一直躲在后面，都是支使老人出面！难怪难怪！老人你不能和他吵，一吵老人身体受不住，倒下一个，赖在你头上，你还得出医疗费！哦，原来是这样的算计！人心好险恶啊！他妈的！还管他妈的高干不高干，钟永胜、高红得找他们去！如果你想绝钟家的后，钟家就不会饶过你。

没有事先告知钟鑫涛，钟永胜、高红夫妇就打到亲家家里去了，挑了一个俞亚洲、任菲菲都在家里的星期天。没错！他们要来的就是俞厅长家，可不只是爷爷奶奶家。

钟鑫涛事后得知，感觉很丢脸。抱怨父母：你们真要去人家里，至少得告诉我一声，我是人家女婿啊！父母的态度是嗤笑：你？就你？能镇得住场子？你今天是女婿，谁知道明天呢？说一千道一万，我们做父母的，不都是为子女好吗？要不是为你，值得我们豁出去？ 不知好歹的东西！

钟鑫涛又能够说什么呢？父母就连他们的气势，都压死人，你就是子女，你就是晚辈，你就是幼稚，父母为你好，你就得听话！

俞思语在钟鑫涛面前大哭。话再少的女生，哭起来闹起来，还是很多话。公公婆婆这么蛮横无理，俞思语都哭成了泪人儿：你父母怎么可以这样子啊？你父母怎么总是认为别人有阴谋啊？我们家有什么阴谋？哦，我们家骗婚？咱俩的婚姻，是自己一见钟情、自由恋爱的呀！我都婚检过的。医院证明我没问题，白纸黑字在那里。你都没婚检，以为我不知道？是你妈帮你弄了一个婚检单子。恐怕是你有问题吧？怀孕是两个人的事，凭什么专门赖我？！凭什么？凭什么？俞思语两只手乱打。钟鑫涛硬着头皮，一声不吭，就这样受着。

钟鑫涛几头受气了。婚后男人常有的几头受气的人生状态，轮到钟鑫涛了。

钟鑫涛又开始跑出去邀他的狐朋狗友一起吃饭。饭桌上朋友一看，钟鑫涛就是那种正在受气的已婚男人，都假装同情，都互相取笑。不说了不说了！喝酒喝酒！一醉解千愁。

亲家们翻脸，互相指责，都怪对方对子女不负责任。都把丑话说出来了：你家女儿不能生育就得离婚，不要妨碍别人家传宗接代！你家提出离婚你家就得赔偿，我家可是一个黄花闺女嫁出去的！

钟鑫涛听父母传话俞家要天价赔偿的意思，心里很不高兴。俞思语听父母传话钟家不生就离的意思，更是自尊心严重受伤。离就离！死胖子！结婚几个月又长三斤体重！谁稀罕！不过幸好小两口子互相之间没有说穿。两家家长都死死叮嘱各自子女，绝对不得把家里说的话传给对方。传了就完了。如果以后不在一起过会恨一辈子，不在一起过离婚打破头，钱都要多花很多。钟鑫涛、俞思语小夫妻就都闷头生气，互相不说话。

最后四处求医一检查，诊断结果一致认为：主要原因在钟鑫涛。

钟鑫涛当场“嗡”地一声，头都大了！

原来钟鑫涛严重包茎且有重度炎症。俞思语也给传染了，也重度炎症了：从阴道直至宫颈，一路炎症，白带都是黄的，都是脓。都是脓怎么怀孕？精子还不都被杀死了？

大家齐齐安静了。钟永胜、高红好生没趣地讪笑。一讪笑，没话了。俞家父母肯定咽不下这口气，饭桌上提出严厉批评。钟家人也只好听着嬉笑着应付。已经是儿女亲家，钟家父母只管笑，俞家父母批评批评也就算了，伸手不打笑脸人。何况俞思语还帮自己婆家说话。主要是俞思语不喜欢听自己父亲批评人的那种官方语气，她觉得丢脸。

最终，双方都安静下来。有什么可说的，积极治疗呗。反正医生说炎症好治。包皮切掉就是。再吃点消炎药，加激光治疗。

情节大起大落：忽然，俞思语就怀上了。一点准备都没有，就怀上了。

喜讯传来，钟鑫涛眼睛都湿了。不是感动的湿或者激动的湿，就是天上掉下一个最直接结果，正好砸到他头上，问题立刻得以解决。且让钟鑫涛以前的悬念得到落实：难怪他睡一个女生跑掉一个女生，他的炎症传染她们了！这人生！这复杂！这曲折！他妈的！

2012 年 7 月：俞思语顺产，钟鑫涛得一女儿。

钟鑫涛深知他父母对男丁的渴求强烈到什么程度。但首先能够生育，这才是最重要的。而且父母升级当了爷爷奶奶，这也是最重要的——他们的同学朋友都升级了——他们现在也不比别人差什么了，也是三代同堂了，所以钟永胜、高红还是高高兴兴、喜笑颜开的。头胎是女儿，没关系。很多姐姐，都是引弟。二胎就会生个男孩子。计划生育国策已经很松了。外面街上早就没有“只生一个好”的标语口号了。不怕，以后再生就是。钟鑫涛对父母心里头那点小九九清楚得很。他也不管，更不问，走一步是一步。毕竟钟鑫涛当爸爸了。钟鑫涛一见到自己女儿，心就化了。这种内心融化感由不得他，天生的，又暖又软又力量巨大，要他去抱女儿去亲女儿眼睛看着移不开。怎么会有这么精致小巧的鼻子嘴巴啊！为什么比全世界的小孩子都可爱呢！

好了。结婚生育的人生大事搞定。钟鑫涛要搞事业了！或者说钟鑫涛要玩点事业了。武汉人喜欢说“玩”。真正是自己有兴趣又有能耐的事情，武汉话叫“玩”。你在玩么事？玩写作。玩集邮。玩车。玩进出口。玩政治。钟鑫涛想玩矿。

原来难得钟鑫涛是一个有雄心壮志的富二代。自从小学开始当学生干部以来，自我感觉越来越好。钟鑫涛打小就被他爷爷非常看好，总认为他将来是要干大事的，他也就认为自己是要干大事的。在钟鑫涛心目中，爷爷是最厉害的。他记得爷爷在世的时候，家里一切都是爷爷说了算，他爸爸靠的是爷爷，妈妈更不用说也是靠爷爷。爷爷每天看《新闻联播》，每周总结一次“两报一刊”社论的精髓，分析当前的国际国内形势，并具体到东方红搪瓷厂现在应该怎么发展，以及家里人人都应该怎么做，爷爷一套一套的，从容镇定，侃侃而谈。钟鑫涛仰望爷爷，听得十分激动。他入队、入团以及入党，都是爷爷直接教育和要求的结果。东方红搪瓷厂必须坚持改革开放不动摇，都是爷爷定下的基调和决策。那些时候，钟永胜在哪里？什么表情？说了些什么？钟鑫涛对他父亲没有什么深刻记忆，母亲就更不用说了。尽管爷爷在钟鑫涛少年时候就去世了，但在钟鑫涛感觉中，爷爷一直注视着他，支持着他。钟鑫涛肯定是要玩点事业出来的。

钟鑫涛当然知道父亲没有把他看在眼里——儿子太年轻了，儿子还需要历练，儿子太时尚了，换两次车了，难免还是富二代习气，还是有酷爱消费、大把花钱的毛病，没有办法，都是父亲这一代拼死拼活给儿子积累太多财富了——再在外面替人打工，多受点夹磨，回头再谈接家族生意——儿子啊你不要以为自己那个狗屁重点大学硕士文凭有多了不起——只不过现在兴这个是这个玩法——说穿了——文凭都是骗别人的嘛，你自己心里还不清楚你学的那些课本知识在社会上有狗屁用？钱再多也经不起花。钱花起来似流水，当心富不过三代。儿子啊莫把一点小聪明当大智慧。人生真正的经验教训，书本上绝对不会教给你的，只有你老爹我，才会对你贴心贴肺，教你怎么防人：多听少说、装疯卖傻，谁都不可得罪，领导永远正确——这才是你这种性格张扬的年轻人要参透的人生哲学，要不别人会害死你——钟鑫涛不爱听父亲这些话。像个老娘们比他妈都啰嗦。翻来覆去总是这一套。耳朵都听出茧子来了。

钟鑫涛是喜欢小车。男生有几个不喜欢小车？钟鑫涛也曾喜欢在大街上开跑车，这也并不算什么炫富，不开怎么知道跑车在大街跑不起来呢？怎么知道除了一阵阵刺耳的屁隆隆声，再就是被行人侧目，骂小狗日的，咒小屁伢有钱烧得慌，迟早出车祸。有了体会，就不开了呗。钟鑫涛性格开朗、快嘴快舌、风趣机智，他走到哪里笑声就在哪里。工作几年，分明是公司领导同事都喜欢他，经常采纳他的意见，他又升职了，有实权了马上还要被派遣去非洲刚果（金）了。老爹啊，钟永胜同志！满脸阶级斗争的老同志，和年轻一代明显有代沟了，不要不服老，以为自己还打得死老虎。

不过钟鑫涛理解父亲。父亲50过半，不到60，头发染黑，的确还不老，生意也做得不错，人脉极广，做老板当企业家，社会荣誉兼职一大堆，感觉肯定很不错，生怕儿子现在想要接手家族生意，错了！钟鑫涛才不急。迟早不都是他的吗？钟鑫涛当然知道“富不过三代”这句话。正因如此，钟鑫涛就想自己玩点事业出来。说实在的，父亲还是书读少了，就是不知道儿子这个地大研究生，还真不是白读的，读了就知道武汉市搪瓷厂也好，东方红搪瓷厂也好，精致文玩小众搪瓷责任有限公司也好，都没多大格局。从前的高脚痰盂、搪瓷脸盆到现在的搪瓷文玩制品，都是无法与矿石相提并论的。开玩笑！就非洲刚果（金）的丰富矿产资源而言，可以做到富可敌国。

钟鑫涛运气真不错，又专业对口，现在已经是勘探工程师。从小又是学生干部，善于搞活动。搞活动中又善于结交五湖四海三朋四友。朋友相聚时又慷慨大方总是他埋单。这就让他在公司得心应手了。近年总公司进军非洲刚果（金），急需人才，钟鑫涛家里谁都没有告诉也没和谁商量，就已经闷声不吭地递交了申请报告。钟鑫涛的设想是：尽快获得到非洲的机会，先为公司做，做出实力来，转为自己开公司。听浙江分公司那边说，在非洲别说采矿，就连做做纯净水和假发生意，都赚疯了。钟鑫涛只要能够去刚果（金），他就有机会大展拳脚。总公司派出去的那几个老总，都是钟鑫涛他父亲这个年纪这个类型的，又不懂矿，又不懂国际贸易规则，英语也只会说拜拜，钟鑫涛简直都按捺不住，暗中摩拳擦掌了。他与两三死党多次去吃老油火锅。四川这种传统老油火锅，开在深深小巷里，是有料可加的，只要吃出了东道，只要你舍得钱。罂粟壳这料太可爱，加它一把在火锅里煮煮，那个异香，岂止扑鼻，足以让钟鑫涛他们几个死党高度兴奋、手舞足蹈、敞开心扉、无话不说：哥们！实话说吧，只要能够争取到出去，在那边踢掉那几个老东西，一点问题没有，又老又朽又色，还不懂外语，让他们犯个错误，还不是分分钟？到时候，天下就是我们的了，大家一起发财。来来来兄弟们，举杯，有福同享、有难同当——有福同享、有难同当！

美丽的非洲啊，多么令人向往！哈！不久的将来，说不定钟鑫涛就会卖掉家族公司，集中资金做国际矿产生意。然后在不久的将来，俞思语带女儿移民欧美，钟鑫涛夫妇在那里，爱生多少孩子就生多少，还怕没有儿子？在那里，私人财产神圣不可侵犯，家族财富世代相传，可不止三代噢。到时候，钟鑫涛把老爹老妈包括老工人李雨青，全都接过去享福，这是什么格局？

钟鑫涛的秘密计划，半点都没有透露过。他性格就是藏不住，言谈举止间，总是过于热情洋溢，对父母在谈及生意时候的种种忧虑、思考和打算，都不屑一顾，一副他已经开始在“玩矿”的那种大口大嘴，大模大样。钟鑫涛现在什么都强忍不说，对谁都保密，但是他的预感很强烈，梦想很宏大。

钟鑫涛的人生表情，就是一副做大事做大梦的表情了。又胖了一些，走路开始摇晃，体态开始显出威风，小肚子也突鼓起来，就像T恤里塞了半个足球，脸色亮亮的，眼睛亮亮的。

钟鑫涛因为心中有梦，在公司上班就很积极。很喜欢。很快乐。饶有兴致，经常加班。经常出差。经常去北京总公司开会，有时候开好几天。跟着总公司去各省考察矿山矿业。天南海北地吃到当地特色菜肴，学到各地的段子和笑话，看到各地的美女和丑女，还搞排行榜。逛遍各地风景名胜，光是叉起两根手指到此一游的照片已挤爆手机相册空间。

俞思语坐不住了——我也要出去上班！

凭什么我就在家里带孩子？！这么多人带孩子够了吧？凭什么我就不能够出去在工作中寻找自我价值？！

钟欣婷嘲笑嫂子：你什么自我价值？职场秀长发吧？

家里有人笑出声，好像是保姆小张。全家人都在，也没有其他人出面帮一嘴俞思语。俞思语就不懂了。好吧就算职场秀长发，也是一种个人价值啊。俞思语有什么错？钟鑫涛有了女儿，上班上得更欢了。凭什么俞思语有了女儿，辛苦怀孕是她，剧痛分娩是她，哺乳喂奶是她，现在孩子已经断奶了，家里有李雨青和专门带小孩的保姆小张，还把俞思语困在家里？都什么时代了，男女还这么不平等？俞思语忍了半天，终于红起眼睛，环顾全家，委屈地大声问：好笑吗？

钟鑫涛兄妹假装没听见，他就知道他妹妹会修理嫂子。

“不好笑吗？”钟欣婷继续阴阳怪气的：你要明白你现在应该进入再次怀孕阶段了，你应该生二胎啊！你不知道你头胎是女孩吗？你不知道这个家里想儿子都想疯了吗？在我们钟家，媳妇的个人价值是什么？你真的不知道吗？儿子才是千秋万代的继承人啊！——我才不生二胎！俞思语说：生二胎犯法！

笑死我了，钟欣婷说，思思啊思思，我终于搞懂我父母为什么就是看中了你这个儿媳妇！太单纯可爱了！你看清楚我啊嫂子，本人就是二胎。本人的父母在那么严格的计划生育时代都可以生个二胎，现在还不是小菜一碟？现在都已经是单独二胎了，浑水摸鱼很方便啊，再说你想生肯定不让生，你不想生肯定逼你生。

钟欣婷！钟欣婷同学！高红大喝一声女儿的姓名。高红一贯叫女儿是三个字连姓带名一起叫，这样更威严，严重时候会再加同学两个字，这就更像老师更威严了。

钟欣婷你胡说八道什么？少说话没人把你当哑巴！

钟欣婷一点不怕她妈：当然你希望我是哑巴。或者你希望连我的嘴巴都长给你儿子——钟鑫涛应该有两张嘴，更夸夸其谈更能吹大牛。

钟鑫涛装聋作哑也混不过去，他只得问妹妹：我惹你了吗？

钟欣婷反问哥哥：我说你惹我了吗？我针对的是你吗？我对事不对人好不好？

钟鑫涛出差几天刚刚回家刚刚吃完饭。高红不是偏袒儿子，出差车马劳顿就是很辛苦，钟欣婷在家一天到晚游手好闲，还惹是生非，这个女儿是越来越厉害了，高红看出女儿心机了，她江大毕业了，学了经济管理了，不乐意在外面打工，要挤进家族生意了——这丫头心机深得很。高红看一眼钟永胜，钟永胜明白，钟欣婷在挤兑哥哥了。高红再看一眼李雨青。俞思语一下子被高度边缘化了，脸色就变很难看了。李雨青赶紧过去从钟鑫涛怀里接过涵涵，说：涵涵，和爹地玩够了，过来和妈咪玩，涵涵乖，涵涵的爹地在外面出差好辛苦，在给涵涵赚钱呀。

李雨青最后一句话把俞思语惹翻了。涵涵已经抓住了妈咪的头发在玩。涵涵喜欢玩妈咪长头发，在手指上绕呀绕——哎哎哎，去去去，俞思语借题发挥，推开女儿：扯得我头发好痛！钟鑫涛你这个做爹地的，出去这么多天回家不和孩子多玩玩还累什么累啊——涵涵哭了。

小张呢？人在哪？带孩子的就该带孩子啊！俞思语意思是李雨青叫你多嘴就你应该在厨房洗碗啊。保姆小张在厨房收拾，被俞思语叫得一慌，碗筷勺子落了一地，稀里哗啦一通乱响，有东西打碎。涵涵吓到了，大哭起来。

钟永胜桌子一拍，大吼一声：够了！

父亲毕竟是父亲。钟永胜一吼，全家动乱即止。在父亲创造的家庭里，父亲还可以这样训话："都吵什么吵？吃饱了撑的！我和你妈辛苦了一天，啊？辛苦了半辈子，啊？巴巴结结让一大家子人吃好穿好，要什么有什么，每天都可以团聚一堂，都回家吃饭，一分钱不出，孩子几个人帮带，还一个个心里没数？这么大好局面不懂珍惜？还不尽力维护家庭的和谐美满？够了！都给老子安静一点！"

钟鑫涛不看父亲。低头听话。面无表情。心里不以为然。他也是都快三十而立的男人了，还在父母家听教训，训他就像训孙子似的。钟鑫涛的玩矿之宏大梦想，更加紧迫与必须了。

就在全家格外肃静的一刻，突然门铃响了。这种突兀刺耳的电子门铃，瞬间导致全家人魂飞魄散了一下子，眼睛都发直一下子。高红想起来了，是格瑞丝和保罗，约好的。赶快赶快。高红对全家人做手势。恢复日常笑容。一个大家庭日常应有的、温馨的、自然的笑容。只是格瑞丝和保罗进门第一眼，大家笑一笑，打个招呼而已。他们就进小客厅谈生意去了。

其实一般格瑞丝和保罗不来家里的。肯定是有紧急状况。多半是保罗坚决不同意贴标"拉菲皇后"。格瑞丝说服不了他。老外就是这么死心眼。这批在公海上急等着贴标的干红葡萄酒，说好是钟永胜和高红的货。格瑞丝、保罗来武汉做法国葡萄酒，生意兴隆到实在超过想象。钟永胜、高红也就入股开了一个连锁酒庄。现在中央开始整顿党风，出台了八项规定，公款吃喝一禁止，酒生意眼看就下滑。跟着保罗又捣乱。

不知道为什么，钟鑫涛不喜欢格瑞丝，感觉气味不对。鉴于老婆俞思语与格瑞丝打得火热，闺蜜中的闺蜜，钟鑫涛不便多说什么。移民就好了。干个三五年就移民。

钟鑫涛一定要有自己作为父亲的家。一个家庭就一位父亲。正如一山容不得二虎。钟鑫涛在父母家的人生表情，竟然流露出些许的韬略神情来。

老婆俞思语什么都不懂。她也就是这一点可爱。老婆贵在难得糊涂。反正涵涵有人带。反正你强迫女人生孩子也不是个事，得心甘情愿。钟鑫涛倒还比较开通。就由俞思语自己折腾去入职，去上班，去寻找个人价值。结果这不才年把时间，被公司那个女主管欺负得生不如死。钟鑫涛还是有经验的。钟鑫涛及时出手，给自己老婆出了一口气，俞思语就自动回家了。现在的职场，经过这几十年大浪淘沙，去粗取精，又市场饱和，生意没那么粗放，赚钱没那么容易了，就俞思语这种富贵小姐，单纯女生，自己跑出去打工，人家欺负她压榨她，是大概率事件，不是她运气不好偏偏遇上了唐琪。钟鑫涛甚至窃喜俞思语这次能够受一点人生挫折。看看，俞思语就知道外面不好玩了吧？就知道自己老公有多好了吧？就知道还是先回家生个二胎是最划算的吧？

OK，钟鑫涛准备好了！

事业与家庭，都准备好了。

马尔代夫度假结束，小两口子手牵手现身机场，潮男潮女打扮，都很显小，完全是对金童玉女。钟鑫涛晒出了真正富人的橄榄色了。钟鑫涛的一个死党来机场接他们。趁俞思语上洗手间补妆之机，死党赶紧告诉钟鑫涛一个不幸消息：就在昨天，总公司去非洲的名单正式公布，没有钟鑫涛。

真的？真的！总公司不是已经找钟鑫涛谈过话了吗？不是已经要他准备刚果（金）矿产资料了吗？不是董事会已经通过了吗？

不知道。死党说。不过，但是，钟鑫涛另外一个死党，进入了名单。原本，当然，没有他的。他专业、政治、英语等各方面都不如钟鑫涛。那这尼玛咋回事？不知道啊！很突然的！

钟鑫涛顿时面如土色，腿就没劲了，人有点歪歪斜斜的。俞思语迈着弹性小碎步轻快跑过来，一看不对，赶紧四下查看形迹可疑人物，一边急问死党：有没有人朝他脸上喷什么？有没有人碰撞了他？你给他喝的这瓶饮料是什么？

出了什么事啊？老公！

没事。上车。回家。

哦。

不止如此。钟鑫涛上班以后不久，公司人事调整出台大动作：因为工作需要，钟鑫涛被调动到一个无职无权的部门，专业也不再对口。

钟鑫涛被彻底边缘化。他也没有得罪谁呀。

事态异常。公司平静依旧。同事们上班照样与钟鑫涛嘻嘻哈哈。找公司老总。老总回答只是公司的正常工作程序。中层干部都要轮岗。轮岗就是几年一换。钟鑫涛不懂了。为什么？发生了什么？一时半会他想不出来。正常吗？似乎不正常啊！不正常吗？似乎正常啊！

2015 年，依然一刻不停地朝钟鑫涛走来。钟鑫涛的人生表情像他那圆乎乎的脸，完全是一种懵圈。

## 3. 钟欣婷

### 人物介绍

钟欣婷，1990 年 11 月出生。2015 年年头，故事发生当年，钟欣婷 24 足岁，虚岁 25。

钟鑫涛的妹妹。钟永胜、高红夫妇的女儿。

### 人物表情的关键表述

全中国“只生一个好”时代不准出生的人。

武汉市严格执行计划生育国策时期的漏网之鱼。

强大的女性基因战胜了中草药民间生子偏方的特例之一。

整个孕育期暗无天日被紧紧捆绑于母腹，缺钙、缺铁、缺蛋白质，缺需要太阳照耀下的一切营养。

但

生出来她是个活的。

但

活的却是一个女的。

新生儿明确无误的女性生殖器，让父母钟永胜、高红大惊失色、五雷轰顶，哑巴吃黄连有苦说不出，夫妇抱头痛哭。

四岁，非法二胎东窗事发。

东窗事发。事情发生在钟欣婷身上，却是她父母的灭顶之灾。钟欣婷当时还是四岁小孩，全程无感。调查组只在敞开的乡村小屋大门口瞅瞅就够了。只需她作为一个小人存在就够了，哪怕被麻绳拴着脚踝、在堂屋地上走动或爬行、仅由看家狗守候一旁、脏得五官模糊失去形状，都没有关系。村民一口就能指认：就是这女伢！

四岁之前，钟欣婷不叫钟欣婷，叫陶再桂。她的出生经历堪称复杂，是她个人无法完全了解，或许永远都不可能理解的一段历史传奇。

那是1990年11月，秋风阵阵，阵阵寒气重。在武汉市的郊县黄陂，一个最为偏僻荒芜乡村的某个深夜，怀胎足月的陶家农妇生了。这是继陶秋桂陶香桂之后出生的第三个女伢子。计划生育政策在农村有变通，一般可以生到有儿子为止。但如果第三胎还是女的，就要罚款了。因为什么呢？村委会开会认为，这就说明陶家往下还要生，这就说明前头三个女伢子还是给社会增加了极大的抚养负担，本次必须罚款5000，不然牵牛扒屋。

5000在村里实属巨款，是一个令人炫目的天文数字，都不知道牵走十头牛、扒掉十间屋够不够这个罚款数。不过奇迹发生了，陶家如数认罚。村委会、计生委都相当高兴，给予了陶家相当大的表扬和鼓励，很快同意把这个老三女伢子写进他们家的农村户口本，名字一旦罩在那个大红公章之下，新生女伢子陶再桂就合法了。

村里人却不会放过奇迹。人人都用狐疑目光盯着陶家，这就逼得借钱给陶家的有钱亲戚露面，来到了村里，见面请村里人吃了烟酒糖。钟永胜、高红夫妻公然露面，表示自愿借钱给亲戚，平息了猜测与怀疑。但好景不长，城里东窗事发。

城市人觉悟比较高，单位革命群众眼睛雪亮，哪个都不是傻子。就算城里夫妇是悄悄潜入黄陂乡村，就算关上陶家大门，偷偷看几眼小女伢就走——好吧，这鬼鬼祟祟的，本身就是一副阴谋诡计的样子，深挖下去，一个更大的阴谋诡计，就浮出了水面。市镇乡三级计生委，临时组建联合办案小组，一查就水落石出：系钟永胜、高红夫妇无视党纪国法，密谋非法生了二胎。

且是精心预谋、精心策划的一个大阴谋：钟永胜、高红夫妇，事先就找好了黄陂最偏僻荒芜的乡村搭档，一个大字不识的种田妇女，通过金钱物质利诱，让黄陂农妇假装怀孕。到了临产期，高红用虚假病假条蒙哄单位请到病假，深夜摸黑偷偷进村，躲到陶家，深夜分娩。过几天再乘深夜偷偷潜回武汉市。却留下了新生儿。再费尽心机，伪造传染性肝炎病假条，躲在家里坐月子。小孩子就一直躲在黄陂乡村偷养到了四岁。这一连串的欺骗党、欺骗政府、欺骗人民，真是情节严重、民愤极大。

很快，钟家夫妇受到严厉处分。钟永胜开除公职、留党察看。高红开除公职，党内记大过一次。好几家报纸都登了，脸都丢尽了。一切都失去了。

陶再桂啊陶再桂，村里纷纷传说这个女伢子名字取得不好。更有人在月黑风高夜路过坟地，看见陶家祖坟闪鬼火，这不就应验了：活活生出一个讨债鬼。

成语也有说：塞翁失马，焉知非福。对于四岁的钟欣婷来说，这应该算是天大的好事，不然她很可能迟迟不得回归城市户口，或者干脆就变成了一个地道乡巴佬。尽管农村户口转成城市户口几乎是不可能的事情，但钟欣婷父母的重大处分证明了她是她妈生的。最终办妥也绝非易事。主要还是需要花钱。彼时经济体制改革已经开始，只要舍得花钱，到处都还是有松动。终于，五岁时的陶再桂，以“钟欣婷”这个钟家序列的正宗姓名，落户到自己父母家，在一本武汉市居民家庭户口本上，与爷爷奶奶父母哥哥团聚。

全家团聚，对于小女伢子并不是一件容易的事。钟欣婷在武汉市的家里哭闹了相当长时间。不再有看家狗守在她身边，不再有公鸡母鸡在四周踱来踱去，大门口不再有摇摇摆摆走过的鸭和鹅，不再有猪圈里的猪在吭哧吭哧或哼哼唧唧，钟欣婷失去了她熟悉并习惯的生活环境，每天的生活都变得十分陌生和困难。家长们给她的玩具，布娃娃、芭比娃娃、变形金刚等等，钟欣婷都感到惊奇和害怕。她不能够接受玩具，就慢慢变通成了玩自己手指甲——一根指甲一根指甲地啃咬，十只手指甲加上十只脚指甲，够她消磨漫长的时光。啃咬脚指头的动作，还会令她产生艺术享受，与在电视里头看到的杂技柔术或者舞蹈十分接近，这使得钟欣婷颇为自得其乐。就这样，当钟欣婷以自己的方式慢慢接受和融合到城市家庭生活之中以后，钟家才发现在家里走来走去的女伢子好像有点问题。钟欣婷脑袋大，身子小，双腿过于细瘦，走路不稳当。然后家长们这么认为：先天发育不良，后天又营养不良，慢慢吃饱饭，长大会自然好。

钟欣婷没有自然好，长到七岁上小学。体育老师很肯定地指出钟欣婷是个瘸子。钟永胜、高红吓一大跳，赶紧带女儿去看病。

钟欣婷开始了漫长的求医之路。先后看过十几家医院二十几个医生。其中十五个以上医生诊断为“先天性髋关节脱落”，医学上简称“先髋”，有一说是胎儿天生发育不良，有一说是孕期长期强行捆绑腹部所致。十多个医生诊断不一样，他们认为是大腿有“陈旧性骨折与习惯性脱臼”，说是与从婴幼儿阶段被绳子长期拴住脚踝有关。为了确诊，又跑了更多医院，又生出更多歧义，又耗去了更多岁月。钟欣婷分分秒秒都在长大，瘸得更加明显且坚定。拖到钟欣婷十岁那年，一个偶然机会，高红娘家的一个亲戚，是个外科专家，偶然看到了钟欣婷，说如果这孩子拖到十岁以后，骨骼基本定型了，肯定终身就是瘸子，赶紧手术吧！

钟欣婷的命运，被一个偶然改变。钟家父母下决心动手术，筹钱，借款，家长签字，先认可“先髋”这个诊断，再针对“先髋”进行手术治疗。唉先髋就先髋吧。只是手术已经迟了，恢复不理想。12 岁再次手术。钟欣婷 12 岁，家里经济状况大有起色，钟永胜已经承包了武汉市东方红搪瓷厂，高红成了厂里的会计。通过熟人找到北京一家著名医院，外请一位专家来汉主刀。花大钱送红包，该尽的礼数都尽了。疗效还是不够理想。大腿骨头还是疼，走路要慢慢的。

不过，如果钟欣婷善于保持缓缓步行姿势，别人基本看不出腿有毛病。只是快走与跑步时，还是会颠簸，显出瘸状。钟永胜、高红先是十分沮丧，随着时间这副良药的医治，他们的沮丧逐渐痊愈了，也不再怨天尤人了，最后忘掉这回事了。他们改变不了世界，他们可以改变自己的世界观。父母认为女儿“不就是走路慢一点吗？女孩子走路慢也好，更斯文”——这可让钟欣婷太失望了。就这样了。父母尽力了。你就斯文一点好了。可是钟欣婷腿骨里头很疼。外面，在外面世界里，心很疼：同学们都叫她“茄子”。武汉话的茄子与瘸子同音。还有同学，特意带茄子上学，用塑料袋子装好藏在书包里，寻她开心，拿茄子打她，塞茄子在她书包里，画一根茄子贴在她背后，让她在无意中走过长长一条街，同学们就一条街地跟在她身后哄笑，快乐得像过年。而父母的办法，只是提醒女儿慢点走路。没事了。已经花多少钱，劳多少神了，弄不动了。

心力交瘁的大人们，茶余饭后，不免议论发牢骚，也不免与亲朋好友开玩笑，说这小鬼真正是父母的前世冤家、现世的讨债鬼。

但这个小鬼什么都用眼睛看进去了，什么都从耳朵听进去了。

小钟欣婷有一种特别的能力，异乎寻常地擅长观察与思考。钟欣婷是在鸡鸭猪狗相伴下度过的人生最初几年。鸡鸭猪狗都与她自然相处，特别是那只看家狗，时时刻刻守护着她，让她很有安全感，因此钟欣婷省去了与其他小孩打斗竞争的麻烦，所有心力都集中在观察与思考上，这方面的能力就暗中成长与壮大起来，成为钟欣婷的防身武器。

大人们的所作所为，钟欣婷都了然于心。她父母太搞笑了！是他们偷偷摸摸要生她，又不是她自己选择要出生，他们才是她的前世冤家、现世的讨债鬼！她父母冒天大风险偷生第二胎，其实就是想再得一个儿子。只是人算不如天算，老天爷给的就是一个女伢。她父母是哑巴吃黄连有苦说不出，还死要面子活受罪，硬是在众人面前假装他们喜欢女伢，哎呀我们思想没有那么落后啦，时代不同了男女都一样，我们就只想要一儿一女一枝花啊——父母在外面一句真话都没有！还教育孩子不要撒谎。这不太矛盾了吗？父母就是一对伪君子。

钟欣婷也不喜欢哥哥钟鑫涛。身为哥哥，出去玩，都是自己飞快地跑，从来不等妹妹，而且这是小他六岁、体质瘦弱、腿脚不便的小妹妹啊。等不等她一起玩，其实钟欣婷无所谓，男生女生大孩子小孩子兴趣不一样。钟欣婷观察与思考得出的结论是：哥哥根本就缺乏自己还有妹妹这个心。钟鑫涛对钟欣婷没有心。钟欣婷在钟鑫涛眼里，经常是个零。钟欣婷看见钟鑫涛眼神了。

哥哥钟鑫涛，营养过于充足，肥头大耳，周身浑圆，不是正常少年应该有的精瘦精瘦，一看就是孕期母亲可劲儿吃，吃出来了这么一个肥儿子。钟欣婷喜欢正常精瘦少年。但显然全家人都喜欢钟鑫涛。全家人包括家务工人李雨青在内，都无法抑制地把他们溢于言表的宠爱与赞赏投向钟鑫涛。钟鑫涛就只顾自己一天到晚兴高采烈，满嘴喷话，滔滔不绝，犹如长江波浪奔流不息，无穷无尽、无止无息地淹没钟欣婷。钟欣婷只是这滚滚波浪中一粒细细沙子。钟鑫涛每年生日一直有最大蛋糕啦五年一小庆啦十年一大庆啦，戴上了红领巾戴上了几道杠啦政治荣誉光耀门楣啊，爷爷就是看好你这个臭小子啦！父母眼睛互相看来看去，发暗号：他们后继有人了！钟欣婷最不喜欢爷爷，相比之下她更喜欢奶奶，奶奶更为真实，但是奶奶无力支持钟欣婷，奶奶精气神都被抽掉了，就像一个哑巴。爷爷太霸道了！从小不关心政治、不看央视新闻就是没有出息—— 钟欣婷就是那个没有出息的小孩子，爷爷也不在乎，反正是个女孩子。钟欣婷几乎是高兴地从人间送走了爷爷。生老病死乃人间常态。爷爷奶奶都没了的那一年，钟欣婷七岁。她一点不伤心，一滴眼泪没有流。老人过世就是一种日常，乡村也经常发生，送葬的人们，会从钟欣婷面前经过，回头他们又聚在一起抽烟吃酒打麻将。钟欣婷看到钟鑫涛哭爷爷哭得声嘶力竭、浑身颤抖，就像打摆子，钟欣婷也能够理解，当她后来听说乡下家里那条看家狗死了，钟欣婷也忍不住哭得浑身颤抖就像打摆子。看见钟鑫涛哭，大人们纷纷夸他有孝心。钟欣婷没有哭，大人们就没有夸她。

钟欣婷小时候的人生表情，主要是恨她全家。小钟欣婷，先天不足、营养不良、沉默寡言，瘦得脸上就剩下一对大眼睛，眼睛冷得像寒冬腊月天空的星星。

因为上学备受羞辱和欺负，钟欣婷也曾哭闹着满地打滚，不肯上学。毫无效果。父母总是等她自己折腾得精疲力竭，再给她一个结论：不上学？那不可能！

为什么不可能？！不为什么，就是不可能！学校这个东西，是所有小孩子的必须。小孩子不学文化知识绝对不行！ 学了文化知识干吗？才有出息。才能够出人头地。才能够幸福快乐。可是如果学习本身就是痛苦呢？钟欣婷！你少狡辩！上学去！

钟欣婷跑回黄陂乡村陶家，一回，抓回来。二回，抓回来。三回，村上家里没有人了。只有一把锁了。陶家离开了乡村，举家外出打工。钟欣婷无处可逃了。

沉默。忍受。沉默。

不是在沉默中爆发，就是在沉默中灭亡——熬到了高中。新学期，发下来语文课本，翻阅之下，忽然，钟欣婷几乎窒息：《记念刘和珍君》，作者，鲁迅。

钟欣婷一读再读，醍醐灌顶。从此，钟欣婷站起来了。精神力量对于灵魂的改变，是不可估量的。灵魂的力量对于肉体的改变，也是不可估量的。

“绝不宽恕！”像鲁迅先生那样！

“一个都不宽恕！”——除了瘸子。像鲁迅先生那样！

“我向来是不惮以最坏的恶意来推测中国人的”——Me too！英语，钟欣婷在课本上用英语标注，觉得更来劲，也不想要她父母看懂。钟欣婷知道她父母经常偷偷摸摸检查她的课本、日记本、笔记本和作业。

向鲁迅先生学习！

刹那间，羸弱的钟欣婷，摇身一变，力大无穷，信心百倍，趾高气扬。

质变的那一天到来了：那一天，学校食堂里，学生们排队买饭。排在钟欣婷前后的同学们，手贱脚贱、推推搡搡，故意一片声地说你买炒茄子吗？我也买炒茄子、茄子、茄子……大家正说得兴高采烈，钟欣婷，内心冉冉升起皱着眉头黑着脸的鲁迅伟大形象，血液沸腾犹如火山爆发，内在宇宙完成了从弱者到强者的神奇转变。她转身出列，以迅雷不及掩耳之势，对她的同学们，挨个扇耳光。她的同学们，无论男女，个子都比她高大。外貌依然柔弱的钟欣婷，迈着她那缓慢而坚定的步伐，翘着她那尖如匕首的下巴，神情阴沉，出手凶狠，居然好几个男生被揍出了鼻血。在同学们的错愕中，钟欣婷嘴角浮现一丝冷笑，扬长而去。

巨大灾难，降临到校方。位于汉口的这所中学，还不是普通的中学，属于市重点中学。这个凌虐事件的发生，暴露出校方对学生教育与管理的严重懈怠和失职。受害学生家长们互相联络，义愤填膺，聚集起来，扯出大红横幅标语，高喊口号，封堵了学校大门，要求学校领导出面给说法，不给就不走，导致学校门前大街的交通堵塞几个小时。

这自然也是钟欣婷父母的灾难。受害学生家长们对钟永胜、高红围追堵截，带着被打学生的医院诊疗证明，要求高额赔偿，要求当面赔罪，要求公开在媒体上赔礼道歉并保证不再打人，要是再打，家长们绝对以牙还牙血债血偿。害得钟欣婷的父母带着全家老少到处躲避，好多天不敢去公司打理生意，更不敢回家，都住在宾馆里。最后，当然了，只能找人通融，赔礼道歉，每家送礼物，舍财免灾，花钱买平安。

风头过去，钟欣婷转学。新中学新班级的学生们对钟欣婷更为好奇。传言与钟欣婷如影随形。上学时间不长，茄子又引起了学生们的巨大兴趣。发展到有一次，就有同学把一根茄子放在了钟欣婷的课桌抽屉里。

再一次地，钟欣婷以鲁迅风格惊呆了全校师生。这一次不扇耳光，不见血，没有暴力，而是课堂上规规矩矩举手，待老师批准她站起来，钟欣婷才站起来发言："老师，我发现好像哪位同学的老爸丢了东西。"

老师上当，不假思索随口就问：丢了什么东西？

钟欣婷掀开课桌，拿出一根发蔫的茄子，高高举起，弱弱地说："谁老爸的鸡巴丢在这里了？"

以至于，老师根本不敢相信自己耳朵，脱口而出了一句：啊？你说什么——？

这就为有备而来的钟欣婷提供了再次打击的机会："鸡巴！"

她提高了声音，洪亮地解释："科学术语叫做男性生殖器，民间通俗叫鸡巴，据有关数据显示，十几亿中国人一生中99.99%，都说过这个词。还不懂吗？"

老师羞愤得满脸通红。钟欣婷抓住老师僵化凝固的这一刻，公然表演，她转身一周，朝全班同学摇动那只茄子，令好多纯洁的女生赶紧捂住了她们纯洁的眼睛。

这一次校方吸取教训，第一时间封锁了消息。全班学生开会，严厉要求不得告诉家长不得外传，任何人若有泄露，学校必将严惩不贷。而钟欣婷同学，请你出去回避一下。当钟欣婷走出教室以后，身后跟随了几个五大三粗的男生，在她身后提示说：老师让你继续回避，走出教室，直走，走出校门，继续，再往前走，别回头，朝着你自己家的方向，这就对了，请勿回头。

这次钟欣婷父母非常感谢校方的低调处理，完全同意钟欣婷不再回校。钟欣婷再度转学。

几度转学。一个学校比一个学校差。一个学校比一个学校纪律乱。学校档次从前教会创办的百年学堂，跌落到最次的城中村民工子弟学校。

这种烂学校，主要是穷，最差钱，如果钟欣婷父母出大钱赞助，人家还是愿意冒险让钟欣婷插班。反正这种学校，满校园黄头发蓝头发，戴耳钉的文身的，多一个少一个无所谓。虱子多了不痒。好在钟欣婷已经名震四方，一入校就有崇拜者前来投靠，这感觉对于钟欣婷来说，倒真是不错。

终于钟欣婷玩转了学校。相对这种学校的学生，钟欣婷的学习成绩绝对鹤立鸡群。当钟欣婷在全校学生大会上，通篇背诵了课文《记念刘和珍君》，全校师生掌声雷动，再没有不服的了。

调皮捣蛋学生太多的学校，校方倒也更聪明一些。他们用肯定和表扬来驾驭钟欣婷，同时利用钟欣婷的能力来协助校方管理学生。从此以后，大口大气傲慢无礼的、不懂装懂自以为是说个不停的、脸上长痘太多的、T 恤有汗臭的、头发一个星期不洗的、腋窝有狐臭的、性格过于面的、人格太 low 的，以至于与钟欣婷撞衫的，都是钟欣婷看不顺眼的。看不顺眼就必须教育和管理。行话叫做修理。学校教育质量钟欣婷也很关注，出台了校方无法出台的修理办法：作为高中三年级学生，如果连鲁迅文章一篇都没有通读，这就叫太没文化，丢学校脸，必须罚跪、罚款，或整夜面壁思过、收掉手机。假如有人不服，胆敢顶撞，或对鲁迅先生出语轻慢，那就直接吃土。

一个都不宽恕！

高中最后一年，是钟欣婷最愉快的一段学生生涯。一个身体单薄、步态迟缓、看起来弱不禁风的少女，终于金蝉脱壳，出落为狮子型领导干部或者说黑社会老大那样的校园女霸凌者。本人学习成绩也逐步上升。实话说全校老师喜欢钟欣婷的，还不止一个两个。钟欣婷更爱上了这所中学，甚至希望留校当辅导员。

其间钟鑫涛受父母指派，多次找妹妹谈话。兄妹俩的单独谈话很滑稽。钟鑫涛深怀忧虑，一本正经，满口大道理说上半天。钟欣婷就那样爱笑不笑地看着哥哥，一句话不反驳。一般他俩谈话地点都在肯德基或麦当劳。钟鑫涛主要是说，钟欣婷主要是吃。最后钟鑫涛认为妹妹总得表个态嘛，父母都好担心她的前途和人生嘛。钟欣婷说：你幸好是我哥哥，如果是我同学，那就直接吃土了。哥是全国重点大学出身的，来给背诵一下鲁迅先生的诗——惯于长夜过春时，挈妇将雏鬓有丝——你接着背——钟鑫涛哪里会背鲁迅的诗？气得直翻白眼。钟欣婷笑了：那就直接吃土。

这个时候的钟欣婷，外号“女鲁迅”。她的人生表情焕然一新：脸色开始红润，精神状态甚佳，走路一步三晃，讲话一字千金，身后总有马仔跟随。

钟欣婷更有惊喜带给大家：她考上了大学！

虽说武汉市江汉大学是一所本市普通大学，但却是本市重点建设的大学。新校址有知音湖三角湖的湖光水影，占地两千多亩。听听，地就有两千多亩呢！这是一个听起来没有前途的大学吗？就凭中国教育大发展大繁荣的形势，普通大学只要努力，几年就可以蹿上去。钟欣婷也没有想到自己会考上大学，她也给了自己惊喜，她够了。就在上大学的第一天，钟欣婷已经在想她大学毕业后应该从事什么工作了。

大学好混不好玩。大学生千人一面，老师千人一面，课本千篇一律，都是照本宣科，现实社会都不是书上所写的这样。钟欣婷老是觉得不得劲，学不到有用的知识，见不到她想见的人。钟欣婷脑海的场景，几乎全是在校大学生马克·扎克伯格，以及他始创 Facebook 的故事。醒醒噢，宝贝，用力拍拍自己的可爱脸蛋，那是美国，那是电影。

现实中钟欣婷的大学同学，在她看来都很 low。学渣固然很 low，学霸同样也很 low。学霸男生普遍都不懂欣赏女生内涵。他们就是喜欢胸大无脑女生。作为妙龄女生，也想玩玩青春，也想玩玩恋爱，但钟欣婷一次恋爱都没有成功。作为高中校园女霸凌的钟欣婷，这才知道大学很不适合她。而一旦被不适应感占据头脑，钟欣婷就兴趣索然了，两眼无光了，精神萎靡了。

四年时间足够让钟欣婷与日俱增地反感和厌恶大学。父母在女儿考上了大学后作为奖励赠送的小车，就派上了大用场。大三以后，钟欣婷几乎每天都以车代步了。回家吃饭。和社会上朋友泡吧。在咖啡店神吹神聊。到处寻找机会把自己聪明才智变成生产力。玩大学生自主创业。玩微店。玩卖奶茶。玩星巴克加盟。诸如此类。钱也丢进去不少。三五小青年，策划做方案，感觉项目不错，钟欣婷就贷款。社会贷款都很喜欢钟欣婷，几乎都是主动送钱给她。大家都知道钟欣婷还不了，没有关系，有她爸还。结果，一个都没有成功。一点没有赚钱。成天忙于还钱。逾期一小时都算严重违约，违约金利滚利，催款人翻脸比翻书快。哦，原来叫做驴打滚，旧社会就有的。小心为妙！钟永胜、高红在家里的一个星期天，忽然被人泼了一桶大粪进门。哦还欠钱呢。钟永胜赶紧找人通融，赶紧还钱。再赶紧搬家。赶紧搬到新买的江边金观澜公馆去。那边是高档豪华小区有监控更安全。社会贷款真的不是好玩的。黑社会还真有啊，孩子们千万当心！

深陷挫折感的钟欣婷，短暂地没了脾气。大学毕业以后，乖乖去银行上班。就这份工作，也还是老爸老妈的人脉关系，给了天大面子。

钟欣婷乖乖到银行上班。穿上银行小制服，扎一银行小丝巾，头发光溜溜梳到脑后，脑后要求束成发髻，双手要求交叉放置于小腹丹田处，须化淡妆，须见人进门就微笑，须用柔情蜜意语气，说“您好！ 您要办什么业务？”微笑不可太大不可太小，须口含筷子进行训练，又不是空姐，那样笑不是很假吗——嘘！别这么说，经理会很不高兴。经理啊很厉害吗？

走路须斯文，就这一点，钟欣婷非常符合标准。其他都有问题。特别是顾客就是上帝，钟欣婷绝对不能够接受这个口号，上帝就是上帝，谁都不要冒充。如果这些颐指气使的土豪顾客还是上帝，那让真正的上帝情何以堪？钟欣婷是忍不住要怒的，如果顾客也怒，钟欣婷就骂。骂架就谁都骂不过钟欣婷了。很厉害的经理，也主动对钟欣婷服软说，我怕你好不好？

第一次上班，三个月。银行与钟欣婷，双方都认为解除合同比较好。

第二次上班，还是一家银行。上班三周，钟欣婷主动请辞。

第三次还是银行，钟欣婷打死不去，银行前台就是做小媳妇，钟欣婷怎么可能受得了？

钟欣婷向父母提出要进税务局。国税地税都行。市一级区一级都行。没门。税务是公务员系统，现在公务员逢进必考。那你先参加国考再说吧。钟欣婷一听国考，望而生畏，主动退却。

那就进公司吧。还是靠父母，钟欣婷入职一家名称很长很拗口的据说是大公司的公司上班。地点位于武昌光谷，仰头看是一栋直插天空的玻璃幕墙写字楼，十分高大上。

钟欣婷还是得先做前台接待。也须化淡妆，也须穿制服，而且还是西服小短裙，特别碍手碍脚的那种套装。再一问，工资还低、午饭还得自理、一周还只休一天，还在公司任何地方遇见老总都要后退、低头、垂目和静默，公司还有大忌：绝对不允许拦住老板谈公司发展前景和方向。公司前台，有一面文化墙，上面写着血腥暴力大红色的字：手连手，发扬优质精神/心贴心，共创品质辉煌。这什么话？什么逻辑？什么意思？完全狗屁不通嘛！

更加忍无可忍的是励志口号，每天上班念三遍。“每天进一步，踏上成功路。”钟欣婷感觉自己要被逼疯。这种公司再大再牛逼，也与钟欣婷对工作和事业的期待严重不符。很严重地，不符。一生一世都，不符！

钟欣婷三天前入职，三天后离职。擅自离岗，永不再来。小姐脾气又上来了。

我就在自家公司上班算了——钟欣婷话音未落，父母飞快互相看一眼，立刻打断女儿：那不可能！钟家孩子都要先在社会上磨练，这是一！还有二，长话短说，索性捅破窗户纸，钟家企业遵照中国文化传统，传男不传女。女的总要嫁人，将来就算生了男孩子也是别人家儿子。这是没有办法的事。老规矩。当然，钟家男性必须也一定会，确保钟家女性丰衣足食。

钟欣婷的人生表情是一个大大的冷笑：她早就料到了。

实际上，钟家就没钟欣婷什么事了。钟鑫涛 23 岁了，24 岁了，天啦都 25 岁了！屈指一数吧，就算 25 岁这一年能够结婚，就算结婚年内能够怀孕，孩子还得十个月以后才出生，钟鑫涛也都二十六七岁了！钟永胜高红这个急啊。瞒着儿子到处跑相亲广场。钟鑫涛的女朋友走马灯地换。现在怎么到处都是物质女孩啊？见面就谈车和房，怎么得了！好在钟欣婷还小。女孩子，又家里有钱，将来不愁嫁。一切都围绕儿子转。

重大事情终于发生了：哇！钟鑫涛和一个女生一见钟情了！关钟欣婷屁事。哇！这个名叫俞思语的女生长发及腰好漂亮啊回头率百分百啊！关钟欣婷屁事。俞思语不仅也是全国重点大学毕业的，家里还是高级领导干部啊！她妈就是武汉很有名的那个女播音员百灵鸟啊！钟家再有钱也是民营私企，还是有政治靠山最好了。两家联姻再般配不过了。钟永胜、高红简直是心想事成、美梦成真！关钟欣婷屁事。哇！天成佳偶！钟鑫涛、俞思语的盛大婚礼闪亮开幕！关钟欣婷屁事。

钟欣婷只要穿上漂亮衣服出席哥哥婚礼就好。连伴娘都没有选她。万一钟欣婷临场又发小姐脾气呢——这肯定是格瑞丝的提醒。钟欣婷很不喜欢格瑞丝！一副假洋鬼子小样儿！而且格瑞丝和钟家走得太近了，什么事情她都插一脚，她是钟家的谁呀？！钟欣婷捕捉到过她父亲和格瑞丝互相交换眼神的那种眼神。那就是暧昧。她母亲高红像个傻子，还看不出来。不过关钟欣婷屁事。钟欣婷并不想提醒她母亲高红：让高红见鬼去吧。

钟鑫涛就知道一个长发飘飘。白雪公主是长发飘飘。电影美女也是长发飘飘。老套得掉渣。他讨个老婆也就是长发及腰，简直骄傲得不得了。俞思语甚至比钟鑫涛更骄傲。每天下班回家吃饭，进门换鞋时候就叫一声“妈，要我来厨房帮忙吗？”分明高红不需要。分明是李雨青在厨房烧饭。钟欣婷一眼就看出俞思语这句台词就是有导演的，嫁到婆家首先哄好婆婆是必须的，可惜俞思语是个笨演员。笨也有笨的好，高红最喜欢媳妇笨一点，就不会算计婆家财产。所以高红甜蜜蜜说，哎呀思思不需要不需要，你们外面上班一天都累坏了。所以俞思语就坐等开饭，用她做得美美的指甲，拨弄她那及腰长发，中分线，从两旁分下来，浓密累垂，包着脸蛋，遮住她的胖腮，喝汤都要小心翼翼揽着长发，不愿意就那样干脆利索地把头发给扎起来吃饭：这是想要迷死钟鑫涛的节奏，以便钟鑫涛尽快接手家族公司，尽快当上钟家少老板，她当上少太太。什么现象经得起钟欣婷的观察与思考？

李雨青又叫钟欣婷了，又是抱怨："婷婷啊，开饭了开饭开饭了，过来帮忙摆桌子端菜啊！女孩子家家的，要学一点家务礼节。叫三遍了别还懒在房间玩手机了，你那房间乱得脚都伸不进去了！"这是家里的工人啊！说不好听就是仆人啊！也开始讨好少奶奶，欺负自家闺女了。俞思语不是已经要求帮忙了吗？怎么不叫她摆桌子？！

钟家媳妇进门，局势大变。钟欣婷可不是好欺负的。大家走着瞧。

钟欣婷拖拖沓沓吊儿郎当走过来帮李雨青摆桌子，对着李雨青脸吹了一口冷气。把李雨青惊得叫了一声。俞思语笑说："小女生，真是天真烂漫。"

傻逼！钟欣婷心里判断，没说出口。钟家新人，不可过早下结论，还需要进一步观察。

但是。形势逼人。时不我待。钟欣婷当然要行动了。时代不同了，男女都一样，男同志能够办到的事，女同志也能够办到——这是钟永胜常挂嘴边的话，意思是说高红蛮厉害的——他们的女儿钟欣婷也一样厉害好不好？钟家的公司，女儿一样有份！不信大家走着瞧。

钟欣婷在饭桌上的人生表情，是很有决断的模样。似乎哥哥结婚了，成熟的倒是妹妹。

钟欣婷集中一段时间，频繁跑武昌。一改休闲扮酷风格，把自己打扮得花枝招展，参加各大高校和各大经济开发区的各种创业大会。钟欣婷目的很明确：要么自己找到创业机会，要么找到一个嫁给创业英才的机会。天下无难事，只怕有心人。何况全社会正处于高科技时代，各种高端峰会论坛、人才引进项目比雨后春笋冒得还多。

在一个英才引进暨高校科技成果转换签约大会上，钟欣婷运气来了。会议一开始，主要领导就简单讲了几句。这一次真的简单，就是热烈祝贺和一番鼓励，因为领导很忙，下面还有别的会。后来，突然下雨了。广场上人群顿作鸟兽散。钟欣婷不散，她冷静地观察和思考着：主席台上有一位引进英才，清华大学博士董金泉，年龄相貌身高以及刚才的表态发言，都还可以，假如未婚，那就是最合适人选。

天遂人意，董金泉冒雨从主席台下来，一滑，崴脚了。踉跄中，抓住旁边的旗杆，旗杆倒了。清华大学博士生，引进英才，连人带旗杆，摔倒雨中，龇牙咧嘴，一副脚很痛很痛的样子。四周作鸟兽散的人群，各自逃生，皆已跑远。只有一位姑娘，小巧玲珑的姑娘钟欣婷，出现在董金泉身边，把手递给了他。

这场雨中偶遇，钟欣婷完美得分：由于大雨淋湿衣服，线条毕现，由于加厚海绵胸罩的烘托效果，钟欣婷身材格外小巧玲珑又凸凹有致，性感就不用说了。

钟欣婷有私车，热心快肠做点好事是应该的，搀起董金泉，扶入她车内。送你去哪？回家还是医院？看你痛成这样又肿了，最好先去医院看个急诊，需要给你家人打电话吗？董金泉单身呢，武汉刚刚从清华引进过来的英才，独自一人在武汉。钟欣婷心里大叫一声“耶”——口里会说话，开玩笑的口吻：哦，那我给自己惹麻烦了，今天责任还蛮大的，那就忍着点啊，咱们去医院了啊。

咱们！进度相当快。但用的是地方，不突兀。

来到医院看急诊，跑前跑后挂号、付费、治疗、取药、排队。喝点水？上个厕所吧？来我扶你，没有关系，病人嘛——医院可是一个最能够表现好人好事的平台，钟欣婷更不由自主地用上了柔情蜜意的关切语气——银行前台迎宾学到的知识。语气也是知识。看来什么知识都可能有用。而知识，很可能改变命运。命运给了钟欣婷一个大惊喜。

治疗以后，送董金泉回出租屋。董金泉感动得不得了。钟欣婷临走，左看右看：不行我不能够丢下病人！脚还肿这么高！下楼买点吃的东西，端茶倒水脱鞋洗脚上厕所都需要人，那好，我就好事做到底吧，回头你送我一面锦旗就得。董金泉笑了。这个小女生说话挺风趣的。风趣谁不喜欢。

黎明时分，可怜累坏了的钟欣婷，和衣而卧，在沙发上睡着了。白净肤色，时尚锥子脸，天使般安详神态。钟欣婷有心假睡，她得试探一下董金泉流氓不流氓，看看这个博士道德品质如何。钟欣婷不是一般小女生。她当然还是很有心机的。结果显示，董金泉不是流氓。董金泉只是跛着脚，过来给钟欣婷身上盖了一件衣服而已。很快钟欣婷就放心地睡着了。

命运也给了董金泉一份惊喜：董金泉是湖北孝感人氏，孝感动天的那个孝感，出产神话故事《董永和七仙女》的那个孝感。冥冥之中，董金泉认为，这不就是董郎遇见了七仙女吗？只不过当代董郎，已经靠自己十几年的寒窗苦读，出息为清华大学博士。有了清华大学博士这块金字招牌，想必这位七仙女是不会挑剔董郎家境贫寒的了。

不过清华所在地的京城，仙女们还是比较挑剔家境，要不董金泉也下不了决心回湖北。北京就像庄稼地一样，每年都长出一茬茬清华生，还有更牛的牛津、剑桥、哈佛、普林斯顿毕业生，千人计划万人计划，成批引进海归硕博。在北京想短时间脱贫致富、成家立业，谈何容易？北京仙女见多识广，她们眼睛长到天灵盖上去了，家境贫寒的即便博士后也看不中。武汉应该好很多。钟欣婷也被董金泉看在眼里：自驾私车，包包是LV，手机是苹果，在医院付钱刷信用卡，穿戴服装的牌子不认识但看上去很高级，聊了聊还就是武汉本市人，三代都是城市人。董金泉要娶就娶城市女孩。董金泉苦苦奋斗就是要真正翻身，从他开始以及他的后代，都成为真正的城市人。最关键的是：钟欣婷对董金泉很主动，有感觉。那么董金泉特别贫寒的家境，就不会让他过于自卑了。

董金泉惊喜万分，遥看天上掉下的七仙女小妹妹熟睡在沙发上，不禁浮想联翩。黑夜与疼痛是如此有利于胡思乱想，董金泉几乎一夜没合眼。

翌日，钟欣婷、董金泉二人都被命运带来的惊喜彻底唤醒。醒来也都假装没醒，都闭着眼睛，都把对方形象和举止行为像放电影般过了一遍，时间从昨天锣鼓喧天的大会开始，到此时此刻被阳光照亮的眼睑。放电影式的回忆是一个发酵过程，双方都被膨胀性美化：男的感觉女的好美好美，从心灵到外貌。女的感觉男的好正派好老实，作为一个清华博士简直不可能更低调了，完美！清华大学啊，在中国，是什么号召力啊？钟欣婷三生有幸，才遇到一个清华大学博士生啊。董金泉三生有幸，刚回湖北就遇上了一个财貌双全的七仙女啊——他父亲早逝、老母体弱多病、两个姐妹都是弱智的贫寒窘境，立刻就出现了彻底改变的可能。

电影就回放到这里。现实中两人都睁开了眼睛，打呵欠，真实地醒来。男女二人圣洁地在一个房间过了一夜，第一眼看对方都是如此高尚，如此值得信赖，此前的世界是从来都没有碰到过的。钟欣婷和董金泉四目相对，心有灵犀，相视一笑，恍若见到前世失散的亲人。

钟欣婷的人生表情，第一次，无比柔美，所有锋芒都像刀剑入鞘了。

董金泉痛得更厉害了，脚踝肿得就像一只大馒头。钟欣婷再次送他去医院。有时候，命运会罩着面纱，以疾病的模样出现。钟欣婷必须照顾董金泉，理所当然要留下来，董金泉一个大男人也必须请钟欣婷小妹妹去下下餐馆、喝喝咖啡。在观察与治疗脚伤之余，有足够时间互诉衷肠。清华大学博士生玩电脑软件是强项，越狱翻墙使用谷歌搜索一点阻碍没有，因此就带钟欣婷网上浏览了他的家乡小山村、小山村里的小河和稀疏的树林、他家的房子，还有模模糊糊的几个人影，那是董金泉的老母和姐妹，大门口禾场上还有一只欢快的看家狗。画面的小山村更为诗情画意，勾起了钟欣婷对乡村的美好回忆和想念，尽管她几乎等于是被遗弃在那里，挨冻受饿，但儿时的经历成年以后回望都是美好的，特别是在心中有爱的时候。钟欣婷也请董金泉网上参观和游览了她父母的公司以及她的父母钟永胜、高红，以及他们在花桥小区的大家庭，整个一楼的两大套都是他们家，钟欣婷的闺房，不过是在偏东北的那个方向，朝向最好的正南房间，居住的是父母和哥哥嫂嫂，尽管他们小两口另外还拥有结婚新房，还有父母在家谈生意的专门会客厅——谈生意的房间一定要朝向最好，这是风水。哦小可爱，原来富家千金也不一定有人疼爱啊！董金泉拉过钟欣婷的小手，抚摸，紧紧握进他厚实滚烫的大巴掌。钟欣婷心都化了。这是从来都没有过的人生温暖。从来！

钟欣婷好想有一个自己的家！

董金泉也好想有一个自己的家！

此时此刻，二人人生的阶段渴望与目标，恰好一致。董金泉这次被引进，月薪过万不用说，住房承诺四室两厅，可以提供最优惠的协议价格购买，地段就在东湖附近，风景绝美的不可再生资源。但有一点：人才须是有家眷的或者是领了结婚证。董金泉现在就只能先住出租房了。哇这么好的房子，赶紧买到手啊！谁知道以后还有没有？谁知道政策会怎么变？现在什么都好快就变啊！买买买！赶紧买！有这么绝版好房不买那也太傻了！钟欣婷忽然明白：董金泉是不是要找她借钱？清华博士董金泉脸都红了，受到羞辱了，立刻义正词严：你把我看成什么人了？不需要！绝对不需要你借一分钱！这点钱我还没有啊？！我结婚我娶媳妇应该是我的房子啊！我们乡下老家自古以来也都是这规矩啊！

那么，答案就一目了然：董金泉需要人！

轮到钟欣婷脸红了。

结婚？那就结呗！就是现在，钟欣婷好想有一个自己的家！董金泉也好想有一个自己的家！择日不如撞日，就是今天，咱们去扯结婚证。结婚证马上就可以用于签约买房了。房产证上肯定会是两个人名字：成家！

是啊，成家何需更多理由？一条是房子，一条是感觉。

董金泉拐着脚站起来，把双臂一张，钟欣婷往董金泉怀里一扑，成了一对人。咱们成家！

给惊喜！据称外出旅游一个星期的钟欣婷，走进家门，定定看着全家，一字一句宣布：我，结婚了。

全家人都把脖子往前一伸，就像一群受惊的鹅，不动不静，不喜不悲。

钟欣婷就是要这个效果：全家人终于都把目光集中在她身上了。钟欣婷幸福地笑了，这种关注实在罕见，在钟家，钟欣婷再次幸福地笑了。

钟欣婷的笑，更令全家人紧张了。因为这表明是真的。钟欣婷这个钟家的恐怖分子，真的又一次发动了恐怖袭击：闪婚。传说中的闪婚，正是钟欣婷这种人做得出来的事情。母亲高红的脑袋像突然患了帕金森症，不由自主摇起来，抖抖地说："我还没有嫁姑娘呢，姑娘倒已经变妇女了！"高红腾地起身，快步进了她的房间并猛力带上房门。

父亲钟永胜到底是男人，没有被惊得从地上蹦起来。而是先点燃香烟抽一口，再喝两口热茶，然后开口说女儿：你少给我玩些不靠谱的，啊！

哥哥钟鑫涛很紧张：他妹妹又被别人骗了。就像每一次玩创业、玩贷款——真是伤脑筋——作为已婚的兄长——将来的一家之主，他得开始启用自己的社会力量狐朋狗友帮忙了。

嫂子俞思语眼睛瞪老大，愣愣地看着这个玄妙世界，不懂发生了什么事。

李雨青假装没听到，这不属于她应该管的事情，但是她听到了，感觉很好笑。

啧啧啧，钟欣婷无奈，摇头，叹气：都什么时代了，他们钟家人都还这么老土。钟欣婷只是把一台苹果平板电脑往茶几上一放，让父兄自己看网上资料，自己袖手旁观就好。钟鑫涛当心呵护自己的自信心啊，清华大学博士董金泉来了！武汉市的引进英才。应该还是比地质大学硕士生强那么一点是不是？

清华大学博士吗？

高红的房门拉开了一条缝："骗子吧？"

那得先看人！

没啥说的。见面。看人。这里头没有谁是骗子，都是有血有肉的真人。钟家就赶紧给嫁妆吧。

很快，钟家风风光光嫁女儿。钟欣婷的婚礼热闹非凡。连许多路人都挤过来看热闹。新郎董金泉是新闻热点。承办喜宴的酒店经理，都把自家小孩带来了，热切希望能与清华大学博士合个影，图个吉利沾点光。外省总是如此向往北京。清华大学博士在外省就是比在北京更稀罕。钟家所有人的虚荣心，那是满足够了。

钟欣婷穿着漂亮婚纱，神气活现，轻飘飘满场飞，就是一副恩赐父母的人生表情。

更大的惊喜接踵而来。婚礼结束，董金泉、钟欣婷新婚夫妇即向父母报喜：钟欣婷已经有孕在身。十个月后瓜熟蒂落，钟欣婷剖腹产下一男孩。天啦男孩！是个儿子啊！钟欣婷这瘦小个子倒真是会生啊！尽管是外孙，但也是男宝宝啊！钟家父母高兴得对女儿刮目相看了，钟欣婷调皮是调皮了一点，但福气蛮大的，旺夫又旺子！看来钟欣婷终于睡醒了！

可惜好景不长，接下来是惊吓。

男宝宝董超博快满半岁的时候，惊吓来了：钟欣婷离婚。

钟欣婷离婚了，怀抱儿子，拖一拉杆箱，回到花桥小区父母家，还是住自己闺房比较舒服。

钟欣婷这次稍有心虚，毕竟是离婚。毕竟离婚在社会大众这一块没有什么好名声，俗人们都习惯把离婚说成是“婚姻失败”，尽管钟欣婷无法苟同。钟欣婷的及时离婚，其实是她人生的最大成功：离婚也要趁早，还有大把青春再觅情缘。于是钟欣婷先声夺人，回家就把气势先渲染出来，几乎是喜洋洋地宣布：“我离婚了！”那感觉好像说的是“我凯旋了！”

钟欣婷倒真是有一副凯旋的女劫匪气象：这不才嫁出去一年多，现在回家，怀里有儿子，手里有箱子。箱子虽不大，但里头装着房子。法庭将那套四室两厅分割为两套两居室，其中一套判给了正在哺乳期的母亲钟欣婷。箱子里头还有董金泉娶媳妇时别人赠送的礼品首饰等细软一大堆。

然而，“离婚”这个词，对于女儿的母亲，那还是一支无形的利箭。高红一下子被射中了胸膛，她当即捂住自己胸口，身体蜷缩。李雨青赶紧跑过来，扶高红躺下，随即打电话给钟永胜。钟永胜赶回家。钟鑫涛赶回家。俞思语就暂时不必告诉她，毕竟是媳妇。李雨青得赶紧带钟宇涵小朋友离开。涵涵是全家唯一最惊喜最开心的人，她已经欢快地跑过来，在好奇地观赏小弟弟了。

钟欣婷大惑不解。都 21 世纪了！离婚率早就超过结婚率了！闪婚闪离，对 90 后没有问题，但是对老人都有问题。在钟欣婷眼里，大她五岁以上都是老人。这些老人好像都没有读懂《婚姻法》：婚是可结可离的，无期限规定。钟欣婷不就是离个婚吗？母亲高红就当场心绞痛了。“哎哎，莫搞得要死要活太吓人啊！”钟欣婷生怕她妈身体出更大问题了怪到她，赶紧发表正式讲话，面对父母和哥哥：“本人找对象结婚离婚一瞬间，都是自己个人搞定，干净利索。这就是我性格。做大事的性格。这也就是我对父母的孝敬。一点都不像某人，人生大事步步都是父母劳神费心。我是这家里的人，回到家里生活很自然。出去一趟，回家既带了个儿子又带了一套房子，又没亏，大大地赚了。所以，我今天就公开把话放在这里：你们自己身体万一有点什么，千万不要说是我气出来的。这个家里，从此以后，不要坏事都赖我身上，好事一点没我份。我已经够孝敬的了啊。尊老爱幼是我今后的行为准则啊。”

钟永胜被女儿一番话堵住了。钟鑫涛被妹妹一番话堵住了。高红只是被堵住了一下下，就出声反击，这个女儿太猖狂了：“钟欣婷你不要搞错！离婚不离婚，你儿子都是姓董不姓钟，总归都是董金泉的儿子好不好？！”

钟欣婷硬起颈脖，回敬母亲：“那我就把儿子变成钟家人。这有什么？他这么小，会有什么记忆？妈，你别急，看我慢慢来。”

“说话像放屁！”高红说。

人都是被逼的。钟欣婷何尝愿意离婚？哪个心里结婚的时刻，不是想要天长地久白头到老？90 后钟欣婷也是一样的。那么是 90 后钟欣婷年轻无知，缺乏担当，没有责任感，对婚姻家庭爱情不慎重吗？事情远不是这么简单。为什么要离婚？离婚当然是必须离婚了。除了离婚当事人，说给你们听谁懂？啊！婚姻是鞋子，合适不合适只有穿鞋人知道——钟家人都没有听说过这句老话吗？钟欣婷憋了很长时间不肯说出离婚原因。直至钟鑫涛怒了，说要找人去修理董金泉，问妹妹：你说是卸他胳膊还是腿？

卸什么卸啊？钟欣婷恨不得董金泉三头六臂，他才会支付儿子更多的抚养费。

常理终究过不去，钟欣婷总得说一点离婚因由。女儿离婚跑回娘家住起来，不说原因是过不了关的。

钟欣婷把能够说出口的因由，说了出来。

钟欣婷新婚后的第一个春节，董家全家团聚在儿子武汉市的新家。董大娘把乡下家里的看门狗也带来了。钟欣婷说奶奶啊你不应该带狗来的，乡下看家狗在外面潇洒惯了不习惯关在城市公寓里，也不懂上厕所。董大娘说：是的不住不住。是吃的。过年哎。狗肉大补哎。董大娘那一口河南话，钟欣婷都没有听明白。董大娘、董大姑、董小姑母女三人，就十分娴熟地动了手，用那种装化肥的蛇皮袋子，把狗脑袋一套，抡起镢头就猛打，狗只惨叫几声就干净利索地死了——钟欣婷三观尽毁，当场失声痛哭并呕吐到绿色胆汁都吐出来了。

董金泉的态度是：有这么夸张吗？太不懂事了吧，活生生把全家欢聚的春节给毁了。我们乡下就是这样啊，很正常啊，以前太穷了家里过年没肉，就杀狗炖肉吃呗。吃了再养一条就是。乡下养家畜，不都是吃的吗？猪啊鸡鸭鹅啊，要么卖钱，要么杀了吃。老婆你醒醒吧，你老公是农民啊，农民就是这么朴实啊，可不会像你们城里人把狗养成什么宠物，狗也是肉食啊，不要大惊小怪啊，狗肉很好吃的啊大补呢。OK 啦，下不为例啊！

清华博士身上更多的内容，在日常生活当中，慢慢就展现出来了。

婆媳纠纷。古老的纠纷。董金泉警告钟欣婷不要小题大做，他母亲都生养几个孩子，带大几个孩子，其中还有一个儿子被培养成了清华博士。宝宝的小屁股和小蛋蛋都长满湿疹发红很正常，为什么要浪费钱用一次性纸尿布？旧衣服烂毛巾更柔软。董金泉赚钱容易吗？他得养着一大家子人啊！董大妈把馒头自己嚼碎了口对口喂给宝宝。董姑姑嫌刮苹果泥太麻烦，也自己先嚼了口对口直接喂宝宝嘴里。董大妈董姑姑都慢性支气管炎，都咳嗽，都痰多鼻涕多，这两样液体出来，都是用手接了，往餐桌底下一揩。不是说城里不能随地吐痰么？用纸巾好不好？吐到马桶冲掉好不好？坚决不。纸巾和水都是钱买的，值得为一口痰去花钱？董大妈炒菜又咸又辣。喂喂，董金泉说一下你妈好不好？怎么每天都像翻了盐船似的？

董金泉的回答是：一点不咸！

喂喂，你妈你姐妹她们都一口孝感话，儿子以后的口音不要被人笑死了？让你妈她们学个普通话就这么难？ 拜托每天让她们看《新闻联播》好不好？少看那些河南梆子豫剧方言小品成不成？

董金泉的回答是：不成！

钟欣婷一巴掌打过去，董金泉立刻一巴掌打过来。钟欣婷随即反踢一脚。董金泉抓住老婆脚往卧室拖。女人就是这样：三天不打上房揭瓦。拖进卧室先揍人。揍到服软了再谈话：

喂，你注意了！你要是再对我妈她们看不顺眼出言不逊，你就走人。你要放明白一点：这是我的家！我妈我姐妹我儿子我们的家！ 你和这个家没有直接血缘关系懂不懂？你要表现好，做我们家乖媳妇，那就把行动拿出来。要还是这么刁蛮无礼，儿子留下，你给我滚蛋。

钟欣婷说：奇葩啊！

董金泉说：你才奇葩！

那就离婚。离就离。但董金泉不会同意。协议离婚做梦都不要想。钟欣婷要想离婚，自己去法院起诉。钟欣婷就去法院起诉。法官一审，都站在哺乳期母亲一边。

钟欣婷的人生表情一脸无邪：就这样，离了。

双手一摊，口里嚼着口香糖：就这样，能过到一起？

俞思语下班回家了。悄悄进门。惊讶得站在大门口了。一只脚换鞋，一只脚迟迟不换鞋。钟鑫涛怒气消了。其实发怒啊修理妹夫啊都是做做样子。不这样就不像自家哥哥了。

既是自家妹妹主动要离的，既是董家能够把自己家养的看家狗都杀了吃，董金泉又有大男子主义和家暴倾向，离了也好。

只是，只是，只是，就这样，离了?！结果就是离了？这个事情也太那个，那个，那个简单了吧？哪个简单！钟欣婷说：“李雨青，给我弄点吃的，我都快饿死了！”

小宝宝董超博哇哇哭了。小宝宝的哭，是歌唱。高红听了就跑过来抱起小宝宝。喂，钟永胜赶快过来看，宝宝越长越像钟欣婷了哎，像我们家人哎。

高红、钟永胜抱起钟欣婷的儿子仔细端详，眉眼鼻子都越看越像钟家的人，小宝宝也手动脚动，笑呵呵口水流出晶莹一大滴，好可爱。“快叫，叫外婆啊，叫外公啊。”俞思语也过来了。钟鑫涛也过来了。他们的女儿涵涵自然撒开一双小腿直往这边奔，笑嘻嘻叫弟弟弟弟。保姆小张跟在涵涵后面追，生怕她摔倒。李雨青从来只会说武汉话，就用武汉话说：“毛毛啊，这是你家家，这是你爹爹，我呢，你就叫李家家，到会说话了也可以就叫我李雨青，反正全家老少都习惯叫李雨青嘛，啊哈哈哈。”一个半岁的小宝宝，也就团结和谐了一家人。

钟欣婷自己已经跑到厨房去吃东西了。

离婚故事，别人谁听起来，都总像是编的，好突然，好奇怪，逻辑不对，情节上好像有断裂。那是当事人不会把真相说出来。真相说不出口。其实更多的离婚当事人也没有意识到什么真相不真相。钟欣婷当然也不例外。人越年轻，越对真相无意识。离婚真相就是性。性在中国婚姻中历来就难以启口。90后钟欣婷也无法说出口一样。

事实上，董金泉坚决不同意离婚。钟欣婷想要与董金泉好聚好散，董金泉要她做梦都不要想。想要拆散董金泉的家，不要做梦了！如果钟欣婷坚决要离婚，那就她自己去法院起诉。法院离婚处理原则按人们通常理解就是：谁起诉，谁被动，谁就无权要儿子分财产。钟欣婷是吃这一套的人吗？钟欣婷是好欺负的吗？清华大学博士就这情商啊，博士，我当然会让你死得很难看。

董金泉太不了解钟欣婷了。

董金泉工作很忙，事业很宏大，他不想也不屑了解他老婆。

还是性有问题。如果性好，其他都是好商量的。性不好，其他就不好商量了。这桩持续了一年多的婚姻，夫妻性生活，只有寥寥可数的几次。钟欣婷认识董金泉的第一个星期，是他们整个婚姻美好感情的最高潮。这七天没有性，但是这七天又充满了性。好感、倾慕与共鸣，都被强大的性兴趣和性欲望所支持，仅仅只是在克制。而克制本身，又极度充盈了性。他们一起去申请了结婚证。手牵手。眼睛看眼睛。满脸光彩。民政局婚姻登记处工作人员一看，都不用问的，就知道这是一对急于在一起的男女青年。好事啊喜事啊，立刻为他俩办妥小红本。

小红本在手，性就受到法律保护了。安心了。胆大了。董金泉压抑与克制已久的性欲，就爆发了。钟欣婷也是想要爆发的。他们已经是法律上和理论上的夫妻了。在一起睡觉过夜是理直气壮的，居委会物业管理都没有资格对他们侧目了。钟欣婷也已经开始准备了，她要把董金泉的出租房点几支香烛，买一束红玫瑰，按美妙设想应该有两杯红葡萄酒。弄酒和酒杯很麻烦和复杂，那就不弄酒算了，但至少也要两杯奶茶或其他饮料，总之得两杯，象征好事成双，床上再换上崭新的卧具，属于他俩的卧具——性意识也就逐步跟上了，爱情就自然发动了，性就水到渠成了——钟欣婷还在酝酿的时候，董金泉就一个饿虎扑食上来了。

一句话没有。门关紧。灯拉黑。扑上来。迅雷不及掩耳，瘦弱的钟欣婷就被压在了壮实的董金泉身子底下。董金泉蛮力惊人，扯下两人裤子需要使用的那个部分，直截了当就捅进去了。

那一刻的疼痛，就是刺刀刺入，或许超过刺刀。猛然间疼得撕心裂肺。钟欣婷一声惨叫，那是全身细胞的整体哀嚎，简直都不是人的叫声。当然这个时刻的董金泉听不出来声音的意味。继续猛捅。几下子就到了最后时刻。最后关头，董金泉突然掰开了钟欣婷的大腿。钟欣婷的髋关节发出的剧痛，是惨叫都不足以表达的。幸好董金泉就几秒。幸好结束很快。随后放开钟欣婷，一秒进入酣睡。钟欣婷痛得昏天黑地，直挺挺一动不敢动，变成了僵尸。

钟欣婷不是没有努力。不是没有尝试过。她竭力温柔娇媚，倚仗小女生说话可以幼稚可爱，就幼稚可爱地与董金泉，谈论他们的性事。

钟欣婷：你能不能温柔一点、轻一点？

董金泉：轻？温柔？这事怎么温柔？ 操逼就是猛操啊，操逼怎么温柔？怎么轻点，又不是护士打针？你们女人不都是喜欢猛男吗？

钟欣婷：温柔情调比如外国电影——前戏——

董金泉打断她：那是骗人的，电影都骗人的，你千万不要相信。美化了的，为了视觉上好看，所谓艺术吧。

钟欣婷：那网上也有说——

董金泉打断她：网上的你也信？好无聊那些的网友，无非是一些精虫上脑发情叫春的傻逼，大多数小青年懂个屁，都是发泄，乱说，妄想，意淫。

钟欣婷：网上是乱。但小说呢，你看过小说——

董金泉打断她：拜托啦，我哪有时间看什么小说？ 你以为清华大学就是这么好考的啊？清华博士就是这么好拿到的吗？不吃不喝不睡，几乎所有生存需要都压缩到最少时间，全部都在学习、做题、考试、做实验、写论文！不过小说也是瞎编吧。

钟欣婷无话可说了。清华博士董金泉，年纪又大好几岁，夫妻之间的话语权，当然掌握在他手里。

再努力一次吧。钟欣婷对自己默念：下定决心、不怕牺牲、排除万难去争取胜利——这是她手里喝水的文玩搪瓷杯上面烙的一行字。是毛爷爷语录。她父亲出品的文玩搪瓷杯，选的名言警句，绝大多数是毛爷爷的。市场销售不错，中国有很大一个怀旧人群。钟家人，人手一只私人定制的搪瓷杯。钟欣婷的杯子是她自己选择的成语“逢凶化吉”，放在钟家她自己的闺房里，这一只是送给董金泉的。董金泉愿意要毛爷爷语录。却没有想，钟欣婷倒是先用上了毛爷爷语录的文字力量。

再努力一次。再幼稚可爱地谈一谈。

钟欣婷：你不信电影电视网络小说，那你是怎么知道这事该怎么做的呢？

董金泉：本能啊！是人就会吧。

钟欣婷：你怎么知道应该是你这样的做法呢？想没想过还有其他方式？

董金泉：其他什么方式？客观就一根棍子，就一个洞。

钟欣婷说：可是男女不是同一个人啊，器官的感觉还是需要互相了解的吧？我真的很疼。

“你处女呀，就应该疼啊！”董金泉说到处女就有荣誉感，说到疼就有夸钟欣婷的意思。

董金泉：唉呀好了好了，老说这事有啥意思？女人天生就是挨疼的，生孩子你还会更疼。忍着点。很正常。很光荣。这事没有你想象的那么复杂。我小时候听村里男人吹过很多次，就是这样的：就是捅到肉里头就成了嘛。

钟欣婷说：别讲粗话，难听死了，尊重女性一点啊！

董金泉打个大哈哈：我话粗理不粗。自己老婆，说话还顾啥粗啊细的，累不累。

钟欣婷：这事你父母有教过你吗？

董金泉：怎么可能？我父亲死得早。我母亲老实正派，只知道种地干活供我读书。这事还要教什么？这种话哪里是能够出口的？未必你们城市人不一样？你父母会教你？

钟欣婷：那不可能，我是女孩子呀，这种事情怎么对我说？对女孩子只能够说出去要更加注意安全而已。

哦——这不就结了。董金泉还以为城市比农村开化。不都是一样的吗？董金泉、钟欣婷都无知。都纯洁。都是摸着石头过河。但是钟欣婷髋关节有毛病，动作粗暴就疼死人，一疼就全身肌肉紧张、痉挛，做不了，兴趣索然。身体就是这样，钟欣婷也没有办法。交流了几次，董金泉不再搭理这个话题，觉得无聊。好在钟欣婷很快受孕了。以怀孕不适为由，一再拒绝董金泉的饿虎扑食。董金泉也不是好惹的，他已经讨老婆了，凭什么还过单身狗生活？

随便钟欣婷哪里不舒服，只要躺着叉开双腿就行了，这个动作不难，也不累人，妻子要尽义务，婚姻法有规定。后来有一次，董金泉强上，钟欣婷不从，与饿虎展开搏斗，一脚踢中董金泉下身。董金泉生殖器当场萎缩，过后水肿了，半个多月才恢复。

谈话变成吵架。

很好！董金泉暴怒：你这女人太歹毒了！伤我命根子！你休想我再操你。

钟欣婷说：那就谢谢了。

问题是：董金泉怎么办？这就跟不吃饭要死人差不多。

董金泉：你这太不人道了！你得给我一个出路！

钟欣婷：你自己有手啊！

董金泉：简直放屁！手管用《婚姻法》干吗规定夫妻之间要尽义务？！

钟欣婷： 那你必须保证不弄疼我。

董金泉：也是放屁。

钟欣婷：那就随便你了。

董金泉：那我就在外面找了啊。

钟欣婷：那你睁开眼睛找啊，别找有病的啊。

吵架、争斗、半真半假地形成了这样一种默契：钟欣婷负责怀孕生子，董金泉负责找个没病的睡。过一阵子，习惯了，董金泉居然找到感觉，还大言不惭地对钟欣婷吹牛，并且多次：老婆我告诉你啊，我们公司的女人，很正的那种，绝对健康的良家妇女，只要我给点暗示，多数就能成。董金泉自豪地说：博士啊英才啊，还就是有卖相！

钟欣婷阵阵心绞痛。表面无症状。年轻身体还挺得住。

原以为是夫妻之间的一个玩笑。想不到玩笑就开成了真实。男人要做是硬道理。钟欣婷唯有两眼望天翻白眼而已。这种事情，对父母说得出口？对任何人说得出口？没有语言，也没有嘴巴。难怪民间有话说：一日夫妻百日恩。大概指的就是他们之间性的秘密，性交过程那些细节的成败得失，只会深藏他俩之间，到老，到死，离婚也不会泄密。在中国，也就算是一种男女间的恩情了。

钟欣婷终于哭了。从小对自己说“不哭”的女鲁迅，还是哭了。

原来，性在中国，不谈不说，不增不减，就是个呵呵。

咱们只讲道德，只用隐喻，不会去直接说那些不文明的细节。比翼鸟，连理枝，夫妻恩爱苦也甜——中华民族的后代们难道还没明白吗？怎么这么蠢?！ 民俗文化也很发达，祖祖辈辈传下来了儿歌啊： 小小子儿，坐门墩儿，哭着嚷着要媳妇儿。要媳妇儿干什么？说话，逗笑，解解闷儿。煮饭，炒菜，包饺子儿。铺炕，叠被，穿袜子儿。点灯，说话儿，吹灯，作伴儿，早上起来梳小辫儿。钟欣婷有点明白了。泄气了。惨笑了。她的婚姻靠她单方面努力再也维持不了了。钟欣婷肯定受不了董金泉这么厚颜无耻地到处睡女人。钟欣婷也绝对不会仅仅只是董金泉的生育工具。千辛万苦孕育生养的儿子，是钟欣婷的，必须归钟欣婷。你对我不仁我对你不义。那就用上古老的《孙子兵法》了。董金泉太不了解钟欣婷了，也就注定了要失败。

世上无难事，只怕有心人。很简单，钟欣婷主动起诉。钟欣婷在法庭上突然出示了董金泉对婚姻不忠的出轨证据。厚厚一沓图片甩出来，有图有真相。

现在城市已经有了监控天网。酒店处处布满监控摄像头。民间还遍布着婚姻忠诚调查公司。拿到赤裸的董金泉与赤裸的女性搂抱在床的图片，包括时间，地点，房号，还不是一件很容易的事吗？

董金泉成为婚姻的过错方。钟欣婷成为受害方，而且还在哺乳期，是可忍孰不可忍。可怜的瘦小的小妇人钟欣婷，在法庭上羞愤交加，一直泣不成声。法院没有人会同情一个道德败坏、生活作风糜烂的男人，越是博士，越是叫人愤恨。原来人渣做的事情，博士也会做啊。现在道德沦丧得真没底线了！党和人民白白培养那些英才了！

在公正威严的法律保护下，儿子的抚养权和房产分割后的一套两居室住房，当然、肯定并快速地判，给了钟欣婷。

回到原点：钟欣婷还是回到了自己父母家。女儿离婚了又带着吃奶的小宝宝，不回娘家回哪儿？

简单讲讲婆媳不和、城乡文化冲突带来的离婚故事，讲到最后钟欣婷自己都信了。钟欣婷的小伙伴们也都信了。社会关系方面，都交代得过去了。

钟欣婷回到自己出嫁前的闺房。董超博小宝宝的婴儿床在她床的旁边。分割的婚房出租出去。休养生息。一场婚姻，人累半死。休息过来，东山再起。保姆小张多带一个小孩，多一倍工资。李雨青多做一个人的饭，也加一份工资。皆大欢喜。只要有了钱，什么人间奇迹都可以出现。钟家先富起来了，抗灾能力还就是比较强。不过钟欣婷也的确是赚了。像钟永胜、高红夫妇这个年龄段的人，有了孙女，又有了外孙子，那还是蛮有面子的，好听又好看，他们也就不在乎多花几个钱了。

钟欣婷的人生表情，没有发生翻天覆地的变化，或者饱经沧桑之类的。年轻的面容，还是那么年轻，皱纹不到长的时候，就是没有皱纹。倒是渐渐在变小，在回到从前，从前高中时代那个样子。

2015 年在向她走来。

2014 年圣诞节，钟欣婷在一家大型豪华商业综合体里头的星巴克咖啡，三朋四友一大群，聊着怎么创业怎么赚钱，街上又在流行什么，要赚就赚旅游、教育、医疗、养老四大板块最牢靠。朋友海聊总要喝点东西的。大杯饮料，花花绿绿，喝了上厕所，上厕所回来再说。聊饿了去吃餐馆，钟欣婷要求 AA 制。咱们来点新方式，谁都不欠谁的情。钟欣婷重又高高扎起马尾辫，破洞牛仔裤，全棉黑 T 恤——“惯于长夜过春时，挈妇将雏鬓有丝/梦里依稀慈母泪，城头变幻大王旗/忍看朋辈成新鬼，怒向刀丛觅小诗/吟罢低眉无写处，月光如水照缁衣。”——钟欣婷吟咏，小伙伴们热烈鼓掌。听听，鲁迅诗写得多好啊——小伙伴们懵圈了，其实都没有听懂。大家主要佩服钟欣婷都结婚、离婚、生了孩子还这么会背诗。钟欣婷的穿衣风格又从花枝招展变回到酷了，全部是缁衣，黑色的。短碎发，稻草色。那个酷爱鲁迅的女高中生，凯旋。这一次穿的黑色 T 恤，胸口图案是一行英文：ASK FOR TROUBLE，中文译文为：惹是生非。

下一次黑色 T 恤胸口印的是：的确良。

再下一次黑色 T 恤胸口印的是：我是八婆我怕谁。

# 4. 格瑞丝

**人物介绍**

格瑞丝，洋名的中文音译，出生年月不详，因有身份证多张，出生日期在 1975 年到 1979 年之间。其母也只记得生大姑娘的时候，有桃花开着。学历不详，一进入青春燃烧期，她就外出打工了，最终握有法国某大学学生证。

广西女子格瑞丝，个小、干瘦、肤黑、脸方。眉淡，文深了。单眼皮，割双了。最真实的那张身份证上，中文姓名：韦大姑。

2015 年年头，故事发生本年，格瑞丝看上去就是看上去的那个样子：一位年轻有活力的风情熟女。时尚、洋派、潮感十足，相逢开口笑，个人招牌式笑容极富魅力。

**人物表情的关键表述**

改革开放最为活跃时期勇闯天下的年轻女子。

从广西最穷的百色市那坡县一步跨进灯红酒绿繁华大都市的弄潮儿。

天生好歌喉。

某一天顿悟歌曲的大众影响力以及在国内的持续热潮。

懂并懂得利用歌曲的力量。

爱情积极分子。

很有爱，路遇乞丐和流浪狗必定要接济。

女性魅力的自信满溢者。

特别有社交才能的蜘蛛型人才，与其说是自己生活的主角，不如说是别人生活的主角。网络的发明灵感，很可能来自她这样的人：她的存在，让无数人得以连通。

他人对格瑞丝人生表情的印象：人特有感觉。表情特丰富。

折腾人生的粗略路径是：从百色那坡到桂林、从桂林到北京、从北京到法国、从法国到北京、从北京到广州、从广州到武汉。历经苦难，痴心不改，少女壮志不言愁。正好见多识广，出落得能说会道，极善逢场作戏。加上原本有个性优势，热情奔放之性格、圆润嘹亮之歌喉，基本心想事成，只是道路曲折。

会唱歌属于有天赋，古往今来有此天赋的人多得去了。但，天生会唱又幸逢盛世，幸逢盛世又幸逢知音，这就是并不多见的个人幸运了。格瑞丝从广西民歌刘三姐，到当代歌星韦唯的曲目，都会唱。又因留学法国，还会唱很多法语以及英语歌。中国新一轮唱歌热潮，从改革开放后的卡拉 OK 开始，一直伴随着经济的迅猛发展，高潮持续不断，升级换代，登堂入室，直到全国人民都看的中央电视台，主打都是歌舞晚会。格瑞丝曾两次报名参加“CCTV 青年歌手大奖赛”，两次惨遭淘汰还赔了不少钱，但收获了不少社会经验。明确知道了歌喉也是生产力，完全可以靠它来建设自己的美好生活。

因为会唱歌，桂林市打造的“刘三姐景观园”，格瑞丝得以顺利入园工作，并拿到旅游部经理职位。于是就得以亲自接待高端人物。2003 年前来进行文化考察的领导干部中，就有俞亚洲。格瑞丝仅凭开口一唱刘三姐，只是劈头第一句“唱山歌哎——这边唱来那边和——”俞亚洲当即震呆，热血在体内长时间沸腾。

随后宾主一起进餐，俞亚洲邀请格瑞丝与他男女对唱《夫妻双双把家还》，格瑞丝欣然从命。一曲“树上的鸟儿成双对，绿水青山带笑颜”，配合特别融洽，唱罢都感觉心有灵犀，三生有缘。虽然俞亚洲是个 60 后前端，格瑞丝是个 70 后中后端，十年以上年龄距离，但在热爱民族文化方面，两人没有丝毫代沟。两人都是刘三姐的影迷和歌迷。初次见面，相谈甚欢，依依惜别。

随后半年之内，俞亚洲密集地连续三次前来广西考察。每次都是格瑞丝亲自接待。亲自陪同俞亚洲参加民族传统节日，刘三姐对歌节、火把节、泼水节，总之民族风情园已经把各民族的传统节日都捏合在一块了，游客每天都可以过节。尤其令俞亚洲刮目相看的，是格瑞丝高效务实的工作作风，除了文化考察活动一律安排出高水平演出团队，都是真少数民族演员，最靠谱的是，主动开具正规报销发票，公务名目项目严谨，还不会多半句嘴，实在是难得的人才。最激动人心的是，格瑞丝承诺让俞亚洲见到真人刘三姐，后来果然兑现，在桃花江畔的一个饭局上，俞亚洲终于如愿以偿，见到了他此生此世的梦中情人“刘三姐”——黄婉秋。

于是人与人之间的友谊与信任，一份忘年之交，就这样打下了坚实基础。

格瑞丝终于惊喜地听到，俞亚洲代表湖北武汉文化系统，向格瑞丝发出真诚邀请，欢迎格瑞丝到武汉创业。而这个时候的格瑞丝，迫切心愿是自己得学习，自己知识太浅薄了，她迫切希望出国留学。格瑞丝倾诉给父辈般的领导俞亚洲。得先出国留学，再报效祖国，届时才敢去武汉创业。大武汉啊！一般身手哪里敢去。俞亚洲听得好舒服，笑了。主要格瑞丝遇到困难了：怎么出国摸不着头脑，怕被骗了，以及中介费也太高了。

啊呀，现在这种求学不求钱的好青年，怎么可以不给予大力的切实支持啊！俞亚洲特别理解和同情喜欢念书积极求学的青年，他自己以前就是这样的青年。再说格瑞丝已经开了口，俞亚洲在一个小姑娘面前，怎么也不能够丢面子呀。作为湖北省文化厅的官员，俞亚洲和广西省文化厅还是关系很好的，广西文化厅与广西教育厅，也都是自家人。而教育厅就有正规的官方出国留学办理机构。俞亚洲用心用力一协调，与广西这边大家一聊就聊到一起了：官员为人民服务是天经地义，谁都愿意甘当伯乐，发现千里马。

很有效率地，格瑞丝办妥了赴法留学，优惠到差不多算是免费。

法国留学期间，暑假回国，首先奔武汉，来感谢领导的支持和帮助。格瑞丝不枉赴法深造，带的礼物是巴黎香水，专门送给领导的夫人和女儿的。一见领导的夫人和女儿，惊为天人，大呼“领导太有福气了！”并十分乐意与这么可爱的小妹妹俞思语以姐妹相称——当然如果俞思语不嫌弃的话——什么话？俞思语岂止不嫌弃！简直太乐意！一个还戴着牙箍的女高中生，能够有一个留学法国的闺蜜，互相写信、互相邮寄明信片，太令人向往了！格瑞丝对领导本人，则是目不直视，毕恭毕敬，有问才答，绝不主动发话。这令俞夫人任菲菲刮目相看，到底是留学法国的女孩子，有教养、有分寸，也知道自己几斤几两，人不错哦，又法语英语都会说，真是不错的。任菲菲不免就对这个又黑又瘦的小个头女孩子格瑞丝，不讨厌了。

俞亚洲大松一口气，赶紧把自己那一点阴暗的心理障碍，转入更隐蔽的阴暗角落，表面表现出来的，也就是方正威严与慈祥仁厚了。也就使得格瑞丝有不少机会玩武汉了。快乐地跟在领导夫人任菲菲身后，参加各种饭局，勤学好问的格瑞丝终于发现了大好商机：武汉正在大肆流行法国干红。拉菲葡萄酒，大几千块钱一瓶，还供不应求。格瑞丝看在眼里，记在心上了。黄鹤楼上都是诗。李白斗酒诗百篇。看来武汉就是一个爱酒喝酒的好地方。

格瑞丝正在心想，事就已经在成的路上了。武汉民营企业家高端旅游团来法国了，其中就有武汉人钟永胜。还是歌喉成全了格瑞丝，为她带来了莫大好运。

这个比较昂贵的、待遇比较好的旅行团在外省游玩一周后，返回巴黎。这个时候剩下的极度渴望，就是必须吃一顿像样的中餐了。中国胃与中国眼睛极不一致，眼睛看法国风景如画，胃吃西餐吃到恶心。在钟永胜们另外给导游小费的交涉下，导游带他们沿大街穿小巷地走啊走啊终于来到了一家酒好巷子也深的川菜馆子。于是普通的鱼香肉丝、麻婆豆腐之类，只因是烈火烹油的新鲜小炒，也就如山珍海味一般鲜美异常了。尽管只是鱼香肉丝、麻婆豆腐，也激发了钟永胜的感慨，李白诗词随口就来一句了：“人生得意须尽欢，莫使金樽空对月。”好！好诗！异国他乡，这菜就当是国宴了，大家酒杯一碰，第一杯就干了。

格瑞丝正在这个川菜馆子打工端盘子。

格瑞丝被诗句震惊了。她真的感觉武汉有文化。唐朝李白的诗词在武汉日常生活中都可以脱口而出。格瑞丝不禁留意看了钟永胜几眼。

如饥似渴地一通爆吃，然后，酒足饭饱，牙签叼在嘴上，香烟夹在指间，这才定睛于餐厅墙壁上挂的电视屏幕。此前它也一直在播放卡拉 OK 流行歌曲。企业家们就纷纷抢麦上前唱起来。会唱歌的人几乎没有。加上满肚子肉食，满喉咙白酒，怎么唱歌？几个男人就是一通乱嚎。嚎得钟永胜受不了了，唤来餐厅老板，愿意出高价，给叫一个会唱的过来，让他们在巴黎最后的夜晚能够享受一点中国式的文化娱乐活动。看了世界上最好风景，吃了世界上最美味中餐，再听一首世界上最优美歌曲，他的人生梦想就圆满了。

格瑞丝脱颖而出。

格瑞丝其实已经跑堂几次上过菜的，她个子小，皮肤黑，一点不起眼。现在再次出现，尽管脱了围裙，换了自己的衣服，还是一点不起眼。但是！但是钟永胜点歌了!《梦里水乡》。一沓红钞票，掏出来，直接拍在酒桌上。

小个子有小个子的优越性，骆驼与羊，就看是越墙还是钻洞。《梦里水乡》这歌就特别搭小个子女子。要细声细气、如泣如诉、絮语委婉、柔情款款，一个大块头歌手，要做出该状，是会让人很难受的，尤其是歌手就在眼前唱现场。所谓鸿运当头的一刻，就出现在格瑞丝艰难清苦的留学生活中。

这正是格瑞丝的歌。格瑞丝的情绪早就酝酿了多年。此时小曲开口，是有多少委屈多少希冀多少渴望，化作歌声潺潺流淌。“春天的黄昏 / 请你陪我到梦中的水乡 /让挥动的手 /在薄雾中飘荡 /不要惊醒杨柳岸 /那些缠绵的往事。”

——注意眼神！ 格瑞丝在桂林拜师学过歌的，会唱歌也会专业眼神。会随着歌曲的势能，放出电眼媚眼，必须得刹那间惊醒那些缠绵往事——这也是不会受到任何质疑与道德指责的，大家都知道这个叫做“专业表情”——有血有肉有激情的凡夫俗子钟永胜，立马就被这专业眼神击倒了。太大的惊喜与震撼：居然在一个小小的中餐馆里，面对面听到比专业歌手还专业的歌唱，欣赏到比专业歌手还专业的神韵。钟永胜在椅子上一个后仰，巴掌捂住脸膛，泪流满面，大叫停、停、停！ 前面拍在饭桌上的红钞票，推给餐厅老板。现在再拿出十张红钞票，直往格瑞丝手里塞。

这热血沸腾到拍出千元的程度，也还是罕见的。一般人是越有钱越小气，来巴黎游玩吃中餐馆的大多数有钱人以他们的实际行动证明了这个真理。格瑞丝该为多少同胞唱过多少歌，另外再给小费的，还真就没有。感动的、喝彩的、热情洋溢地互留通讯的男性游客，人也不少，事后一概雁过无痕。

钟永胜的过于慷慨，被大家疑似喝高了。格瑞丝说什么也不肯收这么多钱。钟永胜非常非常愤慨，一再申明他没有喝高！他很清醒！这姑娘不要他的钱就是瞧不起人！ 哎姑娘叫什么名字啊？刚才介绍过的？哦！格瑞丝！格瑞丝！敢情是姓葛吧？这位葛小姐，你听我说，就算你已经是一个巴黎人，也不可以瞧不起我这个不会唱歌只会赚钱的中国大老粗！

格瑞丝只好抽出两张红钞票，说够了。武汉人不是最讲究高山流水知音难觅吗？人生得一知己足矣。收钱太多就俗了。

啊呀呀！这一说可不得了。一下子不远万里就直接到了武汉，就把武汉人钟永胜的武汉情结搅动了，人生也就彻底颠覆了：小葛小小年纪，倒是这么懂楚国文化啊！连伯牙子期的典故都知道啊！气节这么高啊！好！懂武汉人！不由分说，冒死唱歌以谢知音。钟永胜抓过卡拉 OK 麦克风，用完全不会唱歌的嗓子，勇敢地在嗓子眼里头，发出了细小的哼哼声，五音不全都算不上，基本就是背书："淡淡相思都写在脸上/沉沉离别背在肩上/泪水流过脸庞所有的话/现在还是没有讲……"

人人听到，人人都笑喷了。乖巧的格瑞丝主动救场，站到钟永胜身边，凑近麦克风，带他一起唱，"转回头迎着你的笑颜 /心事全都被你发现/梦里遥远的幸福/它就在我的身旁。"

成功了。餐馆掌声雷动。钟永胜一个冲动，揽过格瑞丝，紧紧拥抱在怀里。格瑞丝大吃一惊，继而大为感动，感觉到了钟永胜的真喜欢。基于对自己父母这代人的了解，格瑞丝知道他们都很传统、很拘谨、很胆小，就是连拥抱这个动作，有人一辈子都没有做过。所以，如果他们能够在公开场合敢于拥抱一个女孩，那就是激动到不顾一切了。女性直觉就涌出来了，格瑞丝，一个异国他乡的穷学生，内心淤积的无数自卑、失落与清冷，当即就贴紧在这突如其来的火热怀抱里。

年轻姑娘格瑞丝的一个紧贴，也就直接刺激到了钟永胜的下半身，下半身也就当即反应，吓到了钟永胜的上半身。钟永胜又惊又喜又忧：惊的是自己下半身从来不曾这么流氓！喜的也是自己下半身年过四十五了还有能力这么流氓！忧的是下半身这么流氓，如果格瑞丝尖叫一声耍流氓，那他不就名誉扫地了？好在男人也有直觉，只是来得迟一点，格瑞丝的身体已经明确表示她不仅不会尖叫耍流氓，而且好喜欢。钟永胜到底年岁大政治运动经历得多，晓得收敛，也懂得感恩，他感恩地把臀部往后一撅，藏起了突起，表达出歉意：唐突了唐突了。格瑞丝加倍感动到要哭了：原来中国还是有绅士啊！原来先富起来的人并不都是倚仗有钱能够吃豆腐就尽量吃豆腐啊!

原来默契都是身体细胞对细胞的事。

身体一默契，拥抱时间一不当心，就比正常拥抱长了一点，也紧了一点。大家哗哗又鼓掌了。这种鼓掌就是有点邪门的那种了。是那种沆瀣一气的鼓励。是鼓励一种暧昧的巴黎艳遇。反正远离祖国，远离老婆，没有了监控和舆论，就是这么几个萍水相逢的游客，出了机场就散伙的，十几亿人的国家，谁背后非议谁也难以抵达谁的圈子，对谁形成伤害，再说巴黎满大街都有男女自由拥抱，未必中国男女就不是男女，就不可以在巴黎也来个自由抱抱。大胆抱抱，为国争光，长点中华民族志气，也算不枉为男人吧。彼时彼刻的巴黎某小街某中餐馆，已经形成了最为自由和放松的人物关系和生活氛围。本来性格就喜欢显摆、喜欢争强好胜的钟永胜，头脑一热，就豁出去了。我用青春赌明天，你用真情换此生，岁月不知人间多少忧伤，何不潇洒走一回。格瑞丝也豁出去了。在钟永胜怀里，勇敢地仰起了小脸蛋，眼睛热辣辣，亮晶晶，水汪汪，瞬间二人的生物电流就接通了。

原来语境都是人为的。

原来知音都是巧遇的。

接下来的情节，毋庸赘言。

只因人生都经不起细聊。这一细聊，啊呀不得了，世界可真小。格瑞丝是广西人，其父当过兵，参加过中越边境自卫还击作战，伤残退伍军人。钟永胜呢，正是当过兵，正是参加过中越边境自卫还击作战，还正是被广西籍的老班长救过命，否则他早就死在猫耳洞了。战友哇战友! 你的女儿就是我的女儿啊。只要钟永胜还是个男人，还是当兵出身，照顾格瑞丝，那就义不容辞。

这几位同船共渡百年修的游伴见证：钟永胜与格瑞丝，今生注定有缘，现在就把这缘分的关系摆摆正吧，有个名目、有个位置、有个角色，别人就说不了闲话，就可以名正言顺地天长地久。那就认个干爹干女儿吧。

小丫头，敢不敢啊？格瑞丝眼珠子骨碌一转，光芒四射，每一根芒刺都野性十足、无所畏惧、惊喜活泼、无藏无掖。大家都看见了，就热闹起哄，要他俩作揖磕头，喝交杯酒。

好！ 格瑞丝拜了钟永胜当干爹。父女俩交杯酒连喝三杯，山盟海誓、肝胆相照。游伴热闹起哄，只管讨要喜酒喝，重开筵席再宵夜，心照不宣也就是闹洞房了。巴黎最后的夜晚，比在国内还热闹还喜庆，该吃的吃，该喝的喝，该做的做。

次日机场送行，生离死别。格瑞丝哭成泪人儿，却是一个全身上下焕然一新的泪人儿，从皮鞋到丝巾都换成了国际机场大牌店的货色。凭这套行头，格瑞丝与昨夜脏兮兮端盘子小妹，顿时天壤之别，哭出了美国好莱坞电影《罗马假日》里奥黛丽·赫本的范儿。

雄性一发情则更注重羽毛，钟永胜也在机场买了成套的法国鳄鱼、皮尔·卡丹，当场跑到厕所换上，带着新衣服特有的折痕和气味，把干父女的告别，硬是演成了浪漫爱情电影。

格瑞丝的人生表情，直接就是所有好莱坞爱情片的女主角：格瑞丝解下丝巾，挥呀挥呀挥呀。边检警察、安检传输带与机场所有其他旅客，都成了格瑞丝的陪衬和底色，都是日常平庸表情，唯有格瑞丝表情好美好美。

格瑞丝 2007 年落地武汉，注册了保罗木梳酒庄，开始做法国葡萄酒生意。

次年汉口武汉天地商业街开街，钟永胜帮格瑞丝拿到一家门面，叫做“保罗木梳品酒屋”。钟永胜为格瑞丝做出的战略布局是，以这个店铺为公司大本营和公司招牌广告，向武汉三镇铺开加盟酒庄，并迅速向武汉周边城市发展。为此，格瑞丝情不自禁，一次次，哪怕国际长途电话费再高，也要花钱献上《梦里水乡》，声情并茂。

爱情也是生产力。

格瑞丝抵达天河机场，法国人保罗相随。

格瑞丝的人生表情非常肯定、非常有把握：此处必须有保罗。

保罗扮演绅士，当仁不让抢推推车，搬运几只巨大旅行箱。格瑞丝补妆。马上出去要面对来迎接的武汉朋友。

格瑞丝对国人介绍说："这是保罗先生，我老公。我们公司在巴黎，也经常去波尔多住，他家在波尔多有好几个祖传酒庄。"

格瑞丝对老外介绍保罗，用简单英语：This is Paul，my boyfriend.只说是男朋友，不说是老公。

保罗热情洋溢地和朋友们一一点头、微笑、握手或者拥抱。

保罗人生的关键表情，此处可以极简地出现一下：保罗主要是非常仰慕中国古老文明和悠久历史，特别喜欢吃中国菜，坚定地认为全人类唯法国美食可以与中国美食相提并论。对火热喧闹、又便宜又好吃又热情的中国夜市大排档，保罗充满了羡慕、狂热和痴迷。保罗原本在格瑞丝就读的大学里做园丁，到了退休年龄，无所事事，听说武汉人民非常喜欢法国葡萄酒，保罗又对自己国家的葡萄酒最为自豪，与格瑞丝一起，有吃又有住，就当旅游一回，何乐而不为？老外简单，背起行囊，说走就走，就轻而易举又不远万里地来到了中国武汉。

格瑞丝总是笑盈盈看着保罗。保罗在中国，比他自己想象的有价值得多，多得多。法国人保罗是一个老头。具有全世界不管什么民族老头都有的特征。独特的还有左眼上眼睑神经麻痹，眼皮往下耷拉，但保罗丝毫不以为意，该挤眼挤眼，该大笑大笑，有残疾的老外往往比健康人更有意识去彰显自己的精神健康。这一点，武汉人喜欢，对中国中老年人都很励志。励志就是人气。

保罗性格活泼，风趣好玩，更喜欢当"领导"。在武汉顾客进门都时兴叫老板，又时兴练英语，就冲保罗叫BOSS，保罗欢快地摇头挤眼，回应说："领导！”保罗一律要求顾客们叫他“领导”。在保罗看来，“老板”是资本主义他不喜欢，“领导”是社会主义他喜欢。 叫他“领导”，就说明他是在为人民服务，他就很有价值感。同时中文太难了，保罗学不会，也就无法与顾客沟通更深，保罗学来学去无非就是几个单词：酒文化、干杯、领导、恭喜发财、阿弥陀佛、谢谢、李小龙。只要说出“李小龙”三个字，他就会同时摆一个武打的功夫姿势。保罗总是把武汉顾客逗得乐不可支。快乐就是财富。

用保罗的名字和护照去工商注册还有外商创业的税费减免。格瑞丝用保罗做老公当掩体，能够使真正的情人钟永胜安然无恙。用保罗在“保罗木梳品酒屋”亲自坐堂当掌柜，本身就是活人广告，又减少了雇工人数。保罗一坐堂，营业额刷刷飙升。

格瑞丝总是笑盈盈看着保罗。格瑞丝的眼神，在武汉人的眼里，如野猫一般精光灵动，生发出各取所需的解读，有人理解为含情脉脉，有人理解为亲善友爱，有人看见了法式文化教养，有人看见了熟女卖弄风骚，有人看见赚钱才是最快乐的。武汉天地的顾客都知道格瑞丝的眼神总是灵动的、笑盈盈的，都喜欢与她眼神对一对。

格瑞丝总是笑盈盈看着保罗。保罗也会当众在格瑞丝两颊分别啧啧亲吻几下。他俩有他俩的绝对隐私。曾经，最初，在法国，在遇到钟永胜之前，格瑞丝与保罗发生性关系后，提出过娶她，保罗则完全彻底不能够理解：为什么？

对于婚姻这种制度，保罗尚在理解之中。格瑞丝肯定不会说是为了留在法国。在法国无依无靠的格瑞丝，还是没有舍得放弃与保罗的亲密关系。来武汉头两年，他俩是合租的室友。如果两人谁有了生理需要，就直接问对方可以不可以。合租一段时间后，事实表明：都是保罗问格瑞丝可以不可以，而格瑞丝来武汉以后则从来没有问保罗可以不可以。但保罗不计较，不吃醋，不追究，还是与格瑞丝友好相处。老外就是这一点好。 所以格瑞丝来武汉开公司，事业中必须有一个保罗。

格瑞丝安抚保罗说：咱俩关系比情人更铁，咱们是兄弟。保罗说：兄弟？

什么意思？格瑞丝说：兄弟的意思就是——保罗你看，我有胸你有弟，咱们两个是兄弟，是铁哥们。保罗说：好啊好啊。如果你的兄弟得罪了你，你已经原谅了她 7 次，她还在得罪你，你怎么办——那就原谅她 70 个 7 次。

格瑞丝热泪盈眶，不禁扑进保罗怀里，兄弟啊，你这么宽容我怎么报答你。保罗说：不用报答。这是《圣经》上说的话，耶稣告诉我的，我照《圣经》做。

从广西刘三姐民歌之乡走出来的格瑞丝，又有法国留学的阅历，回头对于中国通俗流行歌曲，有了一个极高的认识：神奇魔力。中国人十几亿，你给他们说，他们可以不听或听不懂。你报纸文章即便《人民日报》社论，也有很多人不看。央视新闻，也只是一部分关心国家大事的看。而你给他们唱，只要朗朗上口，老百姓就喜闻乐见了，还十分容易上瘾，一个个走路都喜欢带唱匣子。大跳配乐广场舞。无论开会、散会、开学、毕业典礼，都会大喇叭放歌曲。婚丧嫁娶，都唱。一唱就激动，就来情绪，就血液循环加速。格瑞丝无数次感谢老天爷，给了自己一副好歌喉，开口就能唱，又专业学习和训练了一下。比赛她是看透了不参加了，但是在民间，她所向披靡，只要格瑞丝开口唱。比赛最后的目的不也是有助于自己事业的红火吗？格瑞丝直接红火就好。

所以，在“保罗木梳品酒屋”开业那日，格瑞丝做足了功课。她亲自登场，服饰大胆，妆容妖冶，绣花肚兜，大露背，配法国古典宫廷式皱褶大摆裙，粉蓝眼影，紫罗兰唇膏，怀抱吉他，自弹自唱，保罗穿一身黑色，拿两只沙锤伴奏。

格瑞丝首先要为她的真心爱人，献上一首经典怀旧老歌《梦里水乡》。当然，在场大部分观众并不在意，现在都是唱的比说的好听，人们已经习惯忽略不计；小部分在意的观众，很容易解读为这歌是为保罗唱的。钟永胜夹杂在一群前来捧场的贵宾中间，毫无危险，面无表情，心里偷着乐。钟永胜身边坐着他老婆高红。高红听歌入迷到忘我，嘴巴合不拢，眼神也调不开，她这辈子第一次听现场，发现这震耳欲聋的歌喉，竟然发自格瑞丝这样一个小麻雀一样干瘦扁平的女子，简直太神奇了，也太好听了，时刻举着两扇大巴掌，夸夸夸使劲鼓掌。

格瑞丝也不可能不注意到高红。她似乎看得见，在高红这样毫无节制的猛力动作中，她身上那件昂贵华丽的法国香奈儿连衣裙，在肥厚的大胳膊和肩部紧窄受难，线缝在丝丝绽裂。可惜了世界顶级好衣裙。总有鲜花插在牛粪上，不仅仅只是好衣服，更有好男人。有些夫妻坐在一起，显然就是不般配，前后左右看，都是一个错误——这就是钟永胜和高红。

格瑞丝来了。武汉。新时代开启了。新的一代人了该是新观念了。格瑞丝把钟永胜让给高红已经太久太久了。纠正这个历史错误，应指日可待。

So，格瑞丝再唱一首 *My Heart Will Go On*（《我心永恒》），加拿大著名歌星席琳·迪翁的歌，也是相拥伫立于泰坦尼克号船头的那对纠正错误婚约的情人的歌。

同时，格瑞丝绝对不会忘记这是在做生意：格瑞丝会先说英文歌名，后说中文歌名，再顺带讲解一下中文翻译不够精准到位的那种感觉。这外语炫得，这博学感足得，日后连三岁小孩子都被家长经常带到品酒屋来了。三岁当然不喝酒，主要是让孩子受国际文化熏陶，练英法二外，兼修老外气质：耸肩、挤眼、表情、手势，以及哈哈大笑。顺便吃东西，澳洲特级牛排388元一客，意大利面、意大利比萨之类统统都是特级的，都不便宜，家长不亏，会算细账：总比带孩子飞到国外受熏陶要便宜。再说澳洲特级牛肉的营养，比起注水牛肉、地沟油来，还是合算。生病了看病吃药多贵。

中老年来宾，挤在外围探头探脑不敢进店的，格瑞丝也热情邀请大家都进来：挤一挤，都进来，我和大家对唱“刘三姐”。一下子气氛就起来了。

火热气氛中，压轴就唱起时代强音主旋律颂歌，韦唯原唱，但谁又听过韦唯的现场呢，格瑞丝的现场超过韦唯。

“我们亚洲，山是高昂的头。我们亚洲，人民最勤劳。我们亚洲，健儿最风流。”格瑞丝饱含激情，用直冲云霄、三日绕梁的嗓音歌颂咱们自己的勤劳勇敢，中老年顾客们就热血沸腾了——歌曲真有惊人的教化作用——人们都感觉好好啊，个个都打开了平日紧闭的心扉，扯起喉咙，加入合唱，表情真的都随歌声，很有民族自豪感了。

然后就，肚子很饿了。

除了受邀贵宾，其他人都是自己掏钱吃饭。因为保罗是老外，老外都很小气的，老外从来不搞大请客大放送的，老外开派对都兴 AA 制的，对不起啊对不起啊，格瑞丝作为中国人，只好道歉了，但开业这天八折优惠。武汉人都很要面子，不好意思在老外面前丢脸，也想体验一下正宗法式牛排和法国干红，反正也不是天天高消费，也就纷纷掏钱买吃的了。

格瑞丝在武汉天地大获成功。这特色商业街，开天辟地第一回，让人见识了什么叫做“开门大发财，元宝滚进来”。开业就赚。一般现在开店，开业都是花钱赔本赚吆喝，著名主持人、歌星、笑星、美食家、媒体自媒体，都要花钱请，自媒体还很牛，还不肯来。格瑞丝不用请，媒体、自媒体都主动跑来了。这可是真新闻啊！老外保罗开店啊。保罗还邀请了法国领事馆一帮朋友，再朋友带朋友，仅是头发和眼睛部分就是五颜六色的啊。还有格瑞丝，一个这么年轻的女子，嫁给一个眼皮残疾的洋老头啊。还有格瑞丝的歌喉，肯定超过韦唯了，不红简直都是故意低调啊。再细心一看，本市大佬来了好多，那些大腹便便的，粗重的黄金链子挂脖子挂手腕的，拉菲葡萄酒一干杯就一口闷掉的。哪里哪里都闪动着新闻要素，都是博眼球的，让媒体自己哭着喊着要报道和采访，版面费就完全免掉了。

“保罗木梳品酒屋”很快就出名了。很快成为在中国武汉的法国餐饮品位象征。

格瑞丝的人生表情是如此滋润、自信、神采飞扬，又耐心，细致，周到，广交朋友，谁都有求必应。同时总是保有几分神秘感。

当然，事情都不可能真的达到十全十美、万事如意。开业这天，格瑞丝注意到俞亚洲没有到场。邀请函格瑞丝发了，无回音。又追加电话，手机再三无人接听。短信息，也无反馈。果然，躲了。格瑞丝不奇怪，俞亚洲就是那种会关键时刻闪人的人。大学教授出身的官员，特别谨慎，避开危险的知识也更为丰富。其实有侠气冲天的钟永胜在，格瑞丝倒真不需要他人帮忙。闪人就闪人吧，去他的。几天之后，一个夜半，格瑞丝突然惊醒。一脚踏空，吓醒了，心里琢磨琢磨，原因应该还是在俞亚洲这一块。

真灵验，格瑞丝一打听，果然是俞亚洲提升了。是厅级领导干部了。难怪格瑞丝半夜惊醒冒冷汗，她一外地人，来武汉地头做生意，最初启发你、提携你、带你玩的领导，现在又升官，你都敢冷落，格瑞丝啊格瑞丝，你还要不要混了？

格瑞丝的蛮劲儿又上来了：不管你见不见我，我坚决要见到你！小学课本教导格瑞丝说“只要功夫深铁棒磨成针”，必须联系上！必须搞好关系！必须和领导夫人任菲菲女儿俞思语成为最好的朋友！三个必须！格瑞丝心眼多有办法，弱弱地求到刘三姐黄婉秋大姐那里，事情就成了。

见面在俞亚洲办公室，就像领导找下属谈工作那样。秘书先出面，带进来格瑞丝，先给倒上一杯茶水，再去敲敲办公室里间的房门，报告领导要见的人已经到了。稍后，俞亚洲从里间出来了，很客气：哦小刘三姐啊，你好你好！

俞亚洲礼节性地把手伸过来。

格瑞丝赶紧上前一步，热情握住。她发现她握了一只木然、僵硬、没温度的乒乓球拍子。与几年前的滚热手心有天壤之别了。格瑞丝明白了，啥都不说，也不坐了，专程来就只为让领导放心，表明她会乖乖的不会给领导添任何麻烦。

格瑞丝放下双肩挎背包，里面是两瓶拉菲葡萄酒，两条爱马仕丝巾，都是世界顶级奢侈品，就算一点点小礼物，从巴黎带过来，特意问候夫人和女儿的，就不在办公室拿出来了，就连同背包一起搁这里了。 再见了领导！保重身体啊领导！

俞亚洲问：没有事情吗？

格瑞丝：没有啊。

再也没有多余一句话。两厢轻松，皆大欢喜。这也是难得的默契。

格瑞丝猜对了：俞亚洲想多了。做领导的容易想多，习惯考虑方方面面。

对于俞亚洲，格瑞丝就没有想过喜欢不喜欢这个问题。与她年龄差距那么大的领导干部，她就是尊敬加崇拜。格瑞丝从小出来打工，养成了善于崇拜的好习惯。俞亚洲政务繁忙、日理万机还一直执着地爱好民族文化与民歌研究，这太了不起了。像俞亚洲这种气质沉稳、神态严肃阴森、干部架子十足的中老年男人，其实是格瑞丝心里最害怕的人。直到在桂林桃花江畔那次饭局上，俞亚洲见到梦中情人刘三姐高兴得不得了，喝多了，说开了，把格瑞丝小手使劲地握进他那滚热手心，格瑞丝的害怕才融化了。不过格瑞丝绝对没有多心。因为，总之，格瑞丝接待的高端客户、各种成功者们，不管什么性格，只要饭局吃到这种程度，大多数中老年男人都喜欢捉住她小手不放，还有搂住她小肩的，是一起唱卡拉 OK 的需要。格瑞丝一律都不会多心。反正她又没有掉一块肉。恰恰相反，兴许日后会长肉——多个朋友多条路呀。格瑞丝只抱定一个原则：是领导，都讨好。

好了。不久，任菲菲和女儿俞思语就到“保罗木梳品酒屋”里来了，见面就亲热嗔怪格瑞丝来武汉开店都不告诉她们，太过分了！尤其俞思语，好喜欢好喜欢好喜欢“保罗木梳品酒屋”哦，太有格调了。看得出来，俞思语是真心喜欢，这一点格瑞丝还是有把握的。领导不方便出现，有领导女儿经常出现，足够了。格瑞丝又成功搞定了一件大事。

繁忙的六年，转眼过去。保罗木梳品酒屋生意红火，营业额直线上升，火爆到没有最爆只有更爆。最后连店铺的前门、后门、侧面人行小径，都支了户外遮阳伞，加了户外桌椅，都坐满了喝葡萄酒、吃澳洲牛排的人，或吃甜点喝饮料谈恋爱的人。酒庄部分则更赚，多少公司、多少单位、多少个人，都指明了必须大拉菲。一时间，大拉菲成为身份象征。再有钱都要排队等货。有急用的，不得不加价疏通格瑞丝，插个队，以便抢先拿到酒。利润就跟长江洪水一样，说发水就发水，挡都挡不住。2013年春节利润到达最高峰，赚钱赚疯了。一个品酒屋，按说又不是什么正规高档餐厅，人民群众也都哭着喊着要来这里吃团年饭，档次高啊有品位啊食材全进口啊，订金不由分说就打过来。

格瑞丝开心地笑了。

格瑞丝车买了。房子也买了。养了一条博美犬。必须地，有钱人标配。当你有钱了，你就不知不觉和你这个阶层人一样，购置大家都购置的东西。养狗总是应该的。遛狗时候大家互相一看，心里就有数了，谦虚说你就算是一中产阶级了吧。

格瑞丝的人生表情，就是那种富女子的表情了，面色因美容而光滑起来，光滑得有点虚浮感，不太笑了，怕笑多生皱纹。自信却悄然隐去了许多，困惑与郁闷开始出现。

问题是！问题是，良心冒出来了。有趣哈，在格瑞丝最穷困的时候，她的良心倒不曾冒出来骚扰她，一般都是她在索求别人的良心。

格瑞丝有点文青，十七八岁二十出头那阵子，还真热衷过一阵小说。读过法国巴尔扎克作品，还有雨果的《悲惨世界》之类。她法语不够读原著，就读中译本。糟糕就在这里：即便是最好的中译本，也有通病，那就是容易诱导读者，经由自己熟悉的中文，进入中文设定的外国现实生活。如果是专业文人，也还好，多在嘴皮子上引用引用。像格瑞丝这种浅浅的文青，就无法分辨了，实际生活中一旦想起《悲惨世界》，一旦听到《我曾有梦》，自己直接就是女主角芳汀，间接就是迫害芳汀的资本家。假如自己就像原始积累阶段的那种资本家，天啦，那就真是良心尽丧，天理不容！

是不是人一有钱，真的就容易变坏呢？

有钱了的格瑞丝开始警惕，隔三岔五就拷问自己良心，告诫自己不要失去本性的真善美。

良心一：善待钟永胜。只因高红有高血压病，钟永胜与她一提离婚她就犯病。所以年复一年无法纠正这个错误的婚，也就难以再结那个正确的婚。先是钟永胜年过五十了，格瑞丝赶紧安慰沮丧的他：没关系，你还年轻，我等你。一过五十，时间加速飞逝。他们的私下关系也六七年了。他们“做爱”——格瑞丝特意用这个词，而把“性交”排除在他们爱情的词典之外——频率也越来越低，对各种创意也不再有兴趣了。格瑞丝还是咬紧牙关，要求自己善解人意，做贤妻良母状，说：没关系，这次不想做就不做呗，下次再说。不做就唱，我再给你唱唱《梦里水乡》吧。

下一次，就是隔了很久的一次了。再怎么养精蓄锐，钟永胜的力道劲道，都大不如以前。格瑞丝体恤地说：“来，你躺着，我在上面，我来用力。”格瑞丝个子小，干瘦，身轻如燕，在上面驾轻就熟，身子很活泼。剧终，钟永胜自卑地哀叹：“唉，老了老了，就是不行了。”

拍一个嘴巴子！这个嘴巴子格瑞丝还要打得重一点，这什么屁话?！刚才不是做得挺好嘛，我高潮挺棒的，来来来，你歇息，我再为你唱唱《梦里水乡》。

看着眼前情景，格瑞丝越来越悲凉了：钟永胜得了孙女了。升级当爷爷了。忽然更有劲头去做生意了。据说孙子辈让他信心倍增，想赚更多钱，将来得送她出国留学定居啊，人生再次升起宏伟目标啦。又突然当外公了。还是一个外孙子。外孙子！还让女儿给带回家来长期居住了。小宝宝长得可像钟家的人了。钟永胜也得要管这个外孙子的，他得一碗水端平了。与格瑞丝的谈情说爱，却越来越少，做爱也在少下去，关键是二人约定的婚姻，几乎再也不提了。匆匆见面，喝口茶，抽半根烟，你还好吧？ 怎么这么憔悴？今天眼袋好明显，女人要养，千万不要太累！好好好。那就好。我还好就是太忙，现在生意不好做了，哪里像过去，朝天乱放一铳，鸟雀掉下一大片。现在，咳，子弹费了不少，一只鸟打不到。我得走了。走了。走了。

说走就走的钟永胜丢掉烟头，大步离去，特色商业街故意设置的绕路小径，总是要把钟永胜多维立体地展示出来。这几年他在进一步发胖，随之肥肉也并不肯固定在原位，一定要松垮下来，脸色酱了，老年斑从酱色里透出来了，前面肚皮撑着衣服，后面屁股撅起裤子，尽管还坚持穿他最中意的白色西裤，却在裤裆部分十分紧张，兜裆厉害，鼓囊囊有点不雅了，也不再能够让他显年轻了。南洋归国华侨洪常青的翩翩身姿潇洒风度，作为审美标准，钟永胜可以终身信奉，而终身模仿，就有点狼狈了。格瑞丝多次想提醒他，话到嘴边又咽回去了。钟永胜惯常都是很瞧不起别人的穿着，认为他们土，也一直认为自己很有风格很有品位。可钟永胜现在居然直接嫌格瑞丝憔悴了、有眼袋了。

叫人怎么能够不悲凉?

格瑞丝不仅当然还是年轻女人，更进入了如狼似虎的熟女阶段，当然，深夜的肉体就会辗转反侧难以入眠，当然，实在受不了她就爬到保罗床上去。遗憾的是，保罗更老，保罗慈祥地坦诚他力不从心，很难把格瑞丝的需求落实到位，即便肉体发生关系也还是纯友谊的感觉。保罗更看重格瑞丝在需要的时候想到他。保罗和蔼可亲地安抚格瑞丝，说我们可以不 sex,但并不妨碍我们 love,至于 marriage，抱歉保罗至今还没有理解婚姻这种生活制度有什么好处。这就是洋人！ 这就是老外！ 越是熟识，越发现互相之间是鸡同鸭讲。保罗瞪着满满是爱的灰色眼眸，无辜地看着格瑞丝，把性、爱、婚姻三样东西，摊在床面上，分析得清清楚楚。格瑞丝直接晕倒！不得不去发狂一回，她扑倒在床上，两脚乱踢，叫嚷：不说啦不说啦反正就是三七二十八啦!

保罗，当然，眼睛就更加无辜了，其中还有一只眼是更无辜的残疾：那就来口威士忌?

格瑞丝也不是没有考虑过分手。但她每次向钟永胜一提，钟永胜不是蒙了，就是呆了，就是怒了。钟永胜就会说：“你他妈的嫌我老了?”“你他妈的富起来了，过河拆桥?”“你他妈的我又没有要求你为我守身如玉，还要怎么样?”格瑞丝是全世界唯一一个可以让钟永胜一口一个“他妈的”的女人。钟永胜也只有与格瑞丝在一起最随意、最率性、最坦然、最自由。这本身就是一种难得的享受啊！难道格瑞丝连这一小块根据地，都不肯为钟永胜保留？难道格瑞丝再坚持一下就不可以？钟永胜，一个大男子汉，眼睛都红了，垂头丧气，颓丧得不行。格瑞丝立刻就心软了。立刻就依偎到钟永胜怀里热泪涌流。回头格瑞丝咬牙切齿咒骂自己，拷问自己良心，严格要求自己：这不也才等了五六七年吗？而且这五六七年，每一步钟永胜都在帮她呀！钟永胜一大家人、大型综合性公司、企业家协会理事以及这协会那协会理事会长什么的，他得一一面对，一一事先做好铺垫，一一妥当处理，太需要时间和契机了，不容易啊！还有高红，高红身体有病，还是警察出身，脾气火爆得很，钟永胜每次一提离婚，都是一哭二闹三上吊的，千万别闹出人命来啊！的确的确的确，是格瑞丝太没有耐心了。格瑞丝不可以这样急躁。不可以再提什么分手。格瑞丝必须凭良心善待钟永胜。

格瑞丝就把泪流满面的脸贴在钟永胜脸颊上蹭，呢喃道歉，对不起对不起。钟永胜永不言败的英雄情结也就恢复了。没事！没事！我没事！只要你不犯傻，不要说什么分手，我就没事。反正我老了，那事也有点做不动了，咱们就是老夫老妻恩恩爱爱的，关键时刻可以有个人撒个娇、撒个野，也就行了。格瑞丝嗯嗯点头，除了流泪还是流泪。

钟永胜抚摸着格瑞丝，在她耳边喃喃私语：

“亲爱的，如果分手我都不知道自己会做出什么傻事来?！”

“亲爱的，如果分手我都不知道自己会做出什么傻事来?！”

“亲爱的，如果分手我都不知道自己会做出什么傻事来?！”

这种咒语连说三遍，格瑞丝就感动到化了。必须等待钟永胜。必须忠实于钟永胜。必须格瑞丝此生此世要证明自己并不是高红咒骂的婊子——只要钟永胜提及离婚，高红就会咒骂他外面一定有婊子，只是高红还没有查出是哪个婊子。必须证明格瑞丝和钟永胜是真爱。格瑞丝绝对是一个好女人。她所做的一切，每一步都是为了最后与钟永胜的花好月圆。

格瑞丝喜欢钟鑫涛吗？不，年轻男生有重点大学硕士文凭，在大国企上班受重用，那种自鸣得意令人反感。但钟鑫涛是钟永胜的儿子，她就会尽量为他打理好人生大事，她要投桃报李帮自己的真心爱人完成他的最大心愿。

格瑞丝喜欢俞思语吗？也就一般。这个年轻女孩子太过自我。一切都是以自我为中心。中心的中心就是她那一头美发，似乎全世界就她头发最最最重要，最最最漂亮，所有人都必须喜欢。她需要你的时候，急得一分钟都不能够等待。你帮她做完了事情，你就找不到她人了。如此循环往复。格瑞丝教她很多东西了，指望她自己有点能力料理自己，可惜她的人生局限你撕都撕不开。功利一点说，格瑞丝抓紧俞思语，也就是看重她父母的权势和地位。

当然，后来发生的情况是正巧钟俞两家家长暗中相亲看中了对方，格瑞丝自然也就很愿意成人之美，也是一箭双雕了。格瑞丝策划并亲自导演的钟鑫涛和俞思语“一见钟情”，也使她自己深得钟俞两家的欢心，生意方面也都更主动帮她。仅仅只是这里头有点尴尬，高红总归是情敌。好在高红在明处，格瑞丝在暗处，知己知彼也不算坏事。说不定关系搞好了，将来高红发现自己不配钟永胜，而格瑞丝年轻漂亮、活跃多情，与钟永胜更般配，且为他们多年坚守，默默相爱所感动，会主动离婚也未尝可知。

世界只要有了人，什么人间奇迹都能够创造出来——这是钟永胜经常喜欢说的话，也潜移默化进入了格瑞丝的思维和语言系统。

只有钟欣婷最刁，人小鬼大，野心勃勃，明显不鸟格瑞丝。格瑞丝也就不与她一般见识了。钟俞两家所有人际关系，格瑞丝都能够接受与忍受，都能够尽力帮大家做好事。一切都是为了爱。为了把钟永胜感动一辈子。感动到将来有一天钟永胜如果不用八抬大轿来娶她，自己都要羞愧到去撞墙。哪怕格瑞丝头发等白了，英雄钟永胜就是过不了她这个美人关。格瑞丝坚信自己作为女人的价值就在这里。终会有那么一天，格瑞丝会无比辉煌。所有亲朋好友都会大吃一惊，恍然大悟，顿时仰视格瑞丝的高尚人格——为一份纯洁的爱情她付出了多少啊！他妈的，韦大姑这辈子就跟你们拼了。韦大姑的魅力与伟大在此。韦大姑就是一个罕见的传奇女人。信不信？！

绝不憔悴！绝不有眼袋！运动去！跑步去！打网球去！汉口江滩这么近，太棒的运动场所，与热爱运动的保罗一起！专心运动，转移精力，忘却悲凉。

格瑞丝就这么想着、运动着，慢慢生出一身肌肉和一脸悲壮，悲壮是以坚硬的线条出现的，用嘴角的法令纹、眼角的鱼尾纹悄然改变着她的脸——人生表情就这样慢慢起着变化。

良心二：孝道。有钱了不管自己爹妈怎么行？管了爹和妈，家乡人人夸，格瑞丝心里还是特别舒服。

2011 年，格瑞丝带妈妈来武汉看病，跑同济协和两家三甲大医院，最后在同济住院手术摘除腹腔肿瘤。尽管一年多以后妈妈还是去世了，但格瑞丝求得了心安，毕竟妈妈治病，格瑞丝舍得大把大把花钱。妈妈命不好，生的病不好，有什么办法呢？反正在家乡，格瑞丝留下了特别好的孝女口碑。

2012 年，大孝女又替父亲安装了义肢。

良心三：照顾妹妹弟弟。

2013 年，韦漪来武汉了。才 16 岁，格瑞丝安排她先去上个什么学校学点知识，韦漪死活不肯，每天赖在“保罗木梳品酒屋”赶不走，主动扎起黑色小围裙，倚在大门口野看，走过路过的，是不是顾客，她都主动对人说“欢迎光临”。

韦漪与格瑞丝毫无共同之处，无论性格、智商、长相，一点不像亲姐妹。就是一个混沌未开的乡土小妹，多肉型的矮个子，下巴的肉几乎垂到胸，肥大的胸几乎垂到肚脐，肚脐下面就是两条粗腿。人嘛，天生长相无可褒贬。韦漪还是挺招人疼的，主要是眼睛，野野的，荒滩上劲风中的蒲公英，无分寸，无局限，无规矩，没上没下，没左没右，没大没小，没心没肺，明澈通透，心直接就是眼，眼直接就是心，看啥是啥说啥，问啥答啥笑啥，哪个跟她说话她都比哪个更傻，人就格外放松和格外开心。武汉男女老少都在流行叫美女，个个进店就对韦漪“美女，美女”地唤。一唤韦漪就笑，笑得花枝乱颤，不是绊倒椅子，撞了餐桌，就是失手摔掉了餐盘，餐盘又碰倒了一瓶很贵的葡萄酒，成天都在制造损失。

在保罗眼里，公司这种损失，是完全可以避免的。韦漪是一个未成年女孩，应该强制去读书学习，用童工可是非法的。强制？非法？格瑞丝的回答，也就是耸耸肩。

保罗哪里懂中国家庭那本难念的经，韦漪的问题不在上学不上学，在于活不活得下去。根据韦漪的长相，根据韦母曾经在云贵川打工的经历，韦父认定韦漪是其他人的野种，不然不可能长这么丑。韦父还算宽容的，容忍韦漪读完了小学。小学毕业就打出了家门，乡亲们都理解。韦漪上面还有一个脑瘫姐姐，下面还有一个弟弟，韦父早就被所在小工厂买断下岗，还腿有残疾，养活自己亲生子女都难得很，他难道还应该养一野种吗？就连韦母，也反驳不了这个道理。

韦漪流浪在外，吃百家饭，穿百家衣，自己又懒又贪玩，大街上被人看见裤子后面都是血，她自己还不知道是来了月经，知道后直接偷超市的卫生巾，又被超市人逮住，打得牙齿鼻子都流血，一个血人在街上满地滚。不管韦漪的亲生父亲是谁，没有异议的是，韦漪与格瑞丝是同一个母腹生出来。格瑞丝是大姐，自己亲姐姐有钱了不养小妹子，妹子就会没命。这大姐就太不仁义了。哪都说不过去。

格瑞丝能有什么办法能有什么表情？韦母电话里对格瑞丝只是哭泣，讲你小妹子要没命了。格瑞丝只能皱紧眉头安慰她妈：别哭了别哭了！我养！

2014年，韦千禧突然跑到武汉了。格瑞丝的弟弟，说是自己离家出走，偷跑来武汉的。明摆是一个阴谋，明显还是格瑞丝父母的合谋。韦漪在武汉被大姐养得很好，吃饱穿暖，还漂亮了许多。那么弟弟是一定要格瑞丝负责的了。韦家就这一个儿子，全家最重要的人，格瑞丝有钱了一定要培养弟弟成为大学生。韦千禧才14岁，个矮、皮黑、眼小、脸方，与韦父一个模子倒出来。在儿子身上，韦父韦母有着完全一致的大胆美好梦想：韦千禧一定要上到大学！格瑞丝可以不给父母汇钱了，在千禧身上要舍得花钱，读大学人家要多少钱，格瑞丝一定要舍得给。韦千禧如果能够成为大学生，父母这辈子也就死都瞑目了。

格瑞丝瞅着弟弟就犯愁，一个网吧打游戏长大的翘课男孩，到武汉来了，花大钱插班到私立高中贵族学校了，还是翘课、文身、染彩发，还是小县城街霸那样，香烟不离手，大摇大摆，就是一根行走的烟囱。还更加学会了穿嘻哈套头衫、弓背弯腰、鬼鬼祟祟游荡在城乡结合部、泡网吧、撩发廊姐姐。就连让他在“保罗木梳品酒屋”老实待一会儿，他都浑身不自在，什么法式文化，好假。还敌视保罗。这么老的老头子，老不正经的，不安生待在自家养老，不远万里跑到中国，无非就是占我姐姐的便宜。

格瑞丝还得一边打压韦千禧，一边婉言劝慰保罗：你不要睬这小子，青春反叛期，你知道的。

格瑞丝经常瞪着韦漪和韦千禧，除了翻白眼，还是翻白眼。且不说，几年来还有好多广西老乡找来，想跟着发财的，借钱看病的，募捐为家乡建希望小学的，等等等等稀奇古怪理由。除了翻白眼，还是翻白眼。除了躲，还是躲。格瑞丝再有良心，一个人也不够支付太多急需良心的缺口。只好请保罗帮忙。外面来的各种人，都是保罗挡在第一线。人家无论说什么，保罗反正听不懂中文。保罗更不懂中国家庭关系为什么是这样的。

然而事实上，赚钱没有那么简单。生意更不可能一帆风顺。2013 年年底开始，格瑞丝的高额利润突然下滑。中央一出台“八项规定”，公款吃喝禁令一下，吃喝高潮说没就没了。2014 年，主要是观望、等待、硬撑。暗中变相吃喝，也还有一些。按说一般风头总会过去的。一边撑着一边往年底走，哪知道风声一阵紧似一阵，三公消费越来越严格。接着公车也开始收紧了。不能公款吃喝，不能够公车私用，不能够公款接待、送礼和消费，谁还买那么贵的洋酒？谁来吃这么贵的牛排？

商业街的餐馆开始关张和倒闭。几家。又几家。又几家。格瑞丝再撑撑，想赌一把，再看看，中国的经济形势，谁都说不准。说不定东方不亮西方亮呢。做生意嘛谁都不会一帆风顺呢。比如李嘉诚，比如某某某，翻翻他们的传记吧，富翁们的事业，没有一个不是跌宕起伏的呢。翻翻传记，商业大鳄们的传记。

2015新年伊始，管理力度加大不说，还开始查以前的公款消费账，不少干部被“双规”。葡萄酒生意更大幅度萎缩。屋漏偏逢连夜雨，“保罗木梳品酒屋”铺面租期到了，续租租金大幅度涨价，外企的税收优惠，也到期结束了。保罗也慢慢发现了一些另外的问题，比如媒体上到处宣传保罗是波尔多某某著名酒庄的唯一继承人，保罗不是啊。保罗问格瑞丝是谁说的？格瑞丝不知道。保罗希望格瑞丝去媒体纠正一下。格瑞丝说：至于吗？多大点事儿啊？保罗说，不行我不可以承认虚假信息。格瑞丝有时候好烦保罗，保罗过于认真了。格瑞丝说：你是在中国，你理解一下国情好不好？咱们用得着跟这些傻瓜较真吗？怎么在中国生活这么长时间了还不明白吗？

保罗耸耸肩，冷面冷眼的。

保罗明确不同意也很不喜欢格瑞丝的这种态度。

保罗也不同意把公海交易过来的杂牌子干红葡萄酒取名贴标为“拉菲皇后”，这纯粹是利用翻译文字的差别进行商业欺骗。

保罗希望格瑞丝与他在一起这么几年了，也能够理解他做人准则是要努力做一个义人，努力做一个完人——因为只有这样保罗身心才得以安适——还是《圣经》的行为准则。

格瑞丝也对保罗耸耸肩，也冷面冷眼的。

格瑞丝保罗这对好伙伴的商业合作与亲密友谊，遭遇严重分歧与严峻挑战。

保罗开始打听和寻求买主，准备出售他在汉口的住房。

不过，格瑞丝遇到再多的不顺，也还是在坚持。坚持在钟俞两家勤走动。坚持去医院看望任菲菲。坚持举办朋友聚会。坚持7月14日的法国国庆日搞派对。法国人怎能够没有派对?!派对中总难免为朋友们引吭高歌。或许柳暗花明又一村就在勤走动的努力之中。坚持照顾妹妹弟弟。坚守真爱。坚信未来。格瑞丝的人生最后，必将会是一个大团圆的美满结局。格瑞丝坚守的时间越长，坚守得越发艰难，真心爱人必将越发珍惜她，将来老了，一般女人都是豆腐渣，而她，只会是钟永胜捧在手心的一块宝。

独自一人，格瑞丝也会对着穿衣镜，献歌给自己，载歌载舞：天地悠悠过客匆匆潮起又潮落/恩恩怨怨生死白头几人能看透/我用青春赌明天/你用真情换一生……

歌也不是白唱的，是用来励志的。

2015年向格瑞丝走来，一天天地。

2015年本故事开始的时候，在武汉八年都是风华正茂、神采洋溢的格瑞丝，有点显老了，人越发干瘦了，面部轮廓越发僵硬了，眼睛也没有那么闪亮、那么野性了，人生表情显然有几分藏不住的强作欢颜了。

## 5. 钟永胜

### 人物介绍

钟永胜，1959年冬季出生。2015年故事发生当年，55足岁，56虚岁。

老婆高红。情人格瑞丝。儿子钟鑫涛。儿媳妇俞思语。孙女钟宇涵。女儿钟欣婷。外孙子董超博。

### 人物表情的关键表述

部队出生，大院男孩，从小就很屌。

站在军干父亲的基因与肩膀上成长并成功的一代人。

中国严格执行“只生一个好”国策时期的育龄男青年。

重男轻女意识深入骨髓。发誓、必须、无论如何、不计代价，要生儿子。

抓住了机遇，改革了国企，发现了财富之门道的企业家。

成为中国先富起来的人之一。

喜欢说话。容易动情。更容易被流行歌曲打动。

敢于冒险。十分强势。九分自恋。

非常顾家。血缘姓氏观念极强，在骨子里，不自觉地。

私心一直渴望女性的崇拜与仰慕，并喜欢与她们的亲密感，始终苦恼和不明白这与他的家庭有什么不能兼容的。

由于部队享有很多地方没有的特权和优惠待遇，钟永胜具有部队大院孩子特有的性格：熟知军队军衔等级，喜打架，好文艺，大院孩子自己结伙抱团，瞧不起驻地四周老百姓的孩子。部队是中国人民解放军总后勤部基地指挥部。武汉人简称总后基指。院内人或更熟的人，简称基指。基指就在汉口永清路。

男孩钟永胜，顽皮，好动，上树掏鸟窝，下地打群架。约架主要是其他大院男孩。打架主要对象有附近空军雷达学院的，还有海军工程学院的、王家墩直升机独立师的，也曾过江去武昌，那是武空司令部的。打架直接模拟战争。抽签当司令官。钟永胜运气从小就好，多次中签。打架出发前，由司令官做战前总动员。作为中签司令官的钟永胜总是神气活现地背起双手，挺胸收腹，发出命令，命令总归一句话：“打不赢就不要回来了！”

打架队伍里，有钟永胜的两个弟弟。两个弟弟不仅从来没有中过签，更可怕的是，果然二人都命不长，都先后在青年时期死于非命。

“八九十臭狗屎”的年龄，钟永胜经常是鼻青脸肿状态，很难得有一张完好的脸，这就是他少年时代的人生表情。

10 岁至 18 岁。在学校被老师强迫把宝塔糖吃了几回，肚子里的蛔虫打下来很多，钟永胜就抽条子了。个头几蹿几蹿就高过了他的父亲，瘦骨铮铮，精力充沛，不知疲倦。每年夏季，必横渡长江，必晒得黢黑。每逢下雪，必冬练三九，必赤裸上半身，在大院操场，举哑铃、玩单双杠，与同龄人比试肱二头肌。每到深秋，必在大院深处成片的桂花树林中，与宣传队文娱战士混在一起玩乐器。主要是拉二胡、吹口琴、打快板和学口技。偶尔夜空明净，月明星稀，被桂花馥郁的香气所熏陶，心猿意马中大家抬头看见了天空，就会情不自禁唱起歌来，第一支歌经常是见景生情的《抬头望见北斗星》：抬头望见北斗星，心中想念毛泽东，想念毛泽东。

钟永胜天生唱歌不行，发出的唱腔就像哑掉的知了，但他还是要唱。主要是他容易激动。尤其身处轰轰烈烈的"文化大革命"语境，无法不激动。就连地方上的红卫兵小将，也敢于无视神圣不可侵的军队门岗，冲击基指大院。那战斗的姿态，他十分熟稔，与他冲锋陷阵打群架的姿态如此相似。就算钟永胜的父母都被贴了大字报，家门也被封过，也被抄家过，抄出了他母亲的一双皮鞋、两条纱巾、一瓶香水、两本小说（《苦菜花》和《林海雪原》），还有一尊陶瓷的观音菩萨像，总之一堆东西，都属于"封、资、修"，被铲除、砸碎和烧掉了。钟永胜还是会在秋夜的桂花树林，动情地歌唱《抬头望见北斗星》。

情况发展到有红卫兵小将把钟永胜母亲带到操场批斗会上，当众剪掉她辫子，钟永胜就不依了，一声怒吼，兄弟三人，追去救母。

但是，钟父吼住了儿子们。钟父热烈支持红卫兵小将的革命行动。钟父教导儿子们说：革命嘛，又不是请客吃饭，是一个阶级对另一个阶级的暴烈行动。在这种暴风骤雨的行动中，总是难免发生一点过激情况，我们应该坚定不移听毛主席话、按毛主席教导做，勇敢接受革命风暴的洗礼，斗私批修，牺牲小我，顾全大局。把无产阶级"文化大革命"进行到底。直至夺得最后的全面的胜利！

钟永胜拽住弟弟，仰望父亲。钟父是何等严肃而镇定，就算他妻子在那里哀嚎呼救，他也能行若无事地淡淡远望，冷静旁观批斗会场。顿时，父亲的男子汉形象，在钟永胜眼中，蓦然高大了起来。

过后。回家。关紧家门。短发散乱、丑陋、嘴角血迹未干的母亲，犹如暴怒的母狮子，一头撞向父亲。二人滚在地上，闷声搏斗。三个儿子在一旁，不知所措。母亲咬破父亲的耳朵，鲜血流出来，父亲痛得龇牙咧嘴，拳头直捣母亲面门。小弟躲到墙角去了。二弟紧张地围着父母转，就像拳击台上的裁判。只有钟永胜，站了出来，奋力分开了厮打的父母。为调解父母矛盾，为母亲能够理解父亲的革命襟怀，就鹦鹉学舌地，试图对母亲重复父亲讲过的革命大道理。钟永胜第一句话还没有说完，母亲唰地给了他一个耳刮子："畜生！"

母亲跑了。

母亲跑到她自己单位的单身宿舍借宿，很长时间不回家。钟家父子四个男人，衣服臭了没人洗，袜子三天就又被脚趾顶出好多破洞，没人缝补。往日每逢星期天，家里必开小灶：煨汤。龙骨藕汤或龙骨海带汤，每人一大海碗地喝，香极了，母亲一跑都没了。家不成家，什么东西在哪里都找不着。钟永胜感觉家里这样不对劲的，就试着给父亲提个建议：去接母亲回家。弟弟们立刻纷纷同意。父亲瞪了眼钟永胜，抡起煨汤的砂铫子，举起来，摔得粉碎。儿子们住口。钟永胜心目中，父亲确是愈发地高大起来：什么困难都不在乎的男子汉啊！

18 岁，钟永胜当兵入伍，光荣参军。

父亲部队有人，儿子参军，就是首长一句话的事。钟永胜的那个优越感！那个神采飞扬！害得他把自己所有私房钱都花了，买了一大堆糖果，到处撒糖来显摆。只见吃糖的同学们哭丧着脸，嬉笑怒骂，怨天尤人，一个个都被吊销城市户口，上山下乡当知青挑大粪种地。钟永胜是如此如此如此地同情他们，啪啪地拍胸脯，承诺同学们一定要顶住，坚持下去，将来他要是当了大官，一定会来拯救大家。要知道，军队说话，还是很有力量的。军队和地方，也是有很多往来的，有很多军办民建的工厂啊单位啊，总是有工作岗位的。

钟永胜的侠肝义胆，获得同学们热烈的鼓掌与欢呼。

平日一直不怎么搭理他的傲慢班花刘莲珍，竟然也悄悄走过来，主动缩短距离，站到了他面前，羞答答地说她好想当女兵啊！说假如她能够当上女兵，他俩就可以是永远的革命战友了。

女兵？我的老天爷，全中国最漂亮最有文艺特长的少女，哪个不想当女兵，但是女兵才招收几个人？那是太难的了，恐怕只有师军级以上的高官，才能够说得上话吧。钟永胜傻愣了一刻，又不想在班花面前认怂，就闪出了恶念，有点淫邪地说：你早说啊！你早和我革命战友啊，现在？ 晚了！

刘莲珍涨红了脸，想反击又说不出话来，一扭头，含羞带愤跑了。

钟永胜的小流氓嘴脸，在一拨女同学中留下深刻印象，形成人品定论，经久不息地在同学的背后议论中广泛传播。后来不幸传到了未来岳母詹鄂湘耳朵里。詹鄂湘是一个小学的党支部书记，最注重的就是小学生思想品德教育。

詹鄂湘第一次见到未来女婿钟永胜，看见的就是一个兵痞子：见面都是武汉人，好好武汉话不说，说一口部队夹生半吊子普通话，听得詹鄂湘汗毛直竖。在詹鄂湘眼里，钟永胜话太多，抢话说，卖弄见识，生怕人家把他当哑巴。还喜欢不自觉地抖腿。两只膝盖直发筛。武汉话里抖腿叫做发筛。武汉老话说的有：男筛穷，女筛贱。可见筛腿的都不是什么好东西。至少缺乏家教。更有不堪的传闻先入为主，詹鄂湘认定钟永胜是个黄的。第一次见面的结果是：我们家长需要考虑一下。下周的第二次见面结果是直截了当拒绝：我们家高红还小，刚参加工作不久，暂时不考虑个人问题。你可以走了。

而钟永胜，正手提大堆的礼品，恭恭敬敬地等待高红家长的首肯。也满以为就是欣然首肯。因为钟永胜是一个风华正茂、风流倜傥的好青年。在部队已经入党提干，在中越边境自卫还击作战中以生命和鲜血保卫了祖国边疆，三次立功受奖后转业到地方工作，单位又好，正处级政府机构，上班地点又好，就在汉口市区：军转干事务委员会。年轻人这么年轻，才 23 岁，一到单位就对应定为副科级，职务给了一个办公室副主任。这种男青年，是多少姑娘倾慕追求的对象，是多少姑娘的父母求之不得的女婿。也的确，钟永胜十分抢手，给他介绍对象的领导、战友、同事纷至沓来。钟永胜也已经开始在与女青年见面或相处。为了高红，他拒绝了所有其他姑娘的美意。其中单就长相来说，肯定有比高红更漂亮的。被未来的丈母娘如此看低，如此不满意，钟永胜真是太意外了。

如果高红也是别人介绍的，钟永胜肯定就算了。可是高红是缘分!

缘分这个东西，真的很神秘、很强大、很有预兆性，钟永胜无法抗拒。高红的出现，既不是别人介绍，也不是同学之间那种平凡的认识，是闪电般闪现。高红现身的那一刻，漆黑的天空，闪过一道强烈光芒。在这道光芒中，他俩看见了彼此。

在一个非常时刻的非常环境里，非常容易让当事者联想到世界上那些最浪漫的电影镜头。充满了危险、充满了刺激、充满了可歌可泣感情的浪漫。日本电影《追捕》里杜丘问：你为什么帮助我？真由美高声宣言：因为我喜欢你！杜丘就是钟永胜。真由美就是高红。就是这样的，当时他俩脑海里想象中的就是这幅画面。哪一个年轻人，能够抵挡这种被电影特写的镜头人生呢？又哪一个不觉得这就是一份刻骨铭心的爱情呢？钟永胜和高红很快坠入情网。两人深深相爱、山盟海誓，非我不嫁非你不娶。

在确定恋爱关系的时候，高红就以上种种感觉，私下征求她朋友同学的意见，获得了姑娘们高度一致的大力支持，一个个听得眼含热泪，羡慕得要死。高红、钟永胜的爱情，可不是一般人能够获得的，简直堪称传奇。

然而，钟永胜就是不入詹鄂湘的法眼。

詹鄂湘作为一个母亲，不能眼看女儿高红跳进火坑。哪怕得罪所有人，当然其中包括她丈夫老高，老高糊涂就糊涂在甘当老好人，能够与单位军代表老钟结为亲家，他深感荣幸。那就只好詹鄂湘出面做恶人了。她相信自己是对的。因为她是过来人。她看人看得多了。高红将来会感谢她的，咱们走着瞧。如果高红铁了心要跟钟永胜，詹鄂湘就会打断她的腿。

以至于闹到最后，高红不得不深夜翻窗含泪逃离了自己家。这一夜，高红只好住进了钟永胜的宿舍，这就算是与钟永胜私奔了。

于是，这样，只好尽快结婚。男女不结婚一起住在单位宿舍影响太坏，几乎等于生活作风有问题，会毁掉钟永胜大好前途。钟永胜转业来到军转干事务委员会工作以来，干部群众对钟永胜的评价都很好。钟永胜这位差点为国捐躯的中越边境自卫还击作战战斗英雄，就住在单位后院的单身宿舍里，每天清早总是第一个上班。一进单位大门，首先就是抄起那把最大最重的竹扫帚，打扫单位院子。单位院子大门外就是大马路，钟永胜经常搀扶白发苍苍的老人过马路。单位干部群众对钟永胜高度评价，用顺口溜说就是：牺牲了就是一个雷锋，没牺牲就是一个活雷锋。

婚礼在钟永胜单位举行。移风易俗的简单革命婚礼。把单位会议室布置一下，乒乓球桌子上铺一张新床单，四周贴一些大红“囍”字，领导同事们欢聚一堂，吃点糖果瓜子，新郎新娘向大家鞠几个躬，当众汇报一下恋爱经过，再空中吊一只大红苹果，让新郎新娘同时啃吃。啃的时候有人捣鬼，扯开苹果，让新人的两张嘴巴一不当心碰到一起。当新人的嘴已碰到一起了，婚礼就达到高潮了。一个小时不到，两人就成为合法夫妻，不存在道德瑕疵了。

就在啃苹果节目即将开始的时候，高红的母亲詹鄂湘率领一对双胞胎女儿——高红的妹妹高敬高佩，三个人都穿得新簇簇的，赶来参加婚礼。这边单位领导一看，新娘子的母亲大人驾到，那还不得赶快欢迎，敬请上座。

这边新娘高红和新郎钟永胜心下大惊，感觉来者不善。之所以采取移风易俗的革命婚礼，就是为了不请客不摆酒不麻烦父母，在单位热闹一下就完事的。

果然来者不善。詹鄂湘在感谢了领导们之后，坐定下来，待前来向她鞠躬的女儿女婿刚刚走到面前，脸色一变，十分冷峻，大声叫停。她不能够接受这个婚礼上的鞠躬。因为她根本就没有同意过这个婚礼。母亲指着女儿的鼻子说：“高红，我的儿，今天你记牢妈的话，就一句：将来有你哭的那一天！”

会议室顿时肃静，干群们面面相觑，不知道发生了什么事情。

詹鄂湘，作为新娘高红的母亲，也作为一个小学的党支部书记，她当然有责任向干群们来宾们简单报告一下事情原由，有说得不对的地方，敬请大家批评指正。于是詹鄂湘就用冷静的语气，揭露了钟永胜的流氓嘴脸：我为什么不同意女儿嫁给这个人？这个人道德品质有问题，生活作风不正派。同志们！詹鄂湘是有事实根据的。刘莲珍的妈，詹鄂湘的同班同学，好朋友，老实人，从不说假话的。该同学亲口告诉詹鄂湘：在钟永胜当兵入伍前夕，同学们欢送他。就在这个欢送会上，钟永胜欺负了全班最漂亮的班花刘莲珍。欺负了什么意思？大家心里都明白，这就不用解释了。可怜的女孩子，回家不吃不喝哭了三天三夜。问题在于，这还不是偶然的，钟永胜是一贯的。他在部队经常追女兵，多次借口生病，跑到医务室，一点感冒也赖很久，和女医护人员说说笑笑没个完，女兵给他屁股打个针，他恨不得把裤子都褪掉。这，也是有人亲眼所见。还不止一个人所见。为保护别人名誉，这几个人的名字，詹鄂湘就不说了。中越边境自卫还击作战，部队文工团上前线去慰问演出，就在战火纷飞的前线，钟永胜都敢借机耍流氓，把一个文娱女兵压在自己身子底下说是炮弹来了掩护人家，身子下面却有流氓反应，就那样一直顶着女兵臀部。人家这个女兵，是个已婚妇女，很懂人情世故，知道前线战士随时有牺牲生命的危险，就保持了沉默。巧的是，这个女兵还就是武汉人，转业回来，在一个群艺馆上班，经常在文化室给大家讲这个笑话。这个笑话对我们家来说，就是一个丑闻，人听了哪个不耻笑，哪个不鄙视。其他种种劣迹，詹鄂湘就不多讲了。总之为了对女儿的终身大事负责，她是做了调查研究的，绝对不是随口乱说的。钟永胜的弟弟，不就是一个流氓轮奸犯吗？前不久的严打运动被枪毙的。像这种有流氓罪犯的家庭，有什么资格娶高家女儿？！一个举止轻浮、道德品质败坏的人，作为母亲，我能够不担心自己女儿吗？婚姻是一辈子的大事啊，我敢相信我女儿今后幸福吗？敢相信这个男人以后对婚姻忠诚吗？我不敢相信。女儿现在是太年轻幼稚了，受他花言巧语的欺骗，鬼迷心窍，不相信妈妈是对的。妈就坐等，将来你总有哭回家来的那一天！

当然，到了那个时候，你后悔就来不及了！

钟永胜五雷轰顶。在自己婚礼上，作为女婿，作为晚辈，钟永胜即便想要还口，也不敢在大庭广众之下说自己新娘子的母亲造谣诽谤胡说八道。面对岳母詹鄂湘有鼻子有眼的指控，钟永胜只能是不敢相信自己的眼睛，也不敢相信自己的耳朵。他有口难辩，惨遭屠宰，婚礼崩溃，颜面尽失。新娘高红当场咕咚一声瘫软到地上。高敬、高佩赶紧上前，就把姐姐架起来往外拖：原来这是冲散婚礼、抢走新娘子的架势了。

钟永胜婚礼上的人生表情，是他这辈子最糟糕最丑陋的一次。他五官扭曲、抽搐，四肢无力，仿佛突然中毒。从小就自认为是流血不流泪的男子汉，豆大的湿咸的泪珠子，接二连三地，当众流了出来。

就在这千钧一发时刻，高红的父亲，武汉东方红搪瓷厂的工会主席高主席，大步跑进来了。进来就握住新女婿钟永胜的手，热情地说委屈你了委屈你了！钟永胜的父亲紧随其后，也大步走进了婚礼现场。钟父是武汉东方红搪瓷厂的书记，曾经是该厂军代表，所以高主席还是习惯叫他军代表。军代表则握了握新媳妇高红的手，说受惊了受惊了！二位父亲再一起向来宾们表示高度歉意，他们请在座宾客都不要走，原本孩子们举行的是革命婚礼，只是发生了意外情况，对他们婚事造成点阴影，父亲们临时准备了酒席，请大家捧场喝杯喜酒，也是帮帮孩子们欢欢喜喜成家立业。

新娘新郎的两个父亲一出面力挺婚礼，詹鄂湘就没什么戏了，再闹也就太不像话了，当场拂袖而去。高敬、高佩自然也没能接走姐姐高红。

力挽狂澜的，实际是钟父。钟父未雨绸缪，预感到詹鄂湘不会善罢甘休。革命婚礼双方父母都没有请。但是钟父还是早早就来到了儿子钟永胜的单位。他并没有进入婚礼现场，就在院子里散步，转悠，抽烟。钟父已经失去了两个儿子，只剩下唯一的大儿子钟永胜了。钟永胜还年轻，没经验，不懂人世险恶。钟父肯定要为儿子保驾护航。当钟父一发现詹鄂湘来了，便立刻启动了他的紧急预案。起初和高主席商量的时候，高主席还不太在意，觉得他妻子不至于这么绝情，再说孩子们的婚礼是极简和保密的，又不请客，大家都不知道，詹鄂湘怎么会知道。后来事实证明了一切。证明了军代表钟父的英明和远见。

雷锋还是嫩了一点。姜还是老的辣。有钟父的当机立断，有两个父亲共同采取果断措施，差点彻底搅黄的婚礼立刻恢复了秩序。钟永胜和高红顺利走完了婚礼程序，婚宴也圆满成功。只是有点丢脸而已。但已经是最好的结局。

钟永胜在他婚礼这一天的人生表情，可谓大喜大悲，哭了，也笑了。

钟永胜在他婚礼这一天，本来就心情非常复杂，因为他这里婚前的确出了一点节外生枝的状况。可谓跌宕起伏，不可名状。他笑了，也哭了。最后还是笑了。

人年轻，精力充沛，可是他自己无奈地感到无用武之地，小青年的人生有时候会有相当长时间的苍白平常、随波逐流，钟永胜就是这样。钟永胜从青年往中年的人生，大都是靠钟父的推进。钟父的人生表现与人生表情，其实间接就是钟永胜的人生表情了。钟永胜这代人，好多都是在父亲的基因和肩膀上走向成功。

此处应有钟父。

钟父的人生故事与人生表情，须极简出现一下：

钟父，来自广东增城的农村兵。

农村兵，很小心，走路行道都靠边。先忍人，再慢慢做成人上人。

钟父正是这样，慢慢进步，在部队入党提干，婚后做到了军需部的一个副团级干部。部门实惠，主要掌管日常物资的发放。钟父又会做人，总是私底下机密又机密地照顾自己的好兄弟，好兄弟要多少搪瓷脸盆搪瓷茶缸，他都给。好兄弟得了好处都不会告诉其他人。其实几乎所有人都是钟父的好兄弟。钟父上下关系都很通达，这就直接导致了“文革”运动对他的批斗很普通，就是一般毛毛雨。就连他老婆，一个武汉大桥印染厂的女工兼团委宣传委员，都比他受的冲击大，从团委拉下了马，“造反派”还跑到基指大院他们家来，抄家揪斗，被当众剪掉了辫子。这主要是她有点爱打扮，爱看些小说，有点小资情调，怪不得别人。钟父总是能够以朴素的阶级感情，来正确理解每次政治运动。

钟父心里有数得很：他老婆，一个各方面条件都不错的城市姑娘，之所以嫁给他，看中的肯定不是他这个人，看中的是他党员干部军官身份。只要做了随军家属，物质待遇各方面都有保障，不怕随时被赶到农村去种地。“我们都有两只手，不在城里吃闲饭”的政策，就不会落实到她的头上了。这样的女人，男人管不住的，时常有革命运动来整整她，要叫她记得世上还有“羞耻”二字，知本分，守妇道，倒是好事。她那辫子，早就该剪了，都生三个儿子了，还打扮得像大姑娘，存的什么心思？反正就不是什么好心思。

城市女人就是不行，就是喜欢与其他男人说说笑笑打打闹闹。钟父看到老婆过于活泼，一笑两个酒窝，心里很不开心，暗自想念乡下女人，像他妈那样老实巴交的乡下女人，就知道干活，就知道顾家，天亮就起床忙活，忙到天黑就睡觉。他妈是瞎子，没上过学，大字不识，却比明眼人还通情达理、深明大义，家里男人说啥是啥，绝不叽叽歪歪，一句多话都没有。多淳朴的女人啊！多伟大的母亲啊！

老婆越过越陌生。当初刚结婚，一个大姑娘，青春活泼爱说爱笑，可以理解。一直这样，钟父就不能理解了。不仅一直这样，还变本加厉变得更年轻，那就是轻浮了。这个家，是军干宿舍，红砖红瓦水泥地面的一排平房，其中三间房都是部队分配给钟父的。部队中自己的干部成家立业了，分房。生孩子了，再分一间。一连给咱部队生了三个扛枪的，隔壁房调整一下，再分给他家。看看，部队就是有优越性。地方想都不要想，结婚想要分配住房，等吧熬吧，等个三年五年的，很正常。老婆得了好就忘记好，不懂感激自己男人。在男人挣来的这个生活空间里，老婆一天到晚议论国家大事、社会新闻、单位发展、团委活动。家里这边墙壁钉钉子，挂个挂历，因为挂历很时兴。那边墙壁也钉钉子，挂个巨大相框，因为北京大领导来视察大桥印染厂了。她在放大合影照片的时候，单会放大领导和自己握手的部分，尽量剪掉一些别人，就像领导专门接见她一样。钟父看到就不舒服。

这是钟父的家，钟父在家里放个屁，她都要他小声点。她自己缝补个袜子，也要收音机开得响响的，还跟着哼哼唱唱。钟父紧张工作了一个星期，好不容易盼来星期天，就想在家放松休息一下。老婆很是奇怪，不停地要他挪动：你板凳挪一下、你腿让一下、你脚抬起来。她非得在家战天斗地，用抹布扫把与灰尘打仗。她根本不听男人的话。灰尘又不是脏东西！她根本不睬男人。在钟父老家，谁会无聊到与家里的灰尘啦、爬进来的蚂蚁啦、墙角的蜘蛛啦去较劲呢？老婆说那是你们乡下。这什么意思？不就是瞧不起乡下！那你去问问灰尘、蚂蚁、蜘蛛，它们分乡下和城里吗？无非她骨子里头瞧不起乡下人瞧不起他！无非见不得他在家清闲安逸。星期天一大早，她就大洗大晒。被子、床单、衣服，统统堆一地，大盆子、小盆子、冰铁桶，都摆家门口，搓板搓呀洗呀。过来！帮我拧一下被子。晒衣服的绳子一直扯到了大院操场上。那可是军队操场啊，像话不像话。有这个必要吗？自己的铺盖和穿戴，有这么脏吗？春节前大洗一次不就可以了吗？她还是说那是你们乡下。可是你越是勤洗，它们不就越是破旧得快吗？她充耳不闻。根本不把男人当回事！

钟父心里实在不痛快。他的凝重阴沉与岁月俱增。他越来越想念另外一个他母亲那样的朴实憨厚的乡村女人。其实也没有具体对象，他却知道，那才是他应该娶的。可是，如果，在他当兵入党提干以后，真让他回乡去娶一个乡村女人，他又觉得蛮亏的。平心而论，如果再有一次机会，钟父还是会再一次地，选择城市女人，再一次地，铸成人生大错。

钟父的人生表情经常是凝重到接近阴沉的，当然这副面孔主要是在婚姻生活中。

所以啊！说不清。那就多多去忙革命工作吧。那就积极投身政治运动吧。因此钟父非常热爱工作。工作起来精神抖擞，一上班就有说有笑，连年被评先进，经常是劳模。

70 年代军队支援地方，钟父作为军代表派驻武汉东方红搪瓷厂。在工作中，他与工会主席结下深厚革命友谊。工会高主席，不仅政治觉悟高，工作努力认真，为人更颇有涵养，谦虚谨慎，开会总是乐意听军代表讲道理。而且两人都喜欢喝白酒，别的不爱，就爱一口小麯酒，这就很是知音了。逢年过节，高主席给钟代表不是送一瓶沔阳小麯，就是送一瓶枝江小麯。只有喝小麯的人才知道，这是真正好东西啊，相当于天上琼浆啊。

原来高主席出身非凡。高家是武汉的名门望族，曾祖那辈人，在湖北做生意就发了。祖辈就有人东渡日本留学了。父辈就有多人学医，有留学美国了，还拿到了美国大学医学博士，加入了美国医学学会。上世纪 40 年代，祖国沦陷，惨遭战乱，水深火热，高家医生们积极响应政府“医学救国”号召，毅然回国，在汉口黎黄陂路创办了武汉高氏医院。高家带回了美国的最新医疗技术，救人无数，声名远扬。尚德精医的口碑，传遍大江南北。1949 年新中国成立后，党和人民给了高家医生们崇高的荣誉和地位。登报啊戴大红花啊政协委员人大代表啊，被毛泽东、周恩来等党和国家领导人多次接见啊。高氏家族的医生也就全部转入天主教会医院工作，意大利天主教会医院不久也就变身成为武汉市市立第一医院。中国医学界流传的“北有林巧稚，南有高欣荣”，说的就是武汉市第一医院的高氏家族女医生。如此，高主席能够喜欢这些湖北地方的小麯酒，那些病人是求之不得，千方百计都要送来，如果不收下就在你家门口站一夜，必须要让他们表一表对救命之恩的谢意。

如果不是经常一起喝点小酒。如果不是某一次高主席实在喝多失言，高主席也是绝对不会暴露自己家族底细的。就算推心置腹地暴露了一点情况，高主席也还是非常小声、非常小心、非常低调，他也只是高氏家族的远亲而已，自己对社会也没有多大贡献，为人民服务做得远远不够，每次革命风暴、政治运动一来，自己总觉得自己思想不够进步，总还有资产阶级孝子贤孙的愚忠愚孝，也总是一直在检讨自己，凡事多做自我批评。

军代表钟父，在这方面，却是一个明理人，对于悬壶济世、治病救人的医生家族，钟父绝对尊重和佩服。钟父拍桌子大声嚷出了自己的个人观点：政治运动整谁都不应该整医生！ 高主席一听这话，感觉钟父义薄云天，就要下拜。钟父赶紧拦住，扶起。

从此，两人就成了割头换颈的好兄弟。

钟父这个时刻的人生表情，格外生动起来，平时死板板的眉眼，顿时雀跃不已。

钟永胜也就时不时到父亲单位来玩了。时不时，钟父和高主席喝小酒，也就带上钟永胜，把自己酒杯递给儿子：来，抿一小口口。

钟父人到中年往老年走，正是过得快熬不下去，心里头烦闷得不得了，来到东方红搪瓷厂工作，没有想到意外收获到一个好兄弟，真是人生得一知己足矣。难怪汉阳古琴台那块石碑要刻这句名言，原来几千年前的古人就有这种感觉。钟父想起那块碑已经被当作“封资修”砸了，看来革命暴力还是有砸错的地方，以后有机会，还是得再立起来。

机会真还有，事隔十年之后。“文革”运动结束，改革开放开始。有一支歌《春天的故事》大江南北一唱响，老百姓就都说新的春天到了，马上转向了对美好生活的追求。年轻人结婚，新房里头的东西，哪一家不以拥有一对高脚痰盂为荣？新床两边，一边一尊，新簇簇、亮堂堂的搪瓷高脚痰盂，鲜艳的图案不是富贵牡丹，就是喜上眉梢，或者鸳鸯戏水，又好看又吉祥，真是盖了帽了。更阔气、更有门路的人家，能够找到东方红搪瓷厂的高领导或钟领导，批个条子，排队等上个把月，就还能够买到搪瓷洗脸盆，再配一个脸盆架子，往新房里头一放，那个豪华！假如再能够买到一对搪瓷杯子，把崭新的男女牙刷各一把，往搪瓷杯子一插，摆上新房的三八台台面。更有能力的，再弄到一对搪瓷茶缸，喝茶的，带盖子的，并排摆放在崭新的一对开水瓶旁边。这个婚房，那就可以叫做豪华阵容了。客人来宾，哪个人忍得住不伸手摸摸这些搪瓷器皿，又结实又好用又永不褪色还不易坏。啧啧啧，真是高级的好东西啊。于是东方红搪瓷厂的经济效益，好得语言无法描述，那就是一台高速运转的印钞机。

钟领导高领导二人，第一件心头大事，就是恢复古琴台石碑。一打听，都说没有经费。那就东方红搪瓷厂赞助。给钱出去，也不容易，奔波好久，原来古琴台的管理归属很复杂，有区政府、城市规划部门、文物管理局、博物馆、文史馆、古籍保护委员会、园林局、环保局、所在地居委会等等诸多部门在共同管理，其实那地方也就是一堆废墟。伯牙子期千古知音的一段佳话，在革命运动时期肯定属于"封资修"。钟高二领导，不辞劳苦，去每个部门求盖大红公章，对方也十分慷慨，有求必应，每个部门还都多少拔了点款子。

终于，几经周折，到底是恢复了这一处文化古迹。"人生得一知己足矣"石刻落成那一天，钟高二领导感慨万千，心满意足。

钟父这个时刻的人生表情是：在"人生得一知己足矣"的石刻前，与高主席紧紧握手合影，两人都笑得露出了牙齿，且都是烟酒过度的黄牙或烂牙。

为他们拍照的，就是钟永胜。

钟父只要有可能，就越来越多地把儿子钟永胜带在身边。

前来进行文化新闻采访报道的记者还有写报告文学的作家，几个人，旁观热闹场面，不免嘲讽，私下议论，说是如今有钱就是大爷，想玩文化就玩文化。咦，怎么一改革开放搞活了经济，赚钱的都是大老粗。咦，大老粗怎么还就是喜欢玩文化。文化人就是这毛病，以为文化专属他们，还屁颠颠跟着热闹跑，想拉赞助，想一写成名，可又喜欢鄙视赞助人。钟父、高主席他们看在眼里，假装没看到，心里都明白得很。他们哪里会轻易松口赞助这些文化人。就先让这些所谓文化人跑断腿吧，拍马屁拍个够吧。折腾不死你。

其实如果真有文化，人就应该懂得：世界上没有无缘无故的赞助。没有无缘无故的爱好。没有无缘无故的喜欢某块灰不溜丢的石碑。

总而言之，世界上没有任何一种你看似可笑的行为，它是可笑的。

钟永胜在一旁，瞪着一双黑白相间的眼睛，看到了世界的色彩斑斓，渐渐地。

钟高两位领导，从来不提小家小我小情小调。当然，他俩都有家庭、家属和子女，在大家眼里，其家庭关系也很和睦很正常。彼此也瞒得滴水不漏。成为拜把兄弟以后，婚姻关系就互相不隐瞒了。原来两个人都与老婆关系不好。很不好。可以说相当糟糕。

高主席的老婆詹鄂湘，有文化、有知识，在小学做书记，也算是担任一点领导干部工作。在学校团结同志、善于做深入细致的思想工作、热心快肠、帮助全校师生，对邻居也是倍加关怀，大家都说她好。可是在家，对高主席就像变了一个人。她嫌高主席唯唯诺诺、人云亦云、没骨气、见谁都讨好，丢高家的脸，一点没有高氏家族的高风亮节和仁义道德。又没有事业心，混到一个工厂的工会主席就满足了，就不求上进了，就一天到晚惦记那一口小麯酒。一个男人这么没出息，你怎么让女人瞧得起！

詹鄂湘处处看高主席不顺眼，就连高主席想看彩色电视，说咱家积蓄拿点出来买台彩色电视机吧，人家都不看黑白电视了。詹鄂湘说：不，先买洗衣机！ 詹鄂湘自己连生三个女儿，却怪男人没有男子汉气概，所以生不出儿子。高主席改了自己缺点，家里琐事都听从老婆，在家喊她领导。詹鄂湘又说他完全不负责，油瓶子倒了都不扶，想要累死她。怎么办？就这样。两口子就吃不到一个锅里，睡不到一张床上，早就分居了，只是面子还扯在一块儿。没办离婚是为了女儿，也是为了保持各自在单位的形象，还有社会影响。

钟父连他老婆的名字都不想说。说起来心里像被石头硌。就叫老婆。同样，他和老婆也是不会离婚的。他老婆倒是给他生了三个儿子。说句实在话，这一点老婆是无可挑剔的。儿子的确是太重要了。尤其在农村，没儿子就更是苦不堪言。钟家此前，三代单传，势单力薄，在村里受尽欺辱。母亲瞎子，父亲驼背，都是累成这样、气成这样、病成这样、穷成这样的。自打钟父生了儿子，他的爹娘才扬眉吐气。特别是得了老三以后，钟父逢年过节，那是千方百计、千里万里都要奔回老家一趟。过大年每天的主要内容是：带着城里老婆和三个儿子在村里来回走八趟都不够。他爹妈都跟在后面晃，见人就塞糖果，笑呵呵地合不拢嘴，两个老人身体也在好起来。瞎眼老母每年都要把三个孙子拉到手边，上上下下摸个遍，幸福得不得了。

就为每年春节，这个三天的大过年，钟父可以忍老婆362天。

原来男人过了中年以后，才发现，他们早就是在为儿女忙活了。老婆不老婆，真没多大意思，也没任何盼头，她们巴不得你宠爱她们一生，都像新婚头三天那样，那怎么可能呢？男人还一心巴不得老婆就像自己妈一样宠爱自己一辈子呢。矛盾就来了。老婆就只会给男人添麻烦。尤其是老婆对待孩子，原来和男人不是一条心。高主席完全同意。只不过高主席索性当了甩手掌柜，分居在外。反正他是三个女儿，女儿跟着妈一起生活很自然。钟父是三个儿子。是儿子就不一样，那钟父肯定是看得更重的。三个生龙活虎的儿子啊！

钟父的人生表情，更多是受伤和苦涩了。

当时让大儿子钟永胜光荣参军，是为了避免下农村当知青，谁料到正好遇上了中越边境自卫还击作战呢。如果在战场上牺牲，那还不如去当知青。那时全军一级战备，钟父好紧张啊整宿整宿无法入眠，战场每天传来死人的消息。大儿子几次都差点死了。万幸的是咱们速战速决，撤回军队，宣布战争胜利结束。尽管对方也宣布战争是他们胜利了，让人听得生气，咱们捂住耳朵不听就是，重要的是大儿子捡了一条命，那就赶紧转业吧。

钟父有人。有人是有人。说起来也很有面子。事实上，求人都是不容易的。想要替儿子拿到好单位好岗位，钟父还不是需要到处求爹爹告奶奶？还不是靠多年持之以恒地赠送搪瓷高脚痰盂、搪瓷脸盆、搪瓷茶杯和搪瓷碗，该送出去了多少好东西啊。有的领导，还什么事情都没有求他办就调走了，白送礼了。不是做人小气，真的是物资太过紧缺，总得好钢用在刀刃上嘛。就别提烟酒了。两种自己最喜欢的小麯酒，馋死都舍不得喝，关键时刻也送出去了。

可是刚刚安排好大儿子转业的事，还来不及喘气，二儿子，要重点培养上大学的，钟家得有人是大学生啊，再次复读了一年就要参加高考了，却得了急性传染性脑膜炎。他老婆这个臭婆娘，哪像个当妈的，一点不细心，只顾自己上班，不带儿子去最好的同济或协和医院，就在部队诊所拿点退烧药吃吃。天黑两个大人下班回家一看，二儿子高烧、抽筋、口吐白沫，送到医院已经来不及救治了。这是钟家都长到18岁了的未来的大学生啊！

接下来一段时间，钟父的人生表情就是疾病缠身的病人表情了。

钟永胜就自觉不自觉地在家里顶替了父亲一家之主的角色。夜里有人突然敲门说查户口，都是钟永胜开门和出面。

钟父五十多岁的时候，再次遭遇致命打击。

这一年夏季，小三，钟父的小儿子，瘦弱、腼腆、温顺、体贴人，最惹人爱的一个儿子，死了。关键是，还不得好死。犯罪分子。流氓团伙轮奸犯。公判大会，群情激昂，不杀不足以平民愤。五花大绑，胸口挂打着红叉叉的大牌子，大卡车上游街示众，枪毙。小三被枪毙了，可他父亲还活着，给人家背后戳脊梁骨。钟父党员干部一辈子，还都担任一定的领导干部职务，一辈子都是教育别人、拿嘴说人的人，他再怎么做人？！出门他怎么抬得起头？！人们看他的目光明显变了。路遇熟人互打招呼的习惯也突然变了。熟人老远看到他，或拐弯了或借故和他人说话去了。钟父知趣得很，转身返回，闭门不出。或出门直走，低头想事儿，一直低头。一生的荣耀，毁于一旦。一生的奋斗，前功尽弃。

何况小三，是三个儿子中最知冷知热的一个，饭桌上会注意到为父母盛饭。钟父私心里是指望以后靠他养老的。没想到突然就变成白发人送黑发人了。更可怕的是，小三的死，是他妈妈的直接责任。原来他的老婆竟然是这样一个愚不可及的女人。钟父可资炫耀的富拥三子的家庭，彻底破碎。

惨剧发生的1983年8月30日之前，一点都看不出来哪里会发生什么惨剧。

那天老婆本来上夜班，下午6点就准时赶到了厂里。正常她应该是次日早上8点下班，回到家一般是9点左右。这一天，却深更半夜跑回来了。跑回家，也不睡，在家里悄悄翻找什么。摸黑找到小三的裤子，抱进他们睡房这边，凑在电灯底下，掏小三的裤子口袋。也没有掏出什么东西，就一点点灰尘泥巴沙砾的。她也望着，也出神半天，捂住脸，坐在灯底下，身子来回打晃。这个女人就是这么不懂事：深更半夜的，家里男人和儿子已经熟睡，还搅什么搅呢？什么事情天亮再说不行?！钟父见不得老婆这种小题大做，无事生非，动不动就很伤心的样子，无非就想要钟父劝慰。钟父才懒得睬她！一个四十多岁黄脸婆，老皮老脸的，还总想要男人娇你，真是轻浮真是不知本分。有话说，有屁放，没有老子就睡觉。钟父一个翻身，把背转给老婆，真的很快又入睡了。

天亮醒来，老婆不在，也没有上过床，那就是深更半夜又走了。这个情况是有点反常，但钟父还是懒得管闲。

结果第二天，小三下班没回家。小三才19岁，高考落榜，钟父托海军工程学院那边老战友给介绍到武汉船厂当青工，刚刚上班没有几个月，还是住在家里，每天下班都回家吃晚饭。不像大儿子钟永胜。老大就是老大，钟永胜在三个孩子中就是最有能力，社会上三朋四友五湖四海，转业到地方上班以后，就搬出去了，更乐意住单位单身宿舍，自由，方便，想回家就回家，不想回家就说工作忙。小三这个孩子不一样，从小就黏家，就算偶尔在外面吃饭也都会事先说一声，或者临时回不来家，也要带个口信。

钟父两口子饭桌前坐等到天黑。忽然，老婆就像下了天大决心那样，宣布说：不等了吃饭吧。小三会有几天不回家的。

钟父这才有了不祥之感。问老婆怎么回事？老婆死不吭气。钟父一把就掀了饭桌。

小三出了什么事你说不说？说不说？说不说？老婆就是死不吭气。钟父进一步就拿手中的筷子，刷上女人头脸。老婆出血了，摸摸血，架起双臂护住脸，还是打死不吭气。激怒到钟父变本加厉地打。钟父裤腰上扎的，是军用皮带，很结实的牛皮，号称武装带。钟父把武装带解下来，追着老婆抽，老婆满屋子躲。武汉 8 月份天气很热，老婆在家身上只挂了一件薄薄的圆领衫，身子大部分都露在外面。武装带使劲抽几下，就皮开肉绽了。老婆终于忍痛不过，大哭起来，开口嚎叫：“不要打了！ 直接皮带勒死我吧！”

原来，昨夜老婆的夜班车间突然停电，车间闷热，跑出厂外，过马路到对面龟山的山坡上吹吹风，却一屁股差点坐在一个人身上，吓她一大跳。更吓人的是，草丛中突然伸出一只手，拽住她衣服，鬼魂一样哭得凄惨：“救救我——”原来是小霞。小霞是同车间女工，是老婆最要好的小姐妹。小霞衣衫撕破，披头散发，身上青一块紫一块到处是血，羞臊难当地诉说了不幸遭遇：小霞也是出来吹吹风的，却有一伙小流氓从她身后扑过来，塞了她嘴巴，连脑袋带身子都蒙住，拖进龟山树林子，轮流糟蹋了她，她还怎么有脸活下去啊！

说完小霞就把自己老母和小孩托付给好姐妹，并且要好姐妹发誓为她保密，然后就要去跳江。老婆死死抱住小霞。使劲安慰她，做她思想工作，要她勇敢活下去，这是新社会，上有党下有群众，朗朗乾坤，光天化日，怎能让这些小流氓为非作歹，伤天害理！小霞必须为自己雪耻报仇，同时也是为社会除害，也是保护其他姐妹。身为女人，不可以这么自私，只顾自己一死了之，老母必须养老送终，小孩必须抚养成人，自己必须报仇雪恨。至于今天夜晚发生的事情，天知地知，你知我知，绝对不会影响小霞的名誉。

老婆本来就是团干部出身，正义感非常强：如果小霞不好意思亲自报案，写个血书按个手印，她肯定尽快跑去派出所，偷偷塞进门去，替她去报案。小霞愈发大哭起来，使劲摇头，只是说你不会替我报案的，你不会替我报案的，你不会替我报案的，你不会替我报案的，你还是让我去死吧！

劝解半天，小霞才肯说出实情，原来，那群小畜生当中，很可能有你家小三。小霞听出了小三的声音。也嗅到了小三的气味。还在小三身上做了一个记号：奋力挣扎中抓了一些沙砾，塞进了小三裤子口袋。老婆当时想都没有想，一口就否定了。那不可能的！肯定不是小三！他们家小三可老实了，老远见到女人就躲，就脸红，小霞也是知道的。小霞知道，小霞对小三太熟了，在那种非常时刻，小霞也可能弄错了人。老婆指天发誓，告诉小霞：请她放一百二十个心，假如真的是他们家小三，她也绝不姑息养奸！这样的小畜生，就是应该及早知道法律的威严，获得及时的教育和教训，劳教一段时间，重新做人，是为他一辈子好。

老婆说是这么说，其实也还是根本不相信是他们家小三。小三那么老实本分，一句脏话都没有，年纪也还小，就喜欢和同学玩，男女之事，还没有发蒙呢。

等到深更半夜，劝得小霞睡着了。报案血书也已经塞进派出所了。派出所近，就在厂子那头，就在晴川阁旁边。老婆心里忽然起了疑惑，就跑回家，探查了儿子小三的裤子口袋。结果万万没有想到：翻出了一把沙砾，也果然正是右边的口袋。小三的裤子，是老婆亲手洗的，早上穿出去，是干干净净的裤子。

你直接皮带勒死我好了！老婆哭喊着。因为昨夜她本来是想告诉男人的。男人不理睬。她也就只好返回厂里了。她哭了一夜！她怎么养了一个畜生啊！不管怎么样，她都对小霞发誓过了要伸张正义的，要大义灭亲的，况且是一群小流氓，她不能绝对不能够让他们逍遥法外！ 再说了，如果小三这次不得到深刻教训，保不定邪路上滑得更远，那就会毁掉他一辈子。现在趁他年轻，关几天，让他吃点苦头，知道害怕了，以后有的是机会好好做人，哪里跌倒哪里爬起来。晚上下班之前，老婆去过了船厂。船厂人告诉她，她儿子小三上午就被警察抓走了。主要因为最近东北的“二王”兄弟俩，流窜到武汉，在武汉又杀三人，伤一人，劫一枪，抢一自行车，还在刑警大队的包围圈中，混入围观人群溜掉了。因此武汉警察正处于高度戒备之中，草木皆兵，出警特别迅速，抓人特别神速。

钟父的政治水平还是比较高的，政治敏感性也还是很强的。他就知道他的儿子小三，这一次正正地撞在枪口上了。严厉打击严重刑事犯罪的斗争，第一个战役，已经开始了。全国总动员，全国公检法誓师大会，京、津、沪、穗、汉，五大重点城市，立刻展开大规模抓捕。正因为二王持枪杀人震惊了全国人民，中央把死刑审核权，也都下放到基层法院了。就是要以雷霆万钧之势威慑刑事犯罪分子。在这个时间节点，小三参加团伙轮奸被抓捕，肯定凶多吉少。

只是老婆，钟父简直像是从来都没有认识过的，这婆娘蠢到家了。钟父无比惊讶。惊讶到武装带都从手里掉下来了。惊讶到打都打不动了。儿子在外面闯了天大的祸，做母亲的不晓得遮掩，不晓得隐瞒，不晓得最要紧的是保护自己孩子。先保护了再说啊，回家以后再批评教育就是。还巴巴地第一时间跑去报了案！还什么让小霞写了血书！把话说穿，少年人性冲动强烈，又被社会上朋友带坏，这有多大个事啊！就现在这种严厉打击的政治气候，把儿子交给警察是个什么结果，难道老婆的脑瓜子与现实之间是不通气的吗？ 小三多半就没命了。要真是个不识字的乡下老婆就好了。儿子就不会丢了。乡下女人肯定会比她处理得好。乡下女人很简单，出了这种事，首先护住自己儿子，其次跪求好姐妹不要报案；如果好姐妹一定要报案，她就跳江。死的应该是这臭婆娘啊！

老婆彻底寒心，被彻底激怒，喃喃道：你要我去死？凭什么应该我去死？！忽然老婆就从血泊中爬了起来，也不知道哪里来的勇气，扑过去就狠命抓了一把钟父的脸。钟父的脸立刻现出几条血痕。钟父猝不及防，连退几步，狼狈招架，高高擎住老婆两只疯狂的爪子。就在这个时候，大儿子钟永胜推门进屋。一看母亲在打父亲，立即把父亲护在身后，推开了母亲挥舞的胳膊。他母亲那双指甲带血的手，成为了母亲对父亲不好的铁证。也成了钟永胜再也无法亲近母亲的心理障碍。

钟永胜噗通一声就给父亲跪下来了。他三兄弟，从小亲兄弟总是一起出去打架的。已经丢了一个弟弟，现在不可以再丢一个弟弟啊！求求爸爸！不要再这样坐在家里大讲形势大讲官话了，赶快出去找人啊！你战友那么铁，朋友那么多，赶快呀！

钟父闭目端坐紧皱眉。不错，钟父公检法都有熟人，钟父做人讲义气，也懂官场之道，中央直接下令的这种重大全国行动，他去找人，不是害人吗？害朋友掉了乌纱帽，对钟父又有什么好处？交朋友，不是用在一时的，是用在长远的。再说这种时刻，谁又敢帮啊？你求了人，人不敢帮，这个朋友，不也就丢了吗？

起来！钟父牙巴骨咬得咯咯响。吼大儿子钟永胜：你给老子站起来！男子汉膝盖不能这么软！

就得稳坐家里就得！男子汉就得这样稳得住就得！

钟父是此生最没有表情的表情：脸是僵硬的，眼目是紧闭的。只剩下意志还没有消散，攥紧的拳头搁在腿上，每个指关节都紧得铮亮。

钟永胜知道了。钟永胜站了起来。钟永胜跑了出去——轮到他出去活动了，连弟弟关在哪里都还不知道。钟永胜也有战友了，也是社会上三朋四友了，武汉市还打听不到小三下落？钟永胜不服！

弟弟的不幸，却成就了哥哥的幸运。世运奇异，这是从哪说起啊！在寻找弟弟小三的过程中，钟永胜获得意外之喜。钟永胜巧逢奇缘，电闪雷鸣地与女警察高红好上了。而他的弟弟小三，很快就被执行了死刑。严打运动，从重从快，谁都救不了小三的命。钟父以为自己这回是活不成了。他老婆得知小儿子被枪毙也喝了敌敌畏，也都以为她这回是活不成了。可是过了一段时间，结论还是由时间来下：儿子小三肯定是死了。父母都肯定又活过来了。生活逐渐恢复。日子照常进行。钟父决定从此搬离基指大院。他是没脸再住在大院了。

这个夜晚。钟永胜用自行车载着父亲，最后一次回基指大院的家。永久牌载重自行车质量是真没挑剔的，钟父坐在后座上，感觉一点重量都没有。父与子一路无语。快到了，都看见基指大院门口的岗哨了。钟父要求停下。钟永胜握住刹车，一只脚踮在地面上，说你坐好，我绕后门去。钟永胜知道父亲不想看见岗哨注视他们的样子。一个小兵蛋子、一个站岗的，也能够公然用鄙视的目光注视首长了。

钟父的停下，不止于此。钟父有话要对钟永胜说。大儿子，也是他唯一的儿子了。钟父把钟永胜带到第三根电线杆子下面，要他记住这个地理位置：基指大院正门数过来，永清大街上竖立的第三根电线杆子。或许什么都会变，街边的围墙、栏杆、树木，基指大院里头的军干宿舍——已经有小道消息说是要公房改革了，这一切，或许都会随着社会形势的剧烈变化而变化，只有电线杆子不会变。钟父认为钢筋水泥铸成的电线杆子，必须保障军队和城市人民用电的电线杆子，总是不会变的，它们会牢牢竖立在永清大街上。那今天晚上，钟父就当着这根电线杆子，以及它永不消逝的电波，给儿子提一个希望、一个要求：儿子啊，你务必要执行，假如有半点敷衍，以后每当你看见这根电线杆子，就会自责，你就对不起生你养你的父亲。

钟永胜也就与父亲一同仰望永清大街上第三根电线杆子。

钟父的希望与要求是同一个。从此开始，钟永胜最重要的事情必须是：尽快结婚，生子，复兴钟家。

钟永胜狠狠点头，不由自主地握拳，激动地表了一个态：爸，你一定要走出悲痛，一定要好好活着，好好支持我、帮助我，领导和撑住我们这个家，我一定替你生个孙子！今夜我发誓：不管计划生育有多严，我一定会战胜种种困难，给你生个孙子，我们钟家的香火，一定会延续下去，钟家一定会获得振兴。我发誓！

钟父听完了钟永胜的表态，浑浊的眼珠子，就像入夜的路灯，发出了光亮。手一挥：上车！就从大门进去！他妈的一个站岗小兵蛋子，看什么看！让他看，看他还能把老子们的卵蛋吃了！

钟家的复兴之路，已经开启，从永清大街的第三根电线杆子这里开始，走着瞧，钟家是打不倒的，历史将会见证这一切。钟父上班了。一上班就召集全厂大会，在会上精神抖擞，国际国内形势一片大好不是吗？讲得头头是道。接着就和高主席商量工作，两人秘密商量了很久很久。除了东方红搪瓷厂的工作，还有他们儿女的婚事。两人齐心合力，让年轻人自己尽快办了喜事，新办个革命婚礼，避开父母和家族亲戚，一旦生米煮成熟饭，高红她妈再不同意也没有用了。

班子团结如一人，试看天下谁能敌。人心齐，泰山移。这就不怕世道咋变了。咋变他们就咋样应对。革命工作和革命战友，拯救了钟父。生命在你以为它很脆弱的时候往往会格外坚韧。

钟父和高主席联手，不仅击退了高红母亲对婚礼的阻挠与破坏，更全力以赴挽救了他们子女的人生与职业危机。简单说，就是利用一次又一次政策机遇，两个父亲成功将一家国企改制成了民企，最后在钟永胜手里继续利用政策机遇，腾挪闪转。钟永胜成长为私企老板了。钟家，其实也包括高家，走上了家族复兴之路。

转眼而来的90年代，经济发展与市场消费模式都发生了剧烈变化。年轻人结婚，再也不时兴搪瓷高脚痰盂了。随着新型生活小区雨后春笋般拔地而起，家里都有厕所了。半夜起床撒尿坐痰盂或者坐马桶的生活习惯，已成为被唾弃的往事。很快，小商品市场堆满了廉价的轻便塑料制品，老百姓纷纷购买。一下子，搪瓷制品则备受冷落。在无情的世事面前，有时候，人就是无法明白：为什么分明是好东西，不被待见；分明是坏东西，却被拥戴。东方红搪瓷厂，几年之间，就从印钞机变成了一堆废铁。

厂里急需年轻有为、奋发图强的能人。就在这个招贤纳士的历史关头，钟父举贤不避亲，介绍推荐了自己的儿子媳妇。一对原本社会地位相当不错，仕途乐观，非常有能力的年轻人，只不过意外怀孕，生了二胎，计划生育国策大家是知道的，铁面无私，一票否决，但是！这个错误，是错误，却不是什么政治错误、工作错误，以及腐朽糜烂的生活作风错误。现在企业的竞争，主要是人才的竞争。钟父建议，不要因为人才在生育问题上出现一点问题，就埋没掉。大胆启用人才，东方红搪瓷厂才会在新形势下具备新的竞争力。领导班子在高领导的带头支持下，当然纷纷举双手赞成。

钟父帮儿子媳妇死里逃生。武汉东方红搪瓷厂，在全国业内还是很有点名气的老厂。就靠出租汉口铁路西的几个仓库，再出租市中心闹市区的一部分厂房，再卖一点存货、卖一点设备，工资还是发得下去。逢年过节，也还是可以发一点职工福利。这样儿子媳妇的工资加起来也有两三百块钱了。钟父有领导干部级别的工资与返聘工资，加上他老婆的退休工资，全家月收入也有大几百了。家庭富裕了，想吃什么都敢买了。住房也几经调换和折腾，入住新建的生活小区花桥一村了。一楼的两套公寓合在一起，住房宽敞，房后附带的公共绿化带，栏杆一筑，也就是钟家的后花园了。小孙子钟鑫涛在这个小花园里玩耍，既快乐又安全，不必提心吊胆防范人贩子偷小孩。

钟家大家庭式生活。全家住在一起，人人都听钟父的。孙子出生后，一个名叫李雨青的女孩子，每天来家上班，带孩子做家务，还特别学会了做钟父爱吃的红烧猪蹄。

李雨青本来在搪瓷厂食堂窗口负责打饭菜，是没有考上大学顶职进厂的青工。钟父连续几次发现自己打的饭菜里头肉块特别多，就发现了窗口里头的李雨青。一看倒是一个干净清秀的女孩子。钟父慈祥地问：“就是你特意多给我肉？”李雨青脸一红，害怕地笑了笑。钟父说：“我不批评你。只是以后不用多给我肉，我吃不完，浪费了可惜。”哪里知道李雨青鼓起勇气说：“钟书记，领导啊，您得吃下去。您为我们大家日夜操劳，太辛苦，都累瘦了。”李雨青羞涩地抬起年轻的眼睛，说：“大家都说，我们厂，要不是您，早就发不出工资了。您一定要……”要的后面李雨青找不出词，钟父也不忍继续听下去。一切尽在不言中了。

后来工厂缩编，食堂减员，李雨青在结婚生子后也很难被安排工作，厂里班子就提议让李雨青做钟书记的勤杂工。钟书记也就感谢了大家。再往后事情就慢慢变成了钟书记身体不好，多在家里上班，李雨青也就自然到钟书记家上班了。李雨青工资也还是搪瓷厂发。钟父也不是一个占便宜的人，他会另外给李雨青钱，贴补她家用。钟父去广东福建考察，在沙头角边贸街，一辈子都没有给女人买过任何礼物的他还特意给李雨青买了礼物——几双透明的长筒连裤袜和一只电子手表——当然这是私下给李雨青的了。因为钟家全家都视李雨青为搪瓷厂的在职职工，是同志关系，所以全家老少都也直呼李雨青其名。钟家有了李雨青，等于有了一个能干的工人。钟父就是有能力，把一个大家庭建设得欣欣向荣。

钟父就是东方红搪瓷厂的总设计师，就是儿子媳妇的大救星。他就是钟家香火传承、耀祖光宗的守护菩萨，是孙子钟鑫涛的政治辅导员、家庭教师和无原则的溺爱者——钟鑫涛，钟父唯一的孙子，出生就与众不同，重达八斤多，显然风水又转回来了，钟家在崛起。钟父对这个孙子疼爱得不行，含在嘴里怕化了，捧在手里怕摔了。钟鑫涛婴幼儿时期，钟父说话都变得奶声奶气了，“涛涛、涛涛”地叫，全家人都听得起鸡皮疙瘩，他自己却浑然不觉。人人都说这是隔代亲。家里家外大家都用“隔代亲”来简单理解钟父与孙子的亲。人们哪里知道，钟父心里的那份亲，除了血缘成分之外，还亲得有多复杂、有多历史、有多个人。

至于他老婆，已经是个病恹恹半呆半傻的婆子了，行动迟缓，神情麻木，万事不过心，平时也很少说话，等于是家里的半个哑巴，或者一件家具。

这个时刻，钟父的人生表情，又逐渐高扬了起来。尽管皱纹日渐深刻，深刻的皱纹除了表现苦涩，其实同样也可以表现城府与成就，就看个人的内在精神状态了。

钟永胜、高红夫妇，就得以甩开膀子大干，东南西北跑，成天不归家，生意越做越红火。

生命却会在你以为它很强壮的时候特别脆弱。乐极生悲，就在瞬间。钟父的人生表情，也就停留在了乐极生悲上。

那一天是五四青年节。初中一年级的孙子钟鑫涛，才满十三岁，就被学校吸纳加入共青团。钟父特意吩咐，李雨青啊，你只管舍得花钱啊，山珍海味鸡鸭鱼肉，都买齐了，办它一大桌酒菜，高主席也请过来，爷爷和外公，一起举杯祝贺钟鑫涛同学胜利入团。然后李雨青一连忙了几天。一大桌丰盛的酒菜就出现在大家面前了。钟父酷爱的红烧猪蹄，高盘满上，晶莹红亮通透。大家立足现在，畅谈未来，纷纷祝贺、表扬和鼓励钟鑫涛同学。只是啊，现在茅台酒都有的喝了，钟父高主席还是更喜欢沔阳小麯。可惜这酒连厂子都没了。枝江酒倒是还有，却又搞出了太多花色品种，反而淹没了当年那种小麯酒，广告宣传也十分夸张，连武汉市满大街的公共汽车身上都贴着大广告“来来往往，都喝枝江”，弄得钟父倒胃口，反而不想喝了。高主席也有同感。算了算了，就喝茅台。感慨万千。感慨万千。咱们终于挺过来了。后继有人啊。儿子钟永胜已经可以算得上一个成功企业家。孙子钟鑫涛才 13 岁就已经入团。高瞻远瞩的钟父，培养出这样的好儿子好孙子，钟鑫涛说将来做官了就命令下面直接开办一家沔阳小麯酒酒厂，就为自己的爷爷和外公专门私人订制。从钟鑫涛 13 岁的势头来看，这可不是什么空想，钟父的好日子在后头呢。哈哈哈哈哈哈——钟父卡住喉了。钟父当场猛咳，噎得直翻白眼。家人一片慌乱，七手八脚，拍胸的拍胸，捶背的捶背，喂饭团咽，喂青菜咽，灌食醋软化，都没有成功。钟父狠命抓抠自己喉咙，吭吭咔咔，在地上翻滚，小便失禁，口鼻喷血，痛苦异常。高主席赶紧叫了急救车。急救车又来得并不急，说是路上不好走。等医护人员赶到，手指搭上颈动脉按了按，就对家属摇了头。高主席再过去搭上手指按了按，也对自己的女儿女婿摇了头。

钟永胜不依了，揪住医生白大褂吵了起来。急救车来晚了，钟永胜要投诉要起诉。医生说你只管投诉起诉。路上不好走，堵车，救护车又不是飞机，也飞不起来。医生反而斥责钟永胜，说你作为儿子，你给你父亲做了急救吗？你们一大家人在这里，有谁在第一时间采用了哈姆立克急救法吗？灌醋塞青菜，死得更加快，中国老百姓，怎么就这么愚昧无知啊！最后还怪别人！高主席劝架，提醒大家千万不要伤了和气。人死不能复生。高主席认为，他最了解老钟性格，他若是地下有知，会非常生气。你们和医生吵什么吵？

以至于钟父痛苦扭曲的尸体，在地上变冷了，变僵了，很难穿上寿衣了。高主席又赶紧张罗，从民间高价请来了专业穿寿衣的老头。老头要求家属全都回避一下，不准偷看现场。老头无非是要把钟父尸体的骨头，该掰断的掰断，该卸开的卸开，这才方便穿上寿衣。钟父的老婆坚决不肯离开现场，大家也都执拗不过，毕竟是一辈子夫妻。老太婆如愿以偿地全程观看了钟父人生的最后结局：死了都还在受折磨。

钟父去世不久后，钟永胜被母亲叫到房间。母亲已经收拾好了她简单的行李，就一只旅行袋。她告诉儿子马上有车来接她。她要走了。吓得钟永胜以为母亲在说胡话，悲伤过度了。不，母亲十分清醒冷静地告诉儿子：她改嫁了。“我改嫁了！”有做母亲的直接对儿子这么说话的吗？不——不成！我不同意！钟永胜狂吼。

外面来接的汽车到了，按了三下喇叭。就像暗号。居然有小车来接！居然母亲和她以前老同事一直暗中有勾搭——只能用这个不中听的词了——没有勾搭现在能够说嫁就嫁?！钟永胜再一次地不敢相信自己的耳朵和眼睛。父亲尸骨未寒，母亲就要改嫁?！他的父母辈们，怎么总是会突然地做一些如此激烈、极端和有悖常情的事呢？ 总是一再地让他不敢相信自己的耳朵和眼睛。

面对钟永胜的阻拦，老太婆连旅行袋都没要，推开儿子的手，走出家门，钻进了小车，小车立刻启动。钟永胜的母亲，就如空气一般，轻松消失了。

还是高主席饱经沧桑，处变不惊，对急煎煎跑来请他出面寻找母亲的女婿钟永胜，只说了一句话：“天要下雨，娘要嫁人，随她去吧。”

只能随它了。只能编一个故事了。只能告诉孙子辈的钟鑫涛、钟欣婷兄妹俩：奶奶因病去世。历史不能解释，就编造了再说吧。

哈姆立克？哈姆立克是什么？外国名字，中国人都不知道。难道钟父噎死不是必然，是全家都缺乏某种急救知识？钟永胜慢慢地就淡忘了。历史不能解释，就编造了再说吧。钟永胜已经够忙的了。

好了。钟父的人生结束了，以死亡的人生表情。

而钟父活着的人生表情，在钟永胜的生命中继续。但时间一长，钟永胜感觉父亲真的进入了历史。钟永胜的时代，已经完全不一样。钟永胜做的大手笔生意，都是他父亲想都想不到的。城市的急剧变化，完全超出他父亲的想象。从基指大院正门数过来，永清大街上竖立的第三根电线杆子，拆了，换了，大街拓宽了，立交桥起来了。钟永胜没有秉承父亲的旨意，他把教育儿子钟鑫涛的事情，交给了学校，不再与儿子一起看央视新闻，尤其近年来，钟永胜根本没有时间看电视。商务活动也不会带着儿子。商务活动吃饭喝酒少儿不宜。

以钟永胜为主导的钟氏家族，走进了新时代。

不过，在他人看来，钟永胜还是他父亲的一脉相承。李雨青就是这么看的。钟永胜神态语气越来越像老爷子，所以老爷子死后，李雨青依然留在钟家干活。

然后钟永胜的人生表情，首先就是一位坚定刚毅又不失生活情趣的企业家。

就是报纸上常有的正面照片的那一种。的确与其他企业家，诸如总裁啦董事长啦总经理啦之流，相貌表情大同小异。不是异相。也不特别丑。

钟永胜也看报纸，也看自己报纸上的照片，也感觉自己与其他企业家大同小异，偶尔，不免稍有忧戚。他倒是宁愿自己更特别一些，奇丑无比，那就好了。保证令全国人民过目不忘，一看就是一个富豪级，就是一个上福布斯前十的，十丑九怪嘛。怪就是鬼点子多、不怕离谱，不怕离谱也叫善于创新。中国老百姓就是服怪，就是愿意掏钱买买买。

相貌是爹妈给的，钟永胜没有办法。他父亲相貌尚可，母亲又是个美人儿。一般儿子长相多随母亲，钟永胜就只好英俊算了——钟永胜就喜欢这么说一些俏皮话。不过年轻时候小伙子还真挺精神的。中年以后一般人都会发胖，胖了就——算了，好汉不提当年勇。报纸上的照片，随别人怎么看吧。

然后钟永胜的人生表情，基本就固定在了这个表情上，除了逐渐发胖、松弛和变老，他就是一位坚定刚毅又不失生活情趣的企业家。

钟永胜只是在私下，很个人的时候，有一些人生表情，是值得展示的。

挖到第一桶金以后的人生表情：不错，钟永胜的确是一个从小就有远大志向的男人。有事业心，有梦想，有追求，有嘴皮子也有实干精神。他最大的优点首先就是大胆。从小打群架出身嘛。第一次把搪瓷厂积压商品弄到云南边贸市场去卖，其实就只是碰巧听战友传了一句笑话，听说越南、老挝、柬埔寨那边一些武装力量，特别喜欢陶瓷器皿，脸盆茶杯痰盂都可以烧饭、洗漱和当头盔。钟永胜就灵机一动，立刻行动，闭着眼睛，等于朝天上放铳。赶紧把东方红搪瓷厂的积压商品打包，倒腾到云南边境去卖。大量的搪瓷器皿怎么运输？容易磕掉瓷怎么办？怎么办？每一只打包成本太高太高，大伙都急得团团转。钟永胜！还是钟永胜，脑门一拍：有了！金点子跳出钟永胜的脑海，就是一句电视广告："活力 28，沙市日化"，洗衣粉！正在走红的紧俏商品！正在替代肥皂的升级换代新生活！钟父不是有个好战友吗？不是在沙市轻工业局当主要领导吗？钟父写一纸条，钟永胜揣进兜里，当即跑到长途公共汽车站，挤上一辆长途公共汽车，半路叫了一碗热干面，车上当饭吃。钟永胜批回几箱"活力 28，沙市日化"，批发价三折先赊账再说。星夜赶工，让一袋袋洗衣粉，把搪瓷器皿里外塞紧。到了边境，老天爷啊，洗衣粉热销得不可思议，随便翻几倍价格，一手交钱一手交货，眨眼抢光。搪瓷器皿更不用说了，被当做军用物资了，行军打仗又可以煮饭，又可以喝水，又可以洗脸、洗脚，半夜撒尿不用出屋子以免遭流弹冷枪，还可以挡挡子弹！买方预付货款，再次要货。钟永胜简直都不敢相信自己的耳朵和眼睛：他怎么这么聪明？！他怎么就有这么灵光的脑袋瓜子啊！就等于是闭着眼睛朝天上放了一铳，金雀儿就纷纷掉下来了。

紧接着，钟永胜再次朝天放铳，金雀儿再一次地纷纷掉下来。接着放铳都不过瘾了，就鸟枪换炮了。赚钱就是赌博。赌博是有瘾的。再说钟永胜还有贤内助。高红进搪瓷厂以后，就被送去学了会计。然后夫妻俩，一个副厂长，一个会计。一把手厂长兼党委书记呢，还是高主席，高红她亲爹。高红在厂里当众从来不叫爸爸，碰面都佯装干群关系，但还是有极少数得悉内情的职工很不满。可是大势所趋，不满也没用。一搞改革开放，企业退休年龄就放松了，只要工作需要，只要班子挽留，只要全厂职工大会通过，就可以留任。德国人格里希受聘到武汉当厂长，都已经六七十岁了。高主席有决心向格里希厂长学习，站好最后一班岗。个别职工的不满挡不住历史车轮滚滚向前，高主席就是可以继续再干几年双肩挑。因此钟永胜、高红夫妇在厂里很好做事情，说去边贸就去了边贸，有领导班子的大力支持嘛。

不久，国企改革改制，东方红搪瓷厂太穷了谁都不要。钟永胜挺身而出。他要了。他个人承包工厂。搞股份制。搞工人分流、下岗或买断。工厂改弦易辙，励精图治，几番折腾几番腾挪几番拼搏，变身各种公司，最后叫做精致文玩股份有限公司。公司的固定资产，大多数人都不知道。在汉西火车货运站，有几个仓库，无论出租还是卖地皮，都价值不菲。

钟永胜成长为企业家，职务为董事长。高红成长为会计师，职务为公司财务总监。

这个十几二十年里，钟永胜的人生表情，有流氓，有土匪，有伪君子，有见人说人话见鬼说鬼话，有嘴上叫哥哥暗地摸家伙，也有背后使绊子，做假账，签大小合同——人生表情复杂得很。当然，都只有与他打交道做生意的极少数人知道了、看见了。人海茫茫，红尘滚滚，连钟永胜自己转眼都忘记了自己好多的人生表情。

因此，钟永胜在这一点上，采取了与他父亲截然不同的做法：钟父经常带儿子到单位。钟永胜的商务活动则从来都不带儿子。钟鑫涛还是纯洁成长或者诚实成长，比较好。

钟永胜顾家的人生表情：

尽管事业是钟永胜的人生价值。但钟永胜并不特别看重什么特殊贡献企业家、富豪排行榜、慈善达人等社会虚名。社会价值其实都是一样的，家庭才各有各的不同。家庭才是钟永胜的个人价值所在。他拼命赚钱为什么？三个字：为家庭。

钟永胜是一个特别顾家的男人。出国出差，走到哪里，落定地面，第一时间就会打电话给李雨青。李雨青会及时把电话给钟鑫涛、钟欣婷，如果这兄妹俩都在家的话。好吗？好啊。吃饱了吗？吃饱了。学习怎么样？儿子的回答一般是：挺好的。女儿的回答一般是：不怎么样，你要怎么样？

如果夫妻一起旅游，电话主要都是钟永胜打回家。高红懒得打。高红在旁边听得到孩子们说话就够了。高红认为孩子们能够跟你说什么呢？不就是敷衍应付一下？难道还能够像外国孩子那样自觉自愿对你说“I Love You”不成？现在的孩子，饭来张口衣来伸手，他们哪里知道父母为他们付出的心血和生命代价。就知道要钱。谢天谢地，托钟父的福，家里有个李雨青。

李雨青也被高红看作钟家的人，所以主要也是钟永胜与李雨青打交道：李雨青还是习惯买菜在家做饭，认为孩子在家吃营养更好。她买小葱也还习惯和小贩斤斤计较。送孩子们上兴趣班、特长班、培优班，她还习惯自己烧开水放凉了灌瓶子里带上。

李雨青李雨青，你要是来不及了，就带他们在外面吃，就找最好的餐馆。也不要带水了，就买瓶装水。他们喜欢喝红牛、可乐、雪碧什么的，还有想吃什么雪饼什么果冻这个酥那个派的，就让他们吃。李雨青，你的认识要上去一点，现在物质丰富了，条件好了，我们小时候忍饥挨饿的苦，就不必让我们的孩子再受一遍了。这些东西能够贵到哪里去？咱们家现在有钱，什么都吃得起了，你不用节省。李雨青你自己想吃什么也都一样，买就好。

李雨青你最主要的任务是，警惕孩子们身边和周围有没有可疑人，是不是出现了陌生人，千万注意不要让人绑架了孩子。这根弦一定绷紧：坏人！提防坏人！手机别忘充电啊，二十四小时开机啊。随时打你得随时接。

就算在机场逛奢侈品专卖店，一边看货品，一边也不会中断与李雨青的通话，钟永胜满脸都是顾家男人的人生表情。

听我说，李雨青，重中之重是，你要继承和发扬爷爷教育孩子的好习惯好传统。看电视时你一定要在旁边，少儿不宜的镜头，千万设法遮住。每天央视《新闻联播》，几点啊李雨青？我们没时间看，你一定要陪孩子看，婷婷顽皮，坐不住，她不看就算了。涛涛一定要坚持下去。涛涛已经被爷爷养成了良好的学习习惯，人也大了，上进心特别强，但毕竟青春期还是会逆反的，李雨青你一定要多加注意。

你知道我们太忙了，生意实在太忙了。高红又忙，又是大大咧咧的一个人——压低声音，瞥一眼正在那边购物的高红——对一个女人抱怨另一个女人是对这个女人最好的激励，钟永胜已经深谙此道。高红无所谓。再没有什么比机场奢侈品店更能够唤起高红的满腔热情了，真的设计得太独特太漂亮太高级了。钟永胜长时间通话忙死了那是他自己愿意。

重中之重还有，上网啊！他们上网时，你得在附近晃悠，管他们烦不烦你，你总需要打扫卫生、整理房间、找东西吧，我告诉你网瘾最耽误学习啊！

辛苦辛苦啊！一家人我就不说谢了！总之我们几个大人辛辛苦苦忙忙碌碌说到底还不都是为了孩子啊？你把涛涛、婷婷带好，是我们家最大功臣。我也考虑了你的将来啊，退休养老，我绝对不会亏待你。既然我们家爷爷那时候……好好好，不提不提，反正总之，也是难得的缘分，你一定帮我把家管好就是。哦，你老公那个残疾人证已经办好了，是的以后他送货那个电动车就可以直接开进任何公园的售卖亭，朋友是这么说的，有问题朋友说再找他。还有，给你也办了一个证，以后你们乘坐公共交通，都是免费，方便极了。

另外，重中之重还有，《人民日报》家里订的是整年啊你别老忘记开报箱拿。每天让涛涛给你读半个小时。喂喂我再给你说一遍：不需要你听懂。也不需要涛涛懂，就是训练，训练他吸收新时代的主流词汇和规则和激昂演讲的语气。对，我特意请教过演讲培训专家的。不经常训练，演讲比赛能够赢吗？好，OK，OK，拜拜，拜拜。

钟永胜顾家男人的表情深度与广度，是一般有钱老板做不到的。

一般有钱老板自己发胖，不觉得，还嫌弃老婆发胖。钟永胜夫妇都在发胖，他能够用平常心对待。说自己，倒还蛮敢自嘲，这小肚子又腆高了怀孕八个月了啊，这后颈脖子，怕有两道肉褶子了吧。钟永胜喜穿白色西裤、丝质T恤。朋友提醒这打扮比较容易显胖。他哈哈笑表示他这辈子豁出去了，就是想模仿一下南洋华侨洪常青，少年时代《红色娘子军》他看了多少遍啊，当时对脚尖踮那么直还能走碎步的女主角，都只是震惊，而乔装成南洋华侨的我党党代表洪常青，那身打扮，那个洋气，那个潇洒，那个派头，那是让人觉得震撼。无比震撼。成为少年的终极向往。将来有钱了有身份有地位了，一定要穿白裤子。质地良好的白裤子！白裤子太帅了！钟永胜索性就配上了皮带、手表、皮鞋，都是明晃晃的金色银色大名牌，管他呢，全身上下都靓起来亮起来，白得配套、胖得和谐就好了。而对高红的发胖，钟永胜说话就格外当心，轻易不触及“胖”字。眼看高红从试衣间出来，紧窄的新衣服背后勒出了几圈轮胎肉。钟永胜硬是欲说又止，坚决视而不见，满口言不由衷的溢美之词：这身太漂亮了！以至于紧随身边伺候的售货员小妹，连瞟钟永胜几眼。就是这样，钟永胜还可以把售货员小妹逼得都怀疑自己的恭维力度。

钟永胜自我克制和修炼到这份人生表情，就是因为太顾家。如果把高红惹恼了，家庭上空立刻晴转多云。阴沉沉的气氛对孩子们学习非常不利，对孩子们的身心健康非常有害。

钱财方面，就更不用说了。购买住房，买了一处又一处，主要是投资。有的写钟永胜名字，有的钟永胜就主动让人家写高红。钟永胜自己换奔驰，就给高红换宝马。公司股份也一样。基本上夫妇俩都能够客客气气心照不宣地注意财产的均衡分配。主要是互相制衡，确保家庭财产不流失，谁要变心谁最多只能带走他那一半。当然肯定了，夫妇俩谁都不会变心。轰轰烈烈、刻骨铭心的爱情加一对死里逃生、来之不易的儿女，又夫妇并肩打拼、纵横生意场、大获成功。这样的家庭，怎会变心，谁会变心？不过，做人做事把丑话说在前头，建立财产平分的规矩，这才是科学的保障。制度太重要了，此处要像法治国家那样重视制度建设。

搬来搬去享受了江边金观澜公馆高层公寓以后，他们还是喜欢住在汉口花桥小区，加上金观澜又被钟欣婷贷款的黑社会摸着了地方，容易被堵在公寓里，还是一楼，前后两个门、带院子的房子最好。大家庭一起住过的房子，就是有温度，够大够宽敞，还变成了最优质的学区房。最好的幼儿园和学校，都步行可达。只是陈旧了一些，那就打掉，再豪华装修一遍。过几年，高红又在香港看到更豪华的五星级酒店了，再打掉，再豪华装修一遍，就照五星级酒店整。都遂你高红心愿。只要你不怕累。高主席的住房装修也老旧了，钟永胜也出钱重新装修，家用电器全套换新，都买最好的牌子。

当然，钟永胜也不是什么圣人，他也是有意做给岳母詹鄂湘看的。岳母詹鄂湘大闹他婚礼、诬陷他流氓这一箭之仇，钟永胜肯定要报。有仇不报非君子。当年你一百个瞧不上的兵痞子，今天你睁开狗眼好好看着。岳母詹鄂湘气得要命。高红的两个妹妹高敬、高佩，也都混得不好，看着也都生气。高红表面保持中立和沉默，不过心里的天平，在慢慢倾斜，在倒向弱者，毕竟也还是生她养她为她好的母亲。钟永胜假装不知道。他只知道这一点就够了：岳父岳母依然分居，岳父高主席一天天好起来，岳母詹鄂湘一天天垮下去。

家庭不堪回首的惨痛记忆，从来没有离开过钟永胜。钟家二儿子白白被脑膜炎夺去生命。钟家小三白白被枪子儿枪毙。钟父白白被猪骨头卡死。父母一对夫妻都相伴到白头了，结果爹死娘嫁人。太遭人耻笑，太打后人的脸，太不堪了！钟永胜无数次回想，如果他父亲不是那么不顾家呢？不是那么全心扑在工作上，家里大小事一概不管呢？当红卫兵小将强行剪他们母亲辫子的时候，如果父亲不是一腔正气地袖手旁观呢？钟家会落到这种悲凉境地吗？钟永胜认为父亲做人很强很好，唯一重大失误，就是没顾家。

钟家必须复兴。说到底，你再怎么工作啊奋斗啊在外面风光啊，最后还是只有家庭，才能够传承你的血脉和财富。现在钟家，在钟永胜的艰苦奋斗下，已经走上了富裕之路。钟永胜必将继续努力奋斗，砥砺前行，切实维护钟家现在的大好局面，让繁荣昌盛更加繁荣昌盛，让好日子过得更加红火。钟家必将子子孙孙，千秋万代——这已经是壮怀激烈的人生表情了。钟永胜偶尔会独自到江边走走，迎江风而立，看滚滚波涛，双手叉腰，颇有壮怀激烈的感觉：小家庭，大使命啊！

钟永胜在男女关系方面的人生表情，如果抽象一点，高度概括，大致就是：爱情两个字，好辛苦。

谈得上爱情两个字，那是在中越边境自卫还击作战回来，转业以后开始的。以前年纪太小，有心无胆。春情萌动，懵懵懂懂，莽莽撞撞，既没动真情，也没真做啥，还不知怎样做，更是怕怕的，总担心自己道德品质有问题。打仗以后才知道，如果连女人都没有碰，战死了都是枉为男人的。一转业回到武汉，钟永胜就开始积极碰女人了。所谓碰，也就是对于大家纷纷介绍的对象，钟永胜都特别积极对待。一个个地，与她们不辞劳苦地轧马路。在大街的人行道上，一起走过来走过去，两人并排的身体之间隔一两个拳头的距离，互相介绍自己的个人情况和父母家庭情况，共同寻找着两人的婚姻匹配点。遇到比较漂亮中意的，钟永胜轧马路就会积极摆动胳膊，故意碰到女方的手。

就在钟永胜对接二连三、千篇一律的“轧马路”产生审美疲劳的时候，他弟弟小三出事了。“严打”中被警察抓走，钟永胜父母都垮了。钟永胜挺身而出。四处奔走，广泛发动战友、朋友和同学，到处打听。终于得知小三被关押在汉口宝丰路监狱。特殊时期的监狱，戒备更加森严。钟永胜探监的种种尝试一一失败。社会上风声日益紧张，小道消息满天飞，说是这次从重从快，杀鸡儆猴。钟永胜预感不好，怕是保不住弟弟了。就每天晚上来到看守所附近的小树林吹口琴。只吹《绿岛小夜曲》，单曲循环。如果高墙那边的小三能够听到，他就一定知道是自己哥哥钟永胜。

钟永胜连续在小树林吹了几个夜晚。这个晚上，天特别黑，雨意阵阵，小树林中的植物气息特别浓厚。一股暗香袭来，钟永胜一个警觉，忽然暗香中闪出一个女人。这是看守所的女警察高红。她职业敏感性特别高，感觉这样吹口琴不一般，就摸黑过来查看了。当二人近距离第一眼见到对方，都直接惊呆。钟永胜和高红，面对面，就是一对男版和女版的军服控。女警察高红，穿的是警服，双手抄在军警裤的裤兜里。转业军人钟永胜，穿的解放军军服，双手抄在军干服的裤兜里。军装可是当年在年轻人当中最时髦的服装。穿一身军装、双手抄裤兜、稍息站着，这可是当年年轻人最时髦、最鹤立鸡群、最傲视群雄的姿势。钟永胜和高红不约而同摆出了这种姿势，看得彼此都惊心动魄。就凭这身军装，就凭这副身姿，钟永胜和高红对于彼此已经足够了解，尽管小树林光线朦胧。这对男女青年，就个人条件来说，旗鼓相当；就家庭条件来说，门当户对。当年一个人的着装，蕴含更多内容和意义，军装才是真正的奢侈品，只有红色革命家庭或其他良好家庭出身的，才能够当兵入伍。只有大院子弟或干部子女，才能够拥有军装，并且能够把军装驾驭到这等潇洒程度——双手习惯性抄裤兜。肥大的军裤，也就因此特能显出马裤般的立体感与威仪。气质上则还能够散发出来一股子什么都不吝的劲儿，民间说法是吊儿郎当，欧美说酷。

高红正是青春妙龄，十八无丑女，浓眉大眼双眼皮，圆圆的两腮，白里透红粉嘟嘟，举手投足英姿飒爽。钟永胜还会吹口琴，那叫多才多艺，最能迷惑女孩子的心智。

钟永胜就坦率承认了吹口琴的确不一般，就是为了安慰弟弟小三。小三特别老实腼腆，像个女孩子，又不穿喇叭裤，也不跳摇摆舞，连偷听一下港台靡靡之音，也只是偶尔，怎么可能参与流氓活动呢？恐怕是冤枉，恐怕有误，恐怕有被其他小流氓诬陷。但是现在全国严打这么紧张这么严厉，一旦被抓了恐怕——钟永胜只想让小三知道，家里想着他，惦记着他。甚至钟永胜都无法完全确定小三是否被关在这里。朋友给的消息也许不准确呢？按说一般应该先关在看守所的呀。

一道闪电划破长空与小树林，把高红美丽的脸庞照亮。严打是特殊时期，看守所装不下，是有一部分犯人直接送监狱来了，当然是严格保密的，不过我可以帮你确认你弟弟是否在这里，还会尽量把你的话带给他。钟永胜简直不敢相信自己耳朵，问："你为什么帮我？"高红略微沉吟，低低头，再昂扬地抬起脸，大声说："因为我喜欢你！"

天啦！像极了电影！和日本电影《追捕》一模一样的对话啊！像极了电影镜头中的真由美和杜丘，只是钟永胜要比杜丘年轻得多。那个年代，假如谁的初恋源于电影更高于电影，谁能够不激情燃烧？

后来大白天见面，越看越面熟。原来两个人的父亲都是武汉市东方红搪瓷厂的领导干部。钟父是以前的军代表，现在的钟书记，以前的工会高主席是现在的高厂长。以前钟父单位有重大活动，经常带钟永胜去厂里。厂里的春节联欢会，有奖猜谜赢香皂牙膏什么的，钟永胜和弟弟们都去过。高红也去过，和她的一对双胞胎姐妹，有奖猜谜很好玩。

这岂不就是天赐良缘？这只能是天赐良缘。

这对初恋情人，来到了钟永胜的单身宿舍。钟永胜高度兴奋，开始尝试身体的亲热。这是一桩完全彻底陌生的事物，不知道从哪里下手。生疏。羞涩。模仿，主要模仿电影镜头，但电影镜头一般都是到亲嘴为止。一旦钟永胜想有深入的动作，高红立刻抗拒。她认为那个不合适，应该是先结婚，再那个。高红满脸的正气，让钟永胜自惭形秽，连忙不好意思地说，好好结婚结婚。然后他们就像两口子商量家务事那样，面对面坐下来，商量他俩的婚事。万万想不到的是，这桩婚事，遭到高红母亲的坚决反对。高红被她妈软禁在家了。

钟永胜设法给被软禁在家的高红，递进去一张纸条，写了一句他认为最动情的心里话："亲爱的如果我不能够和你结婚我都不知道自己会做出什么傻事来！"高红看到这句话就哭了，就翻了二楼的窗户，与钟永胜私奔了。私奔也只是说高红住进了钟永胜的单身宿舍，而钟永胜到了夜晚就只好回家睡觉。必须结婚才做那事！钟永胜就白天夜晚，两头跑来跑去。在两边父亲的谋划下，筹备结婚，还要时刻防备高红母亲杀过来。好辛苦。

哪里想到，更辛苦的爱情，也突然发生了。

婚礼之前，钟永胜必须先出个差。组织上派他出去学习培训两个星期，地点在浙江杭州，培训和住宿都在一个军区疗养院里。文学与阅读课，是要提高学员的文学知识和写报告、讲话发言的文字技巧。课堂上走进来一个年轻女老师，自我介绍叫苏佩玲。钟永胜一看，不得了，他简直不敢相信自己的眼睛，也不敢相信自己的耳朵。苏佩玲穿一件丝绸连衣裙，这么高级这么洋派的连衣裙，国内还不多见。太西化太新潮了。更要命的是那种合体又贴身的剪裁，把苏佩玲凸凹有致的苗条丰满身材完全勾勒出来了。钟永胜第一眼就耳热心跳。更要命的还有苏佩玲银铃般的嗓音，说话嗲是嗲得来。课堂上是来自全国各地的干部学员，绝大多数是年轻男性，眼睛都直了，班长提醒说“欢迎苏佩玲老师啊”，男学员被集体惊醒，顿时掌声雷动，经久不息，鼓掌一直鼓到苏佩玲脸颊上飞起一抹红霞。

钟永胜情不自禁，身不由己了。他就是喜欢看苏佩玲，就是喜欢听她讲课。就算老远听到苏佩玲和别人说话的声音，钟永胜的心也会强烈地咚咚直跳，一个劲地扑腾，想要跳出胸口。钟永胜在文学阅读课上，特别卖力学习，发言也特别积极。有一次朗诵课文不知疲倦，苏佩玲老师叫停了，他都停不下来，惹得全班哄堂大笑。

放学以后，苏佩玲找钟永胜进行了个别指导。针对他朗诵的《红嫂的故事——我为亲人熬鸡汤》，苏佩玲提醒钟永胜，朗诵一定得注意控制自己感情，不要因为内容太感人，就激动。人一激动，就容易口语化，会添加一些不该添加的字词。

钟永胜就会望着苏佩玲呵呵傻笑。他完全没听懂苏佩玲什么意思。钟永胜的憨厚老实，把苏佩玲也逗乐了。唉，我要给你解释到什么程度你才懂呢？钟永胜说：你只管不停解释。

苏佩玲脸颊上又飞起了一抹红霞。字斟句酌地说：“红嫂关切地对受伤的解放军战士说，‘不能光喝汤嘛，也要吃点鸡。’”

钟永胜说：“对！对对，没错吃点鸡吧！”

苏佩玲问：“你朗诵的什么呢？”

钟永胜说：“不能光喝汤嘛也要吃点鸡吧。”

逼得苏佩玲没有办法了，她不得不具体地指出钟永胜的错误：“吃点鸡，句号。后面没有‘吧’。同志，你的朗诵加了一个‘吧’。”

“不能光喝汤嘛也要吃点鸡吧！”钟永胜心里默念了几遍：鸡吧鸡吧——会意过来了——鸡巴——忽然就把个脸涨成了猪肝色。

苏佩玲笑了。钟永胜也笑了。钟永胜狠狠打了一下自己嘴巴。他在全班出洋相了。把苏佩玲笑到弯腰捂肚子。

然后，苏佩玲再抬起头来，两个人说话就变得知心了。经由共同分享一句不可告人的村言村语，二人达到了坦诚相见的密友程度。

苏佩玲开玩笑地教训钟永胜说：牢牢记住啊，世界上有两个字，千万不可连在一起说，一个字是：鸡。另一个字是：吧。

哎，这个小女子好生调皮。竟敢逗他，逗男同志。这可真叫钟永胜喜欢。钟永胜也是一个大胆的，也是喜欢俏皮话的，更是敢讲俏皮话的。男人嘛，什么粗话都好讲。

隔了两天，钟永胜就找苏佩玲苏老师个别请教了。钟永胜认为这个世界上，还有三个字，千万不可连在一起说——尤其是你，这么娇滴滴的女青年，更要牢牢记住啊！

苏佩玲想半天，想不出哪三个字。就逼着钟永胜告诉她。

钟永胜说先不说这个，先说一下别的事。

什么事?

钟永胜说：我想请你吃个饭。

男女单独吃饭，在那个时代还是一件胆大妄为的事情，极易给女青年造成不好影响，坏掉她的名誉。苏佩玲愣了。钟永胜接着说：表个态啊。你不便接受我的邀请，可是你又不好意思得罪我，行，我理解，你好歹照顾一下我面子，给我一个客气的回答吧。

苏佩玲想了想，说：“改日吧。”

钟永胜坏笑起来，说：“老师，我求之不得。”

三个字，女孩子，绝对不能连在一起说：改、日、吧。

苏佩玲默默一琢磨，忽然脸就变成一块红布。啊，钟永胜你好坏啊！太坏了！坏透顶了！

苏佩玲举起小拳头，在钟永胜身上乱捶。钟永胜就让她的小拳头捶。捶呀捶，笑呀笑。两人视线就连在一起了，就目不转睛了。事物就发生了质的变化。原来，这对男女青年，是在打情骂俏。郎有情，妾有意，其实见面就开始了。军区疗养院很大，花前月下，暗影重重，正是一个催发爱情的世外桃源。这对男女青年就水到渠成了。

这一个水到渠成，为钟永胜打开了一个崭新的世界。原来女人是不一样的，完全不是部队老战士们传说的什么吹了灯都一样。小鸟依人的苏佩玲，柔情似水。任由他摸，还任由他看，除了不能够真的进去。钟永胜终于尝到骨头都弄酥了的那种极致舒服。还感觉到了自己作为男子汉的伟岸强大正是由怀里女人所烘托的。奇怪，苏佩玲站在讲台上看上去那么高挑，怎么溜进他怀里就变得那么柔若无骨的玲珑娇小。“真的进门去玩耍”变成了钟永胜的无限向往与无比痛苦。

真的要进门，就必须先扯结婚证，这是女性最后的防线，是终身幸福的保证——只有这个观点与这份坚决，苏佩玲和高红一模一样。钟永胜完全理解。更加敬佩苏佩玲。苏佩玲更加了不起，是因为她与钟永胜有着同样强烈的需要，却能够狠狠压制自我。高红相对轻松，是她还停留在守贞的理论阶段，并没有肉体的极端痛苦。

后来又有机会见到了苏佩玲的母亲。直觉告诉钟永胜：这才是他未来的岳母，这才是会一辈子心疼女婿的岳母。那是休息天，苏佩玲把钟永胜混在一群学员里，带到她家去玩。她家在江苏周庄，家乡的风景美到全世界没得比。钟永胜到了周庄一看，果然苏佩玲所言不虚，水乡周庄，就是人间仙境，家家户户依水而居。红烧蹄髈又嫩又酥又香又甜津，入口即化。苏佩玲的母亲，笑眯眯地，慈爱地，不停地把肉夹到钟永胜的饭碗里。钟永胜大胆地想：难道他就不可以换一个岳母吗？！

当然能够。肯定能够。新社会提倡自由恋爱，现在都 20 世纪 80 年代了。钟永胜和高红不仅没有发生肉体关系，就是肉体那块地方，连摸都没摸过，看也没看过。

亲爱的，我亲爱的亲爱的最亲爱的佩玲，你等我消息。我回去就办。一定会尽快办妥的。没有什么太难的。我一定。一定。马上。别哭了，亲爱的，你这么难受我都不知道自己会做出什么傻事来！别哭了，我们肯定会在一起的，等我好消息吧。

可是，回到武汉。见到高红。钟永胜完全开不了口。

下了火车，高主席派人来接。把钟永胜直接带到医院。钟永胜的妈知道儿子小三给枪毙了，直接喝了敌敌畏。是高红守候病房，几天几夜衣不解带照顾着钟永胜的妈。为了不耽误钟永胜的学习培训，拟好了电报单“母病速归”又撕掉了。反正人已经救活了。不可以再影响钟永胜的学习、事业和前途。高红的表现太好了！高红简直是个女圣人啊！

钟永胜顿时感到无地自容，他胸口阵阵绞痛，眼前发黑，头晕目眩，说不出话来。半天半天半天，才对高红说：“你去睡吧。我来换你。”

好，高红说。高红没有看出钟永胜任何别的东西，只看到了钟永胜为母亲难受到受不了的表情，也真是一个难得的孝子。

一夜无眠，钟永胜煎熬得两眼红肿，脸色枯黄。但他已经拿定了主意：娶高红！何况说真的，冷静下来一想，不寒而栗：苏佩玲再好，就一桩，这远隔千里的两地分居户口工作调动，那是多么困难，难于上青天的事啊！人在屋檐下不得不低头啊！

人，还是要现实一点。尤其是男人，肩负家族重任，必须面对现实。

第二天早上，高红来了，对钟永胜说：“你去睡吧。我来换你。”

高红给钟永胜带来了早点。一碗热干面、一碗鸡蛋米酒、两个面窝，装在那种一提几格的搪瓷饭盒里，一路小跑过来，满头是汗。她还给钟永胜的妈买了香蕉，说香蕉吃起来不费牙齿，剥起来更方便，还通便。

钟永胜吃完了早点，把嘴巴一抹，让高红也坐过来，都坐在病床床沿上，当着他母亲面，对高红说：“我们把日子定下来吧。越快越好。”

这就是求婚了！高红幸福地羞红了脸，点头表示同意。钟永胜当即掏出自己的工资存折，放进了高红的口袋。高红就像被突然塞进了一只烧红的煤球，跳起来，急忙往外掏。钟永胜按住高红手，说：“一家人了！”

钟永胜说：“现在我们是一家人了，你当家。”

轻轻一句话，掷地有声，气魄之大犹如泰山黄河。工资存折就是身家性命，就是国土尊严，就是钟永胜一辈子的个人自由，就这样，一下子都交给高红了，连婚都还没有结呢。一个交出工资存折的实际行动，胜过人间万语千言。

高红感动得无以复加，胸部强烈起伏，眼中泪花闪闪，说不出一句话，唯有哽咽在喉头。钟母淡漠的病容里，终于现出一丝喜色。四周病床的病友，都转脸望着这对年轻人，被他们感动，被他们惊呆，一个个都肃然起敬。

后来钟永胜听说苏佩玲大病一场，瘦到脱形了。再后来，听说好像嫁人了。好像。这有什么办法？没有办法。

钟永胜其实也病了好几场，重感冒，胃炎，吃不下东西，人也瘦了很多。这就不用说了。总之，爱情两个字，真的好辛苦。

世界上没有女人们，只有女人。钟永胜发现女人都是独特个体，完全没有普遍性。钟永胜说要对高红好，至少新婚头两年，钟永胜还是尽了自己最大的努力。只是高红就是高红，不是苏佩玲。高红看起来个头不大，一旦上床，个头就愣是变大了，骨骼粗大又硬邦邦，钟永胜有点搬不动。任凭钟永胜怎么使劲，怎么鼓捣，都很难让高红变柔软变湿润。而高红对婚姻的全部理解，就是妻子服从丈夫，她的义务是躺下并张开双腿。高红也的确做到了，对钟永胜有求必应。结婚一段时间以后，新娘子的羞臊消失了，高红的急性子就表现出来了，有时候甚至催促钟永胜：“还没完？快点啊！”

敢情是钟永胜在自作多情，他用心良苦，累得直喘，还吃力不讨好。钟永胜不做吧，那也不行。高红按照贤妻良母标准严格要求自己，也肯定会尽到做妻子的义务，高红做事情，不会让别人有话柄。所以高红还蛮替钟永胜着想的。隔个十天半月，高红就会主动洗好澡，往床的中间一躺，把身子摊开，无私奉献。如果钟永胜假装不在意，自己倒头便睡，高红还不依。高红就会推钟永胜，说："莫客气吵，都大半个月了，你那点脏水肯定又满了，满了不疏通又该兴风作浪了，来吧来吧，别管我。"高红说说笑笑的。钟永胜一点笑不起来。高红俨然自己就是她丈夫的污水处理厂。

那就算了！那就这样呗！好在他们最主要的婚姻任务是生儿子。好在高红也特别愿意和钟永胜生儿子，不惜代价。且不说会生儿子是女人自己莫大的脸面和荣耀。且无论钟家或高家，从历史到现实，状况都是男嗣不旺，人丁太少，都特别需要男孩。一旦高红生了儿子，两边的父母那该有多高兴？高红的母亲詹鄂湘，任凭她有多强硬，假如有了外孙子，看她还能够闭关锁国到几时？再加上钟永胜、高红都遇上了改革开放新时代，两人都是极有事业心和闯劲的青年，又都是新中国的红色接班人，父辈都是领导干部，起点都高，他们应该当仁不让，发家致富，在中国先富起来。

那么好了。家和万事兴。钟永胜的那一点床上遗憾，也就可以忽略不计了。

钟永胜的人生表情里，就隐隐约约总是带点那种苦恼人的笑。

钟永胜那种苦恼人的笑，李雨青就看在眼里了。李雨青是过来人，结过两次婚，还交过几个男朋友，心里明白着呢。李雨青心里明白的样子，钟永胜冷不丁偷看几眼，也明白了。两人对瞅了几眼，心里各自就起了念头。

有一天钟永胜颈椎病犯了，去医院看病后，没有返回公司，突然回家了。

李雨青假装奇怪，说："钟总今天怎么有时间闲在家里？"

钟永胜就说："什么钟总？现在家里就只有你我两人，叫老公！"

"啊呀瞎说！"李雨青嗔道，"这玩笑开不得！"

钟永胜撩拨说："怎么是瞎说？外面别人都这么说。"

外面别人，指的是其他孩子的家长。钟家两个孩子，打从幼儿园、小学到初中，主要都是李雨青接送。等候在校门口，抱着双肘，与别的家长闲聊。李雨青也不多话，凡别人的问话涉及孩子家长，李雨青都笑而不答，或王顾左右而言他。钟家与她的关系和她在钟家的位置都是很微妙的。李雨青既不是家长，但也不是简单的仆人。加上李雨青又总是穿着打扮得格格正正，挎一只时髦的装饰性小包。她的身份在别人眼里就很模糊了。偶尔天气有变，钟永胜会亲自驾车赶来接孩子。李雨青就带着孩子钻进车里。时间一长，其他家长就不免开玩笑，说你老公来了。又对钟永胜说，你老婆进学校了，老师找她。外面这些人，把他俩人就这么老公老婆叫来叫去。

李雨青说："外面别人再怎么说，也是不作数的。我哪有这么好的命？"

钟永胜心里也有数了，说："过来！老婆，给老公按摩下颈椎。作数不作数，我说了算。"

李雨青笑起来，说："去去！"就上来给钟永胜按摩颈椎。只按了几下，钟永胜就伸手摸李雨青胸部。李雨青就哧哧笑。男女两个，身体很快就滚到了一起，把那事做了。

钟永胜李雨青偷偷滚一起，也搞了有几回。钟永胜发现，李雨青下身又大又松，特爱出汗，汗的气味还很不清爽，胳膊一打开，腋下就像突然敞开的一扇陈年橱柜的门。女人唉女人，真是有天渊之别。同时又感觉李雨青这么随便的一个女人，该和多少男人上过床啊。再说在家里和家务工人偷情这种事情，总还是有点偷鸡摸狗之感，感觉不好，高红和孩子每天回家，钟永胜多少还是有点羞惭。钟永胜就打退堂鼓了。

李雨青也暗自不满意，原来并不是人有钱就有劲，做得没什么趣，男人还是一岁年纪一岁人，就连她自己老公，只年轻个三四岁，那劲道就足得多。况且，做几回了，还没有一点感谢她的意思，一点礼物或红包都没有。有钱有地位的人，总是口头上牛逼哄哄，也还是拔出家伙不认人，蛮无赖的。钟永胜这代人，就是比他父亲那一代人要差个精神，当年钟父那是多么懂得有来有往的人情世故。就算李雨青只是一个家务工人，占便宜也没有这么轻巧顺便的。这边李雨青的脸色，也就冷了。

不久后，正好有个什么节日到了，钟永胜封了一只千元的红包，放到李雨青挎包里，说节日快乐啊。这段情事，也就打上了句号。李雨青数了红包，只冷冷一笑，不领情。这个家里，相对来说，那还是高红做人豪爽侠义，过年过节，封一只红包，也总是两千，好事成双啊。高红还经常性地送李雨青衣服、化妆品、包包等礼物。高红也更靠得住。高红一再许诺李雨青，只要李雨青一直跟着她，帮钟家管好家、做好饭、带好孩子们，高红绝对不会亏待她，将来养老送终的事情，由钟家包了。李雨青打心眼里看透了：现在女人就是比男人强，人品道德诚信哪方面都强。所以李雨青，也绝对不会再做对不起高红的事情了。

幸亏李雨青的灵魂深处闹了一场自我革命，否则钟永胜会落得个什么下场，还真是很难说。李雨青只是从此公开自己就是高红那边的人了，家里一应事务，唯高红马首是瞻。对钟永胜一口一个钟总。钟永胜的许多话，李雨青就当没有听见。

这段男女关系里，还是钟永胜更辛苦。

可是假如要钟永胜完全拒绝情色，拒绝外面那些可爱女性的崇拜和倾慕，钟永胜实在心有不甘。高红作为女人，身上有不少欠缺。高红所不能给他的，他在其他女性那里能够获得补偿，得到享受，他又不是傻子，为什么不让自己人生更圆满呢？关键的关键在于，男人需要激励。事实上，每当钟永胜遇到那些可爱女生公然崇拜和倾慕他，他的血液就会燃烧，眼睛就会发亮，就会立刻感觉自己的青春再一次开始，奋斗拼搏精神会再一次被激发出来。一个干事业的男人必须继续干事业啊，必须继续赚钱啊，他必须要有激励啊。这个家，不能只是要求男人会赚钱。又要马儿跑又要马儿不吃草，不可能的！

高红当然不懂这一点。女人似乎都不懂这一点。高红如果仅仅只是不懂，倒也罢了。高红还很犯嫌。高红和钟永胜是初恋，那时候她年纪轻，才二十出头，一双亮晶晶的眼睛，仰望钟永胜，崇拜和倾慕钟永胜。钟永胜那个干劲，简直顿时冲天。那时候，高红母亲坚决反对他们结婚，钟永胜不也是冲破了艰难险阻、铜墙铁壁吗？不也还是战胜了他自己内心突然冒出来的情魔吗——苏佩玲——绝密，高红一辈子都不知道此处有一个绝对秘密。

然而，后来呢？这么多年来，高红对钟永胜，不仅眼睛不再闪亮，还经常挂在嘴边一句话，就是："得了吧！你几斤几两我还不知道？"一下子，就把前十几年后几十年都给否定了。像这种一瓢冷水兜头泼下，成年累月，习惯性地泼，钟永胜那颗男人心，想不凉透都难。

男人心能够心甘情愿地凉下来吗，尤其一个成功男人？当然不能。肯定不能。本性不能，本能也不能。周围一茬茬新鲜的青春女生冒出来，普遍都是那么崇拜和倾慕钟永胜先生。凭什么钟永胜不能够让自己人生保持活力、更加圆满？又凭什么钟永胜先生要冷酷拒绝这冷酷的竞争社会里那一缕专属他的来自异性的私爱呢？

其实钟永胜和这些女生也没有什么，无非红颜知己。都不是本公司的，临时外聘的长期合作，难得见面一次，女生双语不错，谈生意带她或她、她、她，都很顺手。这不，无非就是谈成了一个项目，奖赏人家女生一下呗。作为一个成功男士，一个老总，你总要平易近人一点吧。没有必要成天都摆一个蛮大的架子吧。钟永胜也无非就是给女生买个包包，一起吃个饭，喝点葡萄酒，谈点人生。最多过马路的时候，钟永胜作为男士，必须呵护一下，揽揽女生的小细腰，你看那些不守交规的小车，乱开车，真是太危险了。再最多，吃饭时候，用指头擦擦她嘴角的残渣，女生既崇拜又感恩地说声"谢谢"，两人相视一笑。就这样而已。钟永胜心里很愉快很受用。可是高红却认为这是社会阴暗面，是老牛吃嫩草、男人吃豆腐，是腐败现象，钟永胜就是贼心不死，臭不要脸。如果不是高红一直在提醒他，警告他，帮助他，及时剔除进入本公司的物质女、小妖精，钟永胜恐怕早就把公司整垮了。随便你有多少资本，都架不住一茬一茬的物质女生，直接扑上来吸金。

钟永胜死守。高红严防。怎么不辛苦？

实在很辛苦。岁月在流逝。钟永胜的年龄不可避免地在增长。中年到来以后，尤其年过五十，就更复杂微妙又略带凄凉了——毕竟人在老去，时不我待的焦虑日渐严重。再加上总是避免不了的大吃大喝。生意又越来越不好做了。身体各项指标就都开始不正常起来。三高上身了。B超提示肝脏有囊肿，肾脏有结石。痛风让钟永胜上下楼梯的动作缓慢了。动不动风火牙痛，动不动颈椎病发作，动不动前列腺发炎，半夜尿不尽。尿不尽，难受死人了。肉身凡胎又哪里经得起这种种纠结焦虑和折磨?

钟永胜无法接受的是：他如此优秀的一个男人，如此成功的一个男人，难道这个世界就真的没有那么一个好的女人，年轻漂亮、善解人意又风情万种的女人，死心塌地爱他吗? 钟永胜不服!

钟永胜自认是一个永不言败的男人。从事业到家庭，永不言败。钟永胜从初恋、从决定结婚到婚后的家庭生活应该怎样建设，包括务必生儿子，怎样瞒天过海生二胎——后来失误是民间生子偏方出了问题才没有得到第二个儿子，不过女儿也是钟家实力啊，一儿一女一枝花的美满家庭啊。钟永胜思路一直都相当清晰。

可是在高红身上，钟永胜十分沮丧。高红变化太厉害了。这是钟永胜万万没有料到的。老话说的是：江山易改，本性难移。怎么在高红身上就不灵验了呢? 婚前的高红，一个那么高傲的公主，对社会庸俗和偏见绝不苟同，宁可身败名裂也要跳窗与爱人私奔。婚后却日趋平庸。平庸到心甘情愿随大流，特别认同大众舆论，总是用龌龊的目光看待成功男人的爱情。比如对那位获过诺贝尔物理奖的成功老头，82岁时候迎娶28岁女生，高红认都不认识、不了解人家，只是一晃而过的电视新闻画面，她都必定斜眼杀过去，“呸”一声——这“呸”的声调神态完全是她母亲詹鄂湘的翻版，令钟永胜不寒而栗。

钟永胜初恋的那位脸颊雪白饱满、眼神单纯的女警员呢? 到哪里去了? 他的新娘子，遇到恶毒攻击只会自己掩面痛哭的温厚女青年，到哪里去了? 高红还不肯放过钟永胜，还要对一起看电视的钟永胜发表她的歹毒评论，辛辣讽刺，夹枪带棒，含沙射影，钟永胜表面只能憨笑一下。笑的背后却是泪下千行。长年累月以后，钟永胜与高红，彼此懒得说话，心生厌恶。不过钟永胜表面还是要做一个好丈夫的。公开场合对高红，钟永胜还是大家开玩笑的那种“暖男”。这是必须的——钟永胜必须顾家——必须为子女树立一个良好的父亲与丈夫形象。

这些时刻都什么人生表情？钟永胜比川剧变脸还要善变，只是很辛苦很辛苦。

钟永胜就只能参加清一色大老爷们的出国旅游团了。高红就说：对的、对的，你这样玩就玩对了！莫舍不得钱啊，只管开心放松享受！ 高红很放心。比在国内放心多了。高红也出国旅游过，她知道国外法律严，规矩多，就算去看脱衣舞，也都只能看，不能摸。就算是妓女，钟永胜也不敢找。洋妞们不管丑美个个都趾高气扬，都好像自己是选美小姐，人家都是注册经营有人权的，气势上绝对挫败钟永胜们。更加上钟永胜们，人到中年才有机会出国，文化完全不兼容，语言完全不通，等于是一群聋子哑巴逛街，对于他们心向往之的红灯区，最多也就是在边缘地带，徘徊徘徊，偷看偷看，挂挂眼科。

但是高红百密一疏：国外也有中国人。只要你舍得出钱，中国人就会帮你找野鸡。高红不知道或者是没有想到的更在这一点：这些先富起来一拨中年男人在一起，是个什么生态环境？ 钟永胜随团出去过几趟。他喜欢看风景。喜欢摄影。可是更多人，就喜欢吹牛。吹牛不吹钱。钱是要防着一点的，谁都不会傻到露财。一夜暴富，哪个屁股都不干净。吹牛都是吹女人。吹女人都是吹自己。个个在女人身上都多么牛逼啊。个个有多少情人。个个都嫖过多少妓。玩过多少坐台女。东西南北中的鸡，身材、脸蛋、床上功夫，都各具什么特色啊。他们炫耀情人的照片，互相交换互相贬低： 你这个不咋地，看看我小秘。到外国了，他们听不懂外国话，外国人也听不懂他们的话，他们乐得满口黄段子。一路对人评头品足，出口都带脏字，也没有关系，反正都是老外，这自由这畅快，这就是旅游，这才是过瘾。在国外除了吃饭是一个巨大的短板，其他都挺开心的。当然其中还有买买买，奢侈品太丰富又太不贵了。几个团旅游下来，钟永胜就有了很大变化。

人比人，气死人。几乎每个团，都会推选钟永胜为团里的道德模范。吃喝嫖赌都不沾，一直都是老婆做自己的财务总监，这么大公司又不是街头杂货铺，钟永胜董事长如果不是道德模范，怎么受得了？忍得住？做得到？看看团里那些大小土豪与财主，凡是老婆做过主管会计、财务总监的，前前后后都离婚了。这样吧，请钟总继续发扬优良作风，在团里主管一下生活，反正是一点歪心思都没有的好男人，在旅途闲着也是闲着，多对导游恩威并举，做做功课，让大家每天能够哪怕吃一顿较为可口的中餐好不好啊！谢谢啦，谢谢啦。国外什么都好，就是没法吃得好。带去的老干妈和方便面，三天就被抢完了。面包片夹一点烂糊糊的东西，味道谈不上，不热不烫又不香，怎么咽下去？旅行团男人们的这些好话，怎么听起来不是什么好话呢？这些中年男一个个歪瓜裂枣，都没有钟永胜体面，公司盘子也没有钟永胜大，怎么个个都比钟永胜牛逼，个个都敢把钟永胜当连队老班长那种老好人了，当他老实巴交大叔已经歇菜了。钟永胜就感慨万千，心潮难以平静了。他们真他妈的太没见识了。好像钟永胜就没有女人爱似的。钟永胜可是大院男孩。小时候打群架可是横扫海军工程学院，直捣武昌广阜屯的武空司令部。连多漂亮多高傲的校花，都要在他面前主动低头的。走着瞧吧，只要钟永胜愿意，女人分分钟扑上来。

机遇说来就来。钟永胜展示自己男性魅力的时刻，在他的梦寐以求中，悄然到来。

旅游团十来人一起十来天，一个高度集中的小时空。别小看这个小时空，因为大家都出一样的钱，很平等，不用拍谁马屁，英雄不问出处。对话语境格外真实。一真实，就蛮刺激人。真实得让钟永胜恐慌。原来赚了这么多钱有屁用啊，他活得没有同辈人潇洒，他活得质量不高，他还以为自己感情生活蛮浪漫的，别人都已经以浪子为荣了。都说五十是一个大坎。男人接近五十，时间很紧迫了，五十之前再不玩女人，以后就没有什么戏了。老婆搁一边吧。老婆还不是和外面女人一样势利眼。假如你不会赚钱，假如你是打苦工的卖小菜的，你看你老婆对你是什么言语和脸色。还不是爹死娘嫁人，各人顾各人——流血啊，一刀子戳到钟永胜心里的痛处了！ 钟永胜的爹一死，尸骨未寒娘就改嫁了。

天遂人愿：命运就给钟永胜送来了格瑞丝。

就在钟永胜他们这次的法国高端旅行团就要离开巴黎前的最后一夜。

还是由钟永胜交涉出来的一顿好饭。一家据说酒好巷子深的川菜馆子。在巴黎的中国女留学生格瑞丝，就在这里打工端盘子。格瑞丝端盘子上菜时并不起眼，她就像埋没在黄沙里头的金子，忽然被一首《梦里水乡》挖掘了出来。

格瑞丝嗓子一亮，艳惊四座。格瑞丝有一副既是天生又经过专业训练的优美歌喉，中气十足却能够运用得柔声细气、如泣如诉、絮语委婉、深情款款，“春天的黄昏 / 请你陪我到梦中的水乡 /让挥动的手 /在薄雾中飘荡 /不要惊醒杨柳岸 /那些缠绵的往事 ——” 苏佩玲！苏佩玲啊你终于出现了！格瑞丝普通的眼睛变成了明眸，电眼媚眼一闪一闪，刹那间惊醒了钟永胜当年在周庄的缠绵往事。聪慧的格瑞丝，分分秒秒就捕捉到了钟永胜的感受，善解人意又勇敢大方地，迈着轻盈步伐走近钟永胜身边，对望，格瑞丝眼眸中那一束激光，单单只照射在钟永胜脸上，那简直就是塞纳河边热恋女子的明眸，“淡淡相思都写在脸上 / 沉沉离别背在肩上 /泪水流过脸庞所有的话 /现在还是没有讲”，钟永胜热泪盈眶了。他怎么能够不热泪盈眶？反正是在巴黎又不是在国内，他到了热泪盈眶的程度就敢敞开了热泪盈眶。格瑞丝优美柔情地向钟永胜倾诉：“转回头迎着你的笑颜 /心事全都被你发现 /梦里遥远的幸福 /它就在我的身旁——” 这不活生生就是青春版苏佩玲吗？

钟永胜心海最深处的渴望、遗憾、梦想，以及紧迫感，岩浆般冲出火山口。他豁出去了。钟永胜一个冲动，展开双臂，不由分说地揽过格瑞丝，紧紧拥抱在怀里。格瑞丝好乖巧好温顺好懂事好爱他，以同样的知音感，贴紧了，贴紧了。傲视旅游团小时空吧，你们都只是炫耀照片，咱是给你们现场直播。团里十几个旅友，都哇哇惊叫，统统被钟永胜折服。讲真，小伙伴们，牛逼不是吹的，泰山不是堆的。

钟永胜在五十岁之前，成功拥有了情人。成功拥有了销魂之夜。成功拥有了一夜多次。成功拥有了在国际机场那种国际化环境里的四目相对、十指相扣。成功填补了男人爱情世界的人生空白。顿时，钟永胜找回了年轻小伙子的感觉。钟永胜再次焕发青春活力，脑子异常活跃，马上涌出一系列的长远又稳妥的绝妙策划。计划也一一落实到位。格瑞丝成功进驻武汉。新时代了。不能苦自己了。再也无法忍受“迢迢牵牛星，皎皎河汉女，终日不成章，泣涕零如雨”了，这是格瑞丝手机短信息写给钟永胜的古人诗抄。格瑞丝到底是留法大学生，太有文化品位了。终于。有情人终成眷属——暗地里的眷属，也是眷属。

后面再看情况，慢慢来。这算是钟永胜最不辛苦的一次。因为格瑞丝就是那个人——十分难得的懂事的特会做人的全心全意爱钟永胜的女生。

钟永胜这一次的人生表情，高扬起来，夙愿得偿，十分得意。穿戴方面，也忽然特别讲究，出门要看镜子，鼻毛要注意剪掉。服装方面也悄然转型与升级：国内号称名牌的花花公子、梦特娇，换成法国原产鳄鱼牌、英国登喜路、德国 Boss、意大利阿玛尼之类，一律母国原产，多在国际机场专营店购买。当然白色西裤情结还在，米色和卡其色，也逐渐开始登场。金链子当然还戴着。金链子已经成为私营老板的标志。自豪的标志，钱是自己赚来的。可不像国企靠政府补贴和垄断才能挣到钱。钟父一辈子太寒酸了，身上除了旧军装都没有穿戴过任何漂亮衣物。钟永胜即便是为了自己父亲，也要把金灿灿的链子戴它一辈子。认识他父亲的人们看到钟永胜，哪个不羡慕地说：那是老钟的儿子啊！

钟永胜的五十岁生日，特有心情，大办了一次寿宴，亲朋好友几十桌。家里没有谁知道他为什么突然这么高兴，突然时光倒流，走路都连蹦带跳，仿佛少年。钟永胜也不需要别人知道，自己偷着乐就好。格瑞丝就在席间，着黑色丝质晚礼服，盛装出席，不多话，笑吟吟。护花使者保罗，一改平时松松垮垮的T恤、牛仔裤，换了一身花哨的西装革履，完全是一个掩护地下党女特务的正派绅士。他俩的人生表情倒是恰好符合他俩的身份。终于，老婆、儿女、家庭、情人，以及掩护情人的外国友人，他都有了，钟永胜自豪啊！

还是要说年龄是一个硬道理，只有活得更长，才能看到更远。钟永胜的岳父高厂长，快八十岁的人了，不声不响吃完了全程宴席，最后在高红送他上车的时候，他低声对女儿说："男人五十一朵花，女人五十豆腐渣。你要注意差距啊！一个男同志，过于频繁去欧美，毕竟是资本主义花花世界，不能掉以轻心啊。"

高红说："哎呀别说了。我知道。"

高厂长并不计较女儿的不耐烦，用最平静的语气，宣布了一个最惊人的绝杀令：高厂长对女婿钟永胜早有防备。当年搪瓷厂国企改制最重要的权属文件，就是高厂长签字生效的，那一份文件才是真正有效的是大合同，可以完全覆盖和辖制小合同，高厂长一直存放在银行保险柜里，必要时候他会告诉高红密码。"高红，他要是背叛你、欺负你、抛弃你，他分分钟就会沦为一个穷光蛋。我的女儿，谁都不可以欺负！"

显然，钟永胜的不辛苦只是暂时的。将来有他特别辛苦的一天。

钟永胜异常发达的"阶级斗争"嗅觉，让他嗅到岳父与老婆这边有动静，他赶紧跑了过来。再多应酬钟永胜也要赶过来送岳父。无比亲切。爸爸吃好没有？喝好没有？今天菜我是专门为您叮嘱了餐馆老板的，一定要做到酥烂可口。小李过来，这是公司新来的小车司机。小李一定要把车开好，开稳，慢慢开，送上楼，扶进家，回头给我们发个信息，报告我爸平安到家。高厂长比钟永胜的亲生父亲还亲！就是就是，感谢你爸爸为我养了一个儿子。要是你爸爸还活着，看到今天该有多高兴。高厂长言语里有"高兴"这个词，神色里没有。八十岁老人，开始不需要人生表情了。

小车开走了。钟永胜问高红："你爸刚才在给你说什么？"

钟永胜的人生表情里，冒出了明显的做贼心虚。

高红直接说："做贼心虚了吧？"

"唉，我在你面前，不做贼都心虚。你多厉害啊！"钟永胜迅速地换上了怕老婆的人生表情。就是刻意地讨好表示服软。高红满足地笑了。钟永胜搞定。管他高老爷子给他女儿偷偷说什么，半截已入黄土的人，能有多大威胁？钟永胜这辈子，看人脸色看够了，不想再看岳父脸色。老同志，您有退休金，我再给您一点钱，请您不声不响，莫管闲事，安度晚年吧。

通过这一次赢得格瑞丝，钟永胜深刻体会到：四十多岁正当年。五十毛边一点不老。五十五前后，智慧人生才开窍。真的，拼体力太傻了，智力更为重要。玩，要动脑筋了。要玩就玩点巧的。为什么要叫《智取威虎山》《智取华山》《沙家浜——智斗》？小时候也听了，也看过，耳边风，不知道想，不知道琢磨。五十五以后才明白：能够智取，绝不强攻。钟永胜理解的智取，就是打太极，云手，一双手推过来，推过去。情人是要有的。老婆也是要有的。别人都会玩"家中红旗不倒，外面彩旗飘飘"，钟永胜难道比别人差些？离婚是要承诺的。结婚也是要承诺的。绝不离婚也是要承诺的——儿女啊家庭啊至关重要。但是事物自有客观规律。事物本身在不停地变化。那么就在变化中随机应变好了。钟永胜实在是相当自豪。男人有了秘密情人而自豪的人生表情，文字就形容不出来了，因为没有那么愚蠢的文字。

后来的事实证明，钟永胜作为男人的确有一手，的确很厉害。

几年来格瑞丝一次都没有和钟永胜吵架。没有翻脸。没有像现在社会上普遍发生的那种糟糕情况，很多小情人为了上位，不停闹情绪，把坏心情传播到四面八方，结果气得原配在大街上痛殴小三。在钟永胜这里出现的，反而是最意想不到的民族大团结和谐局面：高红与格瑞丝关系不错。家里有些事情，高红还特别愿意找格瑞丝商量，认为格瑞丝有国际视野，提出的建议都比较高端大气上档次。嘴巴还紧。格瑞丝也不是武汉本地人，不传话，传也传不出去，给钟家造不成坏影响。而请格瑞丝积极参与打造的钟鑫涛、俞思语一见钟情，非常成功。小两口浑然不觉。几年都浑然不觉。然后似乎已经变成了他俩自由恋爱、一见钟情的历史事实。这个历史事实很重要，是小两口下决心生儿子的坚实感情基础。

俞思语一天到晚往格瑞丝那里跑。格瑞丝是影响俞思语的最重要人物。俞思语在婆家表现不错，格瑞丝功不可没。高红非常看好格瑞丝，各种场合都夸格瑞丝这女子人好，聪明，有分寸，不那么物质，靠自己做生意赚钱，作为现在的女生，太难得了，难怪保罗把格瑞丝当宝贝。高红对钟永胜投资入股格瑞丝和保罗的葡萄酒公司，完全支持。酒水生意，终归是一本万利。何况法国红酒正狂热流行。何况格瑞丝十分靠谱，保罗又是波尔多著名酒庄继承人。赚钱还是最根本的事。

看起来完美无缺的事情，随着时间推移，还是出现了问题。问题就是出在完美无缺。原来完美也是一大缺陷：格瑞丝太好了。不奇怪吗？几年来，钟永胜就是离不了婚。钟永胜这边自己还费尽心机，编很多说辞，等到与格瑞丝烛光晚餐，再委屈地慢慢倾诉。可是人家格瑞丝的优点就是笑而不语。听完，反而安慰钟永胜：理解理解，完全理解，离婚吧就像冲浪，得趁那个势头，如果不在那个势头，或者势头过了，滑板就翻掉了，不会成功了。不急不急，慢慢来啊，亲爱的，只要你爱我，我哪怕等到地老天荒。

前几年，钟永胜最怕的就是格瑞丝急了，去做傻事找高红理论，逼高红退位让贤。近年来，是钟永胜急了。他感觉哪里有点不对劲。格瑞丝怎么这么沉得住气？怎么处处都顺着他，事事都理解他？格瑞丝这么稳住钟永胜，就完全是为爱情？没有她自己的小心机？格瑞丝年轻钟永胜十几岁，时间有大把，追她的人也不少，她说起来都是一笑了之，说不过去吧？格瑞丝的妹妹弟弟都从广西跑来武汉了，房子买了一套又一套，每一套都有钟永胜的资助，这难道不是在发展实力吗？保罗和格瑞丝究竟什么关系？亲密到什么程度？为什么格瑞丝从来闭口不谈？钟永胜追问急了，格瑞丝就很不明白了：最初不是你出的主意吗？在法国找个掩护、找个招牌、找个做葡萄酒生意的伙伴，保罗不就是按照钟永胜的设想找的人吗？人家保罗一个老头，还有眼疾，就是喜欢中国文化，也愿意赚钱，仅此而已——不是说好不吃保罗醋的吗？钟永胜无话可说了。是的是的。可是可是。可是什么？什么都没有说头了。格瑞丝没有做错什么。

尤其近年的烛光晚餐，格瑞丝一边轻言细语，一边用她那年轻美艳的纤纤玉手——特意新涂的酒红色渐变指甲油，让她本来不算白的小手超显白嫩，时尚戒指和手镯，手腕处纹有两朵玫瑰——就这样的一只年轻美艳的纤纤玉手，殷勤摩挲着钟永胜那活像一只大肉包子的手背，包括手背上的老年斑。这种安慰，简直触目惊心。钟永胜心里就不免愈发犯嘀咕：为什么？

屈指一数，他俩好了都好多年了。格瑞丝眼看错过了一个女人的最佳生育年龄，哪个女人不想有自己的家庭？不想有自己的子女？不想做亲生子女的妈妈？格瑞丝对钟永胜怎么就一点抱怨都没有呢？一点要求都没有呢？只要爱她就行了，天下有这么完美的女人吗？钟永胜就是想不通。

对于钟永胜的旁敲侧击，格瑞丝有时候也听懂了一点。也会有回答。格瑞丝回答说她就是想做一个好人，就是想做钟永胜的好妻子——将来总有那么一天——因为她觉得她正是钟永胜身上的一根肋骨。钟永胜沉默。用沉默装懂。只在心里纳闷为什么是一根肋骨？这种说法怪瘆人的。格瑞丝说：可能是随着年岁的增长吧，她越来越认识到还是有宗教信仰的好，就像她以前法国的女老师和女邻居那样。

钟永胜问：哪样？

格瑞丝回答：够淡定啊。坚持做对的事啊。

格瑞丝双手合十，握拳，放下巴底下，双目微闭，肃然起敬诵念起来：“爱是坚忍的，仁慈的；有爱就不嫉妒，不自夸，不骄傲，不做鲁莽的事，不自私，不轻易动怒，不记住别人的过错，不喜欢不义的事，只喜爱真理。爱能包容一切，对一切有信心，对一切有盼望，能忍受一切。”

——这是《圣经·哥林多前书》里的《论爱》。格瑞丝解释说，眼睛发亮，兀自发笑，这笑容是对着无穷处的，对着遥远天边或者云朵的。反正不是对着眼前的钟永胜。

钟永胜赶紧摸了摸格瑞丝额头，不烫，没发烧。格瑞丝连忙说“Sorry啊”。是格瑞丝把钟永胜说糊涂了吧？像听天书吧？Sorry 啊。格瑞丝忘记了钟永胜从来没有接触过《圣经》。其实格瑞丝也只是翻阅，也还没有入门，只觉得有些至理名言对她很有用。Sorry 啊。以后她会注意的。让他们一起接触《圣经》好不好？这样日子就好熬一些，他们俩一起等待将来的这些难熬日子。

格瑞丝留学法国，起初喜欢用法语说对不起：八个洞。八个洞。待发现钟永胜老是被她说蒙，就改口说英语 Sorry。英语在中国更为普及，常用单词常被夹在国语中，当佐料用。凡事总是格瑞丝先说 Sorry。凡事都是她自己不好。你要是没力气了就躺下我在上面好不好？要不然咱们不要做什么，我再给你唱唱《梦里水乡》好不好？

天啦天啦！格瑞丝太客气了，太自制了，怎么越来越像外人了？越来越神神叨叨了？拜托！格瑞丝，你想打，打！想骂，骂！打是亲骂是爱。有点创新意识，别老是抱着《梦里水乡》不放，不怕把男人耳朵听出茧子来吗？你没力气了就躺下我在上面——这对男人是什么话？！哪个男人会承认自己没有力气了？这不是骂人吗？钟永胜一千次地想吼格瑞丝，一次都没有吼出来。格瑞丝极度的淡定、坚忍、仁慈、温柔以及忧郁的笑容，紧紧束缚了钟永胜。

辛苦来了。细若游丝的辛苦，一丝丝，一缕缕，在几年时间的春夏秋冬里，慢慢束缚住钟永胜了。最后钟永胜被束缚得全身酸疼，连骨头都感觉得到。

而且，怪事也发生了：格瑞丝在变老，按说她年龄应该还很年轻。格瑞丝在变无趣，按说其实她很有趣。格瑞丝床上表现日渐平淡，按说她十八般武艺都会也乐于表现。其实钟永胜也十分心疼格瑞丝，过一阵子还是要看到她。按说他们的爱情还在，可是钟永胜床上的激情怎么拿不出来了？如果说钟永胜真的如格瑞丝所理解的那样正在老去，怎么钟永胜偶尔看见前面走路的小妖精扭动屁股，或搔首弄姿玩自拍，他会突然起兴，下面说硬就硬了呢？是不是还是没有找到真爱呢？是不是对女性太不了解呢？钟永胜又糊涂又聪明，脑回路前所未有地弯曲复杂。

这一次比以往任何一次的男女关系，都更辛苦。

好辛苦！

其实钟永胜与格瑞丝的爱情，这等完美，这等惊世骇俗。再以格瑞丝的文化修养和真诚性格，也显然比高红高出几个档次。在钟永胜心目中，要说娶妻，肯定首选格瑞丝。如果在开始就快刀斩乱麻，趁热打铁，豁出去离掉高红，娶过格瑞丝，大概也就不会有后来的种种辛苦了吧？为什么钟永胜就是迈不出这最后一步呢？

顾家！

根本原因，就在这里。在儿子钟鑫涛。在女儿钟欣婷。哪怕他们再烦人，再不听话，钟欣婷再调皮再女魔头，钟永胜也无法动手改写或者破坏孩子们的生活秩序，一丁点都不敢。后来更加上媳妇俞思语和孙女钟宇涵。更加上短暂的博士女婿和他留下的长久的后代董超博。钟家就像一架日臻完善的精密仪器，在逐步呈现钟家的人丁兴旺。钟永胜生怕他一碰，进行再一次的强行组装，仪器就会坏掉甚至破碎。高红是这部仪器的核心。钟永胜的血液经由高红，灌输到儿女后代身上。对高红你是没有办法的。不管这个女人合适不合适做妻子。好与不好。儿女身上都流着她的血。钟永胜被血缘主宰了。血液携带的隐秘基因因子，隐秘地流在钟永胜隐秘的血管中，决定着他对爱情的取舍。只要最后一刻涉及离婚和家庭动荡，钟永胜就会本能退缩，连他自己都不知道这是为什么。

不用回首往事。往事一直伴随。钟永胜在儿女身上投入的心血，给予的希望，花费的时间，相对爱情来说，肯定还是付出了更多更多更多的生命能量。

对儿子钟鑫涛，三个精心打造。

一是精心打造儿子的出生，二是精心打造儿子的教育，三是精心打造儿子的婚恋。到目前为止，都相当成功。尤其是精心打造的婚恋，太难了！儿子都成人了，一心想要自由恋爱和浪漫爱情——与所有人年轻时候一样一样的毫无例外——钟永胜居然就能够给儿子打造一个自由恋爱、提供一份浪漫爱情——是不是太聪明了？现在的年轻人哪里能够懂得：如今时代的婚配优质资源实在稀缺，靠自由浪漫的瞎猫碰死老鼠，几率太小，婚龄又不等人，如果不是钟永胜脑袋灵光，不是高红为了儿子不辞劳苦实施落实，儿子钟鑫涛能够有此人生大福气吗？绝对不可能！

后面接着还有两个打造：精心打造儿子的生二胎。精心打造儿子成为家族财富继承人，并把公司做强做大做得更上一层楼。一共五个精心打造。钟永胜已经提上了他人生的议事日程。计划在他 65 岁之前，全面完成。

钟永胜自己学历不高，高中毕业就当兵了。尽管后来先富起来以后，也去什么商学院混了一纸博士文凭，那都是随社会潮流，大家都提高学历他不提高，显得他很落伍，不好做生意，也不方便提升社会地位档次。不过，钟永胜自己心里还是很明白自己几斤几两的，正如高红老挂嘴边说他的。不需要高红这么鄙视他，钟永胜有自知之明：他敢想敢干，比谁都会投机取巧——说好听点就是善于创新，只是学历不高。正因为自己学历不高，感觉被人暗地里瞧不起，感觉在国际机场奢侈品店购物被人用瞧土豪的目光瞧。钟永胜才痛定思痛，精心打造儿子，儿子的学历必须大大超过老子。钟家自有后来人！果不其然，钟鑫涛中国地质大学研究生毕业。钟家几代人，被钟永胜培养出了第一个硕士，这个成就还是非常卓著的。钟永胜的女儿钟欣婷，从小身体不好，就不要求她，当公主养，随便玩，玩大的，高中毕业嘻嘻哈哈走进考场，也考上了大学。父母基因就在那里啊！何况女儿还是二胎。钟永胜就是敢冒天下之大不韪，为生孩子舍得一身剐。全国人民都只敢生一个，钟永胜豁出性命生了两个。咋的？有没有气魄？

在子女方面，众所周知，钟永胜的那副人生表情，就是那么厉害了，就是那么牛逼。就是那么充满本能的父爱。

2015年即将到来。

迎面走向2015年的钟永胜，他的人生表情，就是脑回路很弯曲很复杂的模样。

## 6. 高　红

### 人物介绍

高红，*1961*年生人。*2015*年年头，故事发生当年，*54*足岁，*55*虚岁。

钟永胜的妻子。钟鑫涛、钟欣婷兄妹的母亲。高主席詹鄂湘夫妇的大女儿。双胞胎女孩高敬高佩的姐姐。钟宇涵的奶奶。董超博的外婆。

### 人物表情的关键表述

时代幸运儿。

一个骨子里头的正派女生，自己与他人都一致认为。

也曾有机遇、也曾出过名，但仍是一个具有平常心的女子。

人生理想：做一个真正的贤妻良母。

人生道德观：贤妻良母守则。

此生必须生儿子——婚前已经下决心——鉴于母亲生了三个女儿的悲剧。

初恋幸运儿：浪漫遇见能共度一生的钟永胜。

与丈夫一起成为中国先富起来的富婆。

性格坚强。

特别能够把理想信念执行到具体行动中。

个人爱好看电影，爱情片，《追捕》看了无数次，直至影院息影。

喜欢听歌，流行通俗歌曲。不会唱。

他人眼中的豪爽、大方、热情、侠义之女性。

人们都说高红是个幸运儿。高红从小听到太多这种说法，自然也就是个幸运儿了。

高红父亲的父亲据说是武汉著名高氏家族的后代。据说。传说。

仅仅只是据说和传说的原因是：近百年来，世道混乱，一直动荡不安。从辛亥的武昌首义一声枪响改朝换代，到第二次世界大战之中的中国抗日战争、随后的解放战争、随后的中华人民共和国成立、随后的抗美援朝、随后的“三反”“五反”工商业改造等等一系列政治运动直至“文化大革命”，高家大家族，树大招风，经受了比普通老百姓家更大的磨难和损毁。日复一日的磨难和损毁让人变得缄口不语。家族内的后代们，也就只是听到据说和传说了。就连高红父亲谈起自己家世，也都是含含糊糊支支吾吾的，他这一辈子，就从来都没有正面表述过自己的高氏脉系来历。到了高红这一辈，对家世兴趣递减，高红的子女更是懒得关注什么家世了。

待到改革开放以后，社会形势相对稳定了，高氏家族有族人来访，说是在重修家谱。高红母亲詹鄂湘相当冷淡，拒绝配合，一杯茶没喝完就下了逐客令。她是不愿意暴露个人隐私：她的丈夫已经分居在外。高红母亲詹鄂湘，最多只是在对丈夫冷嘲热讽时，会流露出高氏家族历史背景的侧面暗示：你这个男人，太软弱太没尊严太缺乏高家风骨，太不像高家人了。

就这，就只有历史背景的侧面。也够了，侧面也是历史背景。高红也就在这个历史背景里出生，家住汉口万松园，两层带阁楼的西式老公寓，陈旧的宽楼梯和大厚地板，到处踩得咯吱响，曾和妹妹们从腐朽板壁中挖掘出一只玩具娃娃，瞪着死鱼般大圆眼睛、黄毛、卷头发的洋娃娃。高红姐妹们上的是滑坡路小学，在中山公园小湖里划船，在中山公园动物园猴山看猴子，在中山公园游泳馆学会游泳。对面就是中苏友谊武汉商场和中苏友谊武汉展览馆，都是古典俄式风格，苏联专家设计的。

高红姐妹们跑出跑进跑上跑下地玩。说起万松园街上的那些贩夫走卒，高红总是说“他们”。妈，他们在那儿。妈，找他们买的吗？妈，我去叫他们，那个磨剪子戗菜刀的我知道在哪里。他们。我们。这就是自然分野。阶级总在。历史很难一下子割断。能够住有地板的楼房公寓的，还是被人民群众认为是好人家。认识高红家的人们说道起来，都还是会重点指出一下：高家可是有家世的人家。

但历史可以混淆。阶级可以重新划分。就像以前有一种咳嗽药水，静置阶段，清浊分明，需要喝药前摇晃，摇晃、充分混合、充分浑浊，喝了止咳，据说。

这才是高红人生的所处阶段。

高红正是这个浑浊不清阶段的幸运儿。她的人生表情，是一副幸运儿那种没心没肺、笑口常开的表情。

幸运在哪里呢？首先高红没有辜负高家传说中的门第，她外貌天生公主型：一副正大光明的脸庞。额头方正，浓眉大眼，脸腮椭圆且粉嫩饱满，白里透红。她还有一双特别双的双眼皮，在她邂逅钟永胜的那一年，正值二十出头的青春，双眼还是忽闪忽闪的，还带着那微微上翘的睫毛，漂亮得活像春光中的蝴蝶翅膀。

那一双大眼睛，目光明亮，如同大白天正午的日光，天然又直白，连瞳孔都没有晕轮，看什么都没有阴影。这又是一宗幸运了，眼大无神，无阴暗面，充满的是天真。

高红就是这么幸运：轮到她高中毕业，知青上山下乡运动结束了，高考恢复了，正好可以不被注销城市户口了，不必下乡种地接受贫下中农再教育了，可以顺理成章考大学了。

高红高考落榜。被分配到街道小工厂糊火柴盒。不想去。父母找熟人。恰逢党和政府重新启用知识分子，知识分子又开始走红吃香。高氏家族知识分子中的著名医生，就可以很方便求到在二医院高干病房住院的领导干部。领导干部一帮忙，高红就美梦成真，作为特招，进入了干警队伍。原本高红梦寐以求的就是当女兵，并不是读大学。女兵没当成，女警也一样，女警或许更神气呢，简直把高红乐坏了。

而高红之所以能够“特招”，恰好她的确有一项特长：射击。

而之所以高红从小练女子气步枪，正因为她上小学时学校还不怎么正经上课，还是“文革”运动后期，家长认为与其让孩子们闲玩荒废，还不如培养一点业余爱好。

而恰好，武汉这个城市一贯风行体育运动。换成武汉老百姓的话来说，就是“小伢子总要玩点什么吧”。这个“玩点什么”，特指体育爱好。像高红家附近新华路体育场、中山公园网球场、王家墩射击场，都让小孩子们参加训练。高红玩点什么呢？她选择了玩气步枪。她的妹妹高敬高佩选择的是游泳和跳水。

高红这一项业余爱好，没想到歪打正着，被当作特长“特招”入警了。

高红入警以后表现相当出色。她枪法准，胆子大，形象好，人单纯，半点不畏缩，一点不忸怩，很快就被上头看中，被选拔为女刑警。经过一番特训的高红，一身警服，荷枪实弹，干净利索短发，两侧碎发往耳朵后面一别，浓眉大眼忽闪忽闪，英气逼人，漂亮！就有电视栏目《江城警讯》邀请她出镜，录了像，作为节目开头配主旋律的背景片花，反复播放。同学老师街坊邻居一看，啊呀这还得了，这个明星是我熟人，大家奔走相告说那就是高红。高红很快就入党提干立功，年纪轻轻，事业辉煌。高红父母自豪得不得了。在为子女自豪这一点上，这对夫妇还是一致的。

高红一上电视就出名了。出门就有人追着看。高红还很单纯，也很谦虚谨慎，被母校请回去做报告，高红谦虚地问老师：“您看我是不是就是运气好而已？”老师说：“那还是你自身努力的结果。一分耕耘一分收获嘛。”

高红天真地笑了，唇红齿白的笑，这种人生表情就是一个幸运儿的表情。

幸运继续：高红作为“警花”被安排去刑场，执行行刑。

是因为上面有首长来现场视察，下面为了全面汇报工作和展示“警花”特色风采，就在七个行刑手当中特意安排了高红——唯一一个女刑警。又因行刑手出场都戴头盔，辨认不出男女，就让高红穿了女式警服裙和半高跟黑皮鞋。

这天的安排是：七个行刑手。七个死刑犯。

犯人先被带到山坡前，在已经挖好的坑洼面前跪下。然后行刑手出场，威武口令声响起：立定，举枪，上膛——就在这屏息静气、千钧一发的时刻，跪在高红前面的那个犯人，一个年轻人，突然回头，眼神很淡漠但很明确地看了一溜，从高红的半高跟皮鞋、一截小腿到警服裙。高红心里一慌，没有打准。其他六个男行刑手，都是一枪毙命，犯人都麻袋一样精准扑倒，倒地就不动了。唯有高红的死刑犯，还在抽搐扭动。高红见状，随即补射一枪，却还是不中要害，犯人不仅还在扭动，似乎还想翻身。高红傻了。高红身边的男行刑手赶紧上前，替她补枪，直爆犯人脑袋。犯人脑浆鲜血四溅，视觉效果糟糕，不那么干净利索。首长立刻离开。视察结束。高红却被人拉都拉不走，原地僵住，死死盯着刑场的地面。

这是汉阳侏儒山刑场，一个老刑场。因多次行刑，鲜血洇进地表，呈现大片大片的暗红色。高红就死盯着这片地面，四肢发颤，幻听幻视，被队友架起胳膊才走人。

事后当然，高红受到严厉批评。特别严厉的批评。高红把任务搞砸了。在治疗服药半年还不见好转的情况下，高红失去了刑警资格。被调岗到宝丰路监狱上班，成了一个普通狱警。

刑警真不好当，仅仅一次偶然失误，大好前程就被断送。《江城警讯》电视节目也更换了片头，撤掉了高红。有嫉妒她的同事背后议论说“高红典型是爬得越高跌得越惨”。家人父母都好难过。很长时间出门就低下眼睛，尽量回避邻居熟人打招呼。

但高红心态好，有平常心，她只是难过了一阵子，反倒如释重负。高红还是觉得自己挺幸运的，因为她根本做不了行刑手。毕竟是杀人。以前高红连鸡都没有杀过。但如果是她自己要求调岗，那是不可以的。被动调岗，顺理成章。不再做自己不想做的工作，又还是自己想做的警员，还是能够穿她喜欢的警服。这就是幸运了。

高红酷爱军装或警服。高红穿女孩子的花衣服，就是没有穿警服好看。甚至，情绪不好的时候，哪怕是在家休息，高红只要跑到穿衣镜面前，把便装换下，穿上警服，她的胸就挺起来了，肩就抬平了，脖子直直的，目光亮堂直白像正午阳光，双腿坚实有力。立正，稍息，向右转，向左转，敬礼，礼毕。这套动作一做完，高红情绪已经恢复正常。

到宝丰路监狱上班，高红高高兴兴满脸阳光，还是幸运儿的表情。

更幸运的还在后头：高红调到宝丰路监狱不久。适逢全国严打运动。临时抓的刑事犯罪分子太多，看守所塞不下，监狱也就帮忙挤一挤喽。结果，流氓轮奸犯罪分子钟家小三，就被挤到了宝丰路监狱。钟家老大钟永胜到处找弟弟小三，听说被关在宝丰路监狱，就跑到监狱附近的小树林里吹口琴。高红一听，口琴吹的是《绿岛小夜曲》，与国民党监狱有关的歌，且连续几个夜晚都在吹同一首歌，刑警的职业敏感就出来了。在其他普通狱警都忙于日常工作根本听而不闻的情况下，高红判断这其中定有蹊跷。待本姑娘先胆大心细去侦察一番。高红这一侦察，结果逮住了一个丈夫。

小树林中，高红邂逅钟永胜。高红穿的是现役警服，钟永胜穿的是转业军装。两人都具非凡的职业警觉，黑暗中一点点风吹草动，只见身形一晃，男女就面对面了。两个人背后都靠的是树干，职业性抢占有利地形，这身手、感觉与速度，使两人一见如故，肯定是自己人了。稍息，放松，表示友好，双手都抄进裤口袋，相对一笑。那时候，年轻高红的红唇白齿，即便在黑夜的小树林，脸蛋也闪闪发亮。

钟永胜痛说革命家史，高红十分同情，潸然泪下，决计帮助钟永胜。

钟永胜大为感动，问：你为什么帮我？

高红心里也热流涌动，脱口而出：因为我喜欢你！

两人说完高红才震惊地发现：活生生就是《追捕》现实版！由不得高红，她不是真由美也是真由美。也由不得钟永胜，他不是杜丘也是杜丘。好浪漫！全国人民群众，但凡看过《追捕》的，哪个会否定这份浪漫？高红的同学更是个个激动不已，热烈支持他们的爱情。

高红、钟永胜再一深入了解，原来双方的父亲还是同一个单位的搭档和好朋友。这不是奇缘是什么。这不是天成佳偶是什么。钟永胜的聪明，灵光，大胆，能说会道，行动性强，还会吹口琴多才多艺，包括那份军干子弟大院男孩子的吊儿郎当派头，高红都喜欢死了。高红此生此世，注定是钟永胜的贤妻良母。一颗少女之心，高红就此决定交付出去，从卧室窗口一跳，下面钟永胜接着她。

从此，高红有了踏踏实实的归属感。

在此之前，高红家已经被媒人踏破门槛了。高红父母的领导同事同学，纷纷主动来给高红介绍对象。条件都达不到。高红自己在学校，也被男生表白过，高红根本瞧不上。高红家是三个女孩子，从小家教十分严格，绝对不碰任何涉及风花雪月的话题，女孩子们业余时间又去玩气步枪或游泳跳水，女孩子们就都特别单纯。尤其大女儿高红，性格刚强果断，说话直截了当，从无小儿女态。有些男生在她面前往往会脸红，说话短了舌头似的，高红都很讨厌，打心里看不上。高红也就没有谈过恋爱。可是姑娘大了没有办法，更为了避免得罪她们警队和监狱追求她的领导与同事，高红就公开了她找对象的条件。很简单很明了，高红心目中未来的丈夫，她愿意与之组成家庭的那个对象，条件如下：一、党员干部，有上进心、有事业心，并且事业干得不错；二、身高相貌健康脾气都不错；三、开朗大方、能说会道、敢想敢干、忠诚老实；四、乡下出生、乡下口音、闷头闷脑、事儿都往心里藏的，无论其他条件多好，一律免谈。附带两个希望，希望之一，最好有过服役经历——这样比较有共同语言，成家后比较容易理解和支持高红的工作。希望之二，多才多艺或有业余爱好——将来的家庭生活就过得比较不那么琐碎庸碌，不会尽是柴米油盐了。

大家一看这条件就纷纷撤退。也都暗自摇头，这么高条件，哪里有？不信就等着看高红变成老姑娘吧。高红也知道别人背后的议论，变成老姑娘就变成老姑娘。高红不怕。高红怕的就是她父母这样的夫妻和家庭。在一起天天吵嘴。母亲一百个瞧不上父亲。父亲也一百个不中意母亲。连累孩子们跟着受罪：高红她们姐妹三个，都对男女间的事比较畏惧和回避。

高红就是幸运。众人的非议很快就被打了脸。钟永胜出现了！恰好符合高红以上所有条件还有富余。

只是天下没有十全十美的事物：高红母亲就是看不上钟永胜。说他抖腿。嘴皮子油滑。不忠厚。不老实。还特别好色。将来会花心。还调查到钟永胜的前科。

高红个人私下认为：她妈妈虽有一定道理，但是应该局部服从整体。

高红满眼都是钟永胜的优点：他们还只进入恋爱阶段，还没有扯结婚证，钟永胜就把工资存折上交高红了，还当着他自己母亲的面，在未来婆婆面前，给足了高红权利、尊严和面子。钟永胜就是这么大气。就是一个特别理想的、比高红理想中的还要完美的好丈夫。

高红一再告诉钟永胜，等同于发誓：她一定会是钟永胜的贤妻良母，一定与他互敬互爱，他们一定会家庭美满，他们一定能够同甘共苦，白头到老，海枯石烂不变心。

后来在婚礼上。在婚礼被她妈差点搅黄的情况下，当最后局势得到控制，高红感觉自己有必要当众宣读自己的誓言——她已经事先写在一张材料纸上，放在裤口袋里。在婚礼酒宴开始之前，高红激动得泣不成声地朗读了她的结婚誓言。

是幸运新娘子的人生表情。

太幸运了！在生儿子的人生理想上，高红和钟永胜完全一致！高红想要儿子，得了儿子。尽管为选择性别，把第一胎打掉了，大出血，身体吃了大亏。但是第二次就成功了。大胖儿子钟鑫涛，顺利出生。

人生总有遗憾，高红知道这一点。因为他们想再要一个儿子，但是在生子偏方上受骗了，尽管没得成儿子，也得了个女儿。高红当时肯定受不了，过一段时间，也就过去了。换一个角度想问题：女儿是女儿，但不是死胎，不是宫外孕，不是先天愚钝型——就像高红暗暗担心的，她要好的女同学怀孕生子就发生了种种不幸。而高红，毕竟生了一个漂亮女儿，也好啊，一儿一女一枝花啊。全中国人民都只生一个孩子，高红夫妇却生了两个。比全中国绝大多数人都幸运，还奢求什么?

后来尽管为生二胎丢了公职，失去了她热爱的工作，还受到党纪处分。幸运的是，恰好经济大潮兴起了，好多人还辞职下海呢，他们夫妻也不过是下海而已。在这股扑面而来的时代经济潮流面前，高红所受的处分，就不再是人生绝路。社会也不再像从前那么歧视和抛弃犯这种超生错误的人了。

不能不说高红的确是一个幸运儿：最初跑生意，多危险啊。跑越南、老挝、柬埔寨边境，这种鬼地方，潮湿炎热蚊子追着人咬，土匪游击队兵丁神出鬼没，内地人但凡有生路，谁愿意来这里做生意?钟永胜就是胆大包天，敢想敢干，要赚就赚大钱，一锹就要挖个金娃娃。甘于蜗居，就在武汉街头倒卖几条牛仔裤的小生意，钟永胜是不肯做的。高红就是佩服自己丈夫这种豪气、这种劲头。真是男子汉，真是敢把生死置之度外！他们的越南向导，就在高红身边，还在和她说话，噗地一声响，人就倒了，被打死了。子弹再过来一拳头，死的就是高红。后来他们还损失过一个中间人，也是因子弹不长眼睛。幸运的是，高红没死，钟永胜没死，跑了三四趟，就一举致富，顿时变成万元户，还不算交给搪瓷厂的那部分利润。

高红对家庭的恐惧，被父母失和投下的阴影，都彻底被消除了。高红夫妇和一儿一女与爷爷奶奶一起生活在大家庭里，公公婆婆都喜欢高红。本来公公婆婆他俩自己的夫妻关系是非常淡漠的，但有高红这个好媳妇的凝聚力，全家人就被和和气气凝聚在一个屋檐下了。爷爷奶奶全力支持儿子媳妇创业做生意，带孩子的事全部包揽下来。爷爷也是一个特别有胆识有谋略的人，设法请了一个长期的家务工人李雨青。李雨青做家务很不错，又对钟家忠心耿耿。大家庭是如此美满和睦，小两口子丝毫没有后顾之忧。钟永胜大胆提出他们不再为厂里冒险，高红得去学一个财务会计专业，钟永胜得进厂里的领导班子。实施了这个计划以后，再过几年，他们成功把搪瓷厂由国企改制，变成了他们自己的产业。

高红再幸运不过了。

有钱真好！钱能够把人变得那么——怎么说？把人变得那么厉害，那么牛逼，那么无所不能。高红终于体会到了。

想吃什么就吃什么。以前去一次餐馆，得掂量半天。点个好菜，又要掂量半天。忽然，就随便吃了。根本不用再看什么价格。从前做衣裳，去商场买块布也要挑选好久好久，忽然变成，漂亮时装随便买，想穿什么就穿什么。甚至家里隔几天就可以换一个豪华装修。因为有那么多钱在那儿垫底，吃点穿点微不足道。

开始的时候，高红还真不是很习惯。不过很快就适应了，就懂得享受金钱带来的价值感了。政治上的进步，能够当上高级干部，最终不也就是博得人们的尊重，不也就是人们都听你的，仰望你、敬畏你吗？现在高红、钟永胜失去了政治前途，投入商海，大赚其钱，这才发现：金钱，只要有足够的金钱，也可以达到同样效果。比如，高红发胖以后，其实她知道有些时装自己穿不进去，可是，当她发现某些年轻漂亮的服务员用某种眼神偷看自己，似乎那些奢侈品牌的衣服根本不是中年大妈死胖子穿的，高红心里就要冷笑。她就是故意要试穿，要不停地试衣服，要那些小妖精不停伺候，要折腾到她们心里明白：

青春人人都有过，金钱可不是。如果你们有足够的钱，还会在这里伺候老娘吗？还敢拿这种眼神瞥老娘吗？高红不停试装且不说，还故意让钟永胜看她穿上是否漂亮。高红就知道钟永胜会无原则地恭维她。就像有句话说的：情人眼里出西施。高红拿得准，钟永胜看自己老婆，怎么都是当年小树林里的真由美。就算发胖了，时装再紧身，也还是老婆最好看。这些卖衣服的小妖精，理解不了、想不通吧？！气死她们！她们在高红一口气买下几套上万元服装的时候，表情立刻变下贱了，必须讨好了吧，丫头？赶紧感恩戴德啊。这是赐给你一碗饭吃啊！后来，高红买衣服买首饰，有时候就并不是单纯为穿戴了，就是图个心里舒服。被伺候恭维得特别爽。

高红这个时候的人生表情，就是一富婆。有时候在商场她会颐指气使，她自己也知道不太妥当，有点欺负人，年轻漂亮的服务员很难受，高红故意的。气死她们！高红不也在年轻漂亮的时候受过别人的欺负吗？《江城警讯》片头不是说拿下就拿下吗？年轻人都得受点夹磨吧。青春美貌和春风得意不可得兼。否则让别人怎么活下去？

高红这个时候的人生表情，就是一杠杠的富婆了。

如果说金钱也会带来问题，那么对高红来说，金钱本身就是问题。有钱了怎么办？除了买买买再怎么办？历史车轮的突然转向，高红确实眼睛都被闪花了。面对金钱，现在怎么办？下一步怎么办？将来怎么办？

迷惘是间歇型和偶发性的：高红有本能。她本能就知道享受钱。保卫钱。守住钱。让钱生钱。更有钱。在数学上数字是无止境的。加大力度支持丈夫的生意。夫妇俩再接再厉，再创辉煌。注意！！！切切防范！！！外面的任何人，觊觎并偷走他们家的钱！！！儿子大了要注意千万别被物质女骗婚。这个儿媳妇，必须自己钦定，高红只要多看几眼，把女生从头到脚观察几遍，就可以看到她的骨子里头——注意不要引起儿子逆反。

但凡父母想替子女婚事掌舵，子女就喜欢逆反。觉得不自由。觉得你侵犯了他自由恋爱的权利。父母看好的，他肯定说不好。不奇怪，高红自己有体会。历史的教训，会让高红做得比她母亲好过百倍。高红可以事先装作根本不认识俞思语——尽管她已经暗中观察过多次，连俞思语的个人资料、家庭背景都被高红反复调查研究过了。如果事先给钟鑫涛认识并推荐，钟鑫涛多半会嫌俞思语胖。儿子根本没有想到过什么八字和面相，不懂什么是旺夫脸，就知道流行的锥子脸漂亮。看他交往的那些女生，一个比一个脸小。花钱做的整形，肉毒素、玻尿酸、削骨瘦脸。说不好听点，那都属于寡妇脸。当代社会，科学办事就好，什么都可以打造。完全可以让儿子享受自由恋爱的感觉，而父母得到他们选择的媳妇。钟永胜总有金点子。高红总有实施方法。夫妇两个珠联璧合，钟家高家能够不振兴?

至于女儿，钟欣婷这辈子，父母肯定保证她衣食无忧，吃穿不愁。但想继承家产，那不成。她越是削尖脑袋往家族财富里钻，高红越是要提高警惕。钟欣婷更像钟永胜，鬼点子特多，胆大妄为。高红不是不疼女儿，只是钟欣婷生的儿子姓董，不姓钟。肥水不流外人田，这是绝对的。

高红的，或者说是高红、钟永胜他们夫妇的终极目标，就是能够富二代富三代富四代、子子孙孙千秋万代富下去。有何不可?欧美这样的人家不多得是吗?

高红这辈子，时代幸运儿。周围人们说多了，她自己也都信了。聚会上酒杯一高举，朋友们一抬举，高红就得意地呵呵呵。她表情就是一个自我认可、十分满足的幸运儿表情。

贤妻良母是高红的人生表情最郑重部分。

做钟永胜的贤妻良母，是高红的终身誓言。高红说到做到。高红多年如一日的人生表情，常态就是一副贤妻良母的模样。

贤妻良母的模样和表情，在社会上是有固定认知的，因此是可以打造出来的。贤妻良母是高尚的代名词。在中国文化中，贤妻良母一直备受尊崇。诗歌、小说、散文、回忆录等好多文学作品，大写特写贤妻良母。更是电影、电视、流行歌曲等娱乐形式的歌颂主题。要不，高红怎么会为自己的人生选择这么一个信念和理想呢，或者说选择这么一个高难度标准做女人呢？那都是从小的文化教育、家庭教育和群众舆论影响。正派的女孩子，从小自然都拿最高标准来要求自己。

只是，在现实生活中的可操作性，太小了。难就难在它的道德含量很高而技术含量很低，除了女人保持微笑和坚决不发火之外，其他再怎么做，就完全没有具体标准。可是贤也好，良也罢，实施对象都是人。人是一个多么复杂的东西。人的心理是多么微妙和变化多端。人的一举一动是有多么难以捉摸。作为男人的妻子或母亲，连她都不知道男人为什么要这么做或者那么做，她如何以贤良应对呢？就傻笑吗？

不。仅有傻笑是不够的。高红并不认为贤妻良母的表情仅仅只是傻笑，而更应该做丈夫的贤内助，积极主动地帮助丈夫远离祸水，辅佐丈夫做正确的事情、做正人君子。好在高红有警员的职业习惯，看人都先看成坏人，再慢慢厘清。这样总比一上来就把坏人当好人要少犯很多错误。加上高红又是会计，在钱与数字方面很精明，宽进严出是原则。男人有钱就变坏，高红把钱这个源头管住了，男人也就会少犯很多错误。

男人的主要错误，也就是生活作风错误。英雄难过美人关，男人在女色方面，就是容易堕落和沉迷。相对社会上不好的风气来说，钟永胜还是一个非常正派的男人。高红深知钟永胜的聪明。

钟永胜有一段话，反复说，说了二十多年：“你看我这么会赚钱有头脑，我不傻吧？难道我不明白外面女的是图什么？不就是图男人的钱吗？你尽管放心，我绝对有定力。只要一想到咱俩出生入死挖那第一桶金，都恨不得替对方挡子弹，我就绝对有定力。那是什么感情？任何别的女人，能够做到吗？能够为我死的那也只有我老婆了。放心放心啊，你老公我不傻，咱俩拿命换来的钱，谁都别想偷走一分钱！再说了，一般女的，不是涂脂抹粉就是美容整形，都假的，我看得上吗？你也太低估我品位了吧？那时候你在我面前第一次闪亮登场现在就叫制服诱惑啊，超性感，无与伦比。现在你走女王路线，超华贵的，这气派，也无与伦比。放心放心哎！”

这段话以让高红放心为要旨，内容与用词，与时俱进，二十多年来，钟永胜就用这段话不断向高红表决心。高红是百听不厌。每次都会被钟永胜逗笑。钟永胜就是能说会道。就是嘴巴甜。钟永胜说的，也就是有道理。钟永胜就是一个有品格有道德有节操有定力的男人。高红坚信不疑。因为别人都离婚了，或者别人的男人屡次闹离婚。钟永胜从来没有。钟永胜极其珍惜他们的感情。特别看重家庭孩子。特别顾家。

问题在于什么呢？在于大环境不好。对于钟永胜这么成功这么有钱的男人，有多少居心叵测的女人盯着他。是这些女人不好。现在又像旧社会一样笑贫不笑娼了。遍地都是物质女，都渴望不劳而获。许多年轻女孩子完全没有廉耻，时时刻刻在诱惑和欺骗男人。钟永胜再有节操和定力，糟糕的是，他也是个男人。

高红在结婚以后，才慢慢发现并得出结论：钟永胜下身藏着一泡祸水，蓄满了就得流出来，流出来了还会再蓄满，循环往复，就是这点液体，导致他意志薄弱。更糟糕的是，这股液体的消长变化，高红控制不了。据她观察，钟永胜自己也控制不了。比如近年，钟永胜都过 55 岁了，头发十天不染黑，大部分都是白的了，牙齿掉了三四颗了，一看电视就打瞌睡了，半夜起夜一泡尿撒半天还在滴滴答答尿不尽了，显然，生理机能各方面都在衰退。可是偶尔，偶尔某个清晨，钟永胜还有晨勃，他就还想趁势做上一星半点蠢事，就会拉扯高红的睡衣，满脸弱智傻笑。这种时刻，只有清醒理智的高红给他当头棒喝了：喂喂，你有两个孙子了，都在这屋里啊！老钟你醒醒啊！就这房门外，李雨青在做早餐！ 小保姆马上就要叫醒涵涵，帮她起床去幼儿园了！

钟永胜你醒醒！老同志了哎！保重身体啊！老了就歇着一点啊！不要胡思乱想啊！否则晚节不保，丢人噢！

没有办法。生理规律原来就是薄弱环节。原来很多坏女人，就是利用这一点来俘获男人。这些女人坏就坏在善于利用男人的生理弱点，又不是真的有爱情，简直太不道德了。

做贤妻良母最辛苦的就是在这一块了：二十多年来，高红坚持不懈地肃清钟永胜在公司的工作环境。把那些年轻漂亮、心术不正的女职员一个个分辨出来，再找理由踢出去。高红不仅自己要履行财务总监职责，工作量也很大，同时还得不停地巡逻，就像边境线上的巡警，万分警惕地守卫着自己的疆土，遇到来犯者立即开枪。

那些可疑的女职员，用怎样的眼神看钟永胜，用怎样的手势给钟永胜递文件或茶杯，用怎样的口吻和语气向钟永胜汇报工作，走近钟永胜办公室的时候，是否故意把小腰扭起来，高红冷眼观察，瞅一眼就明白。钟永胜在董事长办公室办公。高红在财务总监办公室办公。分坐两个办公室，高红总是保持着高度敏感，竖起耳朵，启动第六感。假如外面走廊传来与平时迥异的异常轻盈、兴奋快乐的高跟鞋噔噔声，高红就会立即捕捉到，以最快速度送一份报表到钟永胜办公室。唯有高红进钟永胜办公室是不用敲门的，她一把就推门进去，立定，先嗅嗅空气中是否有尚未来得及消散的香水味。如果不幸有了香水气味，就会很严肃地直截了当地问钟永胜：谁？

钟永胜一般都会假装听不懂。什么谁？或者他也是真的不懂。没有关系，根据香水和步态，高红不难追踪到那个不知深浅的女孩子。女孩子自己不自重、不珍惜这份薪水不低的工作，那么高红就对不起了。现在就是人工富余，凭他们公司开出的薪水，普通本科毕业都不会要，门槛就是硕士毕业。

为确保公司的发展繁荣，为做大做强再创辉煌，公司老板必须保持良好的工作状态，全心全意、聚精会神做生意。贤内助高红，就帮助他及时排除每一个干扰、避开每一个错误、掐掉错误的每一个萌芽。钟永胜出差开会出席高峰论坛，也是如此，必须由高红安排随行人员。

贤妻良母真的不好做。高红这么高度紧张，时刻戒备，辛辛苦苦，有时候还不讨好。钟永胜会误解。会恼火。会说高红的警察职业习惯要不得。都把他当犯人了。经常地，在公司，二人面对面，会突然出现一时的僵持与对立。这种僵持与对立之中，分明含有仇视与悲哀。但很快，夫妻俩都会一笑了之。有人走过来了。这是在公司呢。毕竟脸面更重要。毕竟脸面是大局。

这么多年来，也不是没有风言风语。高红耳朵里也听到过钟永胜的一些传闻。高红有自己的一帮亲密朋友，老少都有，还有以前警队的，都是女的。她们会善意提醒高红。比如有人传，说格瑞丝是钟永胜的情人。高红的处理就很有涵养，很是贤惠。高红主动增进了与格瑞丝的来往。请格瑞丝帮点小忙。听听她的建议。饭局聚会之类，也邀请格瑞丝参加。通过近距离观察了解和旁敲侧击，然后高红自己独立判断。判断下结论这个环节，高红不要任何朋友参与。再好的密友也是人，不是神，人都有私心，哪个密友私心里不嫉妒高红呢？哪个密友不假想钟永胜要是自己丈夫就好了呢？哪个密友——高红送礼再贵重，对她们再好——不喜欢看富人家着火呢？你看看聚会时候一聊起哪个贪官又被关大牢了，她们那个拍手称快那个幸灾乐祸。理解吧。都是人，不是神。不理解人就没有朋友了。

结果不是。格瑞丝根本不是钟永胜什么情人。又是造谣。高红试探钟永胜多少次了，谈起格瑞丝作为朋友，钟永胜总是一副可有可无的样子，没特别兴趣。就连高红，都更喜欢听格瑞丝唱歌。她经常要去保罗木梳品酒屋，点一杯很贵的酒，其实高红不喝酒，就是想要请格瑞丝为她唱两首。实话实说，要说唱歌，格瑞丝唱得真是好，绝对超过那个歌星韦唯。钟永胜却总也没兴趣，拒绝陪高红一起去听歌。钟永胜也是喜欢听听歌的人，只是格瑞丝的歌他已经听腻了。他赶时髦，喜欢听周杰伦的《双截棍》。什么骑马舞。什么《最炫民族风》。后来又喜欢更新的更更新的歌星。钟永胜喜欢什么流行歌曲一点不重要，重要的是他不再喜欢听格瑞丝。再说这两个人不仅年龄差距太大，外形看上去差距也太大，完全两种人：跟格瑞丝的洋气风格相比，钟永胜就太老土了。更何况人家格瑞丝已经有老外丈夫，与保罗亲密得很。像保罗这种法国男士，一双眼睛总会疼爱地落在格瑞丝脸上，就像蜂蜜离不开花朵。中国男人怎么比？保罗这个年纪的中国老头子，哪个会用眼睛去疼爱自己老婆？如果他们真有保罗这份爱心，肯定就不会有那么多中国大妈去跳广场舞了。可怜中国中老年妇女，没人疼没人玩，就自己疼自己，自己和自己玩呗，女人总要有点活路吧？钟永胜已经算是很不错的丈夫了，可他什么时候把眼睛落在高红身上过？除了初恋和新婚。头几年。三年？五年？最多六七年吧。过了六七年的夫妻，钟永胜的目光也就是候鸟了，一个季节来一回。不过比起别的女人，高红已经够满足。老夫老妻了，钟永胜眼睛落不落在高红的脸上，无所谓。他也是一个中国男人也不会例外。只要钟永胜的钱包落在高红手里就成了。他一辈子跑不掉了。高红算是够幸运的了。

作为一个贤妻良母，还要不信谣，不传谣，把谣言化解在忍辱负重、宽宏大量和善解人意之中。繁花似锦、灯红酒绿的热闹中，一面强作欢颜，一面暗暗地做自己的心理医生。太难了。高红的贤妻良母的人生表情，有时候是苦笑与悲壮。

当年。宝丰路监狱外面的小树林。高红一露面，犹如初升的太阳，一下子照亮了钟永胜。这是钟永胜说过的。高红婚后雄心勃勃要改造钟永胜，要把他变得更好更完美。他们的新婚家庭，不要塑料花鲜花不易弄到至少要绢花，不要往电视机上盖红罩子好友赠送的也丢掉，餐具茶具酒具都买最时尚的别就弄两只搪瓷碗吃饭。钟永胜的大拇指小拇指就别蓄长指甲了，用指甲挖耳屎挖鼻屎多恶心，高红弄得到医用卫生棉签啊。挖耳勺也到处有卖。别把钥匙串挂在裤绊子上，像个工人大老粗。别耸起两个肩头夹个脑袋敞开个脖子清清鼻涕直流，冬天出门要戴围巾羊毛花条纹的，又保暖又洋气，还很文艺。到底钟永胜的父亲还是来自农村，小时候还经常被父亲带回农村，难免沾染了一些农民习气。

高红并不是歧视农民。真的。不歧视。钟永胜不要小心眼。农民很伟大。农民在中国社会上的辈分挺高很受尊重，全国人民都叫“农民伯伯”，而警察才是“警察叔叔”。高红只是就事论事，生活习惯还是城市更文明。特别是汉口，开埠早嘛。江边的租界，一百多年前就不许随地吐痰。租界菜市场买了鸡鸭，大街上都不可以倒着提，那叫虐待动物。

所以，高红真的没有瞧不起钟永胜。而且钟永胜本人是大院男孩，优越感已经融化在血液中，体现在行动上，屌极了。和高红一对，走出去，男军装女警服，迈的是主人翁步伐，路人都是仰望。

高红十岁开始练气步枪。她母亲送她一首诗歌，请一个写家模仿毛体，写成书法，挂在高红房间的墙上。“飒爽英姿五尺枪，曙光初照演兵场，中华儿女多奇志，不爱红装爱武装。”毛爷爷这首诗还谱成歌曲了，进行曲，强有力，真好听。从诗到歌，就塑造了高红的女性审美。她就酷爱武装了。不喜欢花衣服花裙子。十八岁高红着一身警服回家，她家都被前来观赏的街坊邻居挤爆了。人人都夸，真帅。如果不是嫁给钟永胜，高红肯定会终身保持自己的着装风格，酷帅一辈子。

然而，二十多年回头一看，钟永胜还是钟永胜，蓄指甲还是蓄指甲，不戴围巾就是不戴。高红却完全改变了。高红变成了她年轻时候最讨厌的贵妇人。发顶烫得蓬松、吹得高耸、做成大花、别上镶钻发卡。长裙短裙连衣裙。金丝银线手绣。国际流行大格子图案。爱马仕的鲜艳撞色大色块，也都上了身。高红须给钟永胜做足面子，免得老公朋友说你老婆像个男将。免得出去聚会吃饭别人以为你是一个穷婆子。

双眼皮、大眼睛，本身就格外娇气，容易被地球引力拉出眼袋，更谈不得高红婚后连生育带人流好几次，大出血，缺营养，还是偷偷摸摸的必须每天按时上班，得不到休息，再健壮女人、再漂亮大眼睛，也都经不起这样的摧残。忽闪忽闪的眼眸是早就没了，也不知道哪一天没的。三十出头，眼睛就无情地憔悴了。四十多岁，有钱了先富起来了终于可以大吃大喝了，脂肪以及各种酒水饮料，就悄然堆积成眼袋了，眼睑再也无力支撑，眼皮开始下垂，最后变成了一双难以修复的水泡眼。就只好不断做美容不断整形，在广州做的一次失败了，医院主动说赔钱，高红有的是钱，她要钱做什么？她要一双漂亮的大眼睛。赔我眼睛！后来只好又去韩国，几趟，效果也不理想，身体还吃尽苦头。

以高红本来的性格，她不会这么在乎容貌的。她不是一个以貌取人的人。女人又不是花瓶，根本无须过于看重自己的装饰性。女性想要得到真正的解放，就是要从不把自己当作花瓶开始。花瓶只是可悲的摆设，高红痛恨封建文化男尊女卑，她要做自己的主人，要靠自己的劳动创造自己的幸福，要继续努力把公司做强做大，再创辉煌。这样她就必须在乎丈夫。既然在乎丈夫，你还是必须主动把自己拾掇好。

贤妻良母高红陷落在一个悖论里。在悖论里打旋的，都是金钱钞票。高红那贤妻良母的人生表情，到了后来，大多时候，都是又悲苦又悲壮还苦涩还矛盾还纠结还自我嘲笑了。

2015 年，一天一天地，悄然走近。高红是决计要在 2015 年得一个孙子的。媳妇俞思语，就是憨厚天真过度了。第一胎生了个女孩子，那还不赶紧生第二胎?！钟家最需要男嗣，她心里没个数?！这女孩子也是太年轻，给好不知好。非得跑出去找什么自我价值，她的自我价值摆明了不就是在钟家。在她自己将来的儿女身上。当然，靠钟鑫涛、俞思语小夫妻生男孩，那是绝对不保险的。性别选择，还是一项系统工程，还是要打造。开始备孕就要启用科学方式以及民间生子偏方，民间偏方其实也是科学方式，只是没有人愿意把方子公布出来。生男生女全世界其他地方也许无所谓，唯独中国，不生男孩是不行的。不生男孩就等于家里没人。这项工程，全靠高红张罗了。2015 年高红任重道远。

这是 2014 年 12 月底的公司年会。高红穿一件巴黎原产的手缀钻石亮片紧身女王裙，闪亮登场。表彰了那些应该表彰的公司部门以及业绩领先的职员，发了大小红包。钟永胜与大家共进午餐，相当于全公司吃个团年饭。高红得先回家。她身体有点不舒服。昨夜那个小的，也就是外孙子董超博哭闹，高红一夜没睡好，今天血压不稳，整个人昏昏沉沉哪里哪里都不对劲，心里头像有磨刀石在磨。

李雨青啊，快来帮我脱掉。后面拉链。还要拉。一直拉到底，快到屁股那儿才好脱。你看看，现在这些奢侈品牌的衣服，越做越紧身了，哪里是穿在身上，简直是捆在身上。高红完全不理解设计师脑子里装的什么画面。镜子面前，左看右看。唉。让李雨青也帮看，别敷衍，认真点，说点真话。难道世界上富婆不都是会发福的吗？如果我做奢侈品牌的服装，我会更多倾向为富婆们设计，在宽松的基础上，只稍微收一点点腰臀。

李雨青真心点赞：就是就是！你说得太对了！

唉呀，看来我应该收购一两个奢侈品牌，自己亲自做，老外还是不懂中国市场。

就是就是！你说得太对了！

李雨青你就会拍马屁！

不是拍啊，高总，确确实实是你说得太对啊，你要逼我说假话吗？我这个人说不来假话。

来来来，脱掉脱掉！哎呀终于脱掉了，首饰，这个翡翠坠子太大太重了，小心点啊，脱掉都脱掉。手镯也脱掉。都说带翠的老玉镯子戴了对身体好，降血压，我巨款买来人家已是戴了几代人的我又戴了好几年，血压没见得好嘛，唉，我看都是骗钱。

高红在李雨青的帮助下，脱掉出门穿戴的全套披挂，轻松得嗷嗷直叫，换上的是一套旧睡衣睡裤，宽松圆领衫，全棉的，都穿十年了吧？李雨青，好像还是你路过哪家外贸服装店正在打折促销你正好路过给我买了两件？

是的。我买的。该有 11 年了吧？出口转内销的，质量特好，特别舒服，就知道你喜欢。

另一个高红，家里的高红，更为真实的高红，洗掉脸上脂粉彩妆，穿上 11 年的旧衣服，人才彻底放松。高红把自己四肢摊开，躺沙发上，蹬掉拖鞋，示意李雨青帮她捏捏脚。高跟鞋把她腿脚都快穿断了。筋骨疼死了。

真实的高红也只有和李雨青才能够说一些体己话了。

哎，你说我这亲家，怎么回事？赞成孩子们生二胎，也想要男孩，就是不上心！什么都不管。怎么当官当傻了，还是架子大啊？现在回头看一下钟鑫涛、俞思语的事，从恋爱到结婚到生头胎，哎，还都是他们家老人在操心操办，关键时刻都是人家奶奶拿主张。亲家公婆两口子，发生问题你去问问他们，他们就跟你吵架。官腔官调比你厉害，道理都在他们家。

李雨青随声附和：嗯，当官就这样吧。

你说我这儿子媳妇都不小了，也生过头胎了，怎么还像小孩子，什么都不懂，什么也不操心，好像随便怀个孕都可以是一个男孩似的。你知道，太不是这么回事了，想要确保生男孩，那还是得精心打造。

李雨青随声附和：那是得精心打造。

钟欣婷好像又要出什么幺蛾子，我看她最近又鬼头鬼脑。这丫头怎么就是和娘没缘分呢？我为她吃苦还少吗？唉，我知道了，还是在逼我退休吧？读大学选的专业就是会计学，早就想替代老娘了是不是？做梦吧。李雨青你看我老了吗？老到不能管理公司了吗？

李雨青附和得更快：没有没有！你老什么老？看起来也就三四十岁。

呵呵，你这个李雨青，就是会拍马屁还说自己不说假话。

李雨青说：我这个人就是说不来假话。在你家做多少年了，你还不了解我？婷婷你别和她计较，她还小，太年轻，还不懂事。婚姻又不顺，她心烦，让她去，过段时间自然好了。

好吧。高红太阳穴跳跳的，头痛，估计血压又冲高了。李雨青再量血压。吃药。

李雨青啊，我那三个宝，这几天还好吧？我给他们买的西洋参，你送去没有？

送了！第一时间，李雨青就送过去了。他们上次的西洋参，都还没有吃完呢。

人人都说“家有一老，赛有一宝”。高红算是深切体会到了。高红现在有三个宝：她母亲、她父亲、钟永胜母亲。

母亲詹鄂湘和她父亲高厂长深仇大恨，不共戴天，一直分居，现在老了更不可能吃到一个锅里。三个女儿都劝，既然一辈子都没离婚，那就一起养老吧，也免得我们两边跑，我们年纪也在长啊。父亲老了倒有脾气了，脖子一梗：那不可能！这个女人就不是个东西。母亲坏脾气有增无减：那不可能！这个男人就不是个东西！

“文化大革命”男人挨整，女人都没有跟他闹离婚，他一点都不知道女人的好。

“文化大革命”要不是自己妻子也出来检举揭发批判，男人就不会这么倒霉，一辈子窝在搪瓷厂得不到提拔。

这男人太窝囊了，连儿子都生不出来还怪女人。

这女人太可恶了，自己生不出儿子还怪罪男人。

父母这一对宝，处处闹对立。高红只得分开照顾他们。两个宝，又共同拒绝第三个宝，钟永胜的母亲：她？谁跟她是亲家？！一辈子不做好事，克儿子克丈夫，年轻轻浮，老了还不安分，老伴死了才几天就改嫁，真是辱门败户，这种女人咱不认识！

钟永胜与自己亲妈，也不共戴天。互相都当对方死了。

只有高红是个贤妻良母，她不能这么做。自己母亲，再怎么和女儿总是亲母女。毕竟生她养她从小教育、培养她。钟永胜的亲妈，再怎么跟儿子钟永胜有深仇大恨，毕竟一直喜欢高红，对高红好，程度显然超过对自己儿子。婆媳有缘，这不容易。又一个屋檐下生活了十几年，带孙子做家务一句多话没有，都是默默奉献。婆婆她哪里有什么改嫁？当初她只有这么说才能够与钟家恩断义绝。可怜的女人，死了两个儿子，被丈夫打怕了，整怕了，差点没整死。钟父对振兴钟家那是功不可没，但他对自己妻子也的确是差劲。当着老太婆面，把顶职进厂的女中学生李雨青安排到家里上班，接茶杯就把李雨青小手一起接到自己手里。老太婆是忍字头上一把刀啊。高红设身处地，是不敢想象的，换了她，她绝对闹个鱼死网破。对于钟永胜固执地维护他们钟家名誉，擅自决定并宣布他妈死了，高红是持不同看法的。可是高红毕竟是媳妇是外人，管不了钟家的事。眼瞅着钟永胜给儿女钟鑫涛、钟欣婷编造一个既定事实，无奈的高红只好帮钟永胜圆谎。反正婆婆离死也不远了，一身的病，长期住在医院里，大概是出不了院了。她两个外甥女还不错，一直在轮流照顾老人，幸亏老人还有自己一点退休金，有以前的宿舍房改房，她的身后财产，也已经遗嘱给两个外甥女平分。高红实在心疼婆婆，太为她抱不平，愿意替丈夫尽点孝心。老人家心里也很清楚，单只感谢高红好意，她对钟家，是死也不会原谅的。希望高红能够理解她不想多说的原因，总之就是比深仇大恨还要深仇大恨的深仇大恨。好吧其实高红也不想知道什么原因。反正家庭就是一部说不清恩恩怨怨的历史。高红已经深有体会了，她现在还不是没有实话说给儿女。没有办法，有些事情对孩子们说不了实话。高红夫妇编造捏造的，大大小小，也不是一桩两桩了，为了家庭和谐，只能不说真话。

只是高红真的很累很累。具体的事情钟永胜一概不管。他假装不知道老人们的具体情况。高红知道他在装马虎，偷懒。他才懒得管这一团乱麻家务事。这就是聪明人，都丢给老婆。老婆贤惠。谁让他有福气，娶了个贤妻良母呢。

纠结在于：老人们还很不高兴呢。

老人能够指望儿女吗？高敬、高佩两女儿都混得不好，身体也不好，别说来照顾父母，总是想啃老。高红比她妹妹们混得好，不啃老，但是又能怎样？还不是隔几个月才送点保健品来。还总是差李雨青送过来。高红忙啊。她可以忙着到全世界到处旅游，忙着跟三朋四友吃高级馆子一吃几个小时，忙着逛商场买衣服一逛就是一整天，她就是没有时间来陪父母多坐一会儿，一起看个电视，说说话，聊点家长里短。人老了，七老八十了，日子是多么难熬，高红就是不肯体恤父母这一点。老人不是吃不好就是睡不着。这里那里不停地出毛病。报纸电视也看不动了。眼睛不行了。感觉和社会脱节了。都是多余的人了。子女就不能够多陪陪老人吗？“常回家看看”这条新法律规定得真是好，规定到老人心窝子了，但是高红偏不常回家看看，老人还忍心真的跟她打官司？老脸还要不要了？！算了！指望儿女养老，那是不可能的。千万不要有这个指望。养儿养女有啥意思啊？当你老到一定时候，你心里就明白了，没意思！

高红做人，就是这么不上路子。这么多年来，母亲一再偷偷给她提供消息，外面有人看见钟永胜了，带年轻漂亮小蜜逛商场买高级化妆品。有人在豪华电影院情侣厅看见钟永胜和年轻漂亮女一起看电影，暗中胳膊都搭在女的肩膀上了。高红一听就变脸，居然呵斥母亲：住嘴！你少管闲事，安度晚年不好吗？！其实母亲詹鄂湘这二三十年来，没有一天不为大女儿高红担忧，有钱又咋的？你丈夫在外面有人，欺骗你，婚姻不忠实，这是钱能够弥补的？钟永胜这个兵痞子，骨子里头就不是一个好东西！就连你爸爸，以前不是蛮看好他的吗？关系不是蛮亲密的吗？不是父子胜似父子。现在你应该晓得你爸爸的态度吧？日久见人心，连他都看出来了。连他都听到外面的绯闻了。高红啊，你不要急着走，你也不要不爱听，妈都是为你好。妈今天还是这么告诉你：有你哭回来的那一天！妈在这里等着你！信不信？！

——那我走了啊。我还有事。高红就是这种态度。一个不知好歹的东西。财迷心窍。只要钟永胜会赚钱，用钱哄住高红，高红愿意捏着自己鼻子哄自己眼睛。

既然这样，就怪不得老人了。西洋参和深海鱼油，这两样最贵的保健品，他们必须常年吃，高红、钟永胜必须常年买。老人肯定也需要匀一些给高敬、高佩吃吃。对不起，家庭关系就像擀面，老人对孩子得公平，就是要厚处往薄处擀。

哎呀我的妈，只要能够让你出口气心里舒服点，现在有法律你可以起诉我，你起诉我我无所谓——高红再次看手机了。真的高红外面有约谈事情。高红真的时间不够了。现在街上到处塞车她必须走了！母亲詹鄂湘还是喜欢把高红送出门洞，喜欢看着高红上她那豪华小轿车。因为附近总有街坊有邻居在看，这豪华小轿车光闪闪的，怕要好几十万吧？母亲又是满脸慈爱、满脸骄傲了：唉，什么几十万不几十万，我啥都不晓得，这是高红的工作用车，没办法，公司太忙，工作需要，唉忙得要死还又送西洋参又送深海鱼油的，都是美国进口的，上次都还没有吃完呢。还是生女儿好啊。女儿好女儿好。儿子有什么用，娶了媳妇忘了娘。

高红都听到了。高红只能一笑了之。不过高红真的好累。

三个老宝。两个小宝。正积极准备再生一个小宝。小宝们的爹地妈咪，都很不懂事。都把孩子丢在这里——我们要上班——好像高红不要上班?！好好好，就算高红、钟永胜自讨苦吃吧。这一代人就是牛，俯首甘为孺子牛。

贤妻良母高红每天在公司要恪尽职守。在家里又是乱七八糟一大堆琐事。渴望拿钱买安宁。高红乐意为儿孙花钱，也乐意为老人花钱，再多也乐意。可是，老人就不能够稍微体恤一点高红吗？高红也五十出头了。五十岁以后，感觉精力在下降。更年期也开始了。发胖也更快，喝口水都胖，烦死了。

高红只希望，作为父母，他们和儿女之间，将来不再循环着这样令人厌恶的关系。高红希望儿女在他们舍得投资教育的大力培养之下，都读了大学，都接受了高等教育，都能够懂得感恩父母。懂得做一个对社会有用的人。再有钱，也要对社会有用。没有社会地位，再有钱也是土豪——噢，脑子乱了。头晕得厉害。李雨青——快来!

高红为什么就是感觉这血压高与钟永胜有关呢？脑子里为什么总旋转着关于他的一些闲言碎语呢？为什么外面那些女妖精的面孔一浮现在眼前就气血上冲、无法入睡呢？按说高红、钟永胜有过一场轰轰烈烈的爱情，有同甘共苦的事业，这么多年相濡以沫，子女双全，儿孙绕膝，圆满又完美，为什么高红对钟永胜越来越不了解和没把握了呢?

喂，李雨青，过来！你算是家里人了啊，我也只剩你可以信任了啊，你就给我句实话，比吃药更管用，钟永胜有没有欺骗我？有没有和别的女人乱搞?

没有！李雨青总是能够及时并果断给高红回答。李雨青这一点非常对高红胃口。

“绝对没有！”李雨青说。

李雨青补充说："我成天在家做家务，不了解外面情况，以我这么多年感觉，他没有。他对你是真好。"

高红总算舒了口气。好吧。李雨青淳朴，她的感觉错不了。那么好吧，吃药。

李雨青递药送水：吃药吃药。别胡思乱想。赶紧吃药。吃了睡会儿。缺了觉是最坏的事。人能睡了就都好了。

一会儿，幼儿园放学，钟宇涵同学就要回家了。董超博小宝宝也差不多要回家了。已经出去玩了三个小时了。小男孩就是调皮，不肯在家，回家就闹，吵着出去。现在已经发展到让小阿姨带足半天的吃喝和纸尿布。高红他们卧室做了软包，吸音，关紧房门，噪音还是往里头钻，要靠安眠药。奇怪，当年枪林弹雨做边贸，风餐露宿，怎么能够倒头就睡，睡得那么香。

高红往床上一躺，全身所有的肉，都随之往下一摊。人就是一副垮掉的样子了。唉声叹气。闭上眼睛。睡了就好了。睡了就好了。高红的命，怎么就这么苦呢？怎么就是一个劳碌命呢？高红本来是个公主命啊。高家一百多年来，出了好几个著名医生，著名医生，著名医生，救了好多人命，好多人命，好多人命，高红小时候，父母的期望是，她将来应该学医，学医，学医……

2015 年，在高红的睡梦中，悄然走来。

# 7. 俞亚洲　任菲菲

## 人物介绍

俞亚洲，俞思语的父亲，任菲菲的丈夫。2015年本故事发生当年，足岁52，虚岁53。

## 人物表情的关键表述

人物表情的公开面貌，部分引述百度百科词条：

俞亚洲，男，汉族，1963年1月出生，湖北武汉人，1985年10月参加工作。

毕业于华中科技大学自动控制和计算机软件以及图像模式识别专业。

学历：大学本科。

政治面貌：无党派人士。

1986年，任数控所助教、讲师。

*1990年，华科大管理学院管理工程专业硕士研究生。*

*1996年，任数控所讲师、副教授；其间获得华中理科大学经济管理在职博士文凭。*

*1999年，任数控所副主任、教授。*

*2002年，任湖北高校工作委员会干部处处长，其间在中央党校青年干部培训班学习半年。*

*2003年下半年，赴澳大利亚奥克兰大学政府与经济管理短训班学习三个月。*

*2004年，挂职湖北黄冈市副市长。*

*2006年，任黄冈市副市长。*

*2009年，任湖北省文化厅副厅长。*

*2013年，任湖北省文史馆副馆长。*

百度百科，不可全信，不可完全不信。人人都可以上网撰写，又不属于任用档案之类严密个人文档，其中错误，在所难免。且不计较，权当雾里看花。仅仅只是综上所述，俞亚洲的人生表情，不难看出一个字：忙。

或者两个字：极忙。

依据上述数据，不难想见，2002年之前的高校部分，从读书到教书，从大本到博士，从助教到教授。这期间，俞亚洲该上了多少课？该读了多少专业书籍？该写了多少作业？该考了多少试？该发表了多少论文？该为论文的写作和发表伤了多少脑筋？专业上的曲线，一直呈直线上升状。这该有多么不容易?！

2002年，幸运之星高照，突然获得重用。转型。在中央决定从高校选拔年轻领导干部的大趋势下，作为“无知”代表，即无党派知识分子代表，按配比进入领导班子。转入公务员序列，到地方政府担任行政领导职务，也就是俗话说的：走上了仕途。

从最初的副处级一直做到副厅级，调任多地，学习培训多次，横跨多个行政单位。这期间，俞亚洲该被上面谈话多少次？该与下级谈话多少次？该学习了多少中央文件和相关资料？该开了多少会议、出了多少公差、看了多少材料、批了多少报告、写或者修改了多少发言稿？新时代发展快，有多少新知识新提法新词汇如雨后春笋般冒出来，要及时入脑入心，再及时出口成章。仕途上的曲线，也基本呈直线上升状，特别是前期，这该有多么不容易？！

然而——然而后期稍有停滞。万万没有想到俞亚洲刚过50岁，还这么年轻，就被放到文史馆了。在仕途圈内，大家都认为文史馆是一个闲差，一个养老的地方，也就是不容易出干部的地方了。开始俞亚洲以为的，并听说了的，是他要去一个重要的厅级单位。传了很久，公示出来，却是别人。稍后小道消息又传，说俞亚洲要去另一个重要厅级单位。传了很久，最后公示的，却还是别人。如此希望，失望。失望，希望。再希望，再失望。反复多次。省里数得出来的重要位置，人选挪来挪去，都不是他。

已经快十年了，盘旋在副厅级别上，想不焦虑都不可能。这份焦虑还没法对人说，还必须藏得严严实实，因为人家只会认为你是想当官。而俞亚洲不是想当官。只是想有更适合自己才干的职务，以便大展身手，做点实事，更好地为人民服务。如果他真的是想当官想要权要利，他完全可以就留在高校。他才36岁就是教授。就是数控所副主任。且当时还没有主任，据说马上就会提拔他。其实当时教育发展更为迅猛。在高校做，其权利和科研项目经费的体量，还有科技成果的转换效益，可以说都远远优于地方政府单位。

现在政府风险更大了。上下都盯着你。反腐力度空前强大，老虎苍蝇都要打。

说实话，现在政府官员真的不好做，越来越不好做了。午饭喝一口酒就算违纪，太容易犯错误了。

可是说给谁听谁都是笑笑。谁能够相信俞亚洲真的不是想做官呢？没处喊冤，焦虑积郁，更加焦虑。丢进文史馆，万一待个五六年，俞亚洲就失去年龄优势了。年龄一奔六，单位又是无法立竿见影出政绩的地方，更加上俞亚洲又不会拍领导马屁，又不懂跟人跟线，间接或者直接与最高层搭天线，那更是完全没门。走投无路，俞亚洲肯定要找组织部谈谈自己的想法。组织部忙得很，管那么多干部，你想见部长就能够见？见一下副部长都要请求好多次。俞亚洲深知领导真的是忙，就好比他手下的副科级干部想要见他一样。一样地挤不出时间。一边工作一边等待召见一边承受悬念和焦虑的煎熬，这也是一种工作方面的忙，心忙，心累，这又该有多么不容易？

可以更为立体地想象一下，如果把俞亚洲这么多年，经他看过、翻过、写过、批过以后的纸张，已经不再有用的，堆在废品收购站里的，是多大一堆，从碎纸机下面露出来的纸屑，那是多大的体积。

所以，俞亚洲的人生表情，就完全没有另外一类词汇。

家庭老婆孩子这一类，比如：怀孕。分娩。新生儿。以及新生儿呛羊水。新生儿吸入胎粪。新生儿呼吸困难。住院。转院。抢救。重症监护室。尿布。以及换尿布。喂奶。乳腺炎。人工哺乳。婴儿吵夜。诸如此类，等等，等等，等等。这些词汇只是在俞亚洲耳边响起，就飘过了。然后一晃，女儿就会喊爸爸了。再忙一段时间，女儿上学了。反正俞亚洲有父母帮忙带孩子，还有哥哥姐姐都是普通人，他们也都乐意帮着一起带。女儿俞思语白白嫩嫩温顺乖巧，是爷爷奶奶的宽心宝宝，晚年精神生活的最好寄托。俞亚洲在钱财方面，那是一点不小气的，孩子的所有开销，他都不会忘记支付。这不就够了吗？

俞亚洲工作这么忙。

再一晃，俞亚洲非常吃惊地看到了妻子任菲菲愠怒的脸色。任菲菲说你女儿一见钟情找了个对象你知道吗？这个对象到底怎么样你难道不想了解一下底细，不表个态吗？全都由你爹妈决定？他们毕竟是老一辈的人吧，了解现在社会吗？俞亚洲脸涨得一阵红，他觉得女儿还是个小女孩子啊，他自己也都还是一个年轻人，才四十几岁，今年47吧？47！单位好多女同志都夸他说领导今天好帅哦好年轻哦，怎么一晃女儿就有结婚对象了？

任菲菲就那样，默不吭声，目光如芒刺，盯着俞亚洲。

是啊是啊我知道，我在考虑呢。婚姻是大事啊得慎重再慎重，先头说那个男孩子什么学历？钟鑫涛，哦钟鑫涛什么学历？哪个大学毕业的？地大硕士？我看学校还不错嘛！电话响了。俞亚洲一看，是必须接的电话。电话一接，眼睛睁大：什么？！怎么可能呢？我都审过几遍的，你们怎么执行的？！赶紧赶紧，办公室全体加班，这个不能有错，我马上到！

雷厉风行，年轻干部俞亚洲，马上回到了他的工作以及工作状态中。

俞亚洲的人生表情：一副繁忙工作中的领导干部表情。

就算下班回到家里，就算妻子任菲菲用满眼芒刺看着他，他也还是工作中的领导干部表情。还是不停打电话谈工作。人在家，心不在家。家里大声回响着工作词汇。一个人接受并融入哪一种生活语境，是要发自内心的，是要自然而然的。俞亚洲当初自然就是没有准备好家庭婚姻孩子这套生活语境。

俞亚洲结婚太早了。要孩子也太早了。可是，可是那是一个意外啊。就一夜。就一次。意外怀孕了。现实就是这样：女方怀孕了，作为正派男人，就得负责。负责就是赶紧结婚。不然麻烦更大：又是涉嫌犯生活作风错误，又是孩子成了私生子，又是触犯了计划生育国策。计划生育国策的起点就是先婚后孕，婚内夫妻才发放生育指标。非婚绝对不给指标，还要给予严重处分：违反计划生育是一票否决！其他所有成绩以及前程，瞬间都完蛋。这种意外怀孕一旦发生，俞亚洲就毫无选择。这属于人生的不可抗因素。

可是俞亚洲的全部心思和精力还就是都在工作上。他还是一个青年。有一次省委书记握着他手对他说的“你还是个小青年啊”。他事业蒸蒸日上。党和人民如此信任他。虽说是一个无党派人士，党还是把他纳入党管干部，寄予厚望。他走上主席台，掌声响起来。社会精英，任重道远。而在家庭生活方面，他是如此无辜，他忙成这个样子，哪里还有时间，哪里还有精力，哪里还有心思。

俞亚洲在家里的人生表情，最常见的就是无辜。

俞亚洲给女儿俞思语的最深刻印象，就是一双无辜的眼睛。白底黑点，光线平面，就像从前的黑白照片。谁久久面对这样一幅照片，谁也就变成了这幅照片的照片。照片与照片之间，就不存在什么交流不交流的了。

俞亚洲在家里的人生表情，一般都是这种照片般的无辜。

按说像俞亚洲这样的工科生、好青年，不太容易犯未婚先孕的错误。但是俞亚洲就是犯了。唉，人都是肉身凡胎。凡夫俗子。都有公开的面貌，也有不公开的面貌。还有很多潜伏在灵魂中的魔鬼，会在某些时刻，出来捣个乱。人就不知不觉，做下一些丧失理智的事情。当然潜伏在灵魂中的也有天使，会给肉体带来春天，人也会做出一些温暖与友爱的事情。只是魔鬼与天使，当事人自己有时候分辨不清。年轻时候更是没有这种分辨意识。俞亚洲也不例外。

俞亚洲私下有自己的个人爱好。他喜山乐水，他喜欢写写画画。他尤其对民歌兴趣非凡。他真心觉得民歌，特别是歌词部分，太绝妙、太传神、太大胆、太生动了！当之无愧是劳动人民智慧的结晶！

从大学暑假开始，俞亚洲每年都会出去旅游。有意无意就开始收集民歌，最早是随手写在小本本上。后来出差学习培训开会考察，机会很多，俞亚洲就利用出差的机会，带上了现代化设备录音笔，尽可能多收集一些民歌。《刘三姐》《阿诗玛》这两部音乐电影，俞亚洲百看不厌，里面歌曲是百听不厌。当工作中遇到烦恼，遇到困难，情绪遇到过不去的坎，遇到那些纯粹形式主义的会议，对不起，这种时候，俞亚洲就会以记笔记的表面形式，写点自己的东西。

写什么呢？写的就是民歌歌词。俞亚洲烂熟于心的一些歌词。

西北的：“白生生的大腿红丢丢的╳，怎么就留不住哥哥你。”

陕北的：“你是鹅的那个哥哥呦，就过呀那地那个来；哎呀你不是鹅的哥哥呦，就走你的地那个路。”

东北的：“大姑娘美大姑娘浪，大姑娘钻进那青纱帐。”

西南的：“世上只见藤缠树，哪里见过树缠藤？青藤若是不缠树，枉过一春又一春。”“蝴蝶飞来采花蜜，阿妹梳头为那桩？”

湖北到底有楚国文明的底子，没那么野性了，更有女权感了，也蛮俏皮的：“妹娃儿要过河，是哪个来推我嘛？”

真的，民歌真带劲。开会随便写一写，瞌睡就没了，同时还可以起到练钢笔字的作用。

之所以说俞亚洲宣称他不是那么想当官，那就是因为俞亚洲认为他对将来有寄托，不像很多官员，一旦退休人就蔫了。俞亚洲的寄托是出版两本书，编纂一本《中国民歌大全》，写作一本《神州巾帼英雄传》。这些个巾帼英雄，主要是女性民歌歌手，像刘三姐黄婉秋啊，阿诗玛杨丽坤啊，郭兰英啊，还有更多的无名英雄，将来退休了有时间俞亚洲就会开始采访。采风和写作，走遍祖国大好河山，退休生活将会多么充实。而现在，光是写写这些歌词，都能够叫他血脉贲张，精神振奋。

当俞亚洲把他的激情倾注在民歌里头的时候，他的人生表情，还是非常开朗活泼放松和率性的。如果是某种秘密时刻的独自享受，俞亚洲的人生表情，可以达到痴迷乃至疯癫。可惜绝密。绝对不公开。完全封闭，独自一人进行，不会有任何人看见，包括他妻子。

人都有多面性，老成持重的工科生俞亚洲，也会偶发少年狂。

也就是他二十三岁那年暑假，很多同学都才刚毕业，他就已经拿到了讲师职称，做了大学老师。那个暑假，就高兴疯了。随几个江浙的同学，从武汉顺长江而下，游山玩水。武汉市是大江大湖多，江南是河多塘多。新鲜感让俞亚洲目不暇接，又触景生情，想起了一部老电影里头的歌词——“一塘塘池水，清幽幽”，老电影《枯木逢春》的插曲。这个歌词有一句，被俞亚洲早就摘抄下来了，写得很美很妙：“十年的相思哎，打了结，想唱山歌怎起头。”

说着说着同学中间就有一个上海青浦人。他家就住任屯村，村里到处都跟《枯木逢春》里头的一样，这电影就是在他们村拍的。

吹牛吧。这有什么好吹牛的？青浦同学完全不以为然：陈年八代旧事，又没有什么光荣的，那时候就是全国血吸虫最严重的疫区啊，以前叫上海市青浦县金泽镇任屯村，现在青浦改成上海郊区了，现在我们填表都填上海人，外面就都不知道青浦和血吸虫了，那时候全党全国都知道，上学时学校号召灭钉螺，天一亮小学生们就跑出去捡钉螺，交到老师那里，有奖品的，一千只螺一块橡皮，两千只螺一支铅笔，三千只螺一把小刀，那时候满村刷的大标语："全党动员，全民动身。"

俞亚洲一听，大乐，有趣啊，活历史啊，血防标语口号这么好玩啊，"全民动身"怎么个动法子？青浦同学说：就是"六亿神州使劲摇"啊。哈哈哈，好好玩啊。去玩玩吧。还没有玩过拍电影的地方呢。走，去青浦玩玩！

跑到青浦，走进血防陈列馆，俞亚洲遇到了任菲菲。

任菲菲是陈列馆最年轻的女讲解员。女高中生模样。普通话自学成才，字音准得堪比央视播音员，更带软软的上海口音，十分柔美动听。上世纪 50 年代的首任女讲解员吴阿姨也还在陈列馆，馆里还挂着她年轻时候给中央领导讲解的照片，胸前垂着两条又粗又长的大辫子，像两条蛇。从小姑娘做到老太婆了，退休也舍不得走，留在馆里帮忙随便做点什么，吴阿姨是个人来疯，看见参观的人就兴奋，主动上前帮忙介绍。老人普通话不够标准，但特别熟悉《枯木逢春》的拍摄，对于她，就是昨天的事，作为群众演员，她曾光荣地参加过拍摄。

"十年的相思哎，打了结，想唱山歌怎起头？"吴阿姨唱得地道，唱出了任屯村的原汁原味。俞亚洲们再三地要听，吴阿姨很乐意一遍又一遍唱。还与任菲菲一起，把这一群年轻人，带到村里到处逛，河边，小桥上，桑树林子，指给他们看，这里那里，对照《枯木逢春》的情节。

吴阿姨给年轻人讲有趣故事：电影里头的苦妹子还没有吴阿姨长得好看，当时大家都这么说，但是人家是女演员、女明星，我哪里比得上？但是当时大家都说我好看。

俞亚洲们就和吴阿姨逗笑：阿姨你太谦虚了，你本来就是村里的苦妹子啊，阿姨是不是不好意思演爱情戏？拒绝了导演吧？

大家就笑。就一起深情地唱“十年的相思哎，打了结，想唱山歌怎起头”。

血防陈列馆的外墙上，镌刻着毛主席写的诗《送瘟神》。大家站一排，高声朗诵，第一句就是：“春风杨柳万千条，六亿神州尽舜尧。”同学们就一边摇动身体一边爆发大笑，互相推来搡去，挤眉弄眼，个个笑到弯腰捂肚皮。

这一天，俞亚洲快活成了一个轻骨头。有人生来就是轻骨头，有人不是。可是天生不是轻骨头的人，在他的生命过程中，也可能偶发轻骨头，就像发高烧。这一个偶发，自己没有免疫力，一旦发作更不得了，后果极其严重。

就在这一天的玩乐当中，俞亚洲总是能够碰到任菲菲的身体。俞亚洲手脚活跃，极不安分。任菲菲手脚也像长了眼睛，就是认识俞亚洲的手脚，还不停地吃吃笑。这一对年轻男女的触碰频率之高，同学们都看出来了，大家相互表情都坏坏地。俞亚洲、任菲菲吃饭也都坐在一起。晚饭后回去，两人洗了一个澡，又一起去月光下散步。同学们都喊累了累了我们不去了。俞亚洲、任菲菲还觉得很奇怪，玩得这么开心，哪里会累？任菲菲披着湿漉漉的头发就跑出来了，一路拨弄头发，以便晾干，也就一路散发着蜂花洗发液的气味，香气袭人。男女单独相处，女性把自己弄得香气袭人，男性一般就容易想入非非了。

在清亮月光下，在安谧小镇里，在静静河水边，任菲菲的父亲任宏昌是上海医科大学教授，正是血防专业。她妈是青浦县卫生局的，也搞血防工作。当年主要是解放军第三野战军在这一带练兵，十万大军就有三万多人感染了血吸虫病，严重影响战斗力，那时候正要抗美援朝呢，这都得了血吸虫怎么有力气打仗？毛主席就发了命令：一定要消灭血吸虫病！

上海紧急组织一千多医务工作者下来支援部队突击治疗。而任屯村的情况呢，也很惨，这个村几乎都是血吸虫病人，到处挺着大肚子，死绝了很多户。曾不止一两个人给毛主席写信喊救命，也给上海市大领导写信喊救命。上海血防专家也就被派下来了，突击灭螺。任菲菲的父母就这样在血防工作中认识了，结婚了，有了她们兄弟姐妹三个，她最小。

任菲菲不高兴上学。书本太枯燥，她读不进去。就没考上大学。但任菲菲有特长，语言模仿能力强，特别喜欢普通话，从小抱着收音机听，跟着播报，看电视，也跟着播报。可是她文凭太低，进不去正规的广播电视单位，人家都要什么北京广播学院毕业的之类，没办法，父母就帮她找了这么个讲解员的工作。任菲菲是先在这里有个工作编制和专业工作，将来陈列馆扩建提档，建成世界一流的博物馆，到了那时候，任菲菲自然就在一个与国际接轨的大单位工作了。会讲解，会播音，在这种单位应该大有可为，你说呢？

任菲菲在俞亚洲身旁蹦蹦跳跳，用好听的声音，用热情的介绍，把本地血吸虫的历史连同她本人家庭的故事，社会历史与个人命运混在一块儿，都说了。滔滔不绝。说到了夜深人静。唉这是怎么回事？其实平时任菲菲很矜持的，从来都不喜欢告诉别人她家里的事情。这种地方性的小陈列馆，在当今社会热火朝天的经济大潮中，已经车马零落、人烟稀少，哪里会有什么人，值得任菲菲推心置腹呢？真的好奇怪呀。任菲菲从来也都没有这么多话。挺矜持的一个女孩子。今天主要是心情特别好吧？

俞亚洲也一样。俞亚洲平时在学校，都是三点成一线，课堂、食堂、宿舍。从来从来从来，他都不是今天的这个样子。奇怪的是这个今天，完全不是他的昨天和前天。今天这个环境崭新又独特。今天是一种别样的小桥流水人家。今天有一位活泼可爱的老人来疯吴阿姨。今天进餐又吃了一种剧毒食品。没死，哈哈！餐馆积极推荐当地土特产名菜熏拉丝，其实就是癞蛤蟆。天啦，剧毒，长相又丑，人还敢吃？饭馆老板是青浦当地人，说：好吃得来！

正是剧毒，更激起跃跃欲试之心。厨师先尝。几分钟以后厨师还真没事。这算是红烧还是干煸？恕不相告哦，一种秘制，祖传秘方。只有来青浦才还吃得到。别处的癞蛤蟆你敢吃？俞亚洲觉得好好吃好好吃啊！饭馆老板青浦当地人强调一定要喝点酒，解毒。俞亚洲也就生平第一次喝了黄酒。喝黄酒，吃癞蛤蟆。黄酒入口，不辣喉，像止咳药水，远没有武汉黄鹤楼白酒厉害，那就大杯干啦干啦。结果黄酒后劲大，后劲上来了，超过黄鹤楼。俞亚洲的后脑勺像被打了一棒，眼珠子直晃，双腿发软，任菲菲是当地人东道主，有义务搀扶游客俞亚洲。

俞亚洲年轻时候的人生表情，有过一次喝高了的超级晕乎。

傻笑，半疯半傻倚靠在任菲菲身上，脸凑得很近，向任菲菲喷酒气，夸任菲菲漂亮可爱到极点，滥用了很多肉麻到正常人会脸红的词语，大多来自民歌歌词。

今天太撒野了。今天青浦的空气都和以前不一样，里头洒满了蜂花香波。在这个另外一种今天里，俞亚洲是另一个俞亚洲。前一个俞亚洲不见了，也不出来提醒一下后面一个俞亚洲。今天俞亚洲和一个女生疯逗追跑，单独逛街散步，并肩走在深夜里，还走了很久，都不觉得累，听了很长的絮叨，也不嫌烦，还挺感动：觉得以前他在这个世界上好孤独哦，从来没有哪个女生对他这么热情这么敞开心扉。今天还学到了东西，补了一堂历史课，关于血吸虫和一定要消灭血吸虫病。血吸虫武汉也有的，血防这个词，似乎也听说过的，居然这么重大的历史事件他毫无觉察。好无知。好惭愧。别看任菲菲年纪小，血吸虫知识蛮丰富的，尾蚴钉螺啥的一套一套。唉呀，十年的相思哎，打了结。十年的相思哎，打了结，想唱山歌怎起头？多美的歌词。多美的惆怅。就这么起头吧。把我的胳膊弯过去，搂住你的小肩膀，随着夜的深入进行，两个青年男女，也就深入进行了。

次日俞亚洲们，继续下一站旅行。俞亚洲、任菲菲互相留下通讯地址。写信啊写信一定写信啊。再会再会再会啊。

1986 年，那个暑假的某一天，游玩在上海郊区青浦任屯村的俞亚洲，人生表情是前所未有的热情奔放肆无忌惮：嬉皮涎脸的小青年、胆大妄为的轻骨头。在一株老垂柳下，丢了他的童子身。

很快就是俞亚洲人生的下一站：入秋了，开学了，任菲菲怀孕了。

晴天霹雳！俞亚洲焦急写信：任菲菲你和你那个情况，还好吗？任菲菲火速回信：我和你留下的那个情况，都挺好。

你若安好，便是晴天霹雳！

俞亚洲根本没有想到事情会是这样的?！就那么一下子。就那么一个夜晚！哪里就会这么巧？就出事了？快活的时候，痛苦后果根本没想到，还只觉得良宵苦短。看来侥幸心理千万要不得！俞亚洲正要考研。俞亚洲的人生逻辑十分明确，并且早就形成了理想：考研。将来还要进一步考博。在大学任教，不拿个博士，就根本没有资本和前途。俞亚洲这辈子，必须是要做到教授的。

俞亚洲这么热爱学习，热爱读书，这么有远大理想和抱负，任菲菲五体投地可望不可即，肯定要全力支持。打胎！ 到哪里去打？这是最严峻的问题。正规医院都必须持有结婚证并男女必须同时到场验证。地下哪里有做人流的？肯定有的，找谁打听？找谁打听？一找人，就露馅。世上哪有不透风的墙啊！身败名裂任菲菲肯定受不了。任菲菲绝对是一个好女孩，此前从来都没有跟男生一起过的。怎么办？怎么办？

信来信往，每一封信都望眼欲穿，每一封信都还是在说怎么办，犹犹豫豫，对于怀孕来说，本身就是最可怕的事情，胚胎分分秒秒都在长大，肚子它就是会向世界凸现，一个小人儿就是要瓜熟蒂落。罢罢罢！ 为了俞亚洲的大好前程，为了任菲菲纯洁女生的清名，自杀算了。只有死最省事，死了死了，一了百了。

任菲菲深夜跳了河。绝命书还在邮局的送达过程中。

可是任菲菲没有死得了。她被吴阿姨跟踪了。在任屯村吴阿姨眼里，人命关天。生命总是第一位的，何况两条人命！其他道德品质生活作风计划生育等等乱七八糟之类的，都是可以再说的，也都是可以随着时代的进步翻过这一页的。过去任屯村全村都是大肚子病，时代进步了，毛主席发话了，血防工作做好了，现在任屯村就不再有大肚子病了。任菲菲傻姑娘唉，吴阿姨坚决不能够让任菲菲做这种傻事。

瞒不住了。两边父母都被惊动了。上海武汉之间，加急电报拍来拍去。两边的父母，反应惊人地一致。第一时间，如遭雷劈。第二时间，义愤填膺。他们的孩子，从小这么严格的家教，怎么还会这么不谨慎，混到坏人一堆去了！那个男的（那个女的），小青年就是小流氓，思想意识极其不健康，竟然做下这等伤天害理的事！对方必须给个说法！必须道歉！必须，必须，必须赔偿！第三时间，面面相觑，陷入沉默。第四时间，唉声叹气。其他都好说，现在的主要矛盾是：已经出事了，肚子已经大了，具体怎么办？谁负责具体操作？时间不等人，时间就是名誉。第五时间：拍案而起。不成！这电报就三五个字，拍来拍去，能够解决什么具体问题？再拍下来，孩子都生出来了。不行！赶快！得见面！得面谈！

双方家长激烈争执的过程中，俞亚洲的人生表情：一张苦瓜脸。又苦，又瓜。

俞亚洲正在考研，离不开武汉，绝无可能偕同父母一起去上海到案。要他把考研停下来，除非拉他去枪毙。任菲菲在医院搞个假的病假条，应该不是很难的事，她父母就可以带她一起来武汉。人要讲点道理是不是。十年寒窗，决不能够毁于一旦。幸好任菲菲的父亲是任宏昌教授。教授，大学教授。一讲“十年寒窗”，就还能够讲通。

远隔千里的沪汉两地，客船得几天几夜，火车得三四十个小时，再加上火车卧铺票子不好买，托了熟人最快也还是后天的票。出门一趟不易，还得去亲戚家借一只最大的旅行箱，三个人的换洗衣物日常用品，零零碎碎，还真不老少。火车上吃的总还得带一些，火车上的饭又贵又难吃。大白兔奶糖，要不要带一点，上海特产，高级东西，万一对方态度不错又还客气呢？毕竟人家是东道。毕竟是行客拜坐客。当然男方现在是严重过错，行客不用先给礼物。就带一罐大白兔备用吧。万一需要，就有礼物回敬，说明我们也是通情达理的人。万一男方态度恶劣，谈崩了，大白兔不拿出来就是了，自己吃掉，当牛奶喝，任菲菲也需要补充营养，然后有力气回上海，直接去公安局报警，强奸或诱奸再商议，总之任菲菲才 21 岁，谁看她都以为是一个中学生。

好了。不要忽略时间。时间这个东西非常重要。时间才是医治心灵创伤的良药。遥远的距离，缓慢的交通，临行前还得准备好几天，旅行不可能说走就走。就这十余天的时间，奇妙的转变悄然进行，大脑皮质的神经细胞，不得不换成另外的功能区域，以对付和料理旅途很多琐事。在火车上的慢慢摇晃中，任家的反复商议再也没有任何新意，都昏昏欲睡了。结果在火车即将到达武汉的时候，当初第一时间直至第五时间的情绪和态度，都很难再现，火气也没有那么大了。想想又感觉吵架啦威胁啦讨说法啦报警啦，最终都是两败俱伤啊。出了这种事，说到底两个小青年都有责任，一个巴掌拍不响，俗话说的。俗话为什么这么说呢？看来，还是就事论事，有话好好说吧。

而武汉这边的男方俞家，得知上海女方一家三口，气势汹汹，正乘火车跑来武汉讨说法。俞亚洲的哥哥把家里刀子找出来，都磨亮了，藏在顺手的地方，万一女方讹诈威胁撒泼，直接就抄家伙，跟上海人没什么道理可讲的，他们歪道理会讲个没完，只有真刀真枪架脖子上，他们才知道男女的事不是你情我愿就搞不成，天下明摆着的道理，还怪别人？！

俞家父母要大儿子一边去。去去去，先歇着吧，有事会喊你的。工人大老粗，就知道蛮干，人家已经跳河了，已经以死相逼了，你还要她再死一回？倒把自己搞成杀人犯？ 动动脑子啊。俞亚洲不是工人大老粗，他一直在读书，算是一个知识分子了。但他还是呆若木鸡，面如苦瓜。

俞亚洲的人生表情是：一副知识分子面对生活真实的软弱和无奈。

俞亚洲有读书的脑子，没有生活的脑子，有书本知识，没有生活知识。

但是时间是仁慈的，尽管从另一个角度来说也是冷酷的。但把俞家任家交战的时间拖延到十余天之后，正是仁慈的一面。上海的车开了。武汉严阵以待。待着待着，最初的愤怒和磨刀霍霍，一天天降温。然后同样有许多具体琐事转移了大脑皮质神经细胞的功能区域： 在火车站接到人，一家三口其中还有孕妇，送到哪里？住在哪里？女方没有说啊。这是在试探男方的态度和诚意吧？毕竟怀的是男方的孩子。男方还是应该事先找好一个合适的招待所。现实生活很实际，一件琐事接着一件琐事，一件琐事网罗无数件琐事。俞家父母只能一件件去办，去跑，去找人。这个时间里的心路历程，与上海女方一家大同小异，慢慢火气已经磨得差不多了。可见时间正是医治心灵创伤的良药，慢有慢的好。俞家再生气、再恼火、再见不得被人以死相逼，也必须正视一个现实：你儿子把人家女儿肚子搞大了。

你儿子好不容易考研了，锦绣前程还要不要了？

女孩子太不要脸了。是的。可她也是在你儿子面前不要脸啊，伺候的是你儿子啊，人家女孩子也是人生第一次，此前好端端一个黄花闺女啊！人家不找你家赔找谁呀？

火车站。月台接人。接人的人很多。很多旁人自然认为你们非亲即故。两家父母都是一张老脸，都抹不开，得笑笑哇。两家父亲，还被迫握了个手，一是习惯使然，二是给人看的，旁人太多了。

开端就还不错。双方父母，都看对方还算面善。再接到事先找好的招待所，铁路系统搞内部接待的，各方面条件比外面宾馆还好，女方父母心里就有数了，感觉到男方还是有歉意、有诚意。坐在一起，各自首先做了自我批评，都承认对自己孩子家教不严。武汉是东道主，又是出事的男方，男女出事，说破天去也是男方应该先低个头。俞家父母当了一辈子的革命干部，这点常识和胸怀，那还是有的。自我批评也就是男方父亲先开口的。讲完，女方父亲马上就开口了。既然男方父亲是老革命、离休干部，大几岁，还这么高风亮节，那是值得我们尊敬和学习的。女方父亲也是大知识分子、血防专家、老教授，自我批评当然也不敷衍，也还是颇有胸襟的。随后，各自母亲狠狠责备了各自孩子。

俞亚洲、任菲菲都深深埋着脑袋，脸红一阵白一阵，知错认错，一句狡辩也没有。俞亚洲偷瞟了几下，并没有发现任菲菲肚子里头有小孩。也不是他想象的孕妇模样。只是人瘦了一圈，女高中生变成了女初中生。任菲菲也偷瞟了俞亚洲几眼，发现他一点都不像那天在青浦的那个人，那天的机灵活泼大胆热烈，半点没有。那天时时刻刻都离不开她的一双眼睛，现在变成目中无人、呆板虚空。生活啊生活啊，幼稚无知的青春啊。

那么，往下具体该怎么办呢？大家互相看看，搓搓手掌，喝口茶喝口茶。

哎呀，何不结婚呢？思想怎么就一直在钻牛角尖呢？说的是啊，说的是啊。思路一打开，敌对一消除，干戈就化为玉帛了。两个年轻人一结婚，一切不就名正言顺了。反正总归他们都是要找对象结婚成家生儿育女的呀，仅仅只是现在早了一点儿，有早婚嫌疑，会遭到群众的一点背后议论，得不到政府规定28岁以后结婚的晚婚婚假，计划生育指标麻烦一点，得找人疏通。但是，比起身败名裂断送一辈子，比起你死我活双方都不幸，那就是太好的结局。

局势大逆转。讨说法即刻变成商议婚事。只因任菲菲已经有孕在身，结婚就越快越好，到时候分娩可以对外说是早产了。免得以后被别人算出日子来，暴露出婚前怀孕，面子上不好看。双方父母都不是普通群众，都是很有资历很有水平的父母。当机立断，说结就结，雷厉风行。此次不办，更待何时？

俞亚洲、任菲菲的脸，就慢慢抬起来了，满脸迷惘，又喜又惊。喜的是父母们并没有吵闹起来，而且解决了祸端，他们不用再提心吊胆、惴惴不安了；惊的是结婚来得太快，父母们讨论热烈，甚至喜上眉梢了。而对于他俩来说，才刚刚认识，只是在青浦接触了一天，完全不了解对方，且本次一见，更觉得对方陌生。这就结婚吗？

俞亚洲的迷惘更为深重，他压根儿就没有打算这么早建立小家庭。他是想拿到博士以后再着手解决个人问题的。而现在才刚刚考研。任菲菲也很委屈，泪花闪闪，内心惊呼：难道我这辈子连个比较和选择的余地都没有了吗？难道我这如花似玉的青春，就只处一个男朋友吗？万一将来遇到更好的男人呢？遇到真正的爱情怎么办？

这就是年轻人不懂事了。你们自己闯了祸，自己就得负责到底。好汉做事好汉当。一条小生命，不是开玩笑的。说是年纪小，也不小了，都过了二十了。历史的教训值得注意！这个教训，你们要牢记一辈子。以后做任何事情，都要三思而后行，都要先考虑后路，绝对不可以一时冲动，绝对不可以感情用事——重要的话重要的真理，重复四遍。两边父母四个人，人人都语重心长教导了一遍。俞亚洲、任菲菲在真理面前，不得不，再次低头。

那就结婚吧。

结婚了。就这样。免礼。临时只能因陋就简。一只大旅行箱子，任菲菲三分之一的衣物和一罐子大白兔奶糖，就是她的全部嫁妆。领结婚证也不是一件容易的事情，还需要双方单位介绍信和户口本。找熟人开后门拍加急电报。两人年纪这么小就结婚真是很不要脸，在颁发结婚证的民政柜台，俞亚洲、任菲菲也吃够了工作人员的冷脸白眼和刁难。

好在俞家父母，都是武汉铁路局的老资格老干部，还真是有门路。俞父老革命，刚从武汉铁路局某领导岗位退下来，此前还曾长期担任武铁调度科科长，那是实权。母亲在武铁教育处，副科长，分管武铁中小学，也有实权。小孩子上学的事情，老早就很重要，地段好、师资好的学校，大领导的孩子想上，也要靠副科长提供方便的，正所谓县官不如现管。俞亚洲的哥哥还有一个姐姐连同嫂子和姐夫，全都是铁路上的。火车票对俞家来说，太不是问题了。他们自己乘坐火车是无须买票的，掏证件就好，全国畅通无阻，连卧铺都留有职工工作席的。铁路无论货运还是客运，都是长途交通的主力，社会与人人，都有求于铁路。自然也就会回报铁路人。互相帮助嘛。

俞家全家紧急动员，一个急就的婚礼，在物质供应各方面还很困难的条件下，也算得上很隆重了。俞家说是因陋就简，在任家看来那是太客气了。婚礼在武铁江岸工人文化宫举行。婚宴就摆在文化宫大食堂，也有几十桌了。喜宴菜肴丰盛，烟酒高档。厨师都是铁路上一流的，都是可以随时上专列，服务中央领导的。来宾都吃得兴高采烈，赞不绝口。

任家父母当然也是赞不绝口，十分满意，三番五次地主动过去给俞家父母敬酒。

真是太辛苦俞家父母了，儿女婚事仓促，他们都没有办法帮忙，全靠亲家劳烦。筹备了几天就办得这么热闹、这么风光，来这么多人，彻底挽回了他们两家的面子。俞家父母也回敬，说：不辛苦不辛苦，铁路上嘛，就是四通八达，产业工人豪爽大气，团结一心，火车跑得快全靠车头带。请大家帮忙来吃饭喝酒，那容易，只要开个口。这还是控制了人数的。亲家一定熟悉革命样板戏京剧《红灯记》的吧？咱们现在这里，就是《红灯记》里头说的，是汉口江岸机务段啦，“总工会一声号令，全线的工人都罢了工”——后面的台词，任家父母也会背呀，谁不会呀，就凑近来，一起道京白了——“江岸，一万多工人，都上大街，游行啊！”

往事如烟。哈哈大笑。旁边听到的人，热烈鼓掌。京剧台词，四个老人，一起念，念得像模像样。了不起，开口就来，都像是票友呢。

这一次，两家亲家，四个老人，婚宴上，喝了酒，一起演了《红灯记》片断，真正的感情就产生了，就投入在一家人的感觉中了。两对四双老手，紧紧纠缠一起了。当苦难过去，你还活着，你就会对苦难产生一种莫名其妙的亲切感。这种共同的不为旁人所知的亲切感，在四个老人一起念道白的那个瞬间，袭上了他们的心头，这也就是他们的手互相纠缠的一种内在原因了，与婚礼无关，但对婚礼有用，亲朋好友们都看在眼里，都感觉这门亲事是对的。俞亚洲、任菲菲也看到了，对解除他们心中的余悸，大有裨益。

看呆的还有俞亚洲的老师和同学。他们人人都惊掉了下巴。同学们都以为俞亚洲会是他们中最后一个结婚的，不料居然抢在了他们所有人前头。同学们都认为异地婚姻之难难于上青天，户口、调动、一个家分两半、一年只有一次探亲假，等等，都是不可想象的困难，可眼前正在举行异地结婚盛典。真没有想到俞亚洲这么敢于挑战。

俞亚洲的人生表情是：一个被动的新郎。手足无措。任人摆弄。穿一身临时买来的不合身的新衣服，皮笑得起来肉笑不起来的样子。

新婚第三天，任菲菲还是随父母一起上火车回上海。她是有工作单位的人，她必须回自己单位上班。俞家人一直把他们送到卧铺车厢，不用他们买票。进餐都有新鲜小炒，餐车服务员会主动送过来。以至于任菲菲父母大为感慨，发现火车上的饭食其实非常可口。看着窗口流动的风景，吃着热腾腾的爆炒牛肉，喝几口黄鹤楼，乘火车的困苦变成了享受，与来武汉的那趟车以及此前所有的乘车相比简直天壤之别。

哎呀女儿这个婚，好像结对了啊。尤其是任父，还蛮中意女婿的，原来女婿并不是一个小混混小流氓，一点都不沉溺于卿卿我我的小家庭生活，是一个书呆子，很像他自己啊，是一个热爱学习、志向远大的青年，日后必定前程远大，至少是个学者是不是。任母也非常赞同丈夫的意见，尤其是想到今后再乘火车就方便了，作为铁路上的亲戚，就能够享受优惠了，感觉天上掉下个大馅饼，老开心老开心的。

任家父母就这么嘱咐女儿了：菲菲呀，你也是结婚的女人了，有一些话现在可以对你说了，其实婚姻这个东西啊，就是碰运气。不管认识多久，也不管谈恋爱多久，哪怕你们这种闪电式的，结婚以后，都是实际生活，实际生活都是生儿育女，柴米油盐，日久天长，都是一模一样的，慢慢你就会知道了，主要靠你自己把日子过好。今后呢，你主要就是大力支持你丈夫，你丈夫是一个事业心很强的好青年。事业型男人最好，不花。再说嫁个婆家是铁路上的，还真是蛮好！想不到的好！你这一辈子，要懂得珍惜啊，菲菲！

与此同时，俞亚洲也开始了有妇之夫的婚后生活，尽管两地分居。俞亚洲、任菲菲在俞家，名正言顺就有了一间他们自己的婚房。他们的小家。大家庭里头小小一块领地。他们自立门户了。俞家父母就是这么嘱咐儿子俞亚洲的：小子哎，看来你走狗屎运了！你岳父岳母很喜欢你爱读书，很看重你日后前程，钱不会少给，老两口看起来还是很殷实的，钱包还是挺鼓的，这次一切都是我们家办的，他们欠情太重，是说了要汇钱来的。女儿出嫁，本来就应该给嫁妆的嘛，你要发财了，你要珍惜这个老婆啊！

确实，任家父母在火车上，已经拿出小本本，在一项一项地计算，做加法，把女儿嫁妆，比如床上用品——四铺四盖或者更阔气更豪华的八铺八盖，换算成阿拉伯数字。加起来一总给钱。上海人或许不会率先慷慨大方，但如果对方已经慷慨大方了，上海人也还是懂得还礼的。而且还礼总归应该更丰厚一些。俞亚洲这个女婿人不错，现在国家正需要人才，将来他准会被重用——那就八铺八盖！

生活就像火车一样，稍停一站，汽笛一响，又哐当哐当，继续前行了。

假如生活真的像火车那么单纯就好了。从起点到终点，有轨道可循，有调度安排，只管埋头赶路就好。生活岔路太多，却没有任何人事先为你扳道岔。俞亚洲用婚姻终结了婚前所有的麻烦和矛盾。可是婚姻本身，又带来了新麻烦和新矛盾，而且是蜘蛛网式的，四面八方生出多条线索。

俞亚洲在父母家真的拥有了自己领地吗？也只是风俗习惯的说法而已。

俞亚洲父母天亮就起床。俞父起床就拧开收音机，听广播，早间新闻绝对必须听，收音机也必须随身拿在手里，客厅厨房厕所哪里哪里都必须随身带。俞母则大怒：一个人，在家里，为什么要老是抱个收音机？！刚起床，得做早餐。吃早饭，做清洁卫生。儿子喜欢熬夜看书他还在睡觉你就注意别吵醒他。白天有报纸可看，晚上有电视可看，新闻说的就是那几件大事，一样的，为什么大早起来不帮忙拖个地板，抱着个收音机不放？！现在儿子媳妇新房在家里了，你要注意一点，赶明儿媳妇要是回家了，你这样怎么可以？

俞父本来还不理睬，没有搭腔。可是俞母说个不停。俞父怒火也就被挑起来了：你少给我唠叨好不好？我爱听个收音机又没有强迫你听，碍你什么事？！我凭什么大早起床就应该给你拖地板？！噢，我的家，老子的房子，老子的家，儿子媳妇住在我家里，我就连听收音机都不行了？ 他们住这，就应该是他们拖地板。年轻人不拖地板，让 60 岁的老子拖地板伺候他们？这不是搞邪完了！硕士也好博士也罢，在家就是儿子。儿子媳妇在家，该做的家务事，他们就得主动做，孝敬父母是中华民族传统美德。书读得越高应该越懂这个道理。两个老的累死累活替你成了婚，哦，你还不起来拖地做早饭?！过去说是学生娃，现在都结婚是大人了，还躺那里等父母伺候?！说得过去吗?都是你惯的！都是你惯出来的毛病！从来就是读书读书，在家里四体不勤，饭来张口衣来伸手，以后绝对不行！

俞亚洲当然醒了。怎么可能不被吵醒。父母二人大声嚷嚷、吵架。收音机兀自响亮播音、重音乐广告，不顾人间忧烦。

父母原本是自己对吵，吵到这里，矛盾自动转移，矛头对准了儿子俞亚洲，还捎带上了并不在场的媳妇任菲菲。因为俞亚洲结婚了。结婚了就是大人了。大人做事不可以像小孩子。三天婚假之前，俞亚洲在父母面前，二十多年里都被当作会读书的孩子倍加照顾和迁就，三天婚假以后，他就应该以大人的姿态做大人应该做的事情，比如：大清早起床拖地板。

在俞亚洲印象中，他的父母都有个性，都有观点，都有原则，都喜欢说话，说话都喜欢大声嚷嚷。争执是他俩的家常便饭，是俞家的生活方式和生活习惯。在新婚三天以后的第四天清晨，俞亚洲被父母吵醒，躺在床上，两眼直望天花板，感觉天花板在往下压，压力很大。原来他父母的生活方式和习惯，在与时俱进啊，还进步得相当厉害，两人都磨练得口才更好、攻击性更强、脾气更大了。

脚下突然就是一个新的岔路口，俞亚洲的生活列车即将倾覆。他来不及了，他毫无准备。哦看来他还是得有自己的住房自己的小家。自己得弄房子了。怎么弄?找学校要住房?以前从没想过，准备拿到博士再说的，感觉好难啊。现有一间单身宿舍，本来挺好，也很自在，可是三天婚假以后，他有老婆了，随后就要有孩子了。学生宿舍怎么可以住产妇婴儿呢?哦，原来他得起床拖地了。哦，父母都是五六十岁的人了，原来他们是老人了。

继续。父母围绕儿子媳妇的话题在继续。家庭生活就是这样：多一个人，多很多话题。俞亚洲必须听着，必须进入生活。

再说俞亚洲也该整理一下他们的新房。俞亚洲、任菲菲在他们新房住了三天，任菲菲三天都没有叠被子。这个新房是父母给腾出来的，本来是父母他们自己的卧室，两室一厅当中唯一朝南的房间，父母把最好的房间给儿子媳妇当新房，委屈自己去住北面，冬天很冷、夏季很热、春季很潮、秋季很干，年轻人好像没有会意到父母的好，也不懂得父母做出的自我牺牲，更没有一句"谢谢"给父母，还不整理房间，被窝睡了三天，新床给睡成了猪圈，就不知道整整齐齐收拾起来，新房哪里有个新房的样子?！外面来个人，看到是多么丢脸。幸好这个媳妇在外地上班。如果住一起，天天在一个家里，三天不叠被子，婆媳矛盾肯定无法避免。这转眼就要生了，生个小孩子添多少事啊？和尚衣啊尿布啊襁褓啊斗篷啊绒线帽啊，有人在准备吗？有人说一句吗？有人商量一下这些事吗？这两个人也太不懂事了！年纪现在虽说是轻了一点。可是我们当年呢？我 18 岁生头胎儿子，我自己都准备得齐齐备备的，还做了猫猫鞋。

闲聊一下家务事无所谓，但俞父很不同意俞母篡改历史。有这样为自己脸上贴金的吗？俞父认为一个人还是谦虚谨慎一点比较好。吹牛不要太过头。东西都是你娘家亲戚早准备好的，娃娃的全套都是你娘家准备好的。你自己还小姑娘一样，跟着你们那个立武老师在外面到处闹革命，也不顾家的好不好。

——说到娘家亲戚我就来气！你也太健忘了吧？我们结婚那天晚上，你们就把彭厨子杀了！我还有什么娘家亲戚了？

啪啪啪啪——俞父大拍桌子，早餐餐具在饭桌上顿得很响，每一副碗筷都很生气，有一根筷子跳到地上去了。又胡说八道！我没杀彭厨子！——那谁杀的？你说啊！你不说就是你。——你这是造谣，污蔑。一生都不停止对我搞打击报复！

——你杀了彭厨子，我就要报复你！

我没杀彭厨子?！

——那谁杀的?！

我不知道！不知道！不知道！

——他俩扯到哪里去了?！新婚才第四天的俞亚洲就在自己小房间里。昨天他送走自己的新娘倍感忧伤。夜里无法入睡，清晨才刚刚睡着不久。父母怎么就会想不到这一点呢？怎么就不能够体谅一下新婚伤别离的儿子呢？新婚小夫妻正大光明在一起只睡了两个夜晚，第三天就是别离。又扯什么彭厨子呢？彭厨子是哪朝哪代何年何月的人？！有什么纠缠不清的，父母每次争吵只要提及彭厨子必定升级为翻脸恶吵。

俞亚洲听厌了。彭厨子何许人也？被谁杀了？俞亚洲一点不关心。他只恨自己，结婚过于仓促，新房不得不落户父母家。这位彭厨子虽死犹生，纠缠了父母一辈子，居然又来到了他的新房里。“彭厨子”这三个字，被他父母高声送进新房，钉在新房的天花板上乱跳。天花板本来令呆呆望着它的俞亚洲压力很大，现在又现出一个死人的名字。俞亚洲这是在自己的人生领地吗？是他自己想象和需要的小家吗？太不是了！简直受不了！俞亚洲爬起来，飞快穿上衣服，拉开贴着大红双喜的房门，毅然决然直接穿过客厅，直接忽略餐桌，忽略历史与彭厨子，直接拉开家里大门，头也不回地出门了。眼神也没给一个，话只留下了一句：“回学校了啊。”语音语调语气，平静客观公允，就像收音机发出的一样。

一出家门，大街上车水马龙，市声喧哗，公共汽车站好多人，下一路车快到了吧？过江的车总是人多拥挤。脑筋被转换。接下来，俞亚洲到了学校。俞亚洲可以看书了。俞亚洲的学业，就得以继续了。

但是，很快，人生又出现了一个新的岔路口：女儿出生了！

还是得靠父母。还是得回到父母家。产妇得坐月子。新生儿开始了她人生最初的吃喝拉撒睡。还是得父母照顾和料理。俞亚洲不可以受不了父母。除了父母没有任何人帮你。

下一次，再不愿意，也还是要推开父母家的门，说：“我回来了。”语气平淡没关系，关键在内容。

俞亚洲的这个人生表情：没有爆发的火山。高度压抑的平静。

按民间风俗，女儿不得在娘家生孩子和坐月子，必须得在婆家。临产之前，任菲菲就来武汉了。乘火车变得方便，上车后被照顾得不错，任菲菲独自跑来跑去就也还没有太多怨言。任菲菲深夜破水，发作了，赶紧送医院。俞亚洲不在现场，他跟导师开一个学术会议，出差在外，赶回来已经错过。

俞家父母都守在医院。任菲菲在产房里头哭喊。哭喊声混同在一群产妇中，形成集体尖叫，任菲菲的个人痛苦被淹没，被人们当作女人生孩子的一种仪式：生孩子嘛，哭喊正常。生育嘛，总归是一道鬼门关。正常。俞家父母在外面走廊等候，也混同在一大群家属中，婆婆和女人说闲话。爹爹和男人说闲话。陌生人们说说笑笑拉家常有时候更贴心，都敢说真话，等待的时间就更容易过去。

孩子出生了。是个孙女儿。俞家父母可高兴了。因为俞家大儿子生一男孩，女儿也生一男孩，俞亚洲这次添个女孩，孙子辈就是儿女双全了。俞家父母不像一般人那样，他们是革命干部，没有重男轻女思想。

糟糕！新生儿出状况了。都是找了熟人送了礼的，怎么小孩还是被呛到羊水，吸入了胎粪？天啦，出生没呼吸，窒息十分钟，住进重症监护室。俞家父母都没有告诉小儿子，生怕分他的心。俞爷爷、俞奶奶在医院轮流值守。俞亚洲的姐姐赶到医院帮忙。俞亚洲哥哥的老婆也赶到医院了。吃饭上厕所总要有人轮换。产妇的鸡汤鱼汤总要人煨好了送过来。俞家父母子女就是团结，只要看到哪一家发生不幸，都会非常同情并主动伸出援手。小娃娃自己也争气，生命力强，当日傍晚有了自主呼吸。谢天谢地！可是第二天怎么又发烧了、还呕吐、四肢僵硬、哭拉直音了。医生口头告知说娃娃没治了。俞家父母坚决不相信。假如孙女儿丢在了他们手里，怎么向小儿子交代呀，那还不得一辈子遭儿子媳妇恨。医院下了书面病危通知。俞家又紧急地，大家都找人，求救各自亲朋好友，一定要拿到儿童专科医院床位，不惜代价地！马上离开铁路医院，转入武汉市儿童专科医院。就在转院途中，娃娃再一次自动觉醒，二便通了，眼珠子会转了，目光就在爷爷奶奶脸上转。俞家父母喜不自禁，老泪纵横。娃娃住院治疗 18 天，竟然痊愈，并没有像某些医生说的没治了，也没有像某些医生断言的脑缺氧三分钟就脑损伤不可逆转，你们都十分钟了，以后活着也是个傻子，不如放弃治疗。

绝不放弃。绝不！娃娃啊，爷爷奶奶都是革命年代过来的人，有斗志，有信心，绝对不放弃宝宝。爷爷奶奶发誓：娃娃如果真的傻了，就一直跟他们过，他们养她一辈子！任菲菲感动地哭了一场又一场。任菲菲分娩时候出血过多，还给输了血，产后虚弱不堪，她自己也就是一个病人。据说月子里头哭不得，哭了一辈子眼睛痛。可是任菲菲不哭不可能，她遇到的婆家太好了。只是俞亚洲呢？孩子他爹，他人在哪里？

俞亚洲在学校。在学习。在紧张地写硕士论文。全家都怕分散他注意力，怕打乱他思维，怕影响他硕士论文，就什么都没有告诉他。他知道了有什么用？除了干着急。多出一个干着急的人。他什么忙都帮不上。既然读硕了，就得顺利拿到硕士文凭。现在社会改革开放了，重新重视知识分子了急需人才，文凭现在特别特别特别重要。必须拿到硕士文凭！

孩子转院成功。病情稳定了。俞亚洲出现了。

俞亚洲每次来，抱抱娃娃，娃娃不是在呼呼大睡，就是在哇哇大哭，或是在心无旁骛地大吸母乳。全家所有人争相描述娃娃的惊险生命历程，命悬一线也好，与死神搏斗也好，二便突然神奇地通了也好，俞亚洲都很难想象和体会，也缺乏想象和体会的主观意愿。他只是连连点头。他学会了静静倾听的模样。他的嘴巴，还学会了甜一点，这是学长教给他的生活经验。

“这真是太了不起！”

“这真是太辛苦了！”

“这真是难以想象！”

“辛苦你了，姐姐，辛苦你们了，哥哥嫂嫂！”

“爸爸妈妈最辛苦，都累瘦了！”

大家听了都很高兴。一个从来不会说好话的书呆子，现在也都发自内心说好话了，到底是做爸爸了，开始懂得人情世故了。家人也都很真诚地回答没什么没什么，一家人嘛应该的，只要母女平安就好。

任菲菲也早想过娃娃的名字，男孩子女孩子的两种都打过腹稿。现在是女孩子，叫俞思语怎么样？俞亚洲非常赞同：好好好！好听！诗情画意的，俞思语！俞思语！你真会起名字！俞亚洲还真的是从来都没有想过小孩的名字。作为一个父亲，事先都不曾想过小宝宝的名字，这样的父亲是不是不怎么样？好在人们都只是心里有口里没有。笑笑就马虎过去了。俞家父母见儿子还不懂疼爱自己的崽，他们就要加倍疼爱了。

生活教育了俞亚洲。十个月的生活，胜过了十几年的学校教育。

好了。外婆赶到了。外公出国参加联合国卫生组织会议去了，否则是一定要来的。外婆一见宝宝的面，就在她襁褓上放了一只大红包，足足 5000 元，崭新红钞票，特意去银行换的。私下俞家父母小声告诉小儿子，说你走狗屎运就是走狗屎运，瞎碰碰，碰到一个丈人家还够明事理的。心里就知道自己女儿生了女孩在婆家直不起腰说不起话，就特别给女儿撑面子，5000 啦！给，拿去吧。红包是你的。

俞亚洲把红包给了父母。老婆生孩子他压根儿都没有管，孩子还重病一场，被爷爷奶奶及时转院抢救过来。这个红包，就算孙女孝敬爷爷奶奶了。俞家父母还有什么话说呢？笑在脸上甜在心里。做老人的不怕辛苦，怕就怕辛苦了儿子媳妇都还不领情。孩子们这么懂得领情，父母累死累活也就值得了。其实老人用不了几个钱，马上娃娃满月、百天、过周，老人都会给红包的，钱还是回去了。都说水往下流，钱也一样。

看来钱的确很重要。生活再一次教育了俞亚洲。这次偶然给了父母一个大红包，父母顿时笑成一朵花，这个舒畅，这个慈祥，也是俞亚洲从来没有见到过的。俞亚洲应该尽快拿博了，拿到博士，才赚钱更多，多给父母红包，家庭就多几分和谐美满了。俞家父母不图孩子的钱，这是肯定的，就图个孝心。孝心用钱来表示是最好的。连钱都舍得，孝心那还有什么话说。俞亚洲明白了。

俞亚洲抱抱女儿，吃一顿饭，对任菲菲说要注意身体，就过江去武昌了，返回学校了，连夜都没有过。过夜他吃不消。自从母婴从医院回家，他小夫妻所谓新房的房门就24小时敞开不关，俞家父母随时随地直接进来，娃娃拉臭臭了、撒尿了、口渴了、肚饿了、该吃药了、该洗澡了、该抱到阳台上见见日光了、夜里得喂两次奶把尿三次，俞家父母都很精准地知道并会及时进房间操作。任菲菲的主要任务是坐月子，靠床头休息、睡觉、吃肉喝汤、哺乳。对这琐碎的全套运作，俞亚洲同样都很难想象和体会，也缺乏想象和体会的主观意愿。他实在硕士论文太忙，还碰到了一个特别难搞的导师。

俞亚洲的女儿俞思语，从出生开始，就是爷爷奶奶的娃娃了。

56天产假满了，任菲菲返回上海青浦血防陈列馆。她得按时到单位上班。任菲菲得比以前表现成熟了，得尽量搞好群众关系了，争取在调动工作的过程中处处顺利，不被卡住调令不放人。就是就是。这边俞亚洲会抓紧。请调申请报告已经写了，也早就递上去了，现在有了孩子，结束夫妻两地分居状况就更为迫切了。好在国家也有明确的相关政策规定，俞亚洲单位的有关部门当然会照顾夫妻家庭困难。再次找找学校有关部门，看看到底学校哪里可以进入，图书馆应该是首选吧。好的有了消息就写信。

请调申请报告走到哪一步了？没有走到哪一步。根本就还没走。虽说国家有政策照顾两地分居夫妻，那还得看具体哪个单位需要人是不是？俞亚洲所在大学，现在不需要人，教职员工加退休人员，正式编制都人满为患。任菲菲连个大学文凭都没有，还是个女同志，在大学真的好难有位置。那我们再想办法，你再等等。再等等，还是摇头。再等等，不待俞亚洲开口，人事处长已经摇头苦笑。俞亚洲又忙，几个月没有去问了。再一去，不在，办公室人说：处长出差了。下一回，还是不在，处长开会去了。我们处长很忙，你不用老是来找他，我们会把你的情况汇报给他，有了消息就会通知你的。

一晃三年了。一晃五年了。一年一度探亲假，咱们是牛郎织女星。俞亚洲还处于等待之中，任菲菲这里没人要，那里也没人要，文凭太低，现在需要人才的社会都不想要。等得连老讲解员吴阿姨都去世了。还是血吸虫病，年轻患病，忽略了根治，损害了肝脏，肝硬化腹水到了晚期，就不治了。任菲菲在追悼会上哭昏过去了，她经不起抚今追昔。消息传来，俞亚洲也很伤感，也表扬了任菲菲是一个有情有义的人。只是回信写得不长，只有任菲菲来信的三分之一。读书真不是开玩笑的。俞亚洲能够读博就很不容易了，博士论文真的需要全力以赴。主要俞亚洲并不是想混个文凭，而是想学点真本领。两地分居，跨省调动，这是一个社会难题，不是个人的问题。一般人谁都知道，谁都视为畏途，一般人都会避免两地婚姻，就是害怕调动。我们没有避免得了，我们就得认了。人家夫妻调一辈子都没有动的，多得很。三五年不算什么。我们都还很年轻，又遇上了改革开放的新时代，正好抓紧时间多学点科学知识，不辜负大好机遇。任菲菲不吭气。俞亚洲说的都非常正确，非常豪迈，却也非常空洞，任菲菲只要知道具体的。什么时候任菲菲能够调到武汉，与自己丈夫女儿团聚。

少年夫妻的长期分居按说应该但是并没有让家书抵万金。

任菲菲写信也拒绝空对空，只要具体进展。

俞亚洲写信说：具体进展么就是路要一步步走，饭要一口口吃，心急吃不得热粥。

任菲菲回信说：这还是大道理。

俞亚洲回信说：我原来以为读博应该比读硕轻松一点，事实上完全不是，读博需要投入更多的精力和时间。真的，你不读博你是体会不到的。

任菲菲回信说：我高中生。

任菲菲体会不到、也不想体会。只想尽快结束两地分居，尽快有个自己的家——女人这样子可以理解。女人嘛。让她生生气，发泄一下委屈。俞亚洲得学会忍。

因为俞亚洲这边的确并不难熬，主要有父母做他的强大后盾。思思你就不要操心了。思思上幼儿园可乖了，只哭了头几天，慢慢就习惯了。思思上小学可乖了，自己走进学校大门，想哭，忍住没哭，才六岁，了不起吧?！送思思学前班和培优班，那是肯定的！ 别人家孩子都上，咱们家还能够不上？怎么能够让一个博士爸爸的女儿输在人生起跑线上呢?！放心放心。我们还跑得动。还有你哥哥嫂嫂、姐姐姐夫，都很帮忙。这个六一儿童节，他们又带思思去儿童游乐场。思思还坐了过山车。还吃了肯德基。你知道过山车、肯德基都不便宜的，我们给钱他们都不要，都是一家人，我们全家都支持你。你已经给我们全家挣了大面子了。我们老同事老邻居说起你来，哪个不竖大拇指。走到哪里我们脸上都有光。年轻人，就应该是你这样，专心学习，奋发向上，做时代弄潮儿，不贪恋老婆孩子热炕头。我们脸上特别有光。你就全力以赴拿博士吧。将来一定前程无量。

将来是否前程无量，俞亚洲不敢肯定。但他可以肯定他已经做到的事情：他是他们俞家兄弟姐妹三个人当中最会读书的。也是书读得最高的。俞亚洲可以肯定，他已经为父母家人带来了很大的精神享受和生活快乐。

精神享受和生活快乐其实还包括俞亚洲的女儿俞思语。带小孩子固然辛苦，可辛苦的同时，不也是一份浓浓的亲情和伟大成就吗？俞家父母，亲手把一个出生就病危的小家伙，抚养成活蹦乱跳的漂亮女孩子，多么了不起。

一起带孩子在外面玩晒太阳的家长们、保姆们，每一次，听到这个惊险故事，无不啧啧赞叹。奶奶你都这么大年纪了还又当爹又当妈的，真了不起！ 爷爷会不失时机地说：没办法啊，她爸在读博啊，只好我们来发挥一点余热了。

真了不起太了不起了！爷爷奶奶每天受表扬，到处受表扬，他们被表扬得笑呵呵的，还到处向别的爷爷奶奶传经送宝。俞思语成为俞家父母的主要生活内容了，俞家父母一天都离不开俞思语了。

在俞亚洲看来，其实他也算是把女儿奉献给父母了：没有俞思语，父母一天到晚搞阶级斗争，你死我活地死掐，俞思语一出现，他俩马上就有了一个共同的革命理想和宏伟目标： 来来来，思思再吃一口。看爷爷，他要抢你的肉肉吃，思思赶快把肉吃掉。吃了肉，长个子，快快长成一个漂亮大姑娘，好让爷爷奶奶看到你出嫁。博士的女儿，那肯定是风风光光地出嫁。

俞思语这个孩子，还特别不省事，就不肯吃肉，就不肯睡觉，就不肯长头发——三岁之前都长不出头发来，头皮满是湿疹，爷爷奶奶轮流抱着跑医院看病，武汉三镇的医院都跑遍了。求医无果，又启动民间偏方，剃头刀、牛角梳子和篦子，买了水牛角，爷爷还要再去买犀牛角的，听说犀牛角的更有效。好嘞我肯定买得到！奶奶每天两到三遍。为俞思语刮头皮、篦头皮，小磨麻油涂抹按摩头皮，几年如一日。仅就这一项，这是什么工作量？这种工作还不得做成了生活习惯？俞思语还容易咳嗽，稍微变天，热了冷了都咳嗽，咳得一双小眼睛全是血丝，叫人心疼。还呼吸困难，随时都要被憋过去一样，真叫人心疼。

人与人之间，付出越多，感情越深。感情越深，越习惯一起生活。俞思语六岁那年忽然生出浓密的油亮的一头乌发，奶奶笑着哭，哭着笑。爷爷奶奶连忙地，一起把思思带到俞亚洲的学校，就打搅你这一回：你看一眼你女儿的头发，赶快拍张照片给她妈妈寄去！

因此，俞亚洲不用管孩子。俞亚洲并不难熬。俞亚洲还并不欠情。女儿俞思语长到六岁，俞亚洲的人生表情，一直都还是单身汉的表情。

一周六天住在学校，三点成一线，典型单身汉风格和单身汉做派：日常用语完全不涉及老婆孩子小家庭。路上遇到其他新爸爸老师，推着婴儿车，俞亚洲也得停下来与同事寒暄寒暄，夸夸同事的小宝宝：啊，宝宝长得好快，都一岁多了吧！俞亚洲就是这么有口无心地夸三个月的婴儿。俞亚洲这种单身汉状态，自然就引来了倾慕博士的女大学生。女生在食堂暗中候着他，假装偶遇，与他一起吃饭聊天，请教博士很多问题。也有跑来给他整理宿舍打扫卫生带来一小盆绿植摆在窗台上，单身男人宿舍就是简单枯燥，一点生活气息都没有。

对于女生当中极少数相貌不错的，俞亚洲也会荷尔蒙突然分泌，爆发求偶冲动。俞亚洲也会装傻，事先并不表明自己已婚身份，冒险享受一点风花雪月的事。事后俞亚洲会吃惊地反问女生：真的吗？你怎么会不知道我已经有妻子女儿了？对不起对不起，我以为你知道。

这是事实，俞亚洲就是一个貌似单身汉的已婚博士。和妻子长期两地分居。事实明摆着嘛，他以为学校师生都应该晓得的。这方面俞亚洲很侥幸地获得了几次成功。女生知难而退。没有大闹的。闹到得罪现在的博士将来的教授，对自己将来也没有任何好处。默契中男女双方都让成年人之间的那点小事过去了。以后校园碰到，也没有尴尬，更没有什么感觉。并不是所有的上床都是有感觉的事。俞亚洲一次都没有把婚外性搞成婚外恋。他真没时间和精力从事婚外恋。不过，也真没有哪一个女生，能够再一次地，把俞亚洲变成那个跑到青浦玩的激情无脑小青年。

俞亚洲最危险的一次，就是后来在广西考察时遇到的格瑞丝，一个当地女孩，被当地誉为“小刘三姐”。民歌唱得太好了，为人也很好，善于察言观色，聪明伶俐，懂事极了。其时俞亚洲已经转入仕途并春风得意到处挂职连连提升，在行政工作中把卡拉 OK 也练出来了。

俞亚洲原本是不会唱卡拉 OK 的，做行政工作以后，发现不会卡拉 OK 不行，同事们、上下级，很多人都会唱，很多领导也很喜欢听歌。许多招商引资场合，光是喝酒也不够有文化，又要把气氛搞活，唱唱歌，品位和气氛就都上去了。再说那几年到哪里吃饭，包房里都有卡拉 OK 设备，一般如果主要领导和招商引资主宾这两位表露出来喜欢 K 歌，大家吃到一半就都会起身轮流去唱卡拉 OK。俞亚洲得入乡随俗啊。工作需要什么，他就得学习什么啊。俞亚洲的特点与优势，就是勤奋好学。好在他有爱好民歌的底子，加上一番勤学苦练，卡拉 OK 也就唱得比较自然了。

在广西刘三姐景观园，与格瑞丝一个对唱，俞亚洲惊喜地发现，这个女孩子特别善于配合，只要女孩子懂得怎么样配合与烘托他，他的卡拉 OK 水平自然就会水涨船高，听起来简直有点像在音乐厅表演了。俞亚洲唱上瘾，主动邀请格瑞丝，连唱多首流行歌曲，曲曲都大获成功。那种心有灵犀一点通的感觉，还真是让俞亚洲夜不能寐心潮起伏了。

即便是十分善于克制的俞亚洲，也忍不住半年之内连续去了三趟广西。俞亚洲主要还渴望唱唱民歌。正好格瑞丝就是民歌最拿手。他俩珠联璧合，差不多把全中国东南西北的民歌都唱遍了。格瑞丝还非常耐看，越看越好看，相貌是民族特色的，凹眼睛凸眉骨，比一比，中国多数女孩都显得是肿眼泡。

不过男女之间的最后一关，俞亚洲还是没有突破。也正是身处官场以后，俞亚洲看多了听多了，不寒而栗。很多官员都在女色方面掉得大。一旦出事，一辈子前功尽弃不说，老婆孩子还都看你不是人。现在社会一旦发展到金钱物质了，男女关系根本就还不是什么男性和女性了，不再是单纯的性吸引与性冲动了——唉，如果单纯就像民歌那么直接和赤裸，俞亚洲还感觉挺有意思的。现在男女一见面，一有意思，就都启动了潜规则。双方都在算计自己能够获得的利益。女人要么想做官，要么想发财。男人要么想用权降伏，要么想用利购买。性本身倒是变成了附属品和砝码。太没有意思了。也太可怕了。当格瑞丝曲意逢迎他的时候，不由得让俞亚洲暗忖：格瑞丝想要什么?

原来格瑞丝仅仅只是想要读书学习。还蛮单纯的。求学是一个正当要求。格瑞丝想到法国留学，可是平民百姓从地县过来打工的小女孩子，找不到正规门道，留学中介都漫天要价还疑似忽悠。这一点好办！对于求知欲强烈的小青年，俞亚洲总是能够恍惚看见自己的青春，总是会另眼相看并给予大力支持。与广西省文化教育系统这边联系联系，同僚们之间打个招呼，请本系统正规留学机构出面帮忙，一切替格瑞丝办妥，费用能够优惠尽量优惠，不就行了？这应该是为人民服务。甘当伯乐。当官不与民做主不如回家卖红薯。

对于格瑞丝的由衷感谢，俞亚洲最多也就是在无人处，捧住格瑞丝的小手，把它们紧紧地握在自己手心。其他都无伤大雅，不过喝点交杯酒，一起点歌唱唱，都在大庭广众之下，没有什么见不得人的。俞亚洲之所以能够忍住不犯男女错误，是他不想犯这个错误了，现在连这个错误都变味了。

没有想到几年以后，格瑞丝还真跑到武汉创业来了。格瑞丝这个动作，把俞亚洲吓得一身冷汗。俞亚洲避之不及。手机号码赶紧换了。斯时俞亚洲正鸿运高照，位及厅官了，当然，是副厅，副厅也是厅！俞亚洲是无党派，常规一般只能做副的。但也有正厅的先例，因此俞亚洲还是大有希望的。这种事业进步的关键时刻，格瑞丝的出现，俞亚洲只有恐惧。感觉格瑞丝来者不善善者不来，这一次是说来创业，创业就是做生意，一定是想从他这里得到一点什么。

谢天谢地！不用杯弓蛇影。格瑞丝真的是看好武汉创业环境，真的是来武汉创业来的，还真的是外资外商，她已经嫁给法国人保罗了。俞亚洲没有看走眼，格瑞丝真是少有的聪慧女子，此番执意要来见他一面，其实就为要他放一百二十个心。格瑞丝是在武汉了，俞亚洲却是绝对安全的。双方见面就有一个礼节性握手，手是俞亚洲伸出去给格瑞丝的，也就是一只乒乓球拍子，还是木头的。格瑞丝心领神会，与木头握一握的，也就是一团棉花，还是陈年败絮。格瑞丝都没坐一坐，只问候了一下俞亚洲厅长，放下双肩挎包——那只是一点女人家之间的小礼物，从巴黎带过来，特意送给任菲菲、俞思语母女的，她们总归是好朋友，现在不是时兴闺蜜嘛。然后格瑞丝就告辞了。出门时候，双方视线对接了一下，白板对白板。麻将民族都懂的：白板也是眼神。眼神确认：他俩关系正常化。

本来好像就没有什么不正常嘛。他俩没干过什么事嘛。俞亚洲倒是有点失落了。格瑞丝一出门，俞亚洲就快步走到办公室的玻璃窗前。他看着楼下的格瑞丝，步态轻盈，穿过机关广场、花坛，走进两行整齐的林荫树，与他渐行渐远，逐渐淡出了他的世界。格瑞丝的青春活力中又还增加了几分女性的妩媚，这是留学法国的效果。不知怎的，一旦被格瑞丝主动斩断从前，俞亚洲心里又不是滋味了。觉得有一筷子已经到嘴的美食，被别人抢吃了。俞亚洲真的不舒服。很不舒服。只要想起来，心里头就阴阴暗暗湿湿漉漉地难受，但又毫无办法。

这个时候俞亚洲的人生表情，就是一副阴沉的模样了。

随着人年纪增长，皮肉开始松弛下坠，脸皮与骨架开始剥离，笑也是皮笑肉不笑。做到厅级官员，也不该随意笑了。随便笑，会惹出很多麻烦，无论对上级还是对下级。

好了，熬到现在，俞亚洲的人生理想总算实现了——尽管不尽如人意——他的真才实学还远远没有得以发挥——也算是阶段性圆满吧。

39 岁离开大学专业岗位转入仕途 46 岁就已经官拜副厅。现在年过 50，还算年轻干部，迫切需要在这个档口再提一级，能够尽快上到正厅，后面上升的空间就更大。年龄对于领导干部是个硬道理。提级要趁早。年富力强你才有机会、有精力施展你的行政能力，更有效地为人民服务。

算了！不要老想提级的事！想起来就心焦！就更加感觉时间飞快、时不我待！就会更加生气，因为你会总是注意到那些碌碌无为的平庸之辈一个个被提升了，只不过人家比你会拍马屁。不想了！不比了！人比人气死人！就想想为人民服务不计较个人得失吧。就想想自己父亲 1948 年就参加革命入了党直至离休也只是一个副处级吧。就想想那些民歌吧——将来还要围绕民歌写两本书呢！多么勤劳智慧的人民创造了多么生动活泼的民族文化啊！

好了，除了提级这点急死人的事之外，其他一切应该说是形势大好。大房子也有了。漂亮装修也有了。厅办公室有专人料理厅主要领导的具体家务琐事。你级别到了，待遇都会一一跟上。不用个人操劳费事。上班小车和司机也都有了。家里吃不完用不完穿不完。马桶坏了水管漏了，都有厅办公室处理。两地分居也早结束了。但是落了抱怨，只因调动最后还是靠岳父出手。那时候俞亚洲还在大学。大学那时候还有一股子传统的书生气，俞亚洲真的不懂怎么办调动。是后来到了行政工作领域，俞亚洲才懂这里头套路的。只是任菲菲已经调到武汉了。

任菲菲抱怨的是失去的六年。时间失去了就是失去了，再抱怨也一去不复返。人要向前看。人要活在当下。要懂得享受当下的幸福。任菲菲应该有一点感恩之心。夫妻两人分居六七年，一个正值年轻旺盛阶段的年轻男人，单身光棍六七年，事业蒸蒸日上，婚姻却还终归是稳定的，这是太不容易了。看看现在中央为什么反腐倡廉？看看官场那些有权有钱的人吧，说实话任菲菲应该心里有数：俞亚洲的人品好得无可挑剔了，道德也是太高尚了。任菲菲还有什么理由不深感幸福和满足呢？把咱们家好好地美美地建设起来，让忙了一天政务的俞亚洲晚上下班回来，能够觉得回家的感觉真好。

回家的感觉一般。很遗憾。特别是前几年工作应酬特别多，饭局特别多，一个星期都难得回家吃顿饭。这个周末我们晚饭回家好好吃一顿吧。可是任菲菲已经吃过泡饭了。冰箱有速冻，俞亚洲要吃就煮。俞亚洲在大学读硕读博以及后来挂职在外地，吃了多少快餐速冻食品和泡面，吃厌了。为什么电视屏幕总是能够吸引住人的眼睛？随便什么节目，随便什么人在晃动。任菲菲眼睛总是紧紧跟随电视画面，嘴唇在蠕动——随时随地跟读和练习播音，有口无心地说需要我煮就说。谢谢！俞亚洲不需要。

厅办公室给你装修房子，装修人人都喊累死的活轮到咱们已经不累了，只是家里的窗帘，属于个人品味，人家很尊重地请厅长夫人去挑选一下窗帘。任菲菲不去。说随便。人家就随便了。任菲菲一看又不高兴，说是怎么把家里也搞成了会议室？还有那些纪念性照片，家里多少应该挂几幅，这么大面积的空白墙壁，也应该是女主人来审美和布置吧？任菲菲随便。厅办公室没人敢做这个主，挂相框这又是纯私人情趣与爱好。大小相框就自己待在储藏间一待几年灰头土脑，让俞亚洲看到就心塞。

好不容易有自己家了。没有想到回家的感觉就是这样：一般。很一般。

主要是青浦的那个任菲菲，一放进现在武汉这个家庭里，怎么也就不再是那个任菲菲了。俞亚洲似乎并不认识现在的这个任菲菲。如果说任菲菲变心了，分居这几年外面有人了，都不是。这一点俞亚洲心里还是有谱。

任菲菲还是嘴快舌尖。语言节奏快过俞亚洲。道理一套一套，好像在青浦陈列馆住单身活守寡这几年，就反复打好腹稿了：凭什么是任菲菲应该有感恩之心？夫妻两人分居六七年，一个正值年轻旺盛阶段的女人，活守寡六七年，婚姻却还终归是稳定的，这容易吗？六七年时间都没有把妻子调到身边，还好意思夸自己？！真的下力气办了吗？还不是敷衍了事，就想自己继续过单身汉的轻松快活日子。这六七年任菲菲不仅浪费了青春，还浪费了才华。凭什么俞亚洲就是有专业有才华，任菲菲的播音专业就不是专业不是才华？全家都应该牺牲自己大力支持俞亚洲，任菲菲呢？给点理解都不可能！哦，有博士文凭就叫有才华？现在文凭真的都货真价实吗？现在博士满天飞。外面天桥底下一百块钱就可以买一个清华博士文凭。信不信给你买一个来看看，完全是真的，钢印水印档案号码都有。任菲菲要是有这个虚荣心，趁跨省调动的机会，早就变身博士了。是任菲菲不屑于作假，是她有真本事，她有这个自信。任菲菲不是一到武汉就火了吗？事业不就起来了吗？赚回家的钱不比俞亚洲这个大干部多得多吗？外面人只看俞亚洲官不小，以为能赚多少钱，其实还不就是一个死工资。礼尚往来朋友送点烟酒茶，还像做贼似的。以前的钱，都给俞家父母了。这个家说穿了真是笑话，一点积蓄都没有。全靠任菲菲火了十几年才有积蓄、才有钱买点商铺投资房什么的防老养老。可是很奇怪为什么她这么红火的事业，不算事业，她日夜忙碌，就没人支持，还看人冷脸，认为她没有“用心建设家庭”呢？

任菲菲一边化妆一边抢时间声讨俞亚洲。她的声讨，普通话字正腔圆清丽婉转，其中夹带叽里咕噜软巴拉沓的上海方言。妆一化，还真好看，顿时变成另一张脸：细腻光滑，白里透红，与众不同。俞亚洲不得不承认以前他小看了妻子，任菲菲的确是有爆红潜力的。再就是走了狗屎运。再走狗屎运任菲菲也是他老婆。再什么百灵鸟她也叫任菲菲。照台本朗诵、读准发音，也就是一熟练工种。即兴小发挥，这就是狗屎运所在，碰到改革开放了，以前播音员胆敢脱离台本多念一个词，必受处分。就这，熟练工种的一操作工，还不自量力地攀比丈夫。

俞亚洲最厌恶的，就是任菲菲绝不放过纠正他读错别字的任何机会。任菲菲纠正他的时候，那副心骄气傲的神态、逞能八婆的样子，令他作呕，回敬她的话，一次又一次涌到他唇边，都被他咬牙吞回去了。俞亚洲不想和女人一般见识。但是一次又一次，还是暗暗都说了一遍：个巴马——启用的是武汉话——更为贴切与解恨——要不是老子们楚国春申君打到东海边把一小渔村建成了申城，还有上海，还有今天的你？你不过是老子们楚国封地上一屁民，自己心里没得数！

——唉算了，也没意思，两千多年前的事了也真没得说头了。现在大家都说上海是一线城市，没说武汉。全国人民群众都这么说，俞亚洲一个人，有什么办法？！

手机响了。感谢手机！割裂生活的能手！俞亚洲的电话来了。把他从眼下这个纠结的板块割裂开来。对不起，他得接电话。他得离开任菲菲的控诉现场。没办法。不是他没有耐心听，是电话来了。

每一次。几乎，每一次。俞亚洲的手机都会响起来。每一次，都不会真正坐下来，听任菲菲把话说完。每一次，俞亚洲都是先全心全意表彰自己，说完了，他的电话就会响。俞亚洲有什么办法呢？他一个行政领导干部，手机响得再频繁，他也必须及时接听，这就是工作。工作需要，没有办法。

俞亚洲在阳台上讲电话。或者出去，在楼下花园里讲电话。讲个没完。直至任菲菲吃药了，入睡了。偏头痛和失眠不吃药肯定不成。吃了药睡得昏天黑地，醒来又迷迷糊糊。清醒了就愤世嫉俗。俞亚洲他不希望自己家庭是这样的。他努力奋斗多年，好不容易有了这么一个漂亮宽敞的家。但是，希望毕竟只是希望。面对一个大红大紫、心高气傲又身体多病的老婆，说句不好听的话：希望也就是一厢情愿。

俞亚洲的人生表情，慢慢变成典型的一厢情愿了。

女儿更令人遗憾。俞思语同学。当初谁第一眼看到自己的小宝宝不是心头一喜，甜滋滋的。可是孩子她不按你的希望长大。女儿实在很伤脑筋。俞亚洲何尝不想要她多回家住住，对她妈妈亲善一点，多与她妈妈说说话，不要死不开口或者鲁莽开口？对父母不是讽刺打击就是尖酸刻薄。可是几乎所有人都众口一词，认为俞思语性格温厚脾气好、少言寡语不多话，一般大众总是断定真理在多数人手中，那么就是俞亚洲和任菲菲的不是了。

是的，俞思语从小父母就没带过她。那是客观原因造成的，又不是父母不愿意。俞亚洲读硕读博也好，外地挂职也好，最终目的还不是为了家庭，为了子女，为了这个唯一的宝贝女儿。父母长期在外工作，工作之余对孩子的想念，个中辛酸，难以言表。孩子为什么就不能够理解父母一点。哪怕一点点呢？他们这个小家庭一家三口团聚何等艰难，按说女儿是最应该有感恩之心的。俞思语就是没有。就是不体谅。就是一副你欠她的样子。

突然地，俞思语就有结婚对象了。常理应该是事先征求一下父母意见，再决定是否处对象吧。人家不按常理出牌。问她怎么就有对象了。答一见钟情。女孩子这是怎么说话这是？就是一见钟情嘛。我有说错什么？

切，不就是那个饭局吗？请你们，你们官大，很忙，不去。爷爷、奶奶、格瑞丝、保罗我们一起去的呀。人家那个饭局的主题就是晒子女啊，就是成功家长带成功子女，都是武汉市著名的几家成功人士聚会一下，社交一下，好玩一下啊。

切！你们只顾自己。感觉自己蛮了不起。一般民间饭局都是土豪，你们不屑为伍。切，到头来怪我？真是咄咄怪事。

就那个饭局。钟鑫涛和我就是一见钟情了。要是你们认为爷爷奶奶尽包庇我，不信你们去问格瑞丝。

格瑞丝！

俞亚洲郑重建议女儿以后少和格瑞丝来往。

为什么啊？她就是我闺蜜啊。就是帮助我很多啊。

俞亚洲无法回答女儿。俞亚洲也没有必要回答女儿。父亲给女儿警告或者提醒，点到即止就行了。女儿就应该听进去。父母肯定都是为女儿好。

俞思语听不进去。一看父亲那种高深莫测的表情，她就烦了：喂，怎么我每一个闺蜜，你都看不惯瞧不起？总以为别人有阴谋，总怀疑别人图谋接近你这个大干部，拉倒吧。格瑞丝什么时候求你帮忙过？人家格瑞丝和保罗已经在武汉做得很火很有名，连省委书记的春节团拜会都邀请了他俩。你才多大官？

俞思语出言不逊。俞亚洲气急语结。任菲菲挺身而出。在女儿忤逆的时候，任菲菲一般都站在丈夫一边。任菲菲还是懂得维护父亲尊严也就是维护母亲尊严，父母父母嘛。俞思语！你对你爸怎么可以这么没大没小？你爸是为你好，提醒你交友慎重，他也没说怕人家找他帮忙啊，该帮的忙我们也帮啊。只是现实很复杂，人也很复杂，你还太年轻，近朱者赤近墨者黑。难道——格瑞丝不是太爱打扮了吗？

俞思语更被激怒。母亲任菲菲在家里依然还是职业播音员口吻，令女儿俞思语害臊和尴尬。很奇怪俞思语只要和父母待在一起就完全变了一个人。俞思语想忍住但是实在忍不住：啊夫人！俞思语揶揄她母亲：是的好像是有阴谋哎！格瑞丝一定是在搞和平演变，亡我之心不死！

任菲菲同样，顿时被噎住，也气急语结了。

俞思语立刻起身要走。本来她来父母家只是取一点东西的。不欢而散。别指望俞思语是父母小棉袄，贴在父母怀里，外面寒风阵阵，家里灯光温暖，沙发上三个人偎在一起看电视，茶几上有各种零食和水果，然后在“她自己的房间”睡一夜，明天早上起床为你们煎鸡蛋做早餐，嗨，早安！女儿经，仔细听，早早起，出闺门，烧茶汤，敬双亲——中国真有过吗？

俞思语马上就走。临到出门还不忘记再次对她妈实施一次精准打击：拜托啦，千万不要在外面说“太爱打扮了”这种落伍老话，这蛮丢脸的，还是武汉的什么百灵鸟呢。

俞思语又感冒了，久咳不愈，咳出血了，粉红色带泡沫的痰。

抱歉她今天不想和你们说话，也不想听你们说什么，再急的事也以后再说。俞思语真的每一口呼吸都气短，都必须深呼吸。让她静静地，独自进行深呼吸好不好？俞思语今天没有回婆婆家去看孩子，也跟钟鑫涛说好不回他们小家，特意回到爷爷奶奶这边，就是想安静养病。只有回到爷爷奶奶家，俞思语才能够得到最好的休息。你找来做什么？

俞亚洲的人生表情是惊讶。十分惊讶。父亲特意跑过来当然是有急事。

俞亚洲完全不明白女儿为什么这么夸张，一定要深呼吸，雾霾有这么严重的影响吗?

俞亚洲更惊讶的是，女儿给他的回答，就是一个白眼，掉头走进她自己房间，砰地关紧了房门。现在孩子怎么对父母一点都不尊重?!

俞父还紧接着发难。谁对他孙女儿不好，爷爷立马不依，脖子一梗，告诉小儿子："思思蛮懂得尊重人！她从小我们就教她尊重他人，外头人家都说思思好懂事。你没有调查就没有发言权，乱下结论是官僚主义。还是先检讨你们自己是不是合格的父母吧。"

俞母赶紧地，躲到爷爷背后，朝小儿子连连摆手。俞亚洲只好是：好好好我官僚，不说了不说了。俞亚洲只能把急事咽回去，悻悻离开父母家。

人们都说小孩子不能够让老人带。老人不仅会把小孩子宠坏。还会灌输一些老人的思维方式。俞家父母公开就说，思思叫爸爸妈妈，叫的就是叔叔阿姨。叫我们爷爷奶奶，才是叫的爸爸妈妈，思思就是懂事，就是知道我们最亲。公开就说：思思不要管他们，他们总是工作忙得要死。爷爷奶奶的工作呢，就忙思思一个人。日常生活会话，也十分不当，思维方式总是搞排名。思思第一喜欢谁呀？爷爷奶奶！第二喜欢谁呀？姑姑。第三呢？伯伯。第四是大哥哥小哥哥，或者，两个堂兄的排名会提前，超过他们的父母。全家都开心地笑了。这一套游戏持续了多年，全家乐此不疲，不厌其烦。上小学，校门口，同学看见爷爷奶奶接送思思，很好奇，就问思思，你爸妈怎么这么老？思思回答：因为他们响应政府号召，做晚婚晚育模范呀。这也是爷爷奶奶教思思说的。教孩子不实事求是说话，不坦诚回答问题，爷爷奶奶还很得意。

老人这样教育孩子实在是太糟糕。俞亚洲、任菲菲互相瞪一眼，夫妻又钻进了矛盾的牛角尖：谁该为长期两地分居负责?

但是。但是！问题是一旦遇到问题，还是得俞亚洲解决。

俞思语婚后几个月没有受孕，土豪亲家夫妇俩直接就冲上门来。预约都没有。手机事先都不打一下。周末晚上，家门被火气很大的指关节激烈叩响：对不起啊，咱们是一家人，情况又紧急，就直来直去了啊。思思的事情，你们家总是爷爷奶奶在第一线，这要是换了别人家，肯定会有想法，觉得这就是在糊弄人。我们无所谓。只是这一次的事情很严重，我们不能和老人谈，万一老人心里一急突然一歪，倒在那里了，我们负不起这个责。儿女的事情，本来就应该是父母当家，知道你们当干部忙，其实我们做企业也很忙。再忙，也要挤出时间，子孙后代是头等大事。现在你家女儿不生育，怎么办？得有个说法！我们事先也把丑话说在了前头的：我们家答应所有条件，最豪华的车、房、五金一钻，婚礼你们也参加了也看到了，我们家只有多给的，没有少给的。你们家女儿，我们的唯一要求，是必须能生。

什么叫做必须能生？这话多难听！

话粗理不粗啊！结婚就是繁衍后代。婚前也是有条款的啊。不能生育肯定不行啊！现在就一个独生子女，独生子女们还是只能生一个独生子女，万一不能够生育，我们家不是绝后了吗？这话是难听！但谁都不愿意被人骂孤老啊！这条款你们事先不知道？那可以请格瑞丝出来作证。爷爷奶奶当然知道！也许他们现在会说不知道了。会说忘了。可事实就是，你们家女儿不孕啊。都六七个月了，没避孕呀，按说这么年轻女孩子，一碰就怀，如果没毛病的话。

这都算什么事儿啊？俞亚洲夫妇并肩坐沙发上，手背之间互相能够感应到两人都在气得发抖。

俞思语婚后，俞亚洲夫妇问过女儿什么时候要小孩。

俞思语根本懒得回答。

问多了，就来一句：你们少管闲事。

要么说：没玩够。还年轻。玩够再说。

俞亚洲、任菲菲都以为钟鑫涛、俞思语说的是真话：还年轻，没玩够，还不想要孩子。

假话！亲家高红、钟永胜脸都急白了：假话！结婚就在怀！就是没怀上！

钟家就打上了门来。俞思语躲在爷爷奶奶家自己卧室里，反锁门不见人，只会哭。爷爷奶奶不依不饶：放他妈狗屁！哪里有什么条款？结婚又不是做生意？！凭什么说思思有毛病？思思做了婚前检查的。医院单子幸亏我们还留了复印件。做人要讲道理。思思那个婆婆高红，警员出身又是商人，顶顶厉害一个角色。思思婚检，她亲自在场监督，事先都是她托过的熟人，开列了那么多妇科项目，人家一般婚检都不会检查的，咱们思思一一都被检查了，生殖系统、内分泌激素都正常。当时现场，咱们还是糊涂的，以为现在婚检就是这么认真和费时间。是奶奶事后感觉不对劲，因为别人婚检很快就完事啊。奶奶外面到处问人，就知道什么情况了。敢情高红在重点细查俞思语。她儿子钟鑫涛的婚检，人都没有到场，表格都已经给填好盖好章了。

只不过奶奶深明大义，把这些情况藏心里了，没有让思思知道，生怕影响思思婆媳关系：现在这样子，那肯定是钟鑫涛有病。让高红来找我！爷爷也嚷嚷：让钟永胜来找我！

奶奶摸到手机，再戴好老花镜，再在手机上翻找高红的电话号码。看我不电话骂死她！手机上的号码簿在哪里呢？怎么就翻不出来呢？手机这个东西，就是不好用。字又小，名堂又多，老人不会用。老人还是座机好。搬到这个新房子哪里都好，就是不装座机了不好。亚洲，回头赶紧了，给我们还是装个座机！

座机座机，老人还是座机最方便。前不久彭嘉瑞从美国打电话给他们，就是用座机打的。通话效果比手机好太多。手机通话里头杂音喳喳响。彭嘉瑞很奇怪他们老人家了怎么不用座机，美国老人在家里也还是喜欢用座机。怎么？现在座机也要被淘汰？科技进步太快了，那美国现在很落后是吧？

彭嘉瑞是彭厨子的嫡亲侄子。碰到敏感话题了！彭厨子不能够提！

赶紧转移：美国落后不落后，问问俞洋吧。哦对了最近俞洋怎么样？

俞洋是俞非洲的儿子，俞亚洲的侄子，留学加拿大多伦多大学，最近被美国硅谷一家企业录用了。俞家父母最近很为这个孙子自豪。他们的争论话题，被俞亚洲成功引到了俞洋身上，离为思思在婆家主持正义的主题已经很远了。

俞思语不需要爷爷奶奶出面主持正义。爷爷奶奶老了。现在女儿的事情肯定就是俞亚洲的事情了。

最后还是俞亚洲夫妇出面解决问题。俞亚洲还是得把厅级干部架子摆出来。俞亚洲把厅级干部架子一摆，见面谈事，再不装什么平易近人、和蔼可亲，钟家夫妇的气焰立马就嚣张不起来了。企业家，只是当代社会的鼓励性名词，本质还是商人。经济体制改革开放也就三十多年，这之前有个罪名就叫“投机倒把”，抓住了要判刑坐牢的。

尽管时代变了，彼一时此一时了，但是中国千百年的传统文化还就是士农工商，还就是学而优则仕。读书为做官。人们都说官商官商，没谁说商官商官的。事实就是官管商，商怕官。连个街道城管人员一出来，小商小贩都没有不怕的。俞亚洲厅级干部这官威，钟家夫妇眼头亮，一见面就自动矮了半截。他俩曾经也是机关干部，那就更懂官场规矩了。俞亚洲要求两家家长都回归理性，废话少说，本着科学态度，督促小夫妻一块儿去医院看病，这一次男科也必须查一查，有病治病。

果然，几家医院一跑，查出是钟鑫涛有问题：生殖器严重包茎并有重度炎症，并感染妻子也患上重度炎症，亿万精子在这一片炎性细胞的汪洋大海中全军覆灭。

钟家突然静音。爷爷奶奶气不过，思思不可以就这样随便被欺负啊，这样子以后在婆家还能抬头做人吗？俞亚洲只好主持召开会议——形式上是设了一个饭局，意思似乎是要修补亲家之间关系，钟俞两家人就欢聚一堂了。

饭桌上俞亚洲首先严厉批评了自己女儿和女婿：两个人都是受过高等教育的当代青年，钟鑫涛还是硕士，一个已婚男子，居然一直不知道自己的生殖器严重包茎并有重度炎症，这简直太无知了！

批评子女，重点为的是打击父母：儿子严重包茎，从小到大二十多年朝夕相处，做父母的居然不知道？医生说得很清楚，童年就应该切掉。童年没有切，婚检还没有检查出来。哪家医院婚检的？哪个医生？可以投诉和问责嘛！

钟永胜脸上搁不住，屁股也坐不住，起身只管敬酒，先敬爷爷奶奶，接着敬亲家公亲家母：我先干为敬，我先干为敬。爷爷奶奶果汁就好。亲家随意。咳，我再自罚三杯！问题解决了就是两家的大喜事。别的都不用说了。不用说了。俞亚洲、任菲菲都皮笑肉不笑，不接茬，不端酒杯，只用白开水沾了沾嘴唇。俗话说伸手不打笑脸人，高红看亲家敬酒不吃，罚酒不赞，这不是打脸么？警员脾气又犯了，腾地站起来，维护自己丈夫。说钟永胜你喝够了坐下坐下，我看这事说多了蛮无聊的：钟永胜外面忙生意十几二十年都没着家，他怎么会知道儿子身上哪里多了一层皮吵？说实话，严重包茎这个词，我敢打赌他都是第一次听到，他又不是学医的，更不是什么硕士博士。俞厅长你们也怪不到我，我是妈妈，一个女的，儿子一个男的，儿子五岁以后我就没再看过他那地方。奶奶你要是想出气可以骂骂李雨青。我儿子从小都是李雨青带的。

李雨青也不背锅，咕哝说：我还不是一个女的，我就能看他那里？洗澡我擦他全身，就那里是他自己擦。

俞亚洲遇到的亲家，就是这样一家人。厅级干部威风是大，却也还是免不了阴沟翻船，还是被女亲家高红一阵夹枪带棒。任菲菲根本就不是高红的对手。一旦发生语言冲突，普通话根本怼不过武汉本地话。任菲菲回到家里才敢说高红这种女人太俗气了，太没文化了，根本就不要理睬她。唉——俞思语还就是和她婆婆相安无事，从来都不说她婆婆不好。俞亚洲给女儿撑腰了，给父母出气了，结果呢？

结果不仅饭局当场尴尬，事后更尴尬。小夫妻不满了。饭局上俞思语、钟鑫涛两个小辈都没有吭声。他们自己无知无识犯下了糊涂错，也没脸说什么，都只埋着头，随便动几下筷子。

好家伙的，回头俞思语找父母撒气了。钥匙嘁里喀喳开门，推开家门就皮鞋一踢，包包一甩，冲着沙发上的父母扯个白脸尖个嗓子，说：谢谢你们干的好事！谢谢你们开会有瘾！把会议扩大到我婆家范围了！谢谢你们生怕我脸丢得不够，还在饭桌上左一个包茎右一个包茎。我是很无知！ 钟鑫涛是很无知！我们都很无知！为什么呢？还不是拜你们所赐？！是你们这一代人在做官啊，在主政在搞教育啊，从小学到大学的课堂与书本，哪有教过这些知识？我们一直都只是在做学生、在考试、在拿分，超级负重累死累活还要怎么的？包茎知识能够从天上掉下来不成？——这些话里头分明听得出来有钟鑫涛的意思，这个逻辑分明是钟鑫涛给俞思语分析出来的——看来女婿对岳父意见很大啊。

再莫找我婆家开会啊！将来你退休了，实在犯了开会的瘾，我在外面替你雇人。我现在公司上班，就是做活动策划——这才是典型的俞思语式蠢话。

极度生气。俞思语极度生气。恶毒攻击。俞亚洲束手无策，茫然失措，除了愣怔还是愣怔。父亲以为女儿会大大感激他。母亲亦然。但！任菲菲脸都发青了。

由于极度生气，俞思语成功怀孕以后都没有主动告诉自己父母。小夫妻的重度炎症一治好，很快就怀上了。钟家欢天喜地，却只是让格瑞丝去给爷爷奶奶报个喜讯。俞思语对自己父母，以怨报德，一点感恩之心都没有。

到了这个时候，俞亚洲的人生表情，还能够有什么表情：只能是无表情的表情了。

喜怒哀乐一点点地，一丝丝地，从俞亚洲的脸上撤退，他面部什么都看不出来了。

俞亚洲喜欢思考。工作之余，俞亚洲会独自来到汉口江滩。在十里江滩，随着长江的滚滚东流，一边散步，一边思考人生。江滩散步唯一的美中不足就是容易碰到熟人。现在大家都高度重视健身了，坐机关的人有机会都会跑到江滩来。江滩人就更多了。群众没有关系，不认识俞亚洲。行政方面的人无论碰到上下级，都得应酬，思考就会打断。好在俞亚洲善于使用电话。只要远远发现熟人或疑似熟人，俞亚洲赶紧掏出电话放到耳边，边打边去偏僻处，这是很自然的动作，不遭人猜疑。假如熟人出现得猝不及防，都近距离了，都认出来了，都热情握手、都热情寒暄了，俞亚洲的电话也会适时响起来。

手机响了。感谢手机！割裂生活的能手！俞亚洲的电话来了，把他从眼下这个纠结场景中解脱开来。对不起，他得接电话。他不得不离开与熟人的热聊。抱歉啊。手机贴到耳边，边打边去偏僻处，这是很自然的动作，熟人不会猜疑。更不会有意见说官架子大。没办法，电话来了，谁都理解。

很简单，俞亚洲博士，在某些方面就是聪明过人。他常备两只手机，一边口袋一只。其中一只，只有唯一一个号码，任何时候随便按键拨打，响铃的永远只是这个唯一号码，那就是俞亚洲另一只口袋里的另一只手机。手机这个机器就是霸道，只要一响铃，人们都会认可接听是理所当然的。俞亚洲就可以即时离开，走到路边去接听手机。你对着自己呼叫自己的手机，可以随便说什么，或者什么都不说，只是接听，默默地听着就好。谁看见别人打手机都认为正常。人们认为你正常，你就是安全的。一直以来，俞亚洲在工作和生活的方方面面，总是尽可能为自己建造安全屋，一间小小的安全屋。就是手机。该躲进去，马上躲进去。

一只手机。科技型文明。很简单但很伟大。人类很了不起。

50 岁以后，喜欢思考的俞亚洲终于把家庭关系纳入了他的思考范围。在江滩的一次次散步中，他思考了自己的家庭状况，终于发现，因为早年没有生活经验，又拒绝思考家庭琐事，日常生活人云亦云随大流，仓促间就默认了自己学业太忙，顾不得扮演父亲的角色，又夫妻两地分居，老人们帮带孩子好辛苦。表面上的这个逻辑就坏了大事。事实并不是这样的。现在回头一看，历史事实相当清晰：一直埋头读书的俞亚洲，不过只是一个貌似单身汉，实际上是一位非常称职的父亲。

女儿从重点幼儿园到重点小学重点中学重点大学直至大学毕业后的工作岗位，都是俞亚洲千方百计找人才得来的。全家人包括俞思语自己，都以为重点大学是靠俞思语自己考上的。笑话！就凭俞思语一直徘徊中下游的成绩，高考如果不抓题，她能够考上大学？抓题，懂吗？俞思语好有运气啊，数学语文英语考卷上，恰好大面积出现她抓住的题。真的天上能够掉下馅饼吗？当然不能够！这是机密乃至绝密。即使给她抓了题，分数也只够上江大。俞亚洲的女儿岂能只是上个江大？最终还是得以上华师——全国重点大学！这也是机密乃至绝密。女儿知道什么？！她心里还有一点数没有？！没有！完全没有！俞亚洲唯有一笑置之。

还有经济方面，在好多年里，俞亚洲除了留一点零花钱买买书，其余工资都交给了父母，以确保女儿吃好穿好。一般男人，在现在这个花花世界里，谁自己有钱不过潇洒一点，不享受一点高档消费？俞亚洲几乎完全没有。

不仅如此，俞亚洲还是一个称职的儿子、称职的弟弟、称职的叔叔和称职的舅舅。哥哥俞非洲、姐姐俞美洲连同他们的配偶子女的事情，关键时刻都会来找俞亚洲。你书读得最多，官做得最大，不找你找谁？外面事情没有人就是办不通，这一点俞亚洲也知道，也了解，所以也会全力帮忙疏通，家人也是人民，人民公仆为全民服务，也说得过去。这么多年来，全家都帮你带孩子，让俞思语一点都不缺乏父爱母爱，一点不比人家小孩子差，你得有一点感恩之心吧。是的，俞亚洲得有一点感恩之心。没有感恩之心就是忘恩负义，办事不给办到位就是官架子比天大。你有什么了不起，不就是一非党副职吗？还自以为天降大任了——明里暗里挖苦死你——这个春节全家团聚吃年饭肯定要叫你不好受——而你的女儿俞思语，已经是他们战线的人了。

俞思语年轻不懂事到就像被催眠了一样，一味顺着他们的暗示说话：现在外面就是比老爸，你爸是谁最重要了，业务能力我天啦谈都不要谈，我们公司拿空饷的顾问听说是二十出头一小屁孩，背景厉害啊——女儿何时能够不再这么傻呢？他们就是在暗中怂恿女儿给父亲施加压力——这位也是当官的爸爸，比起别人爸爸来，做得远远不够，胆子太小了，太在乎自己乌纱帽了，太谨小慎微了—— 俞思语没有一点开窍的迹象。

女儿不开窍，要说说她自以为是的俏皮话，俞亚洲也还可以忍耐。更伤脑筋的是俞思语会干出俞亚洲无法容忍的蠢事。俞亚洲参加省委领导干部工作会议。省委主要领导和常委们坐在主席台，俞亚洲就在台下，面前还摆着他的名牌，领导分分钟都看得见你。这种重要会议，俞亚洲一般电话是不接的，家里人电话尤其不接，工作当然更重要，私事回头再说。就有这么一次，俞思语竟然找到会堂来了！ 年轻女子对官场还真是无知无畏，她推开会堂侧门，旁若无人走进庄严肃穆的会场，穿着咯噔作响的高跟皮鞋，直接走向俞亚洲。谁都不难看出她是俞亚洲的女儿，长相是一个模子倒出来的。俞亚洲头皮一炸，发根直竖，他急中生智，赶紧起身，低头猫腰，从会堂另一侧侧门，快步溜了出去。会场上应该没有人反应过来是俞亚洲的女儿找爸爸来了。

俞思语真是蠢得要她老爸的命！以为省委会议中心等同于那上班的写字楼。原来既不是老人也不是小孩子发生什么意外，只是伯伯俞非洲被警察抓了。在俞思语看来，在俞非洲自己看来，在俞非洲那个不懂事的老婆看来，进局子就是天大意外，急如水火。必须赶紧！俞亚洲必须赶紧捞人！第一时间！万一活人进去尸体出来咋办？

俞思语还跟自己爸爸跳脚：怎么叫做不可能？社会上又不是没有发生过？哦难道这种倒霉事只会发生在别人身上，我们家就绝无可能吗？那怎么伯伯好好一个人，突然就被带走了呢？就在江边玩，遛鸟。和鸟友们遛鸟。十几年都在江边玩的。怎么突然就被警察带走了呢？你真的就这么自私？只顾自己当官？开会有什么了不起？你们尽是会，哪天不在开会？俞思语对父亲就是这么霸道。说话就是这么伤人。

因为俞非洲是俞思语最亲的伯伯。从小带她玩。不管俞洋哥哥玩什么，都会带俞思语一起去。伯伯做人好通情达理，好有生活情趣。

俞家父母的电话也来了，老人急得团团转：你不要跟我打哈哈，打官腔，救人第一。俞非洲的老婆也赶过来了。一来俞思语就亲密地挽住了婶婶胳膊。嫂子一看见小叔子就眼泪滴滴答答，抽抽泣泣，诉说个没完：你哥是一个大老实人啊，谁都知道的。从来不和人争的，什么事情都阿弥陀佛。他本来好端端一个工程师，上班工作都好好的，还当过先进模范，奖状家里都还在。铁路上说声待岗，他就老老实实待岗；待了几年，变成了下岗，闹事的人有的反而重新上岗，他也没说二话。算球！铁路那群人约他一起去北京上访，他也不去。他怒不怒？肯定怒吵！ 不公平吵！ 一下子工作没有了，生活保障没有了。但他这个人就是老实，就是怕上访政治上连累到你。这么多年来，他自己到处找出路，到处打工。只不过现在年纪大了，外面做不动了，他不就是喜欢玩个鸟吗？你也知道啊，他从小的兴趣爱好。拿他自己话说就是“颐养性情，不碰政治，玩个鸟总可以吧？”一个大活人，总要玩点什么吧？警察突然就把人带走了。就在汉江江滩那边，老玩的地方，电动车、鸟笼子、鸟食都带走了，也不通知家人！多亏鸟友报信。找到派出所去，还不让见人，虎着个脸，说里头没这个人。兄弟你不赶紧捞人，他不死也会脱层皮。俞非洲没脾气时是没脾气，脾气上来了会犟死一头牛。他又没犯法，肯定不服吵，和警察吵吵。人家警察什么人？他吵得过？这还不是鸡蛋碰石头？不是搬起石头砸自己的脚？你把人家搞恼了人家分分钟玩死你——

“够了够了够了够了！我知道了！”一定要俞亚洲开吼，才能够制止嫂子愚蠢的诉说。她人就杵在省委会议中心门口的广场上，路过行人都探头探脑的，意欲围观，以为是群众拦轿喊冤。而对于俞亚洲声色俱厉命令“赶快离开！”不但充耳不闻，反而一下子翻脸，嫂子居然一屁股坐在地上，大声喊道：“你不答应，老娘今天就不走！你妈的还有点良心没有？你丫头五岁那年一颗豌豆卡在喉咙里，脸都青了，气都没了，是你哥哥抱着就往医院送，才抢救过来。你以为老头老娘那么大年纪身体还不好能够带得动孩子？不都是我们在带吗？我们把她带去吃麦当劳肯德基你让你女儿自己告诉你有多少次？数得清吗？那是长年累月啊！你还算是一个人吗？你自己连连升官，以为自己不得了了，架子大得吓死鬼！生怕我们沾你一点光！我们都知道，平时看哪个在理你？你走你的阳关道，我们走我们小屁民的独木桥。我今天要告诉你俞亚洲，你得撒泡尿照照自己，看你变成什么样了？我今天就是来投诉的，你做官不就是为人民服务吗？你哥不是人民？我们都不是人民？我们就该死？该倒霉？该被随便就逮局子里去？你明知人民受了冤枉还不管？”

俞亚洲根本没有听完他嫂子的胡说八道。他早已转身返回会议中心。俞思语在他身后高喊：“我恨你！这次伯伯要是有点什么，我和你彻底断绝父女关系！”

这就是他愚蠢的女儿。愚蠢的嫂子。愚蠢的父母。一点都不懂这种事情应该怎么办，一个文化官员，能够颐指气使直接致电人家派出所，越界干预警务吗？现在老百姓真他妈愚昧！以为只要是官员就能够一手遮天，全在这里瞎嚷嚷。真受不了！

俞亚洲当然会管的。俞亚洲能够让自己亲哥出事吗？俞亚洲知道俞非洲聪明过人，从不大赌，绝对不会让警方抓住把柄的，其中一定有误会。但是俞亚洲得一步步来，得找到能够在警方说得上话的有关领导啊。

果然，很快，俞非洲就给放出来了。问题是俞非洲不肯离开派出所。俞非洲扒住派出所门框子不松手，怒火满腔要求赔偿，不赔偿人不走，今天就死在这里，思思给我现场拍照留证据，老婆赶紧打晚报热线电话爆料警察粗暴执法。

江边派出所所长亲自致电汇报俞厅长：这是一次突击抓赌，线报不够精准，误抓了几人，其中就有俞非洲同志，已经赔礼道歉了，希望领导理解警方突击行动不免偶尔发生一点误会。派出所所长最后说的一点“希望领导”话里是有骨头的。俞亚洲一听，就听出了骨头。大家互相理解一下，面子不会不给，但也不可过分。俞亚洲完全理解，非常感谢，全力支持咱们警方执法，误抓没有关系，说清楚就行了，咱们公安干警为保社会平安，不怕牺牲无私奉献，俞亚洲正在主抓一个歌颂警察的剧本呢，他真的非常理解警察的工作，衷心感谢，日后面谢！

可惜俞非洲不理解。

警察放掉了俞非洲一只画眉，踩了他的蛋蛋。这都是俞非洲多年的心血。那只画眉是俞非洲训练的一只斗鸟，现在正进入最好战斗状态，市价叫到了五六万，还有人在竞价。真心要买的鸟友，昨夜把钱都汇过来了，今天是要交货的。警察问都不问一声，上来就把这只画眉给放了，把鸟笼子摔了，把一竹篓子蛋蛋踩了。俞非洲看着心都在滴血。这蛋蛋也不是一般的蛋蛋，是老杨柳树上一种名叫杨辣子毛虫的受精卵。别看黄豆大一点小蛋蛋，买货的都要细心验货，蛋蛋外壳撕开，里头的卵虫必须在蠕动，才会付钱，得三百多块钱一斤。

关键是武汉市面上买不到，市面上多的是大麦虫，大麦虫营养差远了，蛋蛋才是斗鸟的顶级天然活食。多年来俞非洲千辛万苦，跑遍全国，东西南北考察寻觅，交多少鸟友，放多少眼线，请了多少次酒，才建立起他的蛋蛋销售渠道。这竹篓子蛋蛋，是山东那边过来的，好不容易才到货，今天说好了几个鸟友来提货的，鸟友的钱，也都早就付给俞非洲了。被摔坏的鸟笼子，也不是一般的鸟笼子，全武汉市独一无二。这一流的原材料、一流的手工、一流的鸟钩子等配件，踩坏了也都还摆在这里，贵到什么程度，只管拿去花鸟市场去问一问。俞非洲玩鸟就是有板有眼就是有讲究，他在武汉玩鸟界，那就是一个大哥大，在全国玩鸟界，他名头响亮得很。赔不赔吧？再加上摔坏的电动车，俞非洲莫名其妙一下子就损失了二三十万，凭什么派出所不赔偿？

斗鸟是赌博活动。是的，那打麻将呢？居委会活动室，政府开办支持的，都在打麻将。麻将带彩只是小钱而已，刺激刺激快乐情绪，小玩怡情。大赌丧志。对呀，俞非洲就是小玩怡情呀，他从不大赌。俞非洲玩鸟主要是个人兴趣爱好。警察抓赌是执行公务。但公务搞错了人，造成市民个人的巨大财产损失，那也是要赔偿啊！过去错判的一些冤假错案，现在不都是纠正和赔偿吗？

俞非洲啊俞非洲！我的哥哥！年纪一大把了，头发都白了，人生挫折也不少了，怎么就还是不明白呢：你人在斗鸟窝点被抓现行，人家完全可以说没抓错的。你说你小赌怡情就是小赌怡情了？由你说了算吗？是命重要还是鸟重要？舍财免灾老话忘记了？

俞亚洲电话里直接指挥秘书，下死命令要秘书和司机一起动手，把俞非洲架到小车里，尽快带离派出所。带离成功。但在车上俞非洲大喊大叫气得突发心绞痛。小车直接奔了医院急诊室。后来俞亚洲亲自来到哥哥的病床前，用哥俩少年时开玩笑的那种语气劝慰哥哥：老兄哎，只要青山在，不怕没柴烧。画眉会有的。蛋蛋也会有的。

俞亚洲没有批评哥哥一句，重话都没半句。可是俞非洲好像被酸到了，眉一皱，眼一闭，侧过头去，臭屁不理。倒显得俞亚洲在故作年少、自作多情了。事后俞家人都不满意，认为俞亚洲胆小怕事，生怕得罪警察，和稀泥，阻止晚报发声。这一次差点把俞非洲气死。唉，人一做官就没意思了，兄弟手足也都没有他那顶乌纱帽重要。

俞思语的态度最伤俞亚洲心。俞思语冷冷瞅着她爸，说：唉，都怪我。不去找你就好了。媒体都来了。曝光，上网，征集鸟友签名请愿，看他们敢不赔？私人财产就是神圣不可侵犯怎么样？真后悔，我应该先找格瑞丝商量的。她比较懂现在的事。

俞亚洲被梗到，半天说不出话来，茶杯往茶几上重重一蹾：俞思语我警告你，下不为例啊！以后别再给我找事！

女儿顿时怒目圆睁，不敢相信自己耳朵的那个样子：脑袋直摇，口中发不出声音来，眼睛红了，眉头红了，鼻尖也红了，眼泪满溢就要决堤；一扭身，跑了。

俞思语什么都不懂，也是二十好几的人了，脑子还是一盆糨糊。以前小时候总听老人说“人从书里乖”。俞亚洲不知道学校教给女儿了什么？也不知道社会教给女儿了什么？只是现实生活本身是不开玩笑的，复杂得很诡秘得很，表面说是一套，实际做是另外多套，俞思语这辈子还有得亏吃。女儿要糊涂到几时呢？俞亚洲今生今世有没有一个盼头呢？只生一个好，好什么？就这一个孩子，妻子又一身病，将来老到不能动的时候，能靠孩子吗？

思考像一把匕首，会划破事物的表面伪装，暴露出真相。再没有比看到真相更痛苦的事情。俞亚洲的女儿，自己没有从小带，结果变成了家人的人质——这就是真相。现在的血缘亲情，说穿了，就是物质利益关系。他们认为你做官了，你就得包揽他们所有的欲求。他们从不体恤你精力是有限的，你工作一大堆，交往一大堆，肯定必须减掉一部分不必要的交往联络，什么叫做过去的老师同学都有意见？谁找他不是有所求的？变了。俞亚洲知道。还有更明确的评价：这人变坏了，自私得很。为什么你们都可以自私，俞亚洲就不可以用一点精力关心自己的事业进步呢？太奇怪了。亲朋好友，去他妈的！不说你一旦落魄、倒霉，还会有谁理睬你，就是你仕途一出现低潮，被调一闲差，就风凉话都来了，看笑话来了，就没有时间和你吃饭了，再约再约，还是没有时间。这就是真相。至于真相为什么是真相，真相为什么从来无解，谁知道呢？白生生的大腿红丢丢的X，为什么就留不下哥哥你？！为什么为什么？至少民歌可以对真相大胆直白哭喊，痛快淋漓质问。

春节团年饭俞亚洲只能食不甘味地咀嚼。还得赔笑。父母在啊。这大过年的啊。父母却根本不知足。不敢说彭厨子，尽量少提这个名字。说老会宾酒楼，那菜多好吃啊！

2015年本故事开始前夕，俞亚洲的人生表情，起了微妙变化。他脸上的线条变柔和了，眼睛变得光亮一点了，说话看人了，尽管这种大大方方的直接对视，时间还是很短暂，说着说着眼睛又会习惯性地躲开了，但是毕竟，你有了变化，你给别人的感受就是不一样。同僚开玩笑说俞亚洲变人性化了。文史馆中层干部背后议论说俞馆长开始成熟了。

一个人面容变化，那一定首先是灵魂深处发生了变化，相由心生。日子表面还是照常行进，俞亚洲身上也并没有什么颠覆性事件。只是一些不可预见的信息巧合，在貌似平静的日子里，集中出现在俞亚洲的灵魂深处。巧合之一：年龄意识。50岁之前没有，51岁还没有，总觉得自己还是年轻人。有一天开会听到旁边干部私下议论，一句话醍醐灌顶。人议论道：咱们可比老百姓衰老更快，咱们七上八下，一到58，等于就到了60，坐等退休吧。恐怖的算术！俞亚洲暗暗一算，他马上52就等于54了。时间之箭，顿时在耳边嗖嗖作响。俞亚洲再不努力，再不设法，再不找人，他就很难提升了，一辈子就一副厅？俞亚洲真不甘心！他可是货真价实的博士，他勤政廉洁、政绩卓然，哪一点不够被重用的？无奈只是上面不熟悉他，不了解这个干部。俞亚洲得让上面熟悉他，得有领导看中他、推荐他。别迂腐了，要动起来了。当初妻子的调动，是他岳父找的这边省委书记。身为血防专家的岳父，与老湖北省委书记不仅是同乡，还是小学同班同学。俞亚洲年轻时候就是不懂事，如此重要的人脉关系，居然轻易给放过了！听说老书记不久前才卸任全国人大常委会的专委会主任，还听说他的大秘就在省委工作。如此说来，那么其实这位大秘就在这个会议室，与俞亚洲同处一室开会啊！俞亚洲怎么可以冷着一张无表情的脸，开会掐钟点进来，散会起身就走?！糊涂啊糊涂！得逗留！得微笑！得活跃！得聊天！得赶紧启动岳父那条线：哎，今年洪湖莲子质量格外好，我特意弄了一点，赶紧给你爸妈快递过去，还有最好的红枣，新疆那边咱们对口支援干部送给我的，红枣炖莲子对老人很滋补。

俞亚洲发现妻子看他的眼神就像看见了一个外星人：结婚这么多年从来没有见过的。显然妻子内心对他还有温度。这种温度的流露让她自己不好意思了，赶紧跑去卫生间里面说：嗯，快递我来！妻子说话鼻音嗡嗡的，她暗中热泪盈眶了，俞亚洲成功了！求人不如求己，关键时刻还是自家铁心帮自家。当然，得在一定条件下。这个条件就是俞亚洲外面没有女人。俞亚洲发誓：如果他在外面有女人，如果他婚内有出轨，如果他和格瑞丝有暧昧，如果他和那个唱黄梅戏的女演员有一腿，天打雷劈，不得好死。

巧合之二：身体状况。最近一次体检，指标普遍偏高。这都是前些年大吃大喝的恶果。俞亚洲真心感谢和坚决执行党中央的八项规定。俞亚洲一个吃惯了学校食堂的人，本来不喜欢大吃大喝，没有办法，前些年工作氛围就是那样，为了不脱离人民群众不落后于社会时代不拖累工作业绩，你肯定免不掉的频频应酬，项目都是在酒桌上谈的。大吃大喝一旦习惯了，几天不吃还馋。病从口入，都是吃出来的。过剩的营养就是毒药。一旦病魔缠身，那可不是好玩的事。身体垮了工作肯定受影响。病人肯定不被考虑提拔。不吃饭喝酒了，社交少了，感情疏远了，你平时就得加强微笑。加强打招呼。加强联络。

巧合之三：官场规则。俞亚洲会读书也害了他。当然父亲的前车之鉴也害了他，历史教训并不都是可取的。靠知识学问吃饭最稳妥，不要再像他父亲那样做行政干部，一辈子反反复复在政治运动中打滚煎熬。一门心思搞学问，不问政治不入党。看见俞亚洲不入共产党，民主党派就来发展他入党了。九三啦民盟啦，好几个党派，都主动发展他。年少总不免无知无畏。俞亚洲一律谢绝，心里不客气地想：我要是入党，我还入你这个党？我还不如入共产党！你这个党还不是在共产党领导下的！结果后来，俞亚洲的政治面貌就被归入“无党派人士”了。对于非党干部的使用和提拔，却原来还是民主党派大有优势。每逢换届，各党派都会出面做工作、积极推荐本党干部。俞亚洲就是单枪匹马了，没有任何党派为他助力。年轻真的好轻狂啊！书本没有真知识，枉然寒窗十年苦！从政多年，才慢慢看出门道。世上没有后悔药，再入哪个党都来不及，再回大学也没有位置了，再说大学是你想回就回得了的吗？俞亚洲孤身奋战在官场，还拽什么拽？还冷一张清高脸子给谁看？你认为人家这个没水平那个没水平，这种轻蔑都会写在脸面上。领导看在眼里，会提拔你这种自命不凡的干部？就你博士？现在提拔的官员你看看公示履历，哪个不是博士？

巧合之四：偶发事件。简单直接地说，其实就是楼上邻居老杨的跳楼自杀，重重刺激了俞亚洲。老杨杨支柱，联发投书记，也是堂堂厅官，还是省人大常委，资格比俞亚洲老多了，人脉也比俞亚洲广多了，做人还特别小心谨慎，上下班楼道碰到了，总是很客气，先点头打招呼。逢年过节发信息拜年，上级和平级一个不落，连俞亚洲，与老杨没任何交集的副厅级，只因为是邻居，每年也都会收到老杨的拜年短信。那个星期天，下午俞亚洲恰好在家，恰好坐在阳台上看报纸，只觉得一团黑影从楼上直接坠下，紧接着楼下一声异样闷响。从 17 楼。人体落地。七窍流血，脑浆溅到四处。俞亚洲生平第一次亲睹他人跳楼自杀。简直不敢相信自己眼睛。回房后阵阵恶心，干呕了好半天。其实老杨还没有被双规，只是纪委找谈话了。据说也是孩子不争气，不懂事，在外面打父亲牌子做生意发了一些不义之财还卷入了血案，就被人举报了。还有婚外与女性保持不正常男女关系，也被举报了。要使人不知除非己莫为，干部暗中做了坏事，纪委鼓励举报也是严管手段，权力就是要关进笼子——俞亚洲一边干呕一边念叨这些纪律和道理。

但是生理上对恶性刺激的反应，超出了俞亚洲的预想。他开始经常做噩梦，半夜突然醒来，再无法入睡，脑子里尽冒出一些胡思乱想，无端害怕，老是容易暗猜度谁会举报自己。大家都认为杨支柱太脆弱了：对纪委老老实实坦白，对儿子绝不姑息迁就，党也还是会尽量挽救你的。老杨又听不见了，说这些没用。听见这些话的是俞亚洲。俞亚洲感觉自己也变脆弱了。他工作讲原则，过于认真，肯定得罪过不少人。说不定哪个人会举报他呢？小人不可得罪啊。反正总之，以后一定要注意了：见人三分笑。笑就是比不笑显得更尊重人。显得，就行！

总之等等吧，一个人灵魂深处，总是有无数不可预见的因素与巧合在进行化学反应。俞亚洲的人生表情，也就亲和起来了，面部有意无意，都会时常笑笑了。包括对家人。家人当中包括对女儿，父亲的架子，不放下一点也不行了。行不通了。女儿的无知和愚蠢显而易见，可是人家就是不要你管，就是不听你的，就是恨你，并随时都可以拔腿就跑，弃你而去。

在2015年到来之前的2014年年底的一个星期天，俞亚洲来医院探视妻子，夫妇俩坐在病房说话。

自从俞亚洲注意关心岳父岳母以后，夫妇就能够坐一起说话了。

任菲菲老病号，长期占着病床，舒服一点就回家住几天，不舒服了就返回病房治疗。俞亚洲以前真是太忙了，很少来探视。自从楼上老杨出事以后，俞亚洲总是惶惶不安，挤出点时间，就会跑来病房。俞亚洲的变化显然引起了任菲菲的相应变化，她也比以前亲和多了，宽容多了，与俞亚洲也说玩笑话了，尺度也大起来了："哇，看来时间就像乳沟，挤挤总会有的。"

时不我待。该是切实推动俞亚洲提拔事宜的时候了，岳父怎么说的？下一步找谁？得环环相扣。与此同时的另一个重要主题：俞亚洲夫妇的将来与女儿。夫妇俩最大的后顾之忧就是：将来他们老到不能动了，女儿靠不住。俞思语已经养不家了，感情培养不起来了，将来不会赡养和照顾他们的。俞亚洲曾经想过，他们将来就住养老院，但任菲菲住院期间，听得多看得多，发现养老院不靠谱。养老院表面硬件不错，有的还是国际一流超豪华，其实大米都生虫了，食油没牌子，大桶后门送货进来再灌装到品牌油瓶子里，唉，还是为了赚老人钱。就瞅准了中国现在养老需求越来越大，还有政府补贴，有不少中国无良商人就动起这脑筋了，你知道哪个无良哪个不无良呢？防不胜防！就算养老院一切都好，可是那种集体生活方式，统一吃饭、午睡、看电视、熄灯就寝，很多老人不适应。人老了据说就是喜欢自由，想躺就躺，想吃再吃，不然就是折磨。太老了恐怕还是得靠儿女。

车轱辘话：俞思语肯定靠不住。几番车轱辘之后，夫妇忽然冒出了一个金点子：现在俞思语婆家不是总在吵吵要小两口子赶紧生二胎吗？以前他们一直没理没睬，现在议着议着忽然茅塞顿开：2015 年如果俞思语能够生二胎，俞亚洲才 52，任菲菲才 50。就当自己又生了一个呗。当年俞家父母带俞思语都已经五十好几了，还不是把孙女带成了自己的贴身小棉袄？赶紧培养一个外孙子，亲自教育培养，就会有感情深厚，将来就有依靠了。这个二胎，这个男孩，这个外孙子，他们得抓住！马上转变态度，积极参与，催促俞思语早日怀孕，一切都还来得及。

据俞亚洲老练的行政经验判断：中国的计划生育，肯定要结束了。2013 年就通过了单独二孩，2014 年的数据却很不乐观，生育率还是下降很多，都不愿意生了。现在养个孩子太贵了太辛苦了，一般年轻人受不了。2015 年党中央就可能放开二胎了，不然以后社会劳动力将青黄不接。现在俞思语怀二胎，政策风险不大，说不定会变成鼓励生育也未可知。

金点子！真的天赐灵感！这事现在正好水到渠成，只要因势利导即可成功：钟家现在带着两个小孩子，已经忙不过来了，钟欣婷刁蛮凶悍，她那小宝宝绝对是要丢给父母养的。现在只要俞家这边主动表示乐意带二宝外孙子，俞家附近又开办了一家美国幼儿园和国际学校，为宝宝提供优质教育再方便不过，外公博士还怕培养不出一个博士后？并且不谈钱。谈钱伤感情。外公外婆的钱足够带好这个外孙子。钟家是商人，自然会觉得十分划算。女儿女婿当然更求之不得。说不定女儿与他们的关系，还会因此得到改善。

太阳重新升起！照亮晦暗现实：俞亚洲、任菲菲的生活，将会发生一个革命性的变化。那个还不曾坐胎的外孙子——必须尽快坐胎——必须坐个男胎——据说高红都买到民间生子秘方了——已经成为俞亚洲、任菲菲共同的人生梦想。一个既大胆又艰巨更是美好的梦想。

没有自己的梦想不行，形势确实太逼人了：俞洋最近结婚了。娶了一个美国白种女人，小两口都在美国硅谷工作。美国婚礼的照片非常漂亮，就像电影画面。金发女子，活像一个芭比娃娃。俞家爷爷奶奶看了又看，得意扬扬，合不拢的嘴，笑得十分炫耀。好漂亮！漂亮吗？俞亚洲对白种女子漂亮不漂亮没概念。但是，混血的前景是明朗了：俞家这一代人，开始混血了，开始有杂种了，开始走向世界了。俞家都很自豪。而且，俞非洲夫妇要移民美国了！他们原本只是说要去美国帮儿子带小孩，没有想到俞非洲灵机一动，心血来潮，向美国申请了技术移民。俞非洲那一套玩鸟的资料和履历，美国居然通过了！玩鸟半辈子，英语表述为“研究鸟类五十余年”，人家就是通过了。俞家爷爷奶奶这个高兴这个兴奋这个幸福啊，无以言表，填补了他们自尊心方面的一项空白：他们那些跑到台湾去的兄弟姐妹都有子女移民美国，如今他们也有了！留在中国大陆的后人，同样也可以移民美国在美国上班娶洋人老婆走向世界，怎么样厉害吧？！老人就两个字：自豪！为社会主义祖国自豪！为自己争气的儿孙自豪！平心而论，大儿子俞非洲就是特别聪明、特别有心眼，以前在铁路上是工程师，铁路上有进口设备，他自愿报名去学英语，这么多年了英语硬是没丢，好像就知道终有一天用得上，还从小就是一个能工巧匠，是金子总会发光，现在活该俞非洲说俏皮话了：咱没文凭没人脉，此处不留爷自有留爷处，呵呵。

要说俞亚洲没有压力那是假的。装的。一直以来，俞亚洲才是父母的骄傲，家族的自豪，一直以来，兄弟姐妹三个就数俞亚洲最有成就。俞非洲家的跨国婚姻与移民美国冒出来，大儿子就变成家族头条了，就变成家族荣耀了，就变成门楣生辉的最高荣誉了。连俞亚洲自己的妻子发出的一系列议论，都很酸溜溜：“你嫂子这种女人，一个毫无素质的中国大妈，白天麻将晚上广场舞，就爱《最炫民族风》，她去美国只会丢中国脸啊？”“我就是觉得好讽刺嘛，你嫂子这种女人，要不是嫁给你哥，她做梦都梦不到美国！看来女人嫁得好就是比什么都好！”“要是你不走仕途，还做大学教授，咱们办移民，那还不是分分钟的事！唉，该移的不能移，不该移的倒是移了。”俞亚洲并不嫉妒哥哥。但美国有什么了不起——大家的热议，俞亚洲越听越不想听，听得心里头毛奓奓的。

问题实质在这块：父母都是耄耋老人了，三天两头大病小病的，剪脚指甲自己都弯不下腰了。这俞非洲全家一走，远隔重洋。俞美洲一个乳腺癌都手术两次了自身难保，老公已经病逝，儿子常年在外打工不回家。现阶段是俞思语经常跑来照顾一下爷爷奶奶，给他们剪个指甲什么的，她毕竟上班有工作，生儿育女的年龄，现在头等大事是生二胎儿子。任菲菲一身病，也只是俞家媳妇之一，她成天都在内疚没能照顾她自己年迈的父母呢，身体好一点就往上海跑，她尽孝也没错呀。不用说了。全家人都没看到现实。都不碰现实话题。谁来管父母的养老？庆祝俞非洲儿子结婚、夫妻移民就是全家都来吃一顿、喝一顿、打几圈麻将，麻将缺角，叫来格瑞丝凑上。格瑞丝也是异国婚姻，正好热火朝天的有共同语言。俞亚洲从来不参与家庭麻局，和家里任何人共同语言都不多。格瑞丝现在已经成俞亚洲遥远的记忆，正如墙壁上陈年的蚊子血，尽管她人的真身就在眼前晃动。

俞亚洲在外匹马单枪，在家孤家寡人。原本众星捧月，转眼间就落得孤芳自赏。这种变化本身就是家族集体给予俞亚洲的沉重打击，他们却还要把父母养老的重担也加在他的肩上。日后就算俞亚洲还能够再提一级，仕途进步估计也就到顶了。可是现在世人观念在变，都认为移民更牛。家人脸上更光彩。

群众就是群氓，世道历来势利——贤哲一再告诫世人的道理俞亚洲终于切身感受到了，他不禁悲从中来。是的，俞亚洲必须做点什么事情来维护自己了。抓住外孙子。必须的。俞亚洲在家里，他总是必须有一个自己人啊。

说来可笑，曾几何时，俞亚洲很是鄙视那些带孙子的老干部。婆婆妈妈的，把自己混同于一般老百姓。隔代抚养很不符合自然规律和现代教育理念。老人辛苦工作一辈子退休自由了应该活出自己的精彩，绝对不应该为子孙做牛马。当事情落到自己头上，道理就不一样了：孙子变成了俞亚洲夫妇最大的需要、唯一的希望和日常的寄托呢。看来不管发展到什么社会，人总是最复杂的，都有自己不能为外人所道的心思和理由，谁都不要笑话谁。

在“抓住外孙子”的愿景里，俞亚洲欣慰地看到，妻子的表现，空前良好。任菲菲为之一振，跃跃欲试，满脑子创意，病容几乎消失。任菲菲要俞亚洲尽管放心：他还是全力以赴干他的事业，奔他的仕途，全心全意上班开会，不必有丝毫的分心。二宝将来都由她管。请一个阿姨不够，就请两个。她坐镇指挥。这些年来，她运气实在不好，病魔缠身，或许是前面运气太好，太火了，物极必反。就在她即将失去治病信心的时候，他们决定参与二宝外孙子的抚养和教育。突然她感觉自己焕发出新的人生意义，有了好好活下去的盼头。

夫妇患难与共的决心带来他们婚姻生活中一个罕见的感情高潮。那个午后，瑰丽的晚霞，从窗口打进一道玫瑰色的光，投在任菲菲脸上，为她枯黄的脸色增添了明艳的亮度和暖色。俞亚洲一瞥之下，感觉妻子恍若青春少女。俞亚洲的手势起来了，忽然柔情万种，要去拨弄妻子的头发，掖到耳后并顺势抚摸她的脸——多少年没有的动作啊——俞亚洲喜欢的民歌同时奏响：马铃儿响来哟玉鸟唱，我陪阿诗玛回家乡，远远离开热布瓦尔家，从此后……不忧伤欸咯欸咯欸，不忧伤……

俞亚洲手势起来的时候，他口里的语言表述也还在继续，他说：“我们这一次总算吸取了以前的人生教训，未雨周缪了。”任菲菲由于格外放松但本能作祟，当即插嘴纠正：“未雨绸缪”——俞亚洲一下子卡住了。机器人断电那种，手势刚要到位，却停在了半空。尽管任菲菲立刻意识到大事不妙，花容失色，但是一切都已经来不及了。往事如烟。就算前一瞬间的事，也是往事。随风飘散。民歌戛然而止。阿诗玛悄然遁形。阿黑哥无限忧伤。光暗了。亮度不足了。黄昏来临。老夫老妻老面孔，见鬼了哪里有什么抚摸冲动。灵与肉，统一好难。俞亚洲的手，改变方向，抓了抓自己头皮。

晚饭吃什么?

任菲菲很难从所受的羞辱中恢复元气，狂躁地说：你问我，我问谁?我怎么知道?我老在住院。我泡饭。

看，问题的根源都在人身上。还一定是你身边最亲的人，制造问题最多。

俞亚洲心里还是有一定歉意的，就主动去厨房，煮了一碗自己的速冻水饺，给任菲菲烫了一碗泡饭。任菲菲吃泡饭的时候，后发制人，面对面进行了自卫反击。任菲菲有备而来，慢条斯理说：你们家说你哥嫂一到美国，彭厨子的家人或者后代吧，就会请他们吃饭。你哥说宴无好宴，不想接受邀请。这个彭厨子，就是你爸杀的那个人吧?

我爸没有杀人！俞亚洲吃不下去了。你妈说的。是你妈和你爸吵架的口头禅：“你杀了那个彭厨子。”你妈当歌唱，我都背会了。其实我倒是蛮想听听这个故事。蛮想知道究竟怎么回事。你爸真有杀人吗? 你们家真有血债吗? 直到今天我都没敢让我父母知道。毕竟有血债的不是什么好人家。迟早要遭报应的。或许报应已经落在我身上了——病魔缠身。谁让我是你们俞家媳妇呢?只怪当初我自己，年轻幼稚没长眼睛。

我爸没有杀人！我爸没有杀人！我爸没有杀人！俞亚洲语气猛烈，脸都气黑。

任菲菲淡淡一笑：“好！”她说：“重要话，吼三遍。”

二三十年老夫老妻过招，犹如顶尖高手比剑，身形一个交错，双方都被洞穿。

好在，俞亚洲电话响了。及时响了。他赶紧离开饭桌，去阳台接电话。落地窗帘就像黑幕，遮住了俞亚洲接自己电话的真相。俞亚洲接听的这通电话很长。他可以把手机放在耳边，一边踱来踱去，一边小声地念诵民歌歌词：哎吆你不是鹅的哥哥吆就走你的那个路……鹅的哥哥——陕西话中把“我”说成“鹅”，总会让俞亚洲笑，“鹅”比“我”好听，也更生动有趣：“鹅”在接电话。哈哈。这幅画面定格。

2015年正在按时到来。

说到这里，此处应有任菲菲人生表情的关键表述：

任菲菲，1965年出生。2015本故事发生当年，实岁50，足岁51。

俞亚洲的妻子。俞思语的母亲。钟宇涵的外婆。

青浦生上海长的城市女孩。

家门钥匙挂在颈脖上，学习成绩平平，跟在姐姐哥哥身后跑来跑去，从不曾想过父母在忙什么、在哪里忙的女高中生。

高考落榜，待业青年。全靠父母替她找门路就业。工作挑三拣四。直至父母给找到上海青浦血防陈列馆。

极有语言模仿天赋。从小喜欢模仿播音员。抱着收音机学习，盯着电视机学习，睡觉做梦都说普通话。在青浦血防陈列馆做讲解员以后，如鱼得水，心情大好。

兴趣爱好之一：背诵《新华字典》。

兴趣爱好之二：吃泡饭。就着腐乳、花生酱、宝塔菜、咸鸭蛋最完美。

兴趣爱好之三：人来疯见人熟年轻朋友在一起比什么都快乐可以闲逛瞎聊三天三夜不累。

还没有来得及展开爱情梦幻就遇到年轻朋友俞亚洲，在一起比什么都快乐，一夜受孕。

婚前受孕导致奉子成婚，导致两地分居六年多，导致调入湖北人民广播电台一夜走红，导致一脚跌入名利场忙得无暇联络修补和孩子的感情，导致过于繁忙累垮了身体，导致始终是一位缺乏母性的母亲，或另一个角度看：导致她成为始终不缺乏少女本色的已婚已育女人。

简单。直率。特固执，不迁就。易狂躁，但纯真。

任菲菲的人生表情，几乎都来自她的个人兴趣爱好。

第三个兴趣爱好直接带来早孕早婚。早孕早婚都是人生意外，任菲菲的表情是烦死了，但，被意外带来的孩子、丈夫和家庭，那都还是属于她自己的东西，既烦，也喜。

第二个兴趣爱好直接带来疾病——医生的结论。

任菲菲在广播电台一夜走红之后，播音工作量大增。开始只录一个节目《晚安武汉》，那其实也只是平时的一个晚间社会热点新闻，任菲菲第一次播音。她是被甘当伯乐的省委书记推荐来的一匹千里马。

任菲菲用她崭新的清亮嗓音加上一点特有的娇声媚气，在节目前面做了个自我介绍：我是菲菲，湖北人民广播电台新来的百灵鸟，在这里为您播音，希望您能够喜欢。然后在节目最后，任菲菲也增加了一个道晚安的结尾：本次节目播送完了，夜深人静，百灵鸟祝您睡个好觉，做个好梦，晚安！这种突破传统、大胆创新的做法当场吓掉了导播的眼珠子，第二天肯定要被台长骂死。哪知道爱听广播的省委书记夫人听了特别惊喜，心里觉得特别舒服，第二天还发现司机、秘书、办公厅值班工作人员，都觉得耳目一新，特别贴近人民群众，大家纷纷叫好。台长这天上班打了个出租车，在路上接到各种电话，就顺便做了一个民调，问司机昨夜听了《晚安武汉》没有？这个司机恰好听了，跑在路上，总归会常听广播。司机大赞新来的百灵鸟，说好人性化，声音甜蜜蜜的，听得心里蛮舒服。到台里再一看，各个部门都在热议，绝大多数都说好。是要改变一下风格了，播音还是以前那种高高在上的灌输，恐怕难逃被电视淘汰的命运。任菲菲一炮打响，一夜走红。

接着增加《早安武汉》，接着增加《午安武汉》接着增加《周末夜半枕边话》。任菲菲普通话基本功扎实，发音正确率高，又会说社会上火热流行的广普：广东普通话、江普浙普、以及夹心巧克力——就是夹几个英语单词。只要是任菲菲的播音节目，收听率无不刷刷飙升。

“早安武汉！ Morning Darling！人已经在上班路上了，早餐有没有搞定？百灵鸟提醒您：吃饱了，才有劲。”——这是任菲菲的《早安武汉》经典开篇词。一时间风行武汉三镇，早班公共汽车、早班渡轮和出租司机们，都会把广播声音扭大，让乘客们都听到，听到的就笑呵呵了，过耳不忘，鹦鹉学舌，互相纷纷模仿问安，蔚然成风。

以前都是台里出去拉广告，任菲菲走红以后，广告主动投进来，其量之大，犹如开闸的洪水，令台领导惊喜万分。拉广告有提成，当时是明码实价的公开激励政策。任菲菲的进账也就水涨船高。那就再增加一个《百灵鸟面对面》！现场直播，现场采访。一般采访一结束，企业家就拿起笔签合同投广告了。

一束束一篮篮的鲜花，送到任菲菲的播音室。任菲菲很喜欢红玫瑰，找到所有能够装水的容器供养它们。大款们明里暗里在追求，人民群众在崇拜。首长领导来慰问和看望。电视台“春晚”不得不特邀她去做主持人。一下子，任菲菲的播音事业登峰造极。

除了出色的播音专业实力，任菲菲还散发着一种诱惑力：她身上保持着一股浓厚的少女气质——比如她公公婆婆看到儿媳妇成名人忙得不落家，有一次就带思思来看妈妈，大院门口爷孙三人就被拦住了，门岗通了个呼叫，婆婆用呼叫器报喜一般说你女儿思思来了！任菲菲十分诧异，说你们跑到我单位来做什么？没有看见大楼门口有持枪武警在站岗吗？广播大楼可是政府喉舌，重点警备单位，不是随便人都可以进来的，好了我没时间和你们说话了，我要进播音室了，思思你们随便带哪里去玩，以后不要再来啊。——显然，一点母性没有，一点婆婆妈妈、家长里短、儿女情长没有，一点不好意思的歉意没有，典型的少女语气。现代职场女性，穿着打扮又洋气，浓妆淡抹又总相宜，一股子干净利落杀伐决断，真是很有诱惑力。就连台里有些领导，也不免兔子想吃窝边草。喜欢叫任菲菲谈话，听她献计献策，与她并肩伫立于高层办公室玻璃窗前，一起构想广播事业的宏伟蓝图。忍不住就要把手放她肩上搂一搂。短时间搂一下，甚至突然凑过嘴巴往腮边亲一下，任菲菲一概都不鼓励。但大家都是成年男女，你自己讨人喜欢，人家因此喜欢你，你也没有必要搞得很受惊很受辱，更何况还是你上司。任菲菲会露出和事佬那种笑容，笑一笑，转身走掉。事后完全是雁过无痕神态。工作上该请示请示。该汇报汇报。该领奖金该受表彰，来者不拒。

人民群众的热烈喜爱加上任菲菲善于不得罪顶头上司，令她青云直上，除了播音，还开始兼任广告部策划、副经理、经理、主任直至副台长，当选市政协委员。随着任菲菲火起来，圈子里好事都找来了。电影后期配音，一小时多少钱。译制片翻译配音，一部多少钱。都是最高时价。钞票越厚，分量越重，价值感越强，赚大钱真是好感觉，超出了钱本身的价值，任菲菲的生命太渴望享受重视之重了：从小的兴趣爱好，从小的勤学苦练，从来都被文凭压抑在尘埃里，终于时来运转，扬眉吐气了。

红红火火的事业，热热闹闹的名气，紧紧张张的工作，连轴转一口气就是十几年，任菲菲体力严重透支，动不动就感冒。一次重感冒，咳嗽很厉害。一顿猛咳，竟然咳断了四根肋骨。经检查，严重缺钙。

任菲菲骨质疏松的程度，40 岁人相当于 60 岁人。医生认为：最主要原因就是饮食，是任菲菲从小、长期、特别，喜吃泡饭所致。泡饭、咸菜几乎没有钙。

任菲菲的人生表情是万分惊讶。此前她从来没有想过泡饭与钙的关系。那她以后吃什么呢？特别是早餐，时间那么紧张那么匆忙。

医生回答：热干面啊。

任菲菲的人生表情再一次万分惊讶：热干面与钙有关系？

当然！小麦比大米营养全面多了！武汉医生！忍不住强烈推荐：热干面好好吃哦！

任菲菲说：不好吃！

医生惊呆了：这是武汉的百灵鸟吗？

当然！任菲菲正是武汉人民的百灵鸟。但泡饭老好吃老好吃啊！

哈哈！缺钙。缺钙肯定阻止不了任菲菲的人生一大兴趣爱好！

任菲菲一边还是吃泡饭，一边服用钙片就是了。有时候一天三顿都泡饭。泡饭多简单，多爽口，一口泡饭咬一点酱瓜。吓煞人地香！

意外的是：疾病说来就来了，不肯离开任菲菲的身体了。本来以为生点小病了不要紧，治治就好。

肋骨断了。住院。治疗。吃药补钙。住院期间上厕所，脚下一滑，脚踝又骨折了。再住院，再检查，又发现贫血。现在改革开放生活条件好了谁还贫血？任菲菲贫血，程度还不轻。补血剂吃了还不太见效。贫血对钙吸收是有影响的，难怪钙片吸收不好。再检查，再治疗。大产一胎，大出血。小产，事实是人工流产，三次，每次出血量都偏多。每月例假，出血量超常，医生认为与上环有关，任菲菲的子宫不适应机械性改变。现在 40 岁了，注意一点应该不太容易怀孕了，那就取掉避孕环吧。任菲菲同意医生的建议，反正现在俞亚洲也没有很多性要求了。百灵鸟你上的什么环？不知道。是药物环、铜环还是不锈钢环？回忆一下。不知道。都十几年了。当年医护也不说，躺下叉开双腿就往里头塞了一东西。再开单子再去检查。憋尿，排队，等超声波，憋得尿脬快要爆裂浑身冒冷汗。超声波一查，查出了避孕环更查出了子宫肌瘤，还是多发性的，好似一串大葡萄。这种肌瘤药物作用不理想，得手术切除。住院，手术，切除。然后，复发，肌瘤又长出来了！

有一次手术麻醉醒来不久，偏头痛。也以为吃吃药就会好的。可就是落下了偏头痛的毛病。发作起来要了任菲菲的命。偏头痛又引发了失眠症，发作起来也要人命。一夜完全不能够入睡，任菲菲被折磨得像个鬼：面青，脸肿，泪目，畏光，头昏脑涨，行走摇晃，食欲不振，心烦意乱，答非所问，智力严重下降。

运气不好喝口水都塞牙，这句老话说的就是任菲菲这一类倒霉鬼。又有一次住院，护士清晨静脉抽血没开灯，光线不够，针头扎伤了手神经。当时只是一个刺痛，接下来手指就会经常性地抽痛，又得多吃一种叫甲钴胺片的药片了。任菲菲本来已经食欲大减，该药片的副作用彻底夺走了她的食欲。当一个人对所有食物都索然无味，就一点生趣都没有了，谁走路撞下她，她杀人的心都有。

医院还否认发生了意外。即便是百灵鸟也不能够让医院承认医疗事故，何况已经是过气的百灵鸟。缠绵病榻不再播音只要两三年，人民群众就会忘掉她。广播电台新人辈出，又冒出金话筒、银话筒了，一个比一个会向听众献媚和煽情，人人都从模仿任菲菲起家，个个都自称风格独创，还故意走歪路走邪路，挑逗尖叫、油嘴滑舌、插科打诨、胡说八道、罔顾常识还自鸣得意。任菲菲砸烂了一直陪伴她住院的收音机。使劲砸。全病房都听见了破坏声。护士长跑过来。任菲菲拒绝护士长进门。护士长很生气，因为病房是护士长的领地，任何病人都无权将护士长拒之门外。任菲菲就是坚拒，如果护士长胆敢破门而入，她就跳窗。因为，事实上任菲菲仅仅只是不想再听收音机而已。她有权破坏自己的私人物品。

医生马上给任菲菲加药，盐酸舍曲林片。任菲菲没注意到添加了新药片，护士分药她就吃了。吃了几天任菲菲又添新病：全身哪里都难受。问医护，简单回答：正常药物反应。任菲菲伺机从护士站偷了一张药物说明书，躲在卫生间认真一读，天啦！原来盐酸舍曲林片是用于治疗强迫症以及有或无狂躁史的抑郁症，防止自杀倾向。不仅与任菲菲住院治疗的疾病毫无关系，还有好大一堆副作用，包括但不限于失眠、恶心、厌食、瞳孔变大、视觉异常、关节肌肉疼痛、虚弱、胸痛、外周血水肿、脱发、瘙痒、性欲减退、性功能障碍——副作用大大超过正作用——正作用针对的疾病，任菲菲根本没有。护士再发药，任菲菲当面含在嘴里，一仰脖子假装吞了，护士离开就吐掉——这情节是不是很熟悉？电影里反复表现这种情节肯定是因为好人正在遭毒害！

一波未平一波又起。任菲菲又患了重症肌无力。发作的时候头都没有力气抬起来，眼皮都没有力气睁开。

曾经计划到北广进修拿文凭的。曾经考虑离婚再从追求者中选择一个真爱开始新人生的。曾经打算筹资拍一部电影《播音员》并亲自主演的。曾经准备把毛坯房别墅装修起来此生就算住过别墅了……曾经的曾经，都被疾病吞噬。任菲菲生病之初，惊动很大，层层领导都来医院看望，亲切握手，安慰她鼓励她保证她一定会早日康复的。结果任菲菲不争气，没有早日康复。久病床前无孝子，任菲菲很明白这个道理，十分理解层层领导不再出现。慢慢地，单位也只剩下传统大节日派工会来慰问一下。家人探视很少，理解！这个道理说的就是家人。爷爷奶奶不能计较，他们辈分高，年纪大，还千辛万苦帮她带大了女儿，他们有这个资格端着。况且爷爷是一个杀过人的人，尽管他自己矢口否认，哪一次吵架奶奶不指责他杀了彭厨子——好吧，历史恩怨任菲菲闹不清楚，但是她可以怕他们，可以躲他们，可以不指望他们会有常人的慈悲之心。丈夫俞亚洲仕途得意、酷爱工作、官心十足、忙得要死，理解！丈夫每天主要靠电话慰问妻子，太理解了！即便他偶尔来探视，人刚进病房，手机又响了，赶紧转身跑出病房，到楼梯间去接电话。太太太理解了！又有急事马上得离开，照例嘱咐一句："听医生的话。"——任菲菲立即用手势制止，几年如一日的敷衍，她确实再也无法忍受，任菲菲抢白道："知道了——听医生的话，跟共产党走。"病房人都笑了。行政官员俞亚洲没趣地走掉了。对不起，请让任菲菲也爽一下吧，只有出语讥讽了俞亚洲，她才好受一些。

最让任菲菲寒心的是女儿。女儿总是任菲菲亲生骨肉吧。从小与女儿分居两地任菲菲也不情愿啊。调到武汉以后一夜走红工作太忙也是没有办法的事情吧。好在赚了不少钱，最终不也是为子女吗？也都毫不吝啬地花在女儿身上，一直，从小到大，从学前班到幼儿园到小学大学，教育费用多贵！

如果没有任菲菲赚大钱，仅靠俞亚洲这个胆小怕事遵纪守法的干部，女儿结婚的嫁妆，怎么可能有这等豪华气派，令土豪亲家不敢轻视。在俞思语身上砸多少钱了，怎么就是砸不醒她呢？她怎么就不明白母亲才是世界上最疼她的那个人呢？可恶的俞家老人——他们夺走了任菲菲的女儿，抚养出一个傻大妞。

任菲菲生病好几年，俞思语就硬是没有单独来探视过，就没在母亲床边坐过哪怕半个屁股，就没有多说几句——任何话。俞思语总是和钟鑫涛一起来，有了宝宝就总是还带宝宝——无非是带一个借口——宝宝总归一到病房就哭闹。小两口总归赶紧哄孩子，放下水果之类礼物就走人。每一次，俞思语看母亲就像看路人甲：好点没？语气神态皆例行公事，就跟查房医护随口问所有病人一模一样。任菲菲拒绝回答。沉着脸。装没听到。实际上任菲菲心都碎了。

格瑞丝和保罗算是坐得时间最长的。他们喜欢聊一聊法国干红神奇的保健作用。保罗建议任菲菲不妨每天睡前喝几小口。保罗还会建议任菲菲祈祷上帝。保罗深信只要任菲菲虔诚祈祷，上帝一定能够听见她和医治她。

可是任菲菲对上帝一无所知，也不知道如何祈祷，也没心情请教保罗——因为格瑞丝就在保罗身边。曾经任菲菲那么喜欢格瑞丝，后来逐渐地，任菲菲有了一种说不出来的感觉：格瑞丝把俞思语抓得太牢了！以至于俞思语对她言听计从！而俞亚洲骨子里头其实是十分溺爱女儿的，女儿要他去派出所捞人他都会去，除此任何人都休想能够让他干预警方执法。掌握俞思语就是掌握了俞亚洲。显然格瑞丝太有心机了。

而且，格瑞丝真的就没有勾引或者试图勾引俞亚洲吗？毕竟俞亚洲是一个人物，一个厅级官员、博士、教授，可不是一般女人能够随便得见的男人。上帝啊，世道人心这么乱，这么坏，请你救救我吧。任菲菲直觉上帝是好的，只可惜太遥远太陌生了她无法认识。

面对格瑞丝和保罗的来访探视，任菲菲衷心感谢，但她的嘴巴，又会突然说出不中听的话来，比如：格瑞丝啊，你老来看我，是不是想看我怎么还不死吧？

任菲菲会颇有快感地发现格瑞丝不得不惨然一笑。

人一旦病成这个样子，全世界就没好人了。病人是病人的眼睛，看见的是一个有病的世界。单位家族夫妻子女亲朋好友关系都被拆毁，重新排列成我们、你们、他们。

其实病人也不想这么无礼但是！世界首先对病人太过无礼：任菲菲被灌进了多少药物？被塞进过多少仪器？西医就是仪器和药物。进口仪器和进口药物，不断进口新版本，就不断重新灌你和塞你。医生已经变成了仪器和药物里面的隐身人。任菲菲也已经变成一堆病名里面的隐身人。医生，我真有这个病吗？仪器检查的呀，病人！任菲菲的名字叫作重症肌无力。叫作骨质疏松。叫作子宫肌瘤。叫作突发性失眠症。叫作强迫症。他们背后还管她叫作抑郁症——任菲菲还没有接受这个病名，她正在自我研究。久病的任菲菲最近已有感悟：病人唯有善于自我研究才有可能知道自己穿什么鞋合脚。而他们，这个世界，给予任菲菲的，是统一的病名，统一的检查，统一的指标参数和统一的治疗，否认任菲菲是一个个体，她的症状、程度、感觉以及身体机能，与任何其他同一个病名的病人都不一样。这个世界有人稍微良心发现一下吗？仪器和药物都是一样，而病人却各有各的不同——这难道不像是一句名言吗？不够发人深省吗？

非但如此，世界还会变本加厉地折磨病人：在他们眼里病人就是一个赚钱的暴利市场。

生病最初，任菲菲方寸大乱，惊慌失措，求医心切。她看过了多少江湖神医，多少名老中医，喝了多少祖传秘方，喝得腹泻到虚脱。“消肌瘤/用巧招/可以免挨这一刀”“养心/安神/疏肝/解郁/靶向五子养心汤/让您笑得畅/睡得香”，他们就是这样言之凿凿地向你保证。还有圈内好友，花大钱从北京请来一位仁波切，据说是某位大牌明星供养的仁波切。小伙子太帅了。任菲菲一看这不是黄晓明吗？扮演的吧？朋友耳边提醒任菲菲：别介样呀！人就是一时尚佛教僧人。这位仁波切倒是大度，极有涵养，不计较任菲菲，只低低念六字真言：唵嘛呢叭咪吽。任菲菲耐心倾听了很久，最后开口求个方子。朋友连忙解释：刚才念经，就是方子，就是在给你治病啊。不过慈悲为怀的仁波切，还是理解任菲菲的求医心切，给了她藏传佛教的一个秘方，药方三个字，用汉语普通话这么读：“想开点。”

任菲菲没好气直接回答：“想不开！”

前前后后，明里暗里，这一块的治疗费用，已经高达近百万。直接给钱，没有发票，据说给现金病好得最快，只有心诚、慷慨，舍财免灾的效果就最好。

对不起，休怪无礼，是生病实苦！看病实苦！

说到底，还是回到泡饭。泡饭应该继续吃吗？长期吃泡饭真的没有营养，容易缺钙吗？任菲菲身体一连串的损坏，真的是严重缺钙以及严重贫血导致的吗？吃钙片几年了好像也并没有补得进来。那么谁能够告诉任菲菲，真的要戒掉这一嗜好吗？假如连吃泡饭这种嗜好都必须戒掉，任菲菲活着还有什么意思？

第一个兴趣爱好，其实才是最严重的，因为它没得治。

任菲菲从小喜欢背诵《新华字典》，后来差不多可以说是滚瓜烂熟了。就是发高烧和做梦，她都一个错别字没有。这本领，长年累月炉火纯青，潜移默化就变成了本能。

这本能，生生离间了任菲菲和俞亚洲的夫妻感情。

任菲菲、俞亚洲夫妇都是吃开口饭的人。任菲菲先是讲解员后是播音员，职业标准是错误率越低越优秀。而任菲菲在她的职业生涯里，就没有读过一个错别字。她就是这么牛逼。尽管学历低到只是一个高中毕业生，但她发音的准确率百分之百，超过央视新闻联播主持人，足以让她笑傲江湖。

俞亚洲是行政干部，无论当大小领导，每天工作都是开会讲话、发言、做报告、传达上级报告精神，文字语言也是他的职业工具。中央其实是有明确要求的，公务员行政工作必须说普通话。但是武汉人不会说普通话，咽喉、鼻子、舌头、牙齿都没普通话的习惯和功能。

任菲菲不同意丈夫的这个说法。任菲菲认为：说普通话带地方口音是一回事，读错字又是一回事。带口音别人会理解，读错字别人会笑话，读错字多了别人会认为你没文化。俞亚洲无论是做教授还是当领导，作为博士出身的人，他还是应该尽量减少读错字。

纯粹是为了丈夫不被笑话和鄙视，任菲菲会积极主动纠正他的错误。

俞亚洲："我们伟大领袖的革命理论造纸很深。"

任菲菲赶紧纠正："造诣。主义的义！"

俞亚洲："我们必须创作更多优秀文化产品供给市场。"

任菲菲赶紧纠正："供给。自己的己。"

俞亚洲："请大家不要太疲饭了。"

任菲菲赶紧纠正："疲乏。乏力的乏！"

俞亚洲："我厅也不饭这样的例子。"

任菲菲赶紧纠正："不乏。乏力的乏！"

俞亚洲："人是不能缺饭精神的。"

任菲菲赶紧纠正："缺乏。乏力的乏！"

俞亚洲："我们有些干部就喜欢乏乏而谈。"

任菲菲赶紧纠正："泛泛而谈。吃饭的饭！"

够了！都是我小学时候就读习惯了的，我们语文老师就是这么教的，大概是方言吧——俞亚洲这是在给台阶，希望任菲菲借了台阶就下去。任菲菲简单直白纯真，看不见无形的台阶，她一味就是要为丈夫好。丈夫有点不好意思，有点护短，很正常，但明明是读错了字，任菲菲怎么能够迁就呢？任菲菲天真又认真地说："并不能都怪到方言。是你们老师读错了。小学老师错了，你这个大学博士教授就不可以再错！你这么个大领导就更不可以错！"够了！好了！谢谢讲解员！哦不，播音员！辛苦你了！你不要再管我的闲事了好吗？！我是单位领导，我就单位工作作风讲个话，我就说了乏乏而谈又怎么了？全单位都很明白我讲的意思。这就够了！ 文字发音，不就是人类约定俗成的吗？只要互相交流没障碍，就无所谓对错。

任菲菲简直不敢相信自己的耳朵。文字发音怎么可以无所谓对错呢？这分明是强词夺理！这就是做官以后的俞亚洲。任菲菲看着丈夫在变。二十多年里，最初，对于任菲菲的善意提醒与纠正，丈夫脸一红，嗯一声，很谦虚，甚至还夸过一句“你真行啊”；过几年，就变成了一脸无趣的样子；再过几年，就出现了嫌恶的神态；再过几年，就开始强词夺理；再过几年，就是沉默的火山，天大的架子。

俞亚洲：“热烈祝贺我市最美音乐粪泉落成。”

任菲菲严肃指出：“喷泉。喷薄而出的喷！”

这个时候的任菲菲，也今非昔比了。时代给了她机遇，她一把抓住了。任菲菲卓越的播音才华得以展示，好运让她红得发紫。省市主要领导都很看重她，武汉人民都很喜爱她。她已经提升为副台长兼市政协委员。她也是一个有头有脸有社会地位的人了。她为这个家庭赚的钱已经是丈夫的很多倍。如果没有她的滚滚进账，他们家不可能拥有几处投资商铺和房产，她丈夫不可能睡上这么高品质的名牌床垫，以至于每天夜晚一倒床上，由衷地感叹就随之发出“啊好舒服啊！”以及，等等种种高级家庭用品。任菲菲也马上就要去北广进修学习，全国重点大学的大本文凭指日可待。更有那么多优秀男人倾慕她，追求她，愿意不惜一切得到她。俞亚洲应该有一点自知之明了，博士没有什么了不起，尤其是满口错别字的博士。无非一个副厅级干部，自己以为多大官也不要在任菲菲面前拽。任菲菲采访的对象，厅级以及厅级以上的领导干部多了，著名企业家多了，在她面前都没有像俞亚洲这么摆架子。吵架拌嘴也无数次了。动不动就说离婚也无数次了。丈夫几天住办公室不回家妻子几天住台里不回家分分合合也无数次了。过不下去的感觉，西北风一样，寒冷刺骨，每年总要刮几次。二十多年了才发现两人从来就吃不到一起——青浦初次相遇的第一天除外：任菲菲酷爱吃泡饭坚决不肯吃热干面。俞亚洲酷爱吃热干面坚决不肯吃泡饭。任菲菲吃菜爱甜，俞亚洲吃菜爱咸。俞亚洲酷爱民歌连带喜欢通俗歌曲。任菲菲特别讨厌通俗歌曲连带民歌也一般。“在分手的那一天 999 朵玫瑰”“你是我的小呀小苹果儿怎么爱你都不嫌多”，啥意思啊文字混乱一片这些歌词在表达个啥呢？任菲菲没法不讨厌。她是讲究文字的人。她的播音节目插播音乐，须由她自己挑选，都是小夜曲、幻想曲、摇篮曲之类，歌曲也都是外国歌曲。任菲菲绝对不是崇洋媚外，讲点道理好不好？人家歌词文字使用准确，言之有物：“人们说你将要离开村庄，我们将怀念你的微笑。”只要注意一点常识，比一比就知道。

毋庸赘言，总之，任菲菲不再是青浦血防陈列馆那个傻乎乎崇拜俞亚洲的傻丫头。也不只是俞厅长的家属。任菲菲爆红的时候，俞亚洲还不是厅级呢。俞亚洲长期鄙视任菲菲没文化，以文凭论英雄，也该到此为止了。平等谈话的一刻，已经到来。就在今天。面对俞亚洲满脸冉冉上升的火气，任菲菲豁出去了，她拿出了职业功力，中气十足、缓急得当地说：“喷泉！就应该是喷泉！不应该是粪泉！我知道你又要扯到口音，武汉话就是说粪泉，那么我建议你全文都用武汉话来讲。如果你用普通话，那就必须是喷泉。我就不明白你到底是什么时候变这样的呢？这么自以为是、刚愎自用、文过饰非、心胸狭隘、小肚鸡肠、知错不改、睚眦必报呢?！ 我觉得这样很丢人，真的。我的话，说完了。”

火山爆发。祸从口出。一连串的贬义成语——涉嫌故意用成语挑衅——足以导致火山爆发。爆发的猛烈程度却是任菲菲始料不及的。俞亚洲腾地起立，牙巴骨咬得咕咕响，面部肌肉横起，眼睛骨碌乱转，横冲过客厅，抓起古董架上的一只玻璃水晶内花球，往地上狠狠一砸，再追上去，捡起玻璃球看看，跑进厨房，往硬质的斯米克瓷砖地面上，砸！一再地，狠狠地，砸！ 终于，结实的玻璃球多处受损，伤痕累累了。厨房的瓷砖，也多处破损开裂。任菲菲眼泪出来了，跑过去，抢过玻璃球，捧在掌心，看着看着，禁不住失声号啕痛哭。

这只玻璃水晶内花球，不是一般装饰品，是新婚时候俞亚洲送给任菲菲的礼物，是俞亚洲自己最珍贵的收藏品。是俞亚洲从小克扣自己过早钱，积攒了很久才买到的。玻璃球水晶透明的内芯有一朵鲜艳明媚的鲜花，它是一种工艺美术镇纸。俞亚洲心仪已久，几年里反复跑到工艺美术大楼观赏。就连汉口六渡桥工艺美术大楼，都是俞亚洲少年时代心目中的宫殿，里头装满了奇珍异宝，三层楼都是工艺美术品，民间美术工艺品无数：剪纸、泥捏、人偶、绣片、成套的皮影戏、巨大的铜锣、朱红油漆的大鼓、成套的大小擦子、笛子与笛膜、唢呐、珐琅景泰蓝工艺品、各种瓷器工艺品。俞亚洲在两人共度的三天新婚假日里，向娇妻赠送了自己最宝贵的藏品以及关于它的故事。珍贵的礼物，让任菲菲爱不释手，也唤醒了任菲菲同样的秘密和同样的故事：少女时代，任菲菲也曾饿着肚子积攒零钱，悄悄去购买自己心仪的东西。任菲菲也曾有她少女时代心仪的宫殿，那是青浦县金泽镇大街上的一家高级副食品商店，是全镇上唯一的一家，非常高级，出售各种糖果饼干，还现场制作新鲜点心，大厅配了小圆桌和椅子，买了新鲜点心可以堂吃，会受赠一杯热开水。薄荷糖、冬瓜糖是任菲菲的最爱，生姜糖又想吃又怕辣，但优势在于它特别耐吃，每一次都是舌尖舔几下，包起来下次再舔，还可以给要好的女同学舔一舔。——却原来，这就是新婚小夫妻在谈恋爱。每一个城镇少年，大街上总有一座他心向往之的宫殿。也总会千方百计积攒零钱，激动又郑重地迈进宫殿购买自己的宝藏。小时候还不认识就已经有了共鸣，知心的话儿说呀说不完。新娘新郎天一黑就早早把自己关进新房，两人躺在被窝里，脸对脸，眼睛对眼睛，争相倾诉有趣往事，越说越同心，越说越甜蜜，两人都哧哧笑，越搂越紧。三天婚假飞快过去，任菲菲怀揣这只玻璃球，登上赴沪的火车。俞亚洲把妻子送到火车站，在月台上追着火车跑，一直跑到火车变成一个小黑点，消失在地平线上。这只玻璃水晶内花球，就不是一个普通镇纸或一个小摆饰了，它有了固定的意义，是深远的历史意义和现实象征意义。带着新婚激情，蕴含夫妻恩情，成为这个婚姻中的图腾，多年里夫妻吵吵闹闹推推搡搡，但无论是动嘴巴还是手脚，谁都不敢去动它。

而新婚三天以后的俞亚洲，变化很大。对于任菲菲来说，俞亚洲既不是青浦初见的那个年轻硕士，也不是新婚三天里的那个多情新郎。是另外一个男人，工作非常忙碌，专注看书学习，不再提及往事的态度就当往事根本不存在。俞亚洲内向、收敛、寡言少语乃至晦暗难测。俞亚洲每年赴沪探亲一次，任菲菲就怀孕一次。只是怀孕，没有倾诉，没有交谈，没有嗤嗤笑，完全就是无声动作片。任菲菲想不通：俞亚洲分明知道计划生育国策执法如山，怀孕一次任菲菲就必须做一次人流，她又容易出血，每次都出了很多血，犹如大病一场。为什么俞亚洲视而不见。逼着问了无数次俞亚洲为什么不戴避孕套，最后他只说几个字"我讨厌橡胶"。任菲菲一碰就怀孕，她真是怕了做人流。男方不愿意采取措施那就女方上避孕环吧？不！不急！俞亚洲的意见是：调动办好了再上。为什么？不为什么！最后还是任莉莉为任菲菲解惑答疑：肯定是怕你上环了没有怀孕顾忌了在青浦这边有人呗。任菲菲恍然大悟。只有自己姐姐才会在私下提醒自己妹妹：你这个老公心好深人好阴啊。俞亚洲心就是这么深，人就是这么阴。是任菲菲用心琢磨才发现的，她来武汉探亲比较不会怀孕，因为俞亚洲不做或者不真做。而且他还会把女儿抱过来放在他们中间一起睡觉。逼问了无数次俞亚洲才说不愿意被他父母听到动静。也绝对不能让小孩子觉察到父母会做这种事。即便现在俞亚洲在火山爆发的暴怒之下，也会精心选择，砸烂这只玻璃水晶内花球。向任菲菲宣告了他们婚姻的恩断义绝。

恩断就恩断！义绝就义绝！既然俞亚洲如此绝情，还有什么值得任菲菲留恋?！任菲菲怒火攻心，掌心里的玻璃水晶内花球，变成了烫手的山芋。她不再哭泣，不再悲伤，大步流星奔出家门，跑到院子里，决绝地把这只玻璃球，狂躁地，扔进了垃圾桶。

离婚的考虑，迅速提上了议事日程。那些做银行老总、做大国企老总、做网站老总的人，也都是有知识的分子，也有人是博士文凭，看看这些时代俊杰英才，是怎么追求任菲菲的。随便任菲菲怎么讽刺打击嘲笑人家都开得起玩笑。再看任菲菲身边同事，好几个播音员和电视台主持人，都离婚再婚，嫁的男人不说富可敌国也是腰缠万贯。俞亚洲你就等着吧！可是，俞亚洲一点不在乎，一点不惊慌，更不询问一句，这倒是奇了怪了。最后还是任莉莉为妹妹揭露了俞亚洲的卑鄙伎俩：俞亚洲就等任菲菲先开口提离婚呢。俞亚洲正是需要任菲菲成为婚姻的罪人，承担破坏婚姻的道德责任以及经济惩罚——谁先提谁的离婚析产就会少很多。任菲菲再一次恍然大悟。她知道往下的情节怎么发展了。往下俞亚洲也就可以和他的备选在一起了，不受任何道德指责地。任菲菲早就发现，俞亚洲对考察文化厅所属的文艺院团，有着非凡的勤勉。与女演员们的手机往来信息，都是随看随删，不落痕迹。心里没有鬼的男人，谁会这么不怕麻烦。任菲菲也怀疑俞亚洲的备选之一，就有格瑞丝。俞亚洲一直保持着对民歌的浓厚兴趣，不是没有原因没有来由的。格瑞丝年轻到几乎是俞亚洲的女儿。男人的真爱，永远就在青春靓丽。任菲菲这一次不会犯傻了。她是不会先开口的了。她拼命工作赚的血汗钱，一分钱都不会拱手让给俞亚洲和别的什么女人。她得逼俞亚洲先开口。男人是忍不住偷腥的，只要任菲菲注意抓住把柄，然后就成了。然后离婚。然后，就离婚的议题默默变成了斗智斗勇。

然后。然后。然后岁月似箭，然后时光如梭。然后人算不如天算。任菲菲生病了。然后。病魔缠身了。然后。泥足深陷在另一个千疮百孔的疾病世界。百灵鸟停止了歌唱。曲终人散，追求者悄然遁形。然后中央“八项规定”纪律执行得更加严厉了。然后查处了不少公款吃喝的领导干部。然后俞亚洲再也不能够大手大脚阔阔气气宴请剧团演员们了。然后俞亚洲仕途似乎也陷入瓶颈。然后鬓角已现白发的俞亚洲，有了变化。脸上线条不那么生硬了。表情不那么漠然了。来医院探视任菲菲的次数多了一点。手机电话响铃的次数也少了一些。特别是楼上邻居老杨出事以后。与老杨只是熟人并不是好友的俞亚洲，私下里在任菲菲面前，还流露出兔死狐悲之感。任菲菲的心，也就有点软了。夫妻俩，久别重逢，原本以为已经是陌路人，却一看对方还是很面熟。年龄已经是人到中年进入老年阶段，两人各自也遭遇时运背转，都有暮色苍茫，凛冬将至之感。户外寒气逼人，两人不约而同，都从外面，推门进家。一致的感觉、相似的情绪，再一次地，将两人调节到同一个频道。什么都不用说了。玻璃球的事千万别提。过去的就让它过去吧。破镜无法重圆，时光无法倒流，青春傻气一去不回头。不仅是玻璃球没了。汉口六渡桥工艺美术大楼也没了。青浦金泽高级副食品商店也没了。绿皮火车也没了。离别与相逢的火车站月台更是没了。这二三十年，到处大拆大建，变化剧烈，脑子来不及细想只能跟着飞跑，又是一番沧海桑田，任菲菲、俞亚洲的婚姻何尝能够逃离世俗影响？只有说不出的悲欣交集。好在天地慈悲，绝无绝人之路，老夫老妻还有共同利益。共同利益让他们萌发出共同梦想：他们的女儿是别人的了，他们可以并且一定要把外孙抚养成自己的。这辈子一定要亲自抚养一次小宝宝，从头开始奶声奶气牙牙学语，从头开始蹒跚学步蹦蹦跳跳，从头开始躲猫猫做游戏，想想都觉得好挑战好伟大好焕发青春。的确他们也并不算老，不久的将来带这小宝宝出去玩，八成会有人以为是他们生的——这种误解真好！让误解来得更猛烈一些吧。谁需要理解！

任菲菲的人生表情，就是一病恹恹中老年女人，在凄凉悲壮地，暗暗告诉自己要坚强，要坚强，要坚强！

回归同一频道，任菲菲的人生表情与俞亚洲的人生表情，也就统一了，也就变成人们常说的夫妻相了。尽管他们自己，再也不能够忍受睡一张床。分房了。尽管依然还是吃不到一起。特别是早餐，肯定一个热干面一个泡饭，各吃各的。尽管以前种下的怨恨一旦气候合适还是会冒出来，磕磕碰碰总也避免不了。尽管纠正错别字显然是家里的一大禁忌，任菲菲还是会偶尔犯忌。她纠正错别字简直动若脱兔。本能，没办法。俞亚洲当然还是极其不悦。那就再吵一次架呗，虱子多了不痒。反正唯一的玻璃球已经砸掉。反正爱情的无产者再没有爱情可以失去。无非双方斗斗嘴，然后各自偃旗息鼓。最主要的是大局。只要俞思语能够听两家家长的话，能够尽快想通，能够尽快怀上二胎，他们将会有一个崭新的、完整的，三口之家。就任菲菲这虚弱的身体，肯定还得雇请两个保姆，一个主要带宝宝，一个主要做饭，那就是五个人，这个宽敞冷清的家里，将会充满欢声笑语。或者小宝宝的啼哭。小宝宝的啼哭，也是人间的欢声笑语。

过气的明星也是明星。网络除了炒明星也没有什么别的好炒。任菲菲也就还是会被翻炒出来。那些年轻活跃自信的网络记者，跑来三言两语搭讪了一下，人民群众就会在网上读到这样的网络文字：百灵鸟和她的丈夫俞亚洲，一辈子没有红脸。看了他们，信了爱情。

任菲菲、俞亚洲的人生，已经到了根本不在乎什么炒作不炒作了。老夫老妻的全部注意力都集中在前面：2015 年！2015 年正在走来，迈着时钟的脚步嗒嗒有声，一刻不停，希望就在前面。

## 8. 俞爷爷　俞奶奶

**人物介绍**

俞爷爷，本名俞正德，1930年出生。俞思语的爷爷。

俞奶奶，本名彭慧莲，1933年出生。俞思语的奶奶。

俞正德、彭慧莲于1950年12月28日结婚。彭慧莲大产五胎，小产两胎，50年代黄疸型肝炎病死一幼儿，隔几年又饿死一幼儿，存活二子一女：大儿子俞非洲，女儿俞美洲，小儿子俞亚洲。

1987年他们小儿子俞亚洲的女儿俞思语出生。俞亚洲、任菲菲夫妻俩因工作学业、两地分居之故，无法自己带小孩，爷爷奶奶就主动担负起了照料孙女的重任。俞爷爷时年57岁，他55岁退居二线，不再有具体实质性职务，作为正处级调研员，基本赋闲在家。俞奶奶时年54岁，她也已退休，闲居在家。俞思语就一直跟爷爷奶奶生活了。他们既是爷奶，也是爹妈。老两口奉献全部的晚年余热，尽心竭力带大俞思语，为孙女打造了他们心目中最美好的生活。

2015年年头，故事发生当年，俞爷爷足岁85，虚岁86。俞奶奶足岁82，虚岁83。

老两口结婚65年，他们的人生表情，在65年时光里，互相学习互相感染互相影响互相渗透，二位一体，相辅相成，不可拆分。

## 人物表情的关键表述

俞正德、彭慧莲都是好人家出身。

小时候都曾有过照片，代表他们人生之初的表情。

俞正德周岁照片是端坐太师椅、戴长命富贵金锁的二少爷。

彭慧莲周岁照片是身穿丝棉长袍、足蹬绣花凤头鞋的大小姐。

“好人家”指的是1949年以前。

1949年以后，就是坏人家了。时代在1949年天翻地覆。新中国成立，国民党政府败走台湾省。新时代总会产生大量新字词新概念，从此以后，流行的说法叫作“家庭成分不好”。

家庭还是那个家庭，成分还是那些成分，好与不好的判断标准，由历史潮流决定，不由自己。俞正德、彭慧莲保存他们的周岁照片到1966年“文化大革命”运动爆发。雷霆万钧的文化革命与红卫兵小将的口诛笔伐，深刻触及了俞正德、彭慧莲的灵魂。他们主动向前来抄家的“造反派”革命小将交出了儿时的照片。照片上奢华糜烂的资产阶级生活方式，令人无比震惊，红卫兵小将义愤填膺。中华人民共和国成立以后出生的年轻一代，完全没有想到，以前的旧中国，还有人过着这么可耻的寄生虫生活！而且现今他们还盘踞在铁路系统领导干部岗位上，这是多么触目惊心的你死我活的阶级斗争！如果不是伟大的“无产阶级文化大革命”揪出这些狡猾的暗藏的阶级敌人，国家的命运、人类的前途将不堪设想。从周岁长到了36岁以及33岁的俞正德、彭慧莲夫妇，总算彻底认清了自己的家庭出身对他们的毒害，坚决支持小将们焚毁照片等所有破“四旧”物品的革命行动，深刻检讨与批判自己。至此，他俩与他们的“好人家”出身，彻底划清了界限。

这个时刻他们的人生表情：瘦削的面容严肃而敬畏，眼神老老实实，满是随时准备接受批判的驯服。

而事实上，客观地说，俞正德、彭慧莲早就是自己“好人家”的受害者和叛逆者，只是他们没有自知。人都是少年决定命运，却一直不得自知，当你知道，已经迟了，这是人的天性。从这一点来说：人都是贱人。

因此，俞正德、彭慧莲终其一生，人生表情中始终都会有一种时隐时现的犯贱。

俞正德叛逆好人家的因由：俞正德家住汉口吉庆街慈德里上海银行职员宿舍。其父是上海银行职员，家庭美满，育有三子。唯一美中不足的是二子俞正德天生兔唇，三瓣嘴。别人随口就取了个绰号“俞兔子”。父亲很负责地在俞正德六岁那年就带他做了兔唇矫正手术，应该说手术很成功，仅仅只是比一般人的鼻唇沟稍宽，笑时显紧，现出瘢痕组织特征。熟人叫习惯了还是叫“俞兔子”，新认识的人就不会叫。不管人叫不叫他“俞兔子”，一般人也不再把他当兔唇。但是俞正德自己特别敏感，时常感觉自己就是兔唇。尤其相比大俞正德好几岁的哥哥俞正良，在俞正德小的时候，就已经是个玉树临风的美少年了。弟弟俞正善也生得五官整齐，天生爱笑，人见人爱。俞正德从小就不喜欢在这个家庭环境里，最讨厌父母全家都对他倍加小心，生怕目光落在他的鼻唇沟上。

抗战西迁，其父在陪都重庆时期，出任了国民政府贸易委员会委员。念小学的俞正德在重庆火热的抗战救亡气氛中接受了革命思想，参加了革命活动，穿上学校发的草鞋，上街卖《民主星期刊》之类的革命报刊，一边卖一边唱革命歌曲“啦啦啦啦啦啦，我是卖报的小行家”，卖完还可得报酬，够吃一大碗面条，身边都是新结识的小伙伴，没有任何人知道他曾经是兔唇。俞正德投身革命的感觉如鱼得水，这种感觉对他太好了。 就在这个时刻，他自己的人生道路就已经选择，他的人生命运，也就已经被决定。

抗战胜利回到武汉的家，俞正德就读于博学中学，也是他哥哥的母校，一所英国教会学校，有游泳池、健身房和两个足球场，校园就在汉口西边的硚口区。住读，每星期回家一次，交通工具是马车。只因俞正德继续参与地下革命活动，经常翘课，成绩很差，一个学期以后被校方勒令退学。退学的俞正德第一次遭到了父亲的严训和体罚。整夜的罚跪，激起了俞正德对父亲的无比仇恨。次日他就跑出去，四处联络同学，相约去大别山，投奔共产党的刘邓大军。此次行动遭同学告密。俞正德被父亲逮住并进行了毒打。真正是毒打：竹条子抽背脊都带出了血丝。母亲心疼到哭了。母亲也把父亲的眼泪给哭出来了，兄弟俞正良与俞正善也都在一旁紧张纠结，同情又悲痛。父亲再三申明他并不是狠心，是俞正德这个孽子屡教不改，不走阳光道、偏行独木桥，人叫不动，鬼叫飞跑，小小年纪竟然想去落草为寇。

从此，俞正德变本加厉夜不归宿了。他加入了一群离家出走的革命学生的集体生活，由武汉大学地下革命组织的两个大学生做他们的领导，组织他们深夜偷偷学习毛泽东的《新民主主义论》，偷偷学唱共产党歌曲“解放区的天是明朗的天”，在国民党封江的时候，跑到华中剿匪司令部门口的大街上扭秧歌，随着“仓仓七，仓仓七”的秧歌锣鼓点子，高呼口号“要民主，反腐败，反专制，求自由”。俞正德很勇敢，很兴奋，他们以扭秧歌为形式的游行示威，也基本是畅通无阻、有惊无险。17 岁的俞正德，正式登记成为共产党地下组织的工作人员并光荣地加入了共产党，为普天下穷人求生存求解放。他已经彻底瞧不起哥哥俞正良了。已经是中学教师的俞正良，身穿灰色布衫，一手拿备课本，一手微微提起长衫的衣衩，露出里面的西装裤，油光水滑的小分头，只顾把那些女中学生迷得要死要活。难道俞正德身边都只是穷人叫花子吗？难道喜欢他追随他的穷苦女孩子都是嫁不出去的丑八怪吗？才不是！特别富有公正心、同情心的，正是受过教育的富家小姐。女教师立武就是出身豪门。还有圣罗以女中的学生彭慧莲，她同情穷人，救助乞丐，积极参加地下组织的阅读会，且十分信任和敬佩俞正德。俞正德并不比他哥哥差，他也有自己的崇拜者，他相当为自己自豪。

俞正良、俞正善，你们愿意就苟活在专制腐败社会吧，俞正德要革命要解放要追求自由新生活！因此，在 1949 年元旦过后，历史大转折时刻到来，国民政府所属机构从武汉大举撤退，俞正德父亲要带全家人一起迁居台湾省，俞正德坚决不跟家人一起走。父母临走时还是给俞正德留下了一张火车票。但在 4 月的一天，粤汉铁路最后一班火车驶向广州的时候，俞正德蔑视地撕碎了千金难买的这张眷属票。

1949 年 5 月 16 日，林彪的“四野”先头部队开进武汉。迎接解放军进城，组织人民群众欢迎队伍，那一天，是俞正德人生表情最为辉煌的一天。19 岁的俞正德，已经是汉口片秧歌队的总指挥。解放军从江岸岱家山进入汉口，要浩浩荡荡走过中山大道，沿途都是俞正德布置的夹道欢迎队伍。他自己还爬上了江汉路马路岗亭，振臂领呼口号：“打倒国民党！打倒美帝！没有共产党就没有新中国！”现场随军摄影记者抓拍了这个画面，登了报纸，大伙儿都认出了俞正德，个个朝他竖大拇指。彭慧莲拿来一张报纸求他签名说要珍藏，俞正德心里简直比蜜还甜。那一天，个人成分为“革命干部”的俞正德，他的人生表情是：威风凛凛，权势熏天，满脸发光，一呼百应。这一刻，在俞正德一生之中，都是最为辉煌也是唯一的瞬间。

随后，才 20 岁的革命干部俞正德，一头茂密黑亮的头发，一双乌亮灵动的眼睛，身挎盒子枪，腰扎武装带，上衣口袋插一支派克钢笔——钢笔是解放军的缴获物品，由上级奖励给俞正德的，在武汉和荆州地区来回奔忙，有时骑马，有时骑驴，有时候坐上级顺风车，用百忙不足以形容他的忙。

刚刚解放时忙于检查和督导荆州地区各个市县的全面接收、清匪反霸和土地改革。10 月 1 日共和国成立，国庆大典举行之后，镇压反革命成了全国性的大规模政治运动。与此同时，抗美援朝开始。富有鼓动、策划和组织各种活动经验的俞正德，上面更是交付给他更多的工作重任：尽快让每一个中国人都知道美帝是新中国的最大敌人！我们与美帝不共戴天！俞正德积极组织广大群众，密集举行集会游行，抗议穷凶极恶的美帝把战火烧到鸭绿江边，赶印《美帝侵华史》，图片贴满街上所有商店橱窗，号召各界人士捐款献金，自愿参军。唱响“雄赳赳，气昂昂，跨过鸭绿江，保和平，卫祖国，就是保家乡”的雄壮歌声。攘外安内，大力镇压反革命，必要时可就地正法，两手都要硬，两手互作策动。俞正德掌握着生死予夺大权，工作作风果断，说一不二，意气风发，昼夜工作，恨不能在最短时间内把国民党残留分子、潜特分子、反革命分子、贪污腐败挖新中国墙角的坏分子、造谣破坏抗美援朝分子，以及各种各样坏分子，统统清除干净，让共产主义社会的美好理想，早日实现，让灾难深重的中国人民，早日过上幸福生活。

有人悄悄找到俞正德，黑夜里塞给他一封信，原来是他父母全家顺利抵达台湾省的平安信以及对他的想念和牵挂。俞正德只瞄了一眼，就撕掉了。他义正词严告诉鬼头鬼脑躲躲闪闪的送信人：他没有回信！也不捎口信！不要再来找他！对他来说，父母家人都已经死掉了。

俞正德是真心实意当作他的父母家人已经死掉。因为他们不走阳光道，偏行独木桥，人叫不动，鬼叫飞跑，如今胜者王侯败者贼，看他们还敢说俞正德是草寇？他们与俞正德分道扬镳，也就等于他们的政治生命已经死亡。

即便革命立场如此坚定不移，俞正德总感觉革命的凌厉暴风要刮到自己头上了。清匪反霸以及镇反运动达到高潮的时候，汉口每个里份都特别热闹，老百姓的街谈巷议都是看杀人：又要枪毙人了，哪家堂客的男人被镇压了……每当里份的街坊邻居兴奋地相约去看枪毙人，在经过俞正德家的时候都会故意把“今天又是枪毙美蒋特务呦！”说得最响。他总是会心一惊，掌心冷汗一冒，疑心生暗鬼。以前更夫巡夜，总是敲响梆子再和一声“火星过细——”，现在也变成了居委会人员戴袖标拿牌子，每天每家每户进屋查看，喊的口号是“防火防特，人人有责”。俞正德还没妻子适应得快，很不习惯居委会人员直接进家到处探看，还是妻子再三提醒他不要这么明显地惊慌和反感，人家主要是防火，查看是不是穷灶门富水缸炉台上有没有放沙包。俞正德偏偏想的是人家在找通敌叛国的发报机。中山公园召开万人大会，公开检举反革命分子、控诉美蒋特务，十几个人争先恐后跳上台揭发控诉，弄得台下群情激昂。把这些坏蛋当即实行人民民主专政以后，还有群众要求把这些坏蛋的心肝挖出来看看，到底是黑的还是白的！怎么会有这样黑心烂肝的人？

场面威力太大，太震慑人了。俞正德不免没做贼都心虚，不管你是不是美蒋特务，你是台属这个事实本身就说明你不是什么好人，好人会跑台湾省？全家一窝坏人，你会好到哪里去？

“好人家出身”实在是害惨了俞正德。他躲过初一躲不过十五。接着很快地，“忠诚老实”运动来了，“大规模清理积案”运动来了，“整风整社”运动来了，“清查胡风反党集团”来了，“反右”运动来了，“四清”运动来了，“无产阶级文化大革命”运动来了……大大小小政治运动，俞正德几乎都是运动对象了。由于家庭出身成分不好，俞正德一生都在被严格政治审查，大半生都是被怀疑的敌特对象——直至80年代大陆与台湾省恢复“三通”。

俞正德是怎么熬过来的？俞正德靠着革命信念！ 俞正德慢慢有了一套运动经验。历次政治运动最初，俞正德总是首批就会被踢下水。这个时刻，俞正德就要依靠党性原则，依靠坚决相信党、坚决相信群众的信念，依靠老老实实交代批判自己的态度。具体做法就是：不护短、不乱咬、不自杀，咬牙熬到运动后期。运动结束后，再上下争取，各方申诉，获得平反，恢复工作，重新回到党的怀抱。

这个时候俞正德的人生表情，在低头认罪、埋头赎罪和恢复工作后清白无罪三种神态中一波波轮回。轮回中他的眼神，运动开始只看地面，认罪阶段只看脚尖，平反昭雪后平视前方。解放军进城那天他那天之骄子的骄傲轻狂，是完全彻底被打掉了。他深深体会到：骄傲使人落后，谦虚使人进步。

十年的“文化大革命”运动结束，俞正德已经47岁，奔五了。可谓百炼成钢了，在政治上真正成熟了。他面部的人生表情，罪的烙印淡漠了，恩的色彩浓厚了，境界升华了。俞正德认识到：人生苦难也就是人生财富。“文革”漫长的十年，被不明真相的“造反派”一次次揪斗，打得脑震荡、肾出血、胃出血、胫骨骨折，肩关节扭伤脱臼多次，这是财富，权当活动筋骨，成天坐办公室对身体并不好。“造反派”抄家抄走了所有书籍信报日记材料，凡是带文字的东西，这也是财富，所有文字都可以再一次证明他不是美蒋特务。红卫兵小将抄走了电唱机收音机银餐具象牙碗筷金元银条成匹的呢绒丝绸布料，所有资产阶级生活方式下的东西——主要是他妻子的陪嫁和他父母给他留下的一点资财——这也是财富，终于彻底丢掉了资产阶级帽子，成了真正的无产阶级。还有一种人生财富，超过一切，难以估价：认识人！这个太重要了！俞正德吃亏就吃亏在以前对人认识不足。俞正德就是苦于自高自大，不善与人相处，工作太认真，对人要求太高，得罪太多人了。

而对人的真正认识，来自于个体的人，一个与他面对面较量的人——那是在俞家已经被抄家抄得清贫到连大门都可以不再上锁的时候，居委会的“金箍棒战斗队”还是再次来抄家，要荡涤俞家残余的污泥浊水。战斗队队长“金箍棒”，四十来岁一男人，原本是里份的扫街工兼公厕淘粪工。积极投身“文化大革命”以后，他就是扫街工淘粪工的头目，被揪出来的“走资派”与“黑五类”则变成了扫街工和淘粪工。“金箍棒”与他带领的革命群众们，都是一群住不到里份房子的底层老百姓。他们抄走了火钳、火盆、花露水、紫药水、痱子粉、脚气粉、头痛药以及一堆小小的空药瓶子，还几把扯掉了所有窗帘——彭慧莲哀怨地看了一眼俞正德——作为一家之主的俞正德也深知自己有责任维护妻子最基本隐私，一个冲动上来，就按住了窗帘。

俞正德首先恭敬地背诵了一段毛主席最高指示：“不拿群众一针一线”，然后解释了一下窗帘的用途。人与人之间，就发生了人性最本质的较量：反对就是瞧不起！否定就是阶级对立！

“金箍棒”不屑地一声冷笑，针锋相对地也背诵了一段毛主席最高指示“革命不是请客吃饭”，最后一句“革命是暴动，是一个阶级推翻一个阶级的暴烈行动”用的是怒吼，随之“金箍棒”挥起劳动者那强有力的拳头，连连狠揍俞正德面门。俞正德当下鲜血直流，掉了三颗牙齿，一边的彭慧莲顿时瑟瑟发抖噤若寒蝉。

“金箍棒”乘胜追击，一把揪住俞正德衣服领子，要他睁开狗眼，看看革命群众。以前里份的人们，还以为他是一个哑巴，原来却是一个理论联系实际的口若悬河的“造反派”：……我们住的，是搭在你们房子后墙的低矮木板房和草棚子；吃的，是菜帮子黄叶子；穿的，是你们丢在垃圾桶的旧衣服。我们哪一户人家有妈逼窗帘！你们只管洗身子，谁稀罕看你们那资产阶级臭屁股！你算什么共产党？你以为我不知道你的老底？还有你臭婆娘的老底？都不是什么好东西！你们就是混入党内的资产阶级！ 解放这么多年，你们还是骑在我们劳动人民头上作威作福。记得吗？我在里份替你们扫街，每一次，你都生怕灰尘扬到你皮鞋上，总是走得远远的。一副资产阶级老爷的鬼样子，老子早就看不惯你了！今天老子抄走你资产阶级遮羞布还敢不服，红卫兵“造反派”来抄家，你敢不服吗？你这还不是瞧不起老子们！我们共产党无产者都是平等的，你妈老逼还分三六九等简直太混账太可耻！今天老子就是要叫你认得老子！认得没有？“金箍棒”揪紧俞正德衣服领子，再三推搡，怒吼道：认得老子没有？

语言发挥了巨大威力和魅力，战斗队革命群众听得欢欣鼓舞，纷纷拍手叫好，高喊口号呼应。这是俞正德生平第一次，与另一个男人如此近距离地相对，面对面，鼻尖撞鼻尖，对方的黄门牙与口臭，如此真实细腻又理直气壮地在他眼前耀武扬威不可一世。俞正德的缄默，更进一步激化了阶级矛盾，“金箍棒”再度挥拳揍人，朝俞正德腹部凶狠击打，俞正德捂住肚子弯下腰，撑不住跪在地上干呕。彭慧莲只得发出哀求：“认得了，不打了，都是街坊啊。”“那就好！既然你们扯街坊套近乎，那就做邻居，”“金箍棒”振臂一呼，“搬进来！”

里份之外的棚户人家，就此夺取了“文化大革命”的一项伟大胜利：三户人家当场进屋，直接背着铺盖和零碎家当，住到了俞家。首先享受战果的，当然就是“金箍棒”老婆孩子一大家子人。由于阶级敌人走资派俞正德面对面的疯狂反扑，“金箍棒”等革命群众在“走资派”婆子的央求下，不得不入住里份，以监视和改造他们。而可耻的俞正德，失去了房子，得到了处分，被发配到五七干校劳动改造住牛棚去了。

在五七干校劳动改造期间，天黑收工，蜷缩在昏暗牛棚的地铺上，俞正德有足够时间反刍这一次惨痛的抄家教训。睡梦中也曾多次被“金箍棒”仇恨目光吓醒，醒来耳边还回响着“金箍棒”极其流畅的训斥和极其轻蔑的语气。俞正德如醍醐灌顶，获得真知：你对他人的蔑视必遭他人还击。被对方瞧不起是人与人之间的最大仇恨。他认识到人是什么了。

俞正德总结出了与人相处三条原则。之一，小人不可得罪！之二，见人不可不恭维！之三，必须学会“目中无人”——即目光涣散、茫然、只对虚空，绝不直接接触他人目光。

归根结底，每次都惨遭挨整的根本原因，就是俞正德内心太骄傲了，内心自觉不自觉发出的骄傲之光，严重刺伤了他人的自尊。恰好有很多运动，恰好有无数机会，别人当然就有了最好的借口与平台。实质上，俞正德扪心自问，他认为自己是一个纯粹的无产阶级革命战士，他的确是为解放中国以及世界的人民大众在奋斗，而不是什么坏人。

最终，党还是信任和爱护自己干部的。俞正德发自内心感谢党的恩情。其实他始终坚信：党是英明伟大的，只是对党的理解和执行，会出现偏差乃至错误。一旦党发现了问题，迟早都会纠偏改正。俞正德的家庭出身问题，党历来就是：有成分论，不唯成分论，重在政治表现。俞正德坚持做到了政治表现好，坚持做到了政治上绝不动摇，做到对共产党就一个字：忠！对毛主席就一个字：爱！“文化大革命”运动结束以后，党就给他平反，返程回武汉了，多年工资也补发了。工作重新安排了。担任铁路调度处的重要领导岗位了。由副处级提升为正处级了。给分配住房了。被侵占的祖传里份房屋，也有各种政策出台逐步清退。子女的工作安排，也得到上级的关心和单位的关照，大儿子俞非洲高中毕业下放农村当知青，只一年就被铁路系统内招回城，还送去学习，成为一名工程师。然后俞正德工作到55岁退居二线，60岁正式离休，党都按政策给予了他作为一个老革命、一位离休老干部的待遇，包括公费医疗、各种补贴。

每逢生病颂党恩——这是俞正德发自内心的一句话，每次生病住院，公费医疗，离休老干部全都报销，可住标间干部病房。看到医院拥挤人山人海排队，看到病房走廊全是加床睡满呻吟叫唤病人，俞正德心里涌出无限感恩。他会瞅住各种机会对治疗和护理他的医护人员说出心里话。小护士来抽血说："爷爷，抽血了啊，有点疼啊。"俞正德就会回答："每逢生病颂党恩，抽血打针不怕疼。"如果他住院时期正好碰上传统大节日，老干处副处长就会来看望他。俞正德就会异常激动，与来人一一握手致谢，同时出口成章，说："紧握领导手，披荆斩棘跟党走；紧握男同志手，革命路上不回头；紧握女同志手，团结友爱暖心头；紧握年轻人手，后继有人不发愁。"单位来人一齐大笑。年轻人笑到肚子痛，直夸老领导好有才。

但在平时，俞正德心里时不时地有很难受的时候，折磨得他睡不着，半夜爬起来到处转悠，唉声叹气。彭慧莲比俞正德会想，她总是劝老伴：想想那些连命都丢了，家破人亡的革命干部吧，想想立武老师都做那么大京官了，"文革"还不是自杀了。还有我圣罗以的校友谢芳呢？平安是福，平安是福。

多听、少说、装马虎、常点头、善微笑——这个做人法宝——俞正德一遍一遍教育自己子女却完全没用。他们这代人没吃过政治运动苦头，油盐不进—— 子女小时候父母工作学习运动都很忙，孩子又多管不过来，现在谁听父母的？到头来大儿子俞非洲、女儿俞美洲都混得比较惨，两家夫妻四个人前后都下岗还得他们老的贴补。

好在小儿子俞亚洲不错，会死记硬背，书读得多，运气不错，知识分子又受到重用升了官，总算给俞正德挽回一点面子。俞正德同意妻子的说法，小儿子夫妇把女儿完全交给他们带，他们要把这看成是他们最后一次人生机遇。这等于送来一份浓浓亲情，是他们在自己儿女身上失去的。你只有与小孩子朝夕相处，一把屎一把尿亲自带大，才会有感情。俞正德最高兴的是孺子可教，思思从小就喜欢听爷爷讲那过去的事情，他正好有一个渠道，讲述他的革命经历，灌输他那一套人生哲学，既充分发挥了余热，又打造了思思的幸福人生。而且思思的家庭出身成分，绝对没问题了，爷爷是革干，父亲是高知和高干——光荣正确安全美好的家庭成分——苍天有眼保佑思思一生平安。

俞正德“文革”之后的人生表情，如上所述，就不言而喻了。

而彭慧莲的人生表情，几乎就是俞正德人生表情的影子。她的整个人生经历，就是虚一点，淡一点而已。

彭慧莲早早地，小小少女就成了自己“好人家”的叛逆者。

武汉彭家是望族，祖辈八个儿子，都是经商做生意做得兴旺发达。传到彭慧莲的父亲这一代，整个家族都有一百多号人了，一张全家福的照片都装不下。彭慧莲父亲做桐油生意，主要做出口，合作外商是英国怡和公司，生意顺风顺水。 桐油仓库旁边，又开了一家木桶工厂，为桐油配套做木桶，又锦上添花。当时国民政府物价飞涨、通货膨胀，苛捐杂税多如牛毛，又先后开征了“桐油特税”“桐油统税”，严重打击了油行广大经营者的积极性。彭父年轻气盛，挑头抗税，挥毫写下呼吁书，联络油行各家共同具名，向政府请愿，恳请豁免桐油特税并多方奔走。坚持数月，最后趁财政部长宋子文视察汉口之机，设法直接将呼吁书当面送到宋子文手中，不久获得宋子文亲笔批复“免征桐油统税”。此举使彭父得到油行的热烈拥戴，将他推举到汉口总商会，他也随之人脉更广，生意自然就更上一层楼了。彭慧莲三岁那年，其父就有足够的财力将她送入英国教会的幼儿园，中英文双语教学，喝的是进口牛乳，穿的是英式皮靴和呢子大衣。彭慧莲的母亲，也剪掉了老式的如意髻，戴上了玳瑁眼镜，肩头闲搭一条白丝绸长围巾，亲自驾驶私家小包车，送女儿上下幼儿园，是汉口街头开放又时髦的民国女子。

然而今日不知明日事，生活就是这样的旦夕福祸。彭慧莲五岁那年，祸从天降。新年伊始，春节未到，正是冬季天干物燥的日子，一场突然的火灾，吞噬了彭父的木桶厂桐油仓库以及他本人的生命。又仅仅时隔半年，当年 6 月，国军调集了百万兵力，打响大武汉保卫战，日军对武汉进行狂轰滥炸。汉口江岸一带的码头趸船水运交通设施，是空袭的主要目标。恰好江岸一带又是租界富人区，彭家正是此处居民。彭慧莲的母亲怀着遗腹子，深夜破水临产，家里司机赶紧开车送往医院，半路遭遇日军空袭，当场车毁人亡。父母双亡的小慧莲，在彭氏家族主持下，安妥地被彭家亲戚收养。人丁兴旺的彭氏家族，在武汉树大根深枝繁叶茂互相荫庇，他们确保了自己家族的孤儿不孤，小慧莲依然还是生活在好人家。

抗战胜利后，彭慧莲还是能够进入私立圣罗以女子中学，这是 1909 年美国基督教圣公会一位传教士创办的女中，教学质量有口皆碑，升学率名列前茅，校风严谨，庄重典雅，文艺氛围浓厚，统一的校服连鞋袜都要在内的。而且学校就在汉口合作路，家住两仪街巴公房子的彭慧莲，步行上学都很方便，黄包车也很多。养父养母也有一个女儿彭慧馨，比彭慧莲大两岁，已经是初三女生，姐妹俩搭伴一起上学放学，亲密无间，说说笑笑，天真无邪，看上去很安全也很开心。

但是事实上，彭慧莲不开心。五岁孩子已经有记忆，父母双亡的阴影，彭慧莲总是挥之不去。而大人们总以为给小孩子吃饱穿暖就足够，对小孩子心思是不管不顾的。彭慧莲却是一个心思很重的少女。彭慧莲一直都有听说那场火灾的传言，当时彭家怀疑有人故意纵火，是报了案的，可是腐败懒政的政府当局，一直敷衍搪塞，最后不了了之。因此彭慧莲从小就痛恨敌视这个专制政府，早就存了为父母报仇之心。彭家人也都议论说，如果彭慧莲父亲没死，后来他妻子就不会死。父亲在的时候，都是请医生出诊的，头胎彭慧莲就是在自己家出生的，医护们前一天就被请来家里守护孕妇了。说者无心听者有意，彭慧莲把母亲的死也算在国民政府头上了，因为国民政府抗日无能。心怀深仇大恨的孩子，是不可能真正开心快乐的。

更因为他们家居住的这幢俄租界巴公房子，为彭慧莲营造的，又是一种特殊的生活环境。巴公房子原属于俄国沙皇尼古拉一世的家人 J.K.巴诺夫。这是一幢红色的巨型城堡式公寓，地面三层，地下一层，住户有好多家，都是有钱的商人。这公寓是封闭式建筑，家家户户共同使用一个大铁门。这里邻居看着彭慧莲进出，都是用一种同情的目光。更有几位阔太太，母性十足，吸足了鸦片精神头特好，就会主动照料彭慧莲。用那种十分固执的热情频频招手，把彭慧莲叫到他们家，送彭慧莲生日礼物，给她吃高级糖果，还反复盘问她在家里有没有受欺负。如果有被欺负，她们就准备替孤儿出头。邻居都不大喜欢彭慧馨，彭慧馨过于矜持清高，总像自己高人一等似的。太太们很担心这种姐姐会欺负妹妹，毕竟妹妹不是这家父母亲生的。小彭慧莲在这种暗示性很强的生活环境里长大，自然也就产生了寄人篱下，顾影自怜之感。日常里彭慧馨可以一次吃三只卤鸡蛋，彭慧莲就只让吃两只，因她年纪小，鸡蛋吃多肚子会痛。养母的这个理由在彭慧莲这里，就是偏心的借口了。夜里躲在被窝里，彭慧莲就会偷偷流泪，想念自己亲生父母。

再说学校方面，彼时也已经有地下共产党打入了内部。武汉大学毕业的女大学生立武，彭慧莲的国语老师，就是中共地下党员。立武老师特别理解、同情和照顾孤苦伶仃的彭慧莲。彭慧莲曾经参与女中学生们在立武老师宿舍的小聚会，大家在一起，纷纷揭露现实的黑暗与丑恶，抨击国民政府的专制暴政。大街上那么多愁眉苦脸的叫花子，租界区却都是长袍马褂西装革履无所事事锦衣玉食。“朱门酒肉臭，路有冻死骨”的贫富悬殊激起了学生们的强烈义愤，而解放区的天是明朗的天，解放区的人民好喜欢。立武老师青春洋溢的脸庞就像初升的太阳那么明亮，压低嗓门小声教她们唱共产党的歌曲“没有共产党就没有新中国，共产党他勤劳为民族，共产党他一心救中国，他指给了人民解放的道路，他领导中国走向光明，他改善了人民的生活，他实行民主好处多”。歌曲是青春的迷魂药，人不迷歌枉少年。彭慧莲就和立武老师走得很近了。彭厨子的几个施粥棚子，彭慧莲是当然的义工，立武老师也很乐意跟她一起施粥救济穷人，她们的心，也就贴近了。能够得到老师的青睐，学生自然特别自豪。彭慧莲就这样不知不觉，跟随立武老师，走上了革命道路。

就这样，种种因素，表面温柔纤弱的彭慧莲，其实已经悄然变成了一个愤世嫉俗的叛逆者。

与“好人家”彻底的仇恨与分裂，导火索是养父养母私下给彭慧莲找了婆家，配了八字。

抗日战争好不容易结束，内战却又打起来了。兵荒马乱战火连绵，社会上谣言四起，听说共产党共产共妻，又听说共匪头目某某某，谣传得有名有姓，有鼻子有眼，在井冈山召集光棍地痞二流子，开大会，公开拍胸脯许诺：你们只要打进城，洋气女中学生人人都有份，乡下有老婆的，也可以再找一房城里女学生。一时间人心惶惶，不管真假，彭家对孤儿彭慧莲，总是有更多的担忧，自然是想把她的终身，托付给一个好人家。只因彭慧莲还在读书，为她不分心，准备等她毕业再说。加上男方也是彭家的外亲，大人们都了解这个孩子，十分优秀的，也在北方上军校，主要男女八字又很合。日后就要看他们俩自己见面是否有缘了，到时候大人们也不会强求，也都明白到了中华民国三十七年了，什么世道了，男女平等，自由恋爱，罗曼蒂克的新思想新做派已经西风吹进了。

彭慧馨把这个惊天秘密，在私下用一个简单粗暴的版本，透露给了彭慧莲。就是姨妈家一个亲戚的亲戚的儿子，绰号“白麻子”，在北方上军校，只要他一毕业，彭慧莲就得出嫁，八字都合了。为什么叫“白麻子”？彭慧馨的回答是：得过天花呗。得过天花的人都是一脸大麻子。

彭慧莲气坏了，觉得养父母实在太偏心！他们的女儿彭慧馨年纪更大，都不给她找婆家，这就是巴不得把彭慧莲这个包袱早点给出去。现在什么世道了啊？都中华民国三十七年了，青年们都向往自由恋爱，都在幻想罗曼蒂克都在追求民主自由，他们还给彭慧莲戴上这一套陈旧的封建枷锁。反正彭慧莲宁死也不会嫁给麻子。如果将来真有这一天，她就一根绳子吊死自己。姐姐你要答应我，给我收尸。彭慧馨答应了妹妹。事情似乎就这样也过去了。

其实！彭慧莲没有过去。她自己单方面，从心底里，悄然与养父养母彻底决裂，把他们划归立武老师所说的为富不仁的富人，他们“满嘴仁义道德，满肚子男盗女娼”。1949 年早春，解放军兵临城下，武汉富人大举逃离，彭家自然也不例外，彭慧莲坚决拒绝跟随养父养母逃去台湾。彭慧莲在同样的年份、同样的故事情节里，做出了与俞正德同样的动作：撕毁了她手中那张珍贵的火车票。

就在彭慧莲把碎纸朝地上一丢，提起自己一只小皮箱，就要奔出彭家大门时，养母赶紧拽住彭慧莲，大呼“不要啊”，养母已经痛心地哭起来，猜出彭慧莲是要投奔共产党地下组织，这孩子终究过于天真幼稚，还是上当受骗了。

就在这个时刻，彭家两个男人，一老一少，跑进门了。老的是彭厨子。少的是“白麻子”。“白麻子”卸掉戎装改作商人装从北方日夜兼程通过层层关卡赶回武汉，来帮助彭家男人们带领家眷逃离武汉，何况女眷中有他娇小的还是女中学生的未婚妻。风尘仆仆的“白麻子”，与彭慧莲撞了个满怀。这一个劈面相撞，“白麻子”已经认出了未婚妻，只看到彭慧莲比她本人的照片更加清纯动人，眼神立刻一变，柔情万种地看着自己的未婚小娇妻。紧接着彭慧莲也反应过来了，她顿时窒息：“白麻子”脸上没有一颗麻子！不仅没有麻子，还非常、特别、十分地英俊！一个充满活力、朝气蓬勃的俊朗青年，一看就是自己的同类人！

这个时刻，时间停止，历史出现真空，彭慧莲不知道她生命的下一口呼吸，怎么才能接得上来。彭慧莲要死了！少女的心，已经在第一眼对自己说：我愿意。可是少女的嘴，已经喊过了革命口号，已经那么崇拜威风八面的学生领袖俞正德，并正在被他爱慕与追求。一切都来不及了。彭慧馨跑过来，几乎是扑到“白麻子”怀里，表哥表哥我的信你收到了吗？真叫人担心死了！彭慧馨，天啦！彭慧馨，她的姐姐，教会学校的优等生，高贵的富家小姐，她自己什么都拥有了，竟还这么自私，在暗中使坏，满嘴谎言，拆散妹妹的姻缘，富人心怎么就这么坏？

一切都来不及了。彭氏家族有三户人家住在巴公房子里，都要逃生。家人仆人司机伙计都在跑上跑下，提箱子卷铺盖带细软，乱哄哄急忙忙，大家得赶紧了，得尽快到火车站。火车站已经人山人海，再迟就挤不上火车了。彭慧馨还在中间拉拉扯扯。“白麻子”一脸不明就里满脸困惑。彭厨子已经接过了彭慧莲的小皮箱，小包车就等候在大门外面的街道上。彭氏家族家大业大，彭厨子是家族公推，也是他自愿留下，料理彭家生意和一些未尽事宜的。

一切都来不及了。一个笑容一个眼神，彭慧莲与自己八字相配命中注定的丈夫见面即是永别。一个是阆苑仙葩，一个是美玉无瑕，若说没奇缘，今生偏又遇上他；若说有奇缘，为何心思终虚话？中国式爱情悲剧，就是这么玄。弄得当事人既说不清，也不知怎么做，就是那一刻如遭雷劈，被击中并被焚毁。

彭慧莲此一刻的人生表情：粉脸煞白，珠泪盈盈，目瞪口呆，天旋地转。

街道上狼烟四起，剧烈的爆炸声此起彼伏。这是国民政府在烧掉和炸毁一些来不及带走的重要文件与重要设施。人们如热锅上的蚂蚁。乱世也就不可能是才子佳人的静好岁月了。急匆匆之间，彭慧莲被推进了彭厨子的小包车，车子开动了。随即“白麻子”也赶紧去扶老携幼，背包袱，提箱笼，带领妇幼家眷一大群，奔火车站了。

国民党主动撤退，大武汉不战而胜。1949 年 5 月 16 日，林彪率解放军第四野战军开进武汉的那一天，是俞正德一生再没有更辉煌的一天。同样也是彭慧莲一生再没有更荣耀的一天。彭慧莲被立武老师分配在武昌迎接解放军进城。贴满街道两边的那些花花绿绿的标语“庆祝武汉解放 欢迎林彪的部队”都是她连续熬夜亲手写出来的，只因她毛笔字好；扭秧歌的华中大学女生队伍，也是她组织和指挥的，只因她是圣罗以女中的，谁还不知道教会学校圣罗以女中的艺术教育那是顶呱呱的。

部队进入文华中学校园，整整齐齐，令行禁止，校园没有那么多凳子，解放军都席地而坐，彭慧莲作为学生代表上台致欢迎词，赢得了解放军战士们好几次的热烈鼓掌。中途天气突变，下起了大雨，解放军队伍丝毫不乱，还礼让再三，请广大师生和民主人士们先进屋躲雨，部队再有序地转移到华中大礼堂，欢迎会继续热烈进行，民主人士上台讲话，官兵们都坐在地上。解放军尽管军装陈旧，枪械也不多，有一部分战士肩扛的是棍子，但人人昂首挺胸，气概威武，沿路军纪严明，秋毫无犯。就这一下子，给老百姓的感觉就是别开生面，耳目一新，心里一块石头落了地。以前那些谣言污蔑，不攻自破。彭慧莲打从心眼里高兴，感觉自己的人生道路选对了，感觉她与一个伟大时代同步了，感觉她的人生又崭新美好了。当然“白麻子”很可惜。“白麻子”肯定比俞正德帅气，这点私人小情绪，也就在时代洪流面前，赶紧地收藏起来，放进心里一个最小的角落。人年轻，忘性大，创伤恢复快。

彭慧莲回去把自己亲身经历和所见所闻，都讲给彭厨子听。讲得自豪又光荣，滔滔不绝。还说你看看你看看，你们大人还听信那些谣言。彭厨子听得也蛮高兴。和平解放，军民一家亲，是中国老百姓的大福气，再好不过了！一直不问政治，专注烹饪，神学院毕业，信仰上帝的彭厨子大大松了一口气，祈祷上帝感谢上帝的恩赐，兵荒马乱的年代看来真的结束了。而彭家的大姑娘彭慧莲，应该是比较安全的了。彭慧莲给彭厨子看了报纸新闻。把报纸上的俞正德指给彭厨子看了，并涨红了少女的脸。彭厨子明白了，呵呵笑，更放心了。原来俞正德也是读过教会学校的，也是好人家出身，还算门户相当，报纸上看起来，长相端正的俞正德也应该是一个前途无量的青年。这就太好了！

一年后，17 岁的彭慧莲嫁给了革命干部俞正德。

不过有时候事物的发展，完全不以当事人的心愿为轨迹。彭慧莲的婚姻，后来竟变成了一种连坐形式。每次政治运动，俞正德被戴什么帽子，彭慧莲就是那顶帽子后面的婆娘。右倾机会主义分子，“右倾”婆娘。胡风反党集团嫌疑分子，“反党”婆娘。四不清干部，“四不清”婆娘。黑五类分子，“黑五类”婆娘。走资本主义道路的当权派，“走资派”婆娘。诸如此类大大小小的帽子，彭慧莲从来就没有逃得脱。为了彭慧莲脱掉干系，对孩子们前途有利一点，离婚事宜俞正德主动提出来过。彭慧莲坚决不同意。就算假离婚，彭慧莲也坚决不同意。彭慧莲绝对不是那种趋炎附势的小人。婚姻是神圣的，彭慧莲绝对不会亵渎。嫁鸡随鸡嫁狗随狗嫁块石头抱着走，彭慧莲也还是这样一个坚守中国传统美德的女人。俞正德很感动，也很不感动。所以想表示感谢，也没有表示感谢。彭慧莲都不用看丈夫，她洞悉俞正德心里的小九九。彭慧莲作为女人的节操和人品，俞正德是信任的也觉得是她应该具备的，有教养人家出身在圣罗以读书受教育的女子，不守节操才怪。但彭慧莲不肯离婚也是为她自己。她自己家庭成分也不好，离婚了她更加孤立孤独无依无靠。也是的。彭慧莲不需要丈夫感谢。

是的，彭慧莲出身资本家，本来就是坏成分，加上她没有及时加入共青团和共产党，后悔莫及。当年人家立武老师天天发展她入团入党，彭慧莲都谢绝了，说要再考虑考虑。只因彭家有祖训：“君子不党”。所谓“结党必营私”，一旦营私，个人道德就谈不上高尚了。彭慧莲心志高洁，从小就是要做一个清纯高尚女子的。这一犹豫，机会就错过且永远错过了。在接踵而至的政治运动中，俞正德老是挨整，其婆娘彭慧莲，根本就没资格入党了。俞正德一辈子经常责怪彭慧莲居然连入党都犹豫不决，简直太幼稚无知！可是彭慧莲又没有脑后长眼，怎么能够知道社会是这样发展呢？彭家祖宗三代都是君子不党，经商报国。不入党，不是照样可以为党工作为人民服务救济施舍穷人吗？怎么轮到她，社会生活就中断了惯性逻辑呢？

彭慧莲生了第一胎孩子，坐完月子去上班，这才发现没有她的工作登记记录。工作人员已经是新的一拨，不是工农干部就是社会游民，都不认识了。人民群众观念已经转换，十分看好新中国，纷纷要求参加工作，报名登记都很难。经过俞正德找人，彭慧莲才被证明是早就参加了革命工作的，登记处才接受她的重新登记，她这才得以正式填写她人生的第一份个人履历表格。

“家庭成分”一栏，彭慧莲填写了“革命干部”，被人严厉指出：资本家。你是资本家出身，彭家的吵，汉口人都知道。

彭慧莲当头一棒。按说彭慧莲已经成家立业，她家庭成分就应该是此时的家庭，俞正德成分就是革命干部，她出身的那个资本家家庭，又不是她自己的选择，她也早就彻底背叛了。

不行！白纸黑字，必须填写资本家，归入她的个人档案，这个坏成分，将与她一辈子如影随形。下一个栏目“政治面貌”，彭慧莲不是很懂这个新词，但心里涌起阵阵酸涩，她万万想不到刚刚解放，一个人的面相，都有政治要求了。彭慧莲先写了一个“圆脸”，猜了猜，又加了两个字：革命圆脸。

立马被人更加严厉地训斥了：鬼画符啊！你有没有文化啊？！

——Excuse me——彭慧莲飙了一句英语。圣罗以女中的女生嘴巴比脑子更快地直接用英语给予了一个悲愤又含蓄的回敬。中文意思是“抱歉我还没文化吗？”幸好周围谁都听不懂，那时连中文文盲都很多，别说英文了。人们都只当她胡乱咕噜了一声。彭慧莲的政治面貌应写为“群众”。非团，非党，非民主党派，属于最低层人群。彭慧莲傻了，回家进门捂住嘴巴就大哭。

现实生活用铁的事实，教训着改造着彭慧莲。慢慢她明白了，离婚也是无济于事的。她和俞正德，肯定是同样的命运。连十年“文化大革命”运动中最受羞辱的个人经历，都极其相似。俞正德是被淘粪工“金箍棒”打掉三颗牙齿。彭慧莲是被教育战线勤杂女工的照妖镜战斗队强行剪了阴阳头。上帝啊，彭慧莲那两条乌黑油亮的粗辫子，出嫁都没舍得剪掉，只是挽了一个大大的如意髻。没想到辫子也遭人恨。就连“圣罗以”三个字，也遭人恨。圣罗以的校友谢怀复，也就是饰演《青春之歌》女主角林道静的谢芳，那么轰动那么有名，还不是该受贬就受贬。北京电影制片厂拍摄电影《洪湖赤卫队》，请谢芳主演，被一位大领导坚决否定了，说：我们要的是支部书记韩英，不是圣罗以的大美人！一直闹到周恩来总理都过问了，谢芳还是没有演成韩英。彭慧莲算什么？立武老师，大家闺秀，都做京官了，连毛主席接见外宾都点名要她参加会谈，“文革”中还不是吃安眠药自杀了？彭慧莲算什么？彭厨子，是彭慧莲的爷爷辈当中最受穷苦百姓爱戴的一位，仅每年四时八节的施粥、饥荒年水灾年的赈灾放粮，该是做了多少好事救了多少性命，穷人都叫他“彭菩萨”，他是读神学院的，一生不问政治，还不是刚解放就被杀了。彭慧莲算什么？

提不得彭厨子。一提彭慧莲就恨俞正德。彭慧莲、俞正德做夫妻一辈子，等于就是拴在一根线上蹦跶的蚂蚱。要说有哪点不一样，那就是在彭慧莲私心里，还有自己别样的一点心思别样恨：一是“白麻子”，二是彭厨子。

在彭慧莲的一生中，无数次，“白麻子”的脸，那张英俊年轻的脸，就是很顽强地，要从彭慧莲心底深处浮现出来，朝她微微一笑，旋即慢慢淡化、消隐。尤其是在彭慧莲遭难的、受辱的、不幸的、委屈的所有时刻，它的安慰，从不缺席，永远是当年见面那一瞬间的年轻俊朗，看她就是他未婚妻的柔情眼神。女儿心就是这样一辈子永不老。只是“白麻子”从来不会出现在彭慧莲的言语中，从来不会。一个字，彭慧莲都没有吐露过。直到俞正德过世，彭慧莲也到了人生最后一站，她才敢直面命运：她的丈夫，实在应该是“白麻子”——她是应该信八字也应该信养父母一片苦心的。就这点心思，彭慧莲埋藏了一辈子，谁都不知道。

而彭厨子的死，在俞正德那里是个谜。彭厨子特意把彭慧莲护送到沔阳，替他们成亲办喜事，都是为了支持俞正德繁忙的革命工作。彭厨子整天都在喜宴上忙，深夜里就反革命了？ 就造谣抗美援朝了？彭慧莲不信。一千个不信，一万个不信，一辈子不信！究竟谁杀了彭厨子，为什么要杀彭厨子，俞正德没说实话。俞正德不说实话那就是他心里有鬼，这笔血债，彭慧莲就要算到他的头上。这种恨，彭慧莲一辈子和俞正德不罢休，没完没了，不停问，不停说，不停吵。彭慧莲一辈子都要不停地为彭厨子鸣冤叫屈、招魂立幡。

或许也正因为彭慧莲有一点她自己内心深藏的东西，她也就保存了一点真实的人性弱点。或许当一个人还有人性弱点，有时候这会变成她的优势。彭慧莲的举止行为往往能够比俞正德更多地得到外世的理解与呼应。人们感觉这两口子一样，又不一样。真要深谈什么事情，还是愿意与彭慧莲说。人与人之间就是这样微妙。就是有那么一些难以捉摸的信息的无声传递。这就促成了俞思语钟鑫涛小两口的婚姻。

先后两次碰巧，在汉口中山公园相亲角和解放公园相亲广场，俞钟两家彼此都看中了对方的相亲资料。再一见面，高红、钟永胜夫妇，觉得这个俞奶奶不一般，作为高级干部的母亲，不大口大气，不傲慢霸道，平易近人，特有涵养，深明大义，还与时俱进，洞悉社会形势，是个能够说话的明白奶奶。于是就进了一步，约俞奶奶在外面见面，单独谈谈。高红夫妇明确申明下次就不要麻烦爷爷了。以后爷爷就算了。以后都是彭慧莲与高红夫妇谈。谈谈，谈谈，就谈成了。

历经沧海桑田之变的彭慧莲坚信，金钱物质本身，肯定是好东西，肯定多多益善，主要是自己能够不被物役——这个道理太深奥，思思太年轻还不到能够认识与接受的时候——以后再慢慢告诉她。但是，思思必须有钱，思思一定要富裕，思思将来的孩子，还是要生在一个好人家，还是要上好学校受优质的教育。一个轮回，还是回到从前了。像圣罗以这类双语学校，当代也还是最吃香的了。问题在于，一切又都不再是从前了。从前的自然逻辑断裂了。现在一切都是人为打造。俞亚洲、任菲菲这两个做父母的，是绝对不会为思思想这么多做这么多的，因为他俩根本就还不懂人情世故，还在忙他们自己的事业，也只顾忙他们自己。思思天生文静温厚，加上出生窒息近十分钟，脑子就是不像别人精灵古怪名堂多。如果彭慧莲不想到不做到，将来思思的婚姻就容易出错。女怕嫁错人，是以前旧社会的老话，但在现在，更怕。因为烂人太多。

下一步，彭慧莲主动来到武汉天地保罗木梳品酒屋，见了格瑞丝。谈谈，也谈成了。

彭慧莲和俞思语的闺蜜格瑞丝，一点代沟没有。推心置腹，直陈理由。告诉格瑞丝这桩美满婚姻非常需要她的帮忙和搭桥。因为，人年轻，必反叛，这是一种青春病。年轻人必以反叛为傲，必以反叛为荣，必以反叛为时髦。凡家长给的婚姻、给的人，一定反感，坚决不从。凡自己找的婚姻、找的人，一定最好，不惜与之私奔。自由与浪漫，那是青春必需品——自以为是的。格瑞丝当即被震倒：啊！奶奶一针见血啊！你怎么知道？彭慧莲淡然一笑：奶奶也曾年轻过。格瑞丝对已经是白发老人的彭慧莲刮目相看。人生导师啊！相见恨晚啊！当即，一老一少，一拍即合。格瑞丝朝彭慧莲飞吻。彭慧莲临别拥抱了格瑞丝，好洋气的风度。彭慧莲的拥抱，恰如其分，合宜得体，正是一种老练娴熟的礼仪。格瑞丝这才惊讶地发现，在国内，其实还是有懂得拥抱的老人，从前的大家闺秀，还没有死绝。格瑞丝十分乐意帮忙。格瑞丝嘴巴甜，她谢谢俞思语的奶奶看得上她这个小女子格瑞丝。于是就谈成了。约好下次密谈，设计好具体细节，务必让俞思语、钟鑫涛两个人一见钟情，务必把好事办好。

于是历史性的一天出现了。2010 年 6 月某一天，在汉口西北湖的湖边，素不相识的俞思语、钟鑫涛，偶然相遇，一见钟情，自由恋爱，浪漫温馨，郎才女貌，门当户对，双方都是好人家，相处八个月后，二人步入神圣的婚姻殿堂，结成夫妻。

彭慧莲在 54 岁那年，把自己刚出生的孙女抱进了怀里，一直带大到成年。在 77 岁这年亲手打造了自己孙女的美满婚姻。她心里大有成就感，觉得好幸福。除了在她自己心目中她一直是彭慧莲之外，人们早都称呼她为“俞奶奶”了。彭慧莲与格瑞丝笑谈：大家早就都叫我俞奶奶了，我自己姓名早就没有了，我是个名副其实的无名英雄。

格瑞丝含泪点头：奶奶我懂。

彭慧莲 77 岁时候的人生表情，在俞思语婚礼上的人生表情，就是一位幸福的无名英雄。谦虚谨慎到什么都不说，只是笑眯眯。笑眯眯就是彭慧莲此时人生的一大难得。

其实纵观俞正德、彭慧莲夫妇一生，他们的人生表情，笑容是很少的。

他俩对外：目中无人眼神淡漠眼望虚空。一旦发现是熟人，即刻热情高涨嘘寒问暖尽说好话。一旦觉察对方来者不善，当即保护自己，不惜代价与对方做坚决斗争。

他俩对子女：一脸严肃，郑重其事，不开玩笑。父母作风正派，工作认真，是值得子女尊重和孝敬的高尚的人。子女须维护父母的绝对权威。外面任何政治风波都是暂时的，都要相信党相信群众相信父母。他们对子女的家教很严——捡东西要还、听父母话、积极要求进步、学好功课、不许说谎、不得早恋，先站稳脚跟再找对象结婚。任何时候，只要在外打架，不管输赢，回家先挨揍。

儿女是债，无债不来。

随着三个子女的成年，父母的笑容越来越少。他们发现养儿养女真没有什么意思。儿女个个都觉得父母偏心其他兄弟姐妹。其实父母手心手背都是肉。熬到子女有了他们自己的子女了，指望他们养儿方知父母恩了，结果都是只能生一个，都是独生子女，谈不上偏心不偏心，没有比较，都还是认为父母对兄弟姐妹偏心，就都对父母缺乏感情，只会敷衍应付。

随着他们日渐衰老，思思也出嫁了，家里只剩老两口了。笑容似乎也就离开了他们。更寒心了。子女越来越不把父母当回事了，每年最重要的春节团年，也都不肯在家吃饭了。都根本不管父母怎么想，都嫌家里做饭麻烦。餐馆过年那几个套路菜，一点都不好吃，也不适合老年人牙口，更无法确定是否有地沟油、浓汤宝、精味素，对老年人抵抗力减退的身体有害无益。俞正德说了无数次想吃彭厨子的菜。讲了无数次当年老两口结婚那天喜宴上的菜，那是彭厨子亲自拟定的菜谱。每一道菜俞正德都记忆犹新，更历久弥新。真是太好吃了。每次说起都要流口水。子女儿孙一大群，个个都像没耳朵，眼睛都在麻将桌上。没有任何人接茬。没有任何人稍微想想其实这是年迈父亲人生最后的唯一心愿了：就想吃口好菜！就想吃口彭厨子的菜！彭厨子喜宴上的十菜两汤，都是他自己亲手研究烹饪了多少次的，人家真正是大老板有钱人，有十几家餐饮酒厂油坊，还是神学院的高学历，人家怎么做事情的？

每年春节除夕夜，团年饭，这总是唯一的一个时刻，彭慧莲只默默听俞正德念叨彭厨子而并不刺棱他。彭慧莲唯愿她的孩子们懂得父亲是在说重话给他们听，是在批评他们，是在给他们竖立人生榜样，也暗暗期待他们的子女能听点老人的话。

唯愿，彭慧莲的子孙后代们，终有一天，会有人对彭厨子产生兴趣，肃然起敬，回溯一下历史，记住该记住的人，学习该学习的人生榜样。但是没有。一次又一次，一年又一年，没有。

除了二老，子女儿孙都很忙。全家的团聚，每年一次，靠的也就是这一顿大过年的团年饭了。不仅在餐馆吃，不仅没有人主动为父母下个厨，团年饭版本还升级得更加豪华了：在五星级饭店包房间了。在二楼吃完大油大荤，半生不熟的菜吃一小半剩一大半，浪费不管，兄弟姐妹就上楼进房间搓麻将。父母随便。他们都七老八十了，随什么便？一个个话都懒得跟你多说一句。这年饭还有什么意思？子女们一边搓麻将，一边还阴阳怪气，胡乱学说社会上那些阴暗面的没有觉悟的话。俞正德就是听不得反党反社会主义的话，发脾气说：不是共产党，十几亿人有饭吃？子女还都嘲笑父亲：老人家，醒醒吧，是十几亿人养活了共产党吧？你只要把土地还给十几亿人，看谁还养不活自己？俞正德很生气。要依他脾气，都打成反革命。如果不是党和政府给了他们离休退休工资免费医疗，你们这些没良心的一个个还会为父母养老？只怕早把父母饿死了！

俞正德暴躁起来，喊：走！

彭慧莲就站了起来，准备动身。

彭慧莲并不同意老伴的观点，也不能够简单同意子女的观点。都肤浅浮躁非黑即白缺乏客观理性——圣罗以教会学校的文化底子，一辈子都在。

现在没人愿意好好说话了。那就跟随老伴走呗。

近两年的团圆年饭，俞正德、彭慧莲都是早早提前回家。儿女们都是通宵麻将，还好有思思，总是她和鑫涛小两口开车送他们，扶上楼，俞正德两只膝盖都不行了。老两口回家，看一会春晚，眼睛就不舒服了，电视看不下去，洗了睡。又睡不着，没有那么多瞌睡了。腿疼。腰背痛。胃不舒服。直打嗝。头晕。漫漫长夜难熬，笑容从何而来?

大儿子俞非洲一家又马上移民美国了，老两口的高兴那是虚荣心的高兴，实质上他俩知道这就意味着将来瘫在床上没人管了。以前总以为大儿子一个下岗工人又没什么重要工作，老人的存款和住房遗产都倾斜给他，守在身边养老送终肯定没问题。现在呢？人家一步登天，跑得最远，与父母相隔十万八千里。还能指望个啥?

只有思思了。俞正德、彭慧莲老两口只有思思了。他们并不指望思思能够守在身边养老送终，那不现实。思思太年轻了，正是生儿育女干事业的阶段。只是说思思是他们唯一的安慰、唯一的笑容。

当初，俞亚洲、任菲菲把刚出生没多久的思思丢给他们带，第一时间老两口还很不高兴，觉得儿子媳妇太不懂事了。父母工作忙碌一辈子，好不容易熬到离退休，终于可以休息一下了，怎么儿子媳妇都当甩手掌柜，把一个吃奶的小宝宝完全丢给老人带？钱不谈。俞亚洲、任菲菲每月会给足够的钱，可这不是钱的事！主要是责任太重大。万一孩子有个什么意外，万一孩子教育得不好，万一孩子将来学习成绩不好，他们对儿子媳妇交代不了。不需要交代也不成，他们自己是有责任心的人。

老天有眼，老天就是让他们推来推去推不掉。刚满月，媳妇走了，回上海青浦上班去了。儿子本来就只是每个星期回家看一下，其他时间都在学校攻读。已是既成事实。老两口子完全没有办法。哪里料到，小宝宝一睁开眼睛就眼珠子骨碌骨碌到处转，找爷爷奶奶，一旦找到，小脸就笑得像朵花。惊喜！受宠若惊的惊喜！亲生父母一抱思思就哭，爷爷奶奶一接过来她就笑。别人牵手不要，就找爷爷奶奶的手，握住就不放，还往嘴巴里塞，塞进嘴里一根指头就吮吸，甜得像吃糖。俞正德、彭慧莲互相看看，简直不敢相信自己的眼睛。他们似乎没有过这种甜蜜美好到心都要融化的经历。是的，他们其实并没有真的带过自己的孩子。太小的时候就找个保姆带。大一点就丢进幼儿园任其哭嚎。就连上学都没有过问孩子作业的。他们年轻时候都只为革命工作和政治运动牵肠挂肚，为自己的政治前途日夜忧虑。现在亲手带思思，24 个小时都在一起，身和心都在一起，夜里起床把尿两次，喂牛奶两次。思思目光一发直，眉毛和小脸一涨红，就是要便便了。水灵灵清亮亮的眼睛一看着你就波光粼粼忽闪忽闪，那就是要出去玩。太可爱了！太天真了！太有趣了！小宝宝每天都有进步，俞正德、彭慧莲的每一天都变得崭新，天啦，宝宝在婴儿椅中站起来了，小腿翘起来想要翻出来！天啦！一转眼，又白又胖了！一转眼，会说话了！第一声“妈妈”，叫的是彭慧莲，第一声“爸爸”，叫的是俞正德，小思思叫得十分肯定，怎么纠正都不改口。任菲菲是“阿姨”，俞亚洲是“叔叔”。俞亚洲长相像母亲，思思长相又像父亲，于是思思就很像奶奶，倒是与自己父母不那么相像，出去玩时不知道的人听宝宝叫妈妈爸爸又看长相酷似二老，都恭喜说，哦，这是老来得子啊！俞正德、彭慧莲乐得合不拢嘴，接话道：“老来得子老来得子，老来得了个小女子！”

思思三岁了头皮还寸草不生，彭慧莲想了千方设了百计，买了多少牛角梳子和成套的篦子，坚持到六岁，奇迹出现，思思头发突然冒出来。天啦，茂密油黑得无与伦比。这是彭慧莲的遗传基因啊，还比彭慧莲年轻时候的两条大辫子更粗韧更光亮。从前被强行剪成阴阳头的屈辱，自有孙子辈来为她翻身，善有善报啊！

意外之喜来了！老天爷这是给俞正德、彭慧莲送来了一个小天使。累是肯定累，辛苦肯定是非常辛苦，但心里是甜的。心里就是甜的！

于是俞正德、彭慧莲对思思的表情，是一个例外，是他们人生中特有的表情。只要俞思语一出现在他们生活中，俞正德、彭慧莲立刻就变成了一对好搭档，变成了两个出色的演员。只要他们祖孙三个人在一起，就是一台话剧。顿时他们的生活就变成了舞台上的，高高凌驾于现实生活的尘埃。“思思快吃青菜，快快，爷爷抢来了！思思洗澡不怕，看看，奶奶要抢先洗了！慢点走路！别跑！前面有坏人！”思思还跑，爷爷就从前面树丛冲出来，假装坏人一把抢走思思。奶奶便冲上去喊救命，“警察啊有坏人，警察啊有坏人！”再换角色，一遍遍演习：奶奶扮演人贩子，甜言蜜语还用一罐可口可乐引诱。爷爷赶过来，教思思第一时间坚决地说不！第一时间大声求救：“警察啊有坏人，警察啊有坏人！”思思被椅子绊倒，摔痛了，“来，爷爷替你打椅子！”剪指甲剪到肉了，“爷爷替你打死指甲剪！替你打死奶奶！”奶奶求饶，“再不敢了，以后一定小心——”小皇帝扮演也很成功，宽容大度地说：“平身——”乐得三个人哈哈大笑。小思思真聪明，大人看的宫廷剧，倒是被她都看进去了。习惯成了自然：只有爷爷奶奶，是世界上最疼思思的人；也只有思思，是世界上最爱爷爷奶奶的那个人。左亲一口爷爷右亲一口奶奶，别的任何人，坚决不亲。“脏——”思思说，“亲嘴最脏，只有爷爷奶奶不脏。”全国唱红高潮时候，学校举行唱红歌选拔赛，俞思语力压群芳一举夺魁，唯独她可以把《没有共产党就没有新中国》唱得一字不错，娴熟且深情。她从小就被爷爷奶奶教会了，当儿歌唱的，俞思语的好多儿歌，都是“红歌”。在爷爷奶奶的教育和指导下，俞思语在大学期间就写了入党申请书并被获准光荣入党。俞思语把爷爷奶奶请去参加了她的入党宣誓仪式，俞正德、彭慧莲都穿着正装，倍感荣耀。看着台上郑重其事握拳宣誓的俞思语，爷爷奶奶会心一笑：他们的孙子辈，终于根正苗红。看谁还敢说她家庭成分不好，以后她进哪个单位工作，看谁敢政审不过关。

当然，也只有在他俩与孙女思思存在的生活舞台上，俞正德、彭慧莲才会露出会心一笑。

他们自己不笑。俞正德、彭慧莲最糟糕的人生表情，就是他俩的彼此相对。

年轻就不说了。年轻时候人是盲目的，眼光又浅又薄，又被裹挟在革命大潮中，那时候的表情不能算数，都是面子上的，人云亦云，随波逐流，谈恋爱或者自以为在谈恋爱，感觉都是愉快的。年轻时候两人之间也还有男女情事，男人总是求着女人，有错没错都嘻嘻哈哈承认自己错，百般讨好只为求欢顺利。接着就是生儿育女、政治运动、挨整解放，又缺衣少食，里里外外操心事情太多。天一亮赶紧起床奔单位上班，天黑才能回家。回家疲惫不堪，三个孩子还打打闹闹，袜子又破了，鞋子又穿小了，哥哥欺负弟弟，姐姐又撒谎。夫妻俩除了应付实际生活，完全顾不上别的。平日也是你一嘴我一嘴都没好气，却也还算是夫妻没有隔夜仇，晚上共个花枕头。

严重问题被发现，是在彭慧莲 50 岁退休回家，俞正德 55 岁退二线、尔后 60 岁彻底退休。 回家以后。两人忽然感觉不对劲了。家还是一个挺不错的家，新房子，三室两厅，装修时候小儿子俞亚洲的办公室主任经常过来跑腿和监工，装修得相当不错。这么宽敞的房子，可是老两口忽然都有狭路相逢之感。24 小时两个人吃喝拉撒睡都零距离面对面。俞正德喜欢听广播，随身拿一只收音机满屋转悠，吵死人。彭慧莲喜欢看电视连续剧，夜晚追剧到半夜，一看言情剧就跟着流眼泪擤鼻涕，闹死人。一只大苹果彭慧莲吃不完，让俞正德吃一半，俞正德正好不想吃，半个苹果搁那儿颜色变了不新鲜了浪费了，彭慧莲心想，真是个不知好歹的东西！俞正德洗脸毛巾又找不到了，彭慧莲毫不心疼就去拿一条新的。彭慧莲这个人身上还是遗留了太多阔小姐臭习惯，毛巾几天就换新的，睡觉换睡衣，还强迫俞正德换，俞正德就不换。以前上班时候太忙太累，这两人之间还真是相处空间更大，在家里各按各的习惯来。现在都回归到了家里，自然就有统一的必要了。一个撒过尿了，另一个也应该撒尿，然后两泡尿一起冲水，节约、环保、生态，利国利民利己。

“喂。喂喂。哎。哎哎。哎，过来吵！喂，让开让开——”这是要拖地板。“哎，来一下！”“搞么事？”“来一下吵！没事喊你打鬼！”——说话用喊。怒对是习惯。连他们的姓名和称呼，都留在了各自单位，家里都是“喂喂哎哎”称呼对方。原来他们夫妇之间，并没有他们自己的生活语言。以前都只和别人、和朋友同事谈家常，他们之间不谈。因为谈家常无非就是背地里抱怨“我爱人”。“我爱人”也就是一个代名词，方便在与别人谈话时候明确人物关系，与爱情意义上的那个“爱人”无关。现在别人都没有了，都淡出他俩的生活了，就他俩自己陷在家里，家里对话没词汇，还是工作用语。

“喂，拖地板认真负责一点吵！”

“炒菜放盐严谨一点好不好？忽咸忽淡的老犯冷热毛病？”

“我不严谨我犯毛病你来炒吵！ 自己甩着手玩不劳而获还有意见？”

“有意见不能提吗？你要压制民主吗？”

“哦，好大的帽子！行，我压制民主我搞专制我现在就把权力交出来不做饭了。”——厨房一阵乱响锅铲油瓶子都丢下，彭慧莲也到客厅沙发一坐，二郎腿一跷，打开电视机，看《养生堂》。

“什么态度？”

“你什么态度？”

“你拉屎了马桶都没有冲也太不像话了吧？下不为例啊！”

“喂，我警告你：你再给我说下不为例，莫怪我发脾气！”

“高高在上的，你算哪根葱？”

“那你算一根葱！难怪每次运动都要整你，现在我总算明白没整错，一点共产党员修养都没有！”

“那你被造反派剪阴阳头也没剪错，还不是你出言不逊，高人一等的样子，激怒了群众。”

“好啊！看你这立场这态度，现在我终于可以肯定了：彭厨子就是你杀的！”

“放屁！诬陷造谣！说话要有证据！”

“你这个狼心狗肺忘恩负义的东西本身就是证据！”——时光倒流，又从1950年那个冬季的婚礼说起，陈谷子烂芝麻再次捡起，争吵声一浪高过一浪，拍桌子打椅子，两人满脸的皱纹都纷纷激动起来，条条都充满阶级斗争，直至两人精疲力竭，或邻居上来敲门要求安静一点，或其中一人率先发病，血压飙升或剧烈头痛。

人们都说，离退休好，最美不过夕阳红，是几十年辛苦劳碌的回报，终于可以享受一下安宁清闲的生活了，终于有时间、有心情品味一下生活情趣了。这是话里有话的。因为其实五十多岁，都还是青山在人未老，男女那事，也还是做得。然而一吵，兴趣就吵没了。彭慧莲一赌气，抱走了大床上自己的铺盖，以为俞正德迟早会央求她回去。哪知道俞正德大赞分房间好，老人分房间对两人的睡眠大有好处。俞正德血脂高，吃降血脂药，副作用导致性功能减退，他很要面子，不肯直说，但心未死火未熄，只暗暗希望彭慧莲能够变被动为主动，最好还懂得来一些新鲜玩意，老男人疲软的东西更需要感官刺激，很恼火彭慧莲却一点都不懂。再加上激烈阶级斗争的互相嫌恶，过于熟悉带来的厌倦，俞正德对彭慧莲已经没有了异性的感觉。彭慧莲的主动分床，俞正德求之不得，立刻借梯子下台，从此脱掉男女干系，对彭慧莲就更不理不睬了。一旦男人对女人的性意识不复存在，连女人对他说话，他都听不到了。

“你说什么？刚才，你叫我了？”

“你聋了？！总是听不到我说话！”

“是聋了，老了嘛！”

“你聋了，我电视剧开一点点声音都说吵你睡觉？”

彭慧莲到这个年纪，对于那事，脸皮更薄，需要俞正德更主动更亲密，就算俞正德做不成事也不要紧，彭慧莲肯定不会计较，毕竟两人都在老去，老两口还能够亲亲热热就挺好。但是俞正德给彭慧莲吃了个哑巴亏。彭慧莲独自睡在小房间，心都伤透了，泪也流干了，用了一辈子时间才发现这个男人内心居然这般歹毒，恨得她直捶自己脑袋，是她自己断送了自己一生。

分床以后的俞正德，不再顾及和顾忌老妻，大有再次获得解放之感，自由了散漫了性趣倒是常常兴起。每天傍晚运动散步路过一群群广场舞大妈，俞正德以前很是反感的，忽然不反感了，看着看着还喜欢起来了。跳舞大妈并不老，其中不乏丰满妇女，又把肢体舞动得理直气壮到肆无忌惮，神态蛮好玩的。俞正德忽然觉得大屁股、肥腿、丰胸好性感啊。俞正德用手机拍照，还拍视频，假装在拍风景，然后回家锁紧他的房门，拿出手机，借助想像力，一番自摸，不亦乐乎。

彭慧莲假装没看见。以为给足了面子，俞正德自己会内疚和自律。也以为过段时间俞正德更老了毛病就好了。忍了好几年，不见俞正德收敛。还变本加厉，开始跃跃欲试，走过去，与广场舞大肥腿女子搭讪：我看你们运动量真大啊，都跳得浑身是汗，饿了么？饿了爹爹请你们宵夜，我这个人就是热烈支持全民健身运动。

好啊好啊爹爹好豪爽啊，爹爹口袋里有几张红票子啊？妇女们咯咯直笑。

彭慧莲实在忍不住了。很严肃地找俞正德正式谈话。彭慧莲端坐了发言："今年你满72岁奔73岁了，这么大年纪要多保重了。作为一个老党员老革命老干部，一辈子没有犯生活作风错误，应该特别注意保住晚节！"

俞正德非常反感："无聊！你给我来这一套说教？我比你更重晚节！"

"好吧，这是你逼我直说。请你不要再和外面女人勾三搭四，白发苍苍老头了，别人看到蛮贱的，蛮不要老脸的。就算你自己不要脸，我还丢不起这个脸，你满堂儿孙，他们还丢不起这个脸。懂了吧？"

一直都自以为装得很成功的俞正德，一遭戳穿，顿时恼羞成怒，索性撕破脸皮，无赖相和粗话也都出来了："你妈的老子正常社交而已，人家年轻漂亮性感，大大方方乐意和我聊几句，关你那老脸什么事?！说白了老子最多也就是挂个眼科还不行？老子又没有招嫖养妓搞婚外情，钱都你管房产证都你名字，老子离休干部的免费医疗都你在用，你还要怎样？"

两个人互相瞪着。都无话。只有一种前所未有的深仇大恨，烧红了他们浑浊的瞳孔。这瞳孔是他们彼此的镜子，他们看到了同样的狰狞与厌恶。

然而！然而！然而！曾经，老头子去铁路离休干部疗养院待了一个月，过不下去，最后几天提前跑回家。疗养院一切很好，老干部之间也都还客气，老头子不习惯这种客客气气的生活方式。老婆子也曾被上海亲家母请过去住了一段时间，在上海好好地白相白相，原计划住半个月，亲家母亲家公都很客气，很礼貌，很周到，老婆子不习惯这种客气礼貌相敬如宾的生活方式，提前回武汉了。

这种老两口分开一段时间的这种曾经，有过好几次，每一次两人都无法习惯外面的生活。外面的生活让他们进不去，弄得他们老像是生活的外人。回家就好了。回家就回到生活中了。回家老两口再次进入恶言恶语，互相刻薄，彼此嫌弃，叮叮角角，没完没了，也都是真生气，却又还是真分不开。无数事实证明：俞正德、彭慧莲被生活习惯紧紧捆绑在一起了。煮熟的粽子了。捆绑成性。

离婚已然没有意义——这是他俩最后的默契——那就还是要个面子吧。

这么大年纪了就剩面子了。在外面要面子，在家里要面子，特别是在思思那里要面子——岂止是他俩老脸的问题——是不能够让思思毁灭美好婚姻的神圣感——思思还兴冲冲给他俩隆重庆祝了六十年婚姻的钻石婚。老同学老同事老熟人好几桌酒席，还故意请了当年整他们的人，就是要让如今穷困潦倒的那些人看看，俞正德、彭慧莲过得有多好、有多恩爱、子孙有多孝敬。格瑞丝酒席上搂着他俩肩膀，深情献唱《最美不过夕阳红》。格瑞丝唱歌总是如此深情，但她也是真爱俞奶奶。在格瑞丝那里，他们更要面子，涉外了，保罗是法国人，民族尊严首先是要的，不可以丢中国人脸。幸亏他们有思思！他们在思思的生活里寄生了他们的另一种小生活，过得还真不错，好歹思思小宝宝能够为他们营造和谐美好的氛围。

自信自强的思思跑出去打工，闯世界，寻求自我价值，爷爷奶奶支持。现在外面世界弱肉强食根本不适合单纯可爱的思思，思思准备撤退回家生个二胎，爷爷奶奶更加支持。有新生命诞生，就是家里老人最大的新希望，何况是来自俞正德、彭慧莲最亲爱的思思。

都全心全意盼着思思生养二胎宝宝吧，但愿彭慧莲以后不要再提彭厨子。

都全心全意盼着思思生养二胎宝宝吧，但愿俞正德有朝一日揭秘彭厨子死亡的真相：彭慧莲将来，也就死都瞑目了。

此处必须有彭厨子了：

彭厨子不是厨子。彭厨子是个诨名。家人好玩的。彭厨子三岁就开始被家人叫做“厨子”了，只因儿时的他酷爱玩煮饭炒菜游戏，还会认真请大家吃他烹调的虚拟饭菜，又在家族中年纪小辈分高，好些个成年人按辈分都得叫三岁的他为爷爷，大家都叫不出口，也就戏称他为彭厨子了，同时也算了一个昵称。彭厨子自己也不喜人称彭老板彭老爷，更喜人称彭厨子，也喜自称彭厨子。后来他闲暇时间喜欢写一些烹饪笔记和创新菜谱，署名就是彭厨子。彭厨子又算是彭厨子的一个笔名了。

彭厨子本名彭天佑，武昌文华中学初中毕业，升入汉口两湖神职学院，都是教会学校。神职学院学制七年，头三年预科，学拉丁文，高中再加两门外语，英文和法文，进一步再学哲学和神学。彭厨子毕业后留校做了教师，做到将近五年，抗日战争爆发，兵荒马乱，南京国民政府西迁重庆，神学院也随之搬迁。此时天佑辞职，留在武汉，与其弟兄弟一起，接替患肺结核晚期的父亲，接管与打理彭家家族生意。彭厨子执掌餐饮部分，主要经营餐馆与酿酒厂。

彭厨子信仰上帝，悲天悯人，乐善好施，社会再乱，他都始终沿袭他父亲施粥的旧规惯例，每年四时八节，风雨雪霜无阻。还进一步将好事做好做大，凡天灾人祸，他都会出手赈灾。每年春节，他的定律是“三天无大小，讨米佬也有三天年”。大年初一到初三，彭家在汉口最高级的餐馆老会宾，三天里一楼全部摆开长条凳，以便接待更多讨米佬和穷苦人。大堂架起大炉子炉火旺旺，大鱼大肉的锅子煮得热腾腾，管饱。讨米佬和穷苦人，都叫他彭菩萨。就连日本人占领武汉以后，看看彭厨子这个人，不问政治，只做善事，倒也对他礼让三分。

乱世生意一般很难做的，但是彭厨子接手十多年，居然没有下滑颓败，倒是风生水起，三江四海，财源亨通。彭氏家族的支柱生意，是做船队，水运，来回跑长江汉水，流通南北广货。做餐饮的初衷，起初也只是为自家货运船队，沿途提供餐饮的方便。汉江走上水，必须有纤夫。纤夫尤其要给吃饱，要给吃肉的，汉子们才有力气拉纤，沿路老乡的粗菜淡饭，不长力气，船就是走不起来。彭家也就索性沿着汉水的大码头，布点了三处彭家食堂，特为纤夫船夫们大鱼大肉吃饱喝足。船队起锚，离开汉阳龙王庙，进入支流汉江，逆江而上，一天一夜抵达沔阳大码头，惯例就是在沔阳要大大犒劳纤夫船夫一顿。大伙们都酒足饭饱，大睡一夜，再启程跋涉，西去的汉江，河道更为弯曲险峻。意外的是，彭家食堂油水实在是足，小麯酒也实在是好喝，口碑很快就出来了。市面和江湖上的人们，都想进店吃饭。人们进店就把现大洋往餐桌上一按，再给一脸的笑，彭家食堂实在不忍谢绝食客。生意也就越来越红火。这么一来，彭厨子顺水推舟，干脆扩大规模，把食堂做成了对外营业饭馆。随后又在饭馆的汉水两岸，富庶丰饶的鱼米之乡沔阳和天门，城里购置房产，乡下购置田亩，再一一租佃出去，坐收租金，家族生意在彭厨子手里，就更加多样化和更加发旺了。土地改革一开始，彭厨子也比较善于审时度势顺应潮流，同时也是多年来痛感社会贫富悬殊实在太大，穷苦人太多，的确也是到了时代洪流不可抗拒的时刻，也就一跺脚一咬牙，主动烧毁了地契，把乡下田亩都赠给了佃户，佃户个个喜笑颜开，土改工作组也大大表扬了彭厨子，树立他为地主们的榜样，称呼他为开明士绅，彭家基本也算是成功地舍财免灾了。

彭厨子独身。一生未娶。除每天读经和早晚祈祷之外，最大兴趣爱好就阅读和烹饪。兴致一来，他会亲自采买食材，亲手下厨，从操刀料理到烹饪上菜，都亲力亲为，十分地讲究刀功火候。能够吃到彭厨子菜肴的亲朋好友，无不百般珍惜口福，更有恳求菜谱的。于是闲时，彭厨子会写写他自己的食谱菜单或烹饪心得，署名彭厨子，盖上闲章“民以食为天”，自己动手，装订成册，还设计封面，做成精致的私人书籍，赠送知音。或抄写《随园食单》，工整小楷，字字端庄隽秀，抄完装订成册，用于赠人。比如《汉口四季时鲜菜单》。又比如《沔阳民间酒宴食谱》，十菜两汤，食材因地制宜，荤素搭配得当，咸淡甜酸布局合理，又好吃又实惠又实用。这份食谱在天门沔阳一带广为流传。彭厨子以此满足，乐此不疲，并无他求。

1949年春季，共产党解放军高歌猛进，国民政府节节败退，彭氏家族大举迁徙中国台湾。彭厨子留守大陆，全家族公认其乃最佳人选。都认为似彭厨子这样一位闲云野鹤，又一直积德行善，不管哪个朝代哪个称王哪个称霸，其人身安全系数，都应该是最高的。

然而，仅仅17个月之后，悲剧发生：彭厨子很不安全地被杀了。

人是经验的动物，但往往，人的悲剧正是经验的悲剧。彭氏家族所有人，依靠经验，统统都错了。假设彭厨子也与家族一起迁徙？假设当时紧急状态中一巴掌拍晕彭慧莲，也把她塞进火车？结局会是怎样？谁知道呢？人都没长后眼睛。命运也无法假设。

转年的12月份，是一个滴水成冰的寒冬。“镇反”运动进入高潮，除了满大街继续搜罗、抓捕和处决国民党特务。群众也开始互相检举美蒋特务，汉口有一个名叫龚美秀的群众积极分子，先后就检举了三百多人。教会学校被接管与改造。神职人员被遣送和驱逐。抗美援朝如火如荼，广大人民群众有钱出钱、有人出人、有力出力。同时，也在严厉打击消极情绪和造谣污蔑，还在公判大会当场枪毙了给志愿军生产布鞋的黑心资本家，据说他往鞋底里头充塞的是烂布和稻草，这当然是对志愿军的严重危害，对新中国的严重犯罪。更加上天花流行，武汉变成人心惶惶的疫港。麻疹、伤寒也相继爆发。汉口单洞门突然失火，一场罕见的火灾，烧掉了三百多栋民房，上千人衣食无着，无家可归。见此状况，作为彭俞两家在汉的最高长辈彭厨子，格外不放心父母双亡的孤身少女本家彭慧莲。彭厨子当机立断，不能再等，得突破男婚女嫁的传统陈规，来一个新时代的喜事新办，让彭慧莲尽快出嫁，让这对青年人尽快成亲。总归单纯幼稚的大姑娘家，有了家庭有了丈夫才算有了归属，有了保护，有了安全和稳定。何况男方又是好人家出身的好青年、革命干部俞正德。

俞正德正是时代弄潮儿，年纪轻轻投身火热的革命事业，肩负重任，意气风发，身挎盒子枪，在湖北大地，到处奔忙，督导各项革命工作。那个冬季，俞正德派驻在沔阳，做镇反工作组组长。而彭家刚好在1949年解放前夕，投资性地买下了富户抛售的一座大屋，三进三板十一柱，还带前场后院。这座豪宅，作为临时新房，绝对不辱钟俞两家的富贵门第。成亲以后，彭慧莲就可以作为革命干部家属，名正言顺跟随俞正德四处奔忙了。忙完了回到武汉，俞家有房有屋，并且革命女青年彭慧莲也可以继续此前在武汉的革命工作。这个计划听起来，看起来，都合情合理，不失为特殊情况下的一个好主意。更加上俞正德、彭慧莲正在热恋之中，两个人都巴不得尽早在一起，更是积极赞成，对彭厨子感激不尽。

男婚女嫁一切事宜，也都由彭厨子来主持了。于是彭厨子汉口忙沔阳忙，奔来走去，一番积极筹备，辛苦张罗，沔阳的豪宅大屋，也就张灯结彩，布置得焕然一新。还是彭厨子，亲自护送彭慧莲并带上彭家为她准备的嫁妆，专用自家船队的一艘船，来到了沔阳。彭慧莲养在深闺月余，由婆子们精心照料和准备。吉日吉时出阁，开脸、着嫁衣、上花轿，抬出去大街上游行一圈。俞正德这边着锦绣长袍马褂绅士帽，披红挂彩骑一匹高头大白马，由工作组队员们簇拥，街口上迎亲。响器班子是沔阳码头工人工会乐队的全套人马，齐齐奏乐，吹吹打打，轰动县城，喜气洋洋，热闹非凡。

婚宴就摆在码头工人俱乐部，十几桌，菜单是彭厨子亲自拟定并亲自督厨，后院搭起大棚子，大锅大灶大蒸笼，厨子和帮厨小工们忙得不亦乐乎。沔阳县城但凡有头有脸人物，都受到邀请，各个衣着簇新，前来贺喜吃酒。小儿顽童，挤来挤去，跑前跑后，都得糖果瓜子。沔阳再大的码头，也还是一个县城，哪里见过这等豪华阔气婚礼。更加上彭厨子又出手大方，糖果瓜子是人人有得吃。这一天成了全城的节日，人人都喜笑颜开，奔走相告，都要去看热闹，吃糖果。直闹到夜深，把新郎新娘送进了洞房，深宅大院不易听墙根，闹洞房的人们这才慢慢散去。

却不知婚宴场子这边，已经出了状况。

说到底，还是个人渺小如微尘。肉眼所见到的，往往自以为真相，并往往以这个真相作为自己行动的依据。其实肉眼的短浅与片面，超过我们的想象。真相的庞杂与复杂，也超过我们的想象。即便彭厨子这样一个自以为有一双慧眼的人，依然渺小如尘屑。当一个人毫无知觉地被命运投掷在一股巨大历史漩涡之中，当时当刻的个人就只能是盲目与无力，全凭个人性格与本能做出一点反应，随即就被漩涡所裹挟。所以依彭厨子的性格与本能，他就已经注定是一个悲剧。

喜庆婚礼的这一天，也就是彭厨子被命运悄然投掷到巨大历史漩涡的时刻。这一天，在沔阳这个空间里，几个漩涡，都在酝酿并急速接近，最后融汇成一个更大的历史漩涡，顿时发生大裂变大混乱。

漩涡之一：乞丐与美食。

是有一干河南讨米佬，闻风而至，老早就在婚宴四周转悠，遭到沔阳本城讨米佬的一再驱赶。多年以来，河南乞丐有一帮老乡，每年深冬初春青黄不接，都会结伴而行，来沔阳讨米要饭。近年来人数越来越多，引起了沔阳本地讨米佬的严重不满。什么事情都要恰如其分，即便乞讨。河南老乡过来人数太多了，又不爱洗澡，到处传染跳蚤虱子，又不守乞丐“只讨要，不偷盗，绝对不可强打恶要”的行规。自然就备受沔阳本帮乞丐的羞辱和歧视，也常常把落单的河南佬骗到襄河边，推到河里要他洗澡。两个帮派，也常有打斗，打得头破血流不稀奇。这一天为彭厨子家的阔气婚宴，两派讨米佬，早就开始了对婚礼残羹剩饭的争夺与反争夺之战。前面宴席还没有散尽，后厨大棚那边，河南佬人多势众，胆子壮大，大有虎口夺食之志，怎么都赶不走驱不散。沔阳佬是地头蛇，占尽天时地利，哪里就肯轻易答应，棍棒家伙也都操起来了，就像是婚宴的卫队一样。河南佬很狡猾，不来硬的，搞非暴力对抗，扇阴风点鬼火，极尽挑拨离间之能事。他们蔫着个头，耷着个脑，袖着个手，吸着鼻涕，单单只是冷冷说话。说："俺们是穷，俺们是饿，俺们外乡人，就是讨吃你们一点残菜剩饭的命，你们的彭厨子不是彭菩萨嘛？不是慈悲为怀普度众生嘛？今天这么一个大喜日子，你们这么积极为他卖命，那就该给你们开个边席啊，他要真把你们当一回人，你们这愚忠愚孝也算值啊，怎么还是和我们一样等着一口残菜剩饭呢？唉。"转悠一回，又过来，阴阳怪气说："等会儿你们可不要和我们抢啊，我们是饿红了眼睛的野狗，不要脸不要皮的。你们本地人，大街上都熟人熟事，也还是要个脸的吧。我说这个彭厨子，这次实在有亏你们，连我们都看不过眼了，怎么看都是你们在自作多情。"说完，又袖着手吸着鼻涕去转悠。

婚宴上扑鼻的香气，阵阵传来，高耸的大蒸笼，热气腾腾。沔阳讨米佬，也是乞丐，肚子也在闹饥荒，眼看着那边大鱼大肉没有一点份，这边河南佬又不停地灌进冷言冷语，沔阳佬心里，也就不舒服起来。说来说去，亲不亲阶级分，同样挨冻受饿的讨米佬，归根结蒂还是有一家人的感觉。沔阳佬感情就有了转变，棍棒也就丢一边了。两伙讨米佬合成了一伙，慢慢凑近婚宴后厨。

漩涡之二：彭厨子后院起火，本家出了内乱，彭徒弟趁机揭竿而起。

后厨有一厨子，也姓彭，是彭家乡下远亲，从小不学好，天生愚笨颟顸，生性残暴，见天打爹骂娘；在村里好吃懒做、偷鸡摸狗、扯白撂谎，惹起全村公愤，被狠揍多次，差点打成残疾。爹娘实在忍受不过，打听到本家彭菩萨大慈大悲，爹娘一合计，趁儿子夜里不防备，捆起来，拖猪崽一样连夜赶路，送到汉口彭厨子家，给彭厨子长跪不起，直至彭厨子答应收下这个徒弟。彭徒弟学徒期十年八年不出师，爹娘都不计较，学徒期给彭厨子当牛做马端屎端尿，都是理所当然。彭厨子只管严加管教，徒弟任打任骂。如果彭厨子坚决不收这个徒弟，爹娘就要把这捆成猪崽的东西，当场丢进彭厨子院子的水井里头，不是爹娘狠心，反正他回村里横竖也是一个死，爹娘就只当没生养这个孽子。

彭厨子没有办法，只好收了这个徒弟。果然转眼八年过去，彭徒弟啥本事都没有学到，还是恶习难改，只能在厨房里打打杂，做点力气活而已。彭徒弟却还自恃是彭氏家族的人，只要离开彭厨子视线，就大口大气，颐指气使，欺软怕硬，到处自称彭厨子。为此彭厨子没有少教训彭徒弟，八年来一直苦口婆心，也尽量把他笼在视线之内，以努力避免他在外面惹是生非、调戏妇女、赌博斗殴。不得已的时候，彭厨子也动过好几次家法。彭徒弟钉板也跪过。屁股也抽得皮开肉绽过。当然都是他人动手，命令还是彭厨子的命令。

到彭慧莲沔阳出嫁这个时候，彭徒弟已经恨透了彭厨子。彭徒弟多年积蓄的仇恨，被改朝换代的革命风暴，大大激动。他自认为他是受压迫受剥削的穷苦人。彭徒弟已经跃跃欲试，背地里举报了彭厨子好几次。但每一次总是魔高一尺道高一丈，彭厨子不但主动烧了地契，还主动替新生的红色政权分忧，向汉口火灾大量捐款捐物，抗美援朝积极捐金买飞机。以至于被革命干部们称为开明士绅，而彭徒弟还是不受革命干部的待见，更别说重用了，这也就导致了彭徒弟更为深刻的仇恨和郁闷。新中国成立，无数穷人都翻身做了主人，扬眉吐气，就彭徒弟没分，没有钱财，没有田地，没有老婆。他怎么就这么倒霉?！假如这个穷人闹翻身的大好时机过去了，他这一辈子岂不穷到底了?！彭厨子太讨厌了！都是彭厨子害的！彭徒弟越想越愤恨，就连生杀活剐彭厨子的心都有了，仅仅只是没有机会动手。

然而!

机会说来就来了!

愚笨的彭徒弟，在乞丐们围猎一般小心翼翼凑近后厨的最初一刻，并没有意识到这就是机会。后厨人人忙得脚不沾地，彭徒弟却悠闲自在地喝酒吃肉。见到一帮讨米佬凑得太近，立刻横眉直眼，拿一把剔骨尖刀挥舞比划，要他们滚远些，还把尖刀往自己扎棉袍的腰带上一插，高高在上耀武扬威地对讨米佬们进行武力威胁。河南乞丐又开腔了：哥哥你谁呀这么凶做什么？你还不是替东家做苦力，和我们一样是穷人。彭徒弟又拔出尖刀玩耍，骂道：臭要饭的，谁是你哥？！睁大狗眼看看，老子是彭厨子！老子就是东家！再不滚老子要你们见血！丐帮依然坚持非暴力路线，装出怕怕地退后几步，嘻嘻哈哈，死乞白赖，只说啊您老就是彭厨子啊！都说您是彭菩萨啊做这么大喜事俺们只是讨一口残羹剩饭还不成么？彭徒弟还是骂骂咧咧地驱赶乞丐们。嘴巴仗就这么打起来。嘴巴仗中，就出现了这样一些言语。

彭徒弟说："你们这帮好吃懒做的狗日的，喊要饿死了，要饿死就去当兵啊，当志愿军管饭，还管饱，大街上登个记就可以上前线。"

乞丐说："你咋不去送死哩？要我们去送死？！"

"怎么是送死？保家卫国光荣得很。"

"啥叫保家呢？你妈逼彭厨子原来一个大老苕？说是战火烧到了鸭绿江边，江哪边啊？是在江那边好不好？离我家远得很！我才懒得管咧！"

"你妈逼才是大老苕！我什么不知道——在朝鲜那国家哎——"

忽然，一个冷场。大家自己听到了自己的话，也都被自己吓住了：这可都是反动话啊！是造抗美援朝的谣啊！是反革命啊！

乞丐们更聪明，马上醒悟过来，立场坚定地申明：我们是坚决支持抗美援朝保家卫国的！彭厨子是你在造抗美援朝的谣，说了反动话！走！我们去检举这个狗日的彭厨子！

彭徒弟神情陡变，忽然又一脸奸笑——事态发展到这一步，彭徒弟看见了机会！

因为他看见真正的彭厨子，来到了后厨。也看见了乞丐们其实就是要吃要喝，只是以检举相胁。彭徒弟脑袋突然开窍：他为什么不站在乞丐一边，鼓动大家一起去检举呢？只要这么多人检举画押，彭厨子造抗美援朝的谣，就是铁板钉钉的事情了，就够彭厨子倒霉了。彭家的家产，彭徒弟就有份了。彭徒弟受压迫受剥削端屎端尿这么多年，穷苦阶级该翻身了。

机会来了！彭徒弟决定铤而走险。

只见彭厨子人往那里一立，堂堂正正，衣冠楚楚，身穿人字呢子大衣，足蹬皮靴，头戴搭耳皮帽，白皮细肉，富贵堂皇——顿时人与人之间的等级与距离，就出来了。相形之下，围猎后厨的一群乞丐，衣衫褴褛，瘦骨嶙峋，蓬头垢面，烂鞋子前露趾头后露跟，手上脸上耳朵上到处都是冻疮。这种鲜明的悬殊的贫富差距，在穷苦人大闹翻身的新时代，就对彭厨子特别不利了。而彭厨子居高临下，出口就严厉呵斥彭徒弟，也就对彭厨子更加不利了。

彭徒弟背叛了彭厨子，跳到乞丐队伍一边，指着彭厨子，进行了血泪控诉：“看啦，他才是彭厨子！就是他，不许你们接近后厨！不许我们给你们吃喝！就是他，造抗美援朝的谣，说反动话，我们做下人的，大字不识几个，哪里知道什么事情，外面的话，都是彭厨子说的。我的穷苦弟兄们，看啦，他穿戴的是什么？我们穿戴的是什么？现在共产党要为穷人闹翻身，新中国都成立了，外面到处都在轰轰烈烈开诉苦大会——到底谁养活谁啊？现在外面闹得红红火火，穷苦人都起来纷纷控诉揭发，枪毙了不少罪大恶极的地主资本家，不杀实在不足以平民愤。可是看啦，这个彭厨子，这个臭资本家，还是锦衣玉食、养尊处优、高高在上，骑在我们头上作威作福。看看我们自己，还是又冷又饿、破衣烂衫，讨口吃的都不得。兄弟们啦，这样的苦日子，到头了！我们早该翻身解放了！走走走，我们一起去工作组，把他的造谣和反动话，都给检举揭发出来！回来我请穷苦兄弟们吃饱喝足！他这一身好衣服，还有家里的金银细软，都是你们的。我保证和兄弟有福同享有难同当，平分他的不义之财！”

彭徒弟煽动起来，竟然十分有才，一口气，把他近年学会的词语，全都运用起来，演讲得义愤填膺、声泪俱下。

彭厨子更加严厉地呵斥彭徒弟：“简直胡闹！你给我住嘴！你少血口喷人！”

彭徒弟已经豁出去了，眼睛红了，没有回头路了，流氓地痞嘴脸也暴露无遗。他根本不再理会彭厨子，声嘶力竭地号召乞丐跟他走。他拔出剔骨尖刀，往自己手掌一划，举起一只血巴掌发誓，他肯定说话算话，坚决为兄弟们谋幸福，大家必须要去举报彭厨子。最后彭徒弟还加上威胁：要是谁不跟他一条心，他就会检举更多人，看你们中间有人的狗命还保得住保不住？！

走走走，彭徒弟一带头，乞丐们就跟上了。彭厨子痛心疾首，也快步上去，力图劝阻彭徒弟的胡闹。否则，彭厨子日后怎么向彭徒弟的父母交代啊！

漩涡之三：此时此刻，中国大地，新中国刚刚成立，城乡处处忙于土地改革、运动镇压反革命加上抗美援朝，既进行得轰轰烈烈，也忙得顾头不顾尾。事情太多，人手太少，新生政权还是那么幼小，亟待稳固。各种势力，草莽英雄、地方霸王，也都趁机蠢蠢欲动，企图分一杯羹。躲藏和活动在沔阳排湖一带的湖霸土匪，决计这天深夜出动，武装抢夺沔阳粮仓，那里是一批准备运往汉口的军粮。

这一夜，俞正德刚进洞房，接到紧急情报：今夜有土匪数十人，有刀有枪有铳，要武力洗劫粮仓。俞正德他们工作组特派员一共只有五个人，俞正德一支盒子枪，另外三条长枪一支土铳。其他守卫粮仓的武装力量只有一个班，只有一挺机关枪。当时中共县委设立在沔阳彭场镇，县大队也就在彭场镇，沔阳城关这边深夜告急，县大队赶过来已经来不及。俞正德他们得到了的上级指示是：严防死守！人在军粮在！谁武力抢劫军粮，格杀勿论！

十万火急的情报且是高度军事机密。刚进洞房的俞正德，迅速把新郎的袍子一撩，扎进腰带，盒子手枪一背，转身就出去。出门之前匆匆扯掉自己新娘子的红盖头，狠狠亲了新娘子一口，一句话都没有说。彭慧莲也是革命者，她深明大义，不阻不拦，不闻不问，独守洞房，等候丈夫到天明。

一个大混乱，就这样发生了：深夜的沔阳街头，忽然闪现鬼祟人影。土匪遇见了乞丐。两伙人都吃惊。都躲闪。都打暗号。都猜不出对方是谁。工作组和武装班在暗处埋伏，却发现偷袭过来的黑影明显比情报说的人数更多。敌众我寡的形势让大家格外紧张，机枪手的手指扣在扳机上，随时准备开枪。事实上俞正德举起盒子枪，大喊一声“开枪”——机枪手几乎同时开火。那边土匪打起呼哨，也开了火，土铳的火星子在黑夜分外耀眼。乞丐们被夹在中间，胆大的高度兴奋、幸灾乐祸、趁火打劫；胆小的呼爹喊娘，屁滚尿流，抱头鼠窜。几方人马乱成一团。彭徒弟不明就里惊慌失措，在纷飞的战火和混乱的人群中，团团乱转。见多识广镇定自若的彭厨子，赶紧拉住彭徒弟，试图把他安全带回家，同时十分恼火地批评彭徒弟说："你怎么就是不肯学好呢？啊？我平日教你多少做人道理啊！啊？做人要有起码的良心道德，不可随便血口喷人的。自己家的长辈、师傅，你也敢如此忤逆！"

彭徒弟怎么都摆脱不了彭厨子，心里好烦，再看看四周，刀光剑影人仰马翻，顿时恶向胆边生，就把颈脖一梗，脑袋一歪，拔出剔骨刀，捏住彭厨子嘴巴就割，口里神经质地念叨：你说老子血口喷人！老子看是你血口喷人！到这个时候，枪子不长眼睛命都要没了，你还把一张嘴巴搁在老子身上！老子早就想把你这张讨人嫌的嘴巴撕了！

彭厨子一声惨叫，与彭徒弟扭在一起。旁边乞丐见此情形，趁火打劫，上来撕扯，抢夺彭厨子的皮帽子和呢子大衣，几个人就把彭厨子弄倒了。彭徒弟有了帮手，更是疯狂，为解心头之恨，一不做二不休，一刀一刀一刀，直把彭厨子的嘴巴，从两侧，一刀刀地割到了耳朵根子。好不容易彭厨子从血泊之中挣扎着站起来，又被裹挟在了土匪冲锋的队伍里，一阵激烈枪响，彭厨子中弹，再度倒地。等到土匪逃散，混乱结束，清理战斗现场，彭厨子才被发现。衣不遮体的彭厨子，一张血盆大口咧得吓死人，一息尚存，咽喉嘎嘎有声，俞正德贴耳细听，也没有听出有意义的语言。弥留之际的彭厨子，实际上只是在呼唤上帝"God""God"。彭厨子最后的目光停留在俞正德脸上，停止了呼吸。

彭厨子的死，是不能不向社会与群众有个交代的，否则又会谣言四起，只因他是人所共知的彭菩萨。工作组紧急召开会议，带来彭徒弟和乞丐们，进行了讯问。彭徒弟和乞丐众口一词检举彭厨子是反革命，造抗美援朝的谣，罪有应得。俞正德想要追查彭厨子的血盆大口是什么人干的，彭徒弟提供线索说是土匪干的。然后检举人纷纷画押。工作组全体通过。

后来民间还是谣言四起，传到彭慧莲耳朵里，就有一说：说是俞正德发出的开枪命令。彭慧莲一辈子怀疑和追问俞正德，俞正德一辈子百口莫辩。至于那次军事行动，杀了多少土匪误伤多少平民，俞正德也无法以及无权详细披露，革命机密就是革命机密。

就这样，彭厨子很不安全地，被杀了。

彭厨子的人生表情，也就是没有什么表情的表情了。

当一个人毫无知觉地被命运投掷在一股巨大历史漩涡之中，当时当刻的个人就只能是盲目与无力，全凭个人性格与本能做出一点反应，随即就被漩涡所裹挟。所以依彭厨子的性格与本能，他就已经注定是一个悲剧。

彭厨子的故事不长，正如他短暂的一生。不过彭厨子有另一种活法。他活在活着的人生活当中。

彭厨子一直生活在俞正德、彭慧莲的生活之中。又跟随他们，渗进了他们子孙的生活。

除了彭慧莲一辈子和俞正德不罢休之外。俞正德自己，其实也一辈子内心不安。总发噩梦。彭厨子那张血盆大口，深夜梦中，总是猝不及防，劈面出现，吓得俞正德拔腿就跑。梦中的跑，又总是腿拔不动，跑不脱，直到心跳失常，胸口发痛，一身冷汗中惊醒，再迟迟不得入睡。

俞正德早就开始吃安眠药，靠安眠药睡两三个小时。特别离休以后，噩梦更为频繁。是孙女俞思语救了他。从协助老伴带思思开始，俞正德累得又可以倒头就睡了。在俞思语上小学之前，俞正德一心扑在孙女身上，照顾吃喝拉撒，为她忙个不停，这就足足有七年的时间，俞正德睡眠不错，噩梦很少，身体健康状况得到有效改善。孙女大了，在学校时间多了，大学又住读了。家里一清静，俞正德睡眠又逐渐变差，噩梦又逐渐增多，彭厨子总是阴魂不散地缠着他。

俞思语出嫁以后，俞正德状况更糟糕，彭厨子的血盆大口几乎每天夜里都要出现。安眠药已经从半片吃到了三四片。有时候吃了都不管用，整宿不能入睡，人难受得不行，快撑不住了。

俞正德还没人可说，彭慧莲尤其不能提，都是他自己心里的事。俞正德也琢磨过很多办法，他逢庙便烧香见菩萨就磕头，清明节和鬼节，也都偷偷地给彭厨子烧纸磕头。只因他自己也是多年政治运动挨整，没有办法出去活动，一旦运动结束了，他也开始为彭厨子的平反昭雪奔走。但当时究竟怎么回事，他也不清楚，证人也找不到。当年工作组四个人，副组长早死了，“文革”开始不久就上吊了。组员前后死了两个，一个癌症，一个车祸，只剩一个组员，离休后跟儿子住到美国去养老，很少回国，也联络不上。当年检举人一个都找不到了，彭徒弟据说死得很早也死得很惨，唉。抗美援朝资料一解密，俞正德感觉“造抗美援朝的谣”应该不存在了，有希望了，再次跑有关单位部门。人一听都笑，劝爹爹回家安度晚年，这么点事情，说不清道不明，平反昭雪不可能，除非像打“右派”那种五六十万人的大案子，还得要有中央领导亲自发话。算了爹爹，自己有离休工资，只管自己吃好喝好，莫管那么多闲事——俞正德只能苦笑，他睡不好！一个人睡不好，比什么都糟糕！

近年来，就更出奇了。俞正德胃口差了，吃什么都不香了。家人都说上了年纪就是这样的，很正常。但是为什么俞正德老是想起彭厨子的菜呢？那些菜一从记忆里跳出来，就像新鲜炒好刚刚出锅一样，摆在面前，让他流口水，胃口就开了，想吃得很。当他一吃家里饭菜，味同嚼蜡，胃口又没了。六十多年前他们婚宴的十菜两汤，当时作为新郎的俞正德，忙得根本顾不上注意什么菜，可是现在，一道一道的菜，记得清清楚楚，甚至连上菜的顺序，都历历在目。不仅色香味都在，还有热气腾腾的温度、口感和气味。俞正德真的好想吃好想吃好想吃。

结果也就是背地里对俞思语说道说道，借聊聊美食的理由，聊来聊去都有彭厨子的存在。俞正德不觉得。俞思语不觉得。不觉得并不等于不存在。存在就是这样一种状态：怎么不理睬它，怎么忽略它，怎么当它不存在，它都在着。就在那里，不生不灭。

单就烹饪而言，彭慧莲手艺差到简直一点都不像彭厨子家的人。仅能煮熟而已，非咸即淡。俞正德 80 岁以后，吃饭逐渐变得很辛苦，彭慧莲烧的肉，肉又老又柴，他那口没剩几颗的松动的老牙，完全嚼不动。素菜也一样，淡而无味，完全吃不出以前的菜香。

白天吃饭，彭厨子在。晚上睡觉，彭厨子来。俞正德的日子何其难熬，是常人体会不到的。俞正德是下令开枪了，但那是打土匪不是杀彭厨子！

好在 2015 年正在走来。俞爷爷俞奶奶，有望再得一个外重孙子。外不外，他们不计较，都是他们的血脉后代。世界上没有别的什么能够再让他们感受一次真心喜悦了，唯有思思怀孕生子！俞亚洲、任菲菲在谋划带这个外重孙子，这简直是美梦金点子！俞正德再一次升起莫大的希望，只要是俞家真能够添小宝宝，他愿意再一次参与，再一次辛苦，能够为宝宝做多少就尽力做多少，哪怕每天能够看小宝宝几眼都成。这个小宝宝，一定能够像他妈妈俞思语那样，为太公公俞正德，带来再一次的平安健康和好心情。

# 第二章

## 故事
## 只是
## 男女主角 2015 年度实施造人计划始末

在所有描绘悲伤的词语中，

最悲伤的莫过于“本来可以”！

——美国诗人　约翰·格林里夫·惠蒂埃(1807—1893)

多少人的痛苦都/随身隐没，

从未开花、结实/变为诗歌。

——中国诗人　穆旦(1918—1977)

## 1. 2015年1月　没怀上

2015年到了！

元旦，新年，节日，假日。江边金观澜公馆。钟鑫涛、俞思语小两口，早餐吃过热干面，开始刷手机，收拾打扮，午饭回家，全家吃顿新年大餐。今年元旦吃餐馆。餐馆真吃厌了。要李雨青做，排骨藕汤——野猪、野藕；红烧鲴子鱼——长江野生鲴子鱼！都要吃野生的！到处找野生的！不惜高价买野生的！还是野的好！吃好了，午觉睡饱了，下午带钟宇涵出去玩、拍照。今天新年呀，钟鑫涛、俞思语必须要做一回模范父母。

突然，门外有人砍门。砍的是防盗门。是斧头之类利器，砍得哐哐响，这可不是一般普通声音。紧急危险状况发生了！小夫妻一听就变了脸色。好怕，出啥事了呢？情急之中，刻不容缓，二人同时动作——钟鑫涛第一个动作是往后一缩，飞快躲进卫生间，只来得及小嗓子对俞思语说一声：“别说真话！”俞思语第一个动作则是往前冲。还穿着睡袍、还敷着面膜、还趿着拖鞋的家庭女主人俞思语，一个箭步，冲出卧室，奔向大门。这一瞬间，俞思语啥都没想她本能就有主人翁精神：这是她的家啊！

俞思语把大门一打开。门外二男倒吓了一大跳，不禁往后一退，原来是俞思语脸上面膜太白，又披下来一头丰厚的黑色长发。俞思语赶紧解释：面膜，面膜。

俞思语首先这么一解释。门外二男就说“哦”，就愣了。

隔着一道防盗门，俞思语与外面二男大眼瞪小眼。二男戴着夹克连兜帽，鼻梁上架着墨镜，手提一只小斧头，还有撬棍从双肩挎包的拉链处露出来。二男一看俞思语，感觉不对。赶紧掏手机出来，核对照片，果然不对。他们追债的女生，是个白骨精，瘦小个子，彩染短发。

“喂，你谁？”

“喂，你们谁？”

“我们找这家住的女生。”

“我就是这家住的女生。”

俞思语嫌这个防盗门太土了，过新年发勤快，把之前结婚剩下的红双喜又贴了一张。这一次她倒是随机应变挺快，瞅了一眼红双喜，说：“这是我的婚房看到没？”

“哦，是的呀——婚房——你新娘子？”

“是的呀。吃喜糖不？”

“结婚买的二手房？”

“是的呀，二手房。”

“前面那家人呢？”

“这还用问，搬走了吵。”

俞思语听出了对方的夹生半吊子普通话，是武汉人。俞思语立即改说武汉话。武汉话就可以像与街坊邻居说话那样亲切随意了：“你们等哈子，我去给你们找点喜糖。”

武汉话一出口，地地道道，二男一听，索性也就换了满口汉腔。武汉的舌头武汉的嘴，没有卷舌音没有后鼻音，说普通话本来就很累，只是讨债业务要求说普通话，要让外地欠债人听得懂。武汉人之间，一换成武汉话，关系就像街坊邻居了。

“糖就不吃了不吃了，现在都不喜欢吃糖了。哎呀肯定是他们资料没来得及更新，搞错了，好咧把你双喜字砍坏了咧。”

俞思语说：“这有么关系，纸的么。家里还剩很多。”

“不好意思，门也砍坏了一点，莫见怪啊。干这一行主要是必须给点下马威。”

俞思语说：“没事，砍了好。免得花钱拆。这种鬼防盗门，土死了。人家高尚社区物业根本不让装。”

二男一见这个女的好脾气，容易说上话，就与俞思语打个了商量拜个了托，把手机里欠债人的照片在俞思语面前晃了一下，说：“你们办过户什么的说不定还会碰到以前的人家，方便给传一句话过去，告诉他们跑得了和尚跑不了庙！出来混早晚总要还！”

俞思语很负责地问：“传哪一句？你说了两句。”

二男就笑喷了，俞思语也笑喷了。然后双方说再见。二男忍不住多嘴，说哪个男的好有福气，娶到这好性格的姑娘伢。还不免好奇，电梯都按了，回头又问一句：“你家新郎呢？”

俞思语还是实话实说：“唉，斧头一响，躲卫生间了。”

二男再次笑喷。俞思语笑着笑着，笑不出来了：哦真的啊！万一真是歹徒呢？万一真是开门就一斧头呢？钟鑫涛危急时刻，居然闪人了。

欠债人照片，当然，是钟欣婷。钟鑫涛的亲妹妹！他还闪人？！

钟鑫涛嘻嘻哈哈跑出来，笑得直捂肚子，搂住俞思语倒在沙发上，又亲又夸。啊我老婆太好了！了不起啊了不起！临危不惧，啊大智大勇，啊真没有想到我福气这么大，原来娶了个巾帼英雄！最精彩的是喜感——哇老婆你好有喜感，一下子就把两个男的感染得喜气洋洋稀里糊涂。哎吃不吃喜糖？这一幕实在太精彩了。完胜央视春晚喜剧小品！

钟鑫涛甜言蜜语油嘴滑舌又欢天喜地。俞思语看着老公的模样，只是目瞪口呆。俞思语两条腿都在抽筋，她越想越后怕。

一场讨债的惊险剧情，变成了说说笑笑的喜剧，完美大逆转，全凭俞思语这个人。

回家吃饭。钟鑫涛一进门就迫不及待了。一边脱皮鞋换拖鞋，一边兴高采烈嚷嚷他有一个特大新闻要播报。钟永胜、高红都赶紧问是什么是什么。俞思语笑而不答。钟欣婷不屑。懒得问。钟欣婷总归是走冷艳路线。

今天新年元旦，钟欣婷也刻意打扮了一番，深紫色口红、同色系指甲油、同色挑染头发。穿一件宽松超长带兜黑色 T 恤、紧身裤、长筒靴。

黑色 T 恤前胸后背都印有白色大字：有情欠揍，无情不老。

全家人坐上餐桌。保姆带小孩子单独到一边吃。李雨青上菜，俞思语帮忙。大碗排骨藕汤，大盘红烧鲷子鱼，还有红烧猪蹄！还有一大桌子菜，钟家过节总是一大桌子菜，热气腾腾，喜气洋洋。“等等”，钟鑫涛把筷子当惊堂木一拍，开讲今天上午俞思语勇退斧头帮的惊险故事。

高红听到第一句，就吃惊地捂住了嘴巴，眼睛直勾勾望着儿子。钟鑫涛是一个极典型的互动型人格。只要有听众一惊一乍，钟鑫涛的口才就会更加出色。哐哐哐，斧头砍门声突然爆响——钟鑫涛连编带演，手舞足蹈。故事情节也大大渲染一番，噱头也大大卖弄一番，对俞思语的夸赞也大大升级一番。

钟永胜、高红对媳妇俞思语立刻刮目相看，说啊呀，想不到你这么温和文静的女生原来还是一个巾帼英雄啊！

俞思语呢，哪里有想到老公钟鑫涛这么会夸人啊！完全像是全国道德模范表彰大会的播报人。“善行无疆，舍己为人，恪尽职守，大爱无声”——钟鑫涛对央视主持人用词与口吻的模仿，以假乱真，乐得家人不停鼓掌。俞思语顿时就被吹捧得轻飘飘的，于是不知不觉地，她的坐姿也就随之挺拔，神情也随之庄重起来，令她重温曾经被选为街道道德模范的荣光，大词加身这感觉还是很好的。李雨青给俞思语递过一杯白水，递给钟鑫涛也是一杯白水——钟家认为俞思语钟鑫涛得开始备孕了——他俩从 2015 年新年元旦这天开始，就不准许喝酒、可乐、雪碧或红牛饮料了。钟鑫涛不高兴了，太突然了嘛，他建议今天过节，就最后放开喝一次吧，以后不喝了。新年元旦嘛。好吧，难得元旦！钟永胜同意了。好吧好吧，高红也就同意了：也不差这一天。

好歹是 2015 年了，新年第一天了，俞思语今天又受惊了一回。来上酒！上饮料！李雨青又给俞思语递过一杯可乐，给钟鑫涛递过一杯白酒、啤酒、红牛，钟鑫涛习惯喝“三中全会”。

来来来，全家举杯——婷婷，举杯呀，高红在这种全家过节吃饭的时候还是要管教一下女儿。一个人任性，得分时候。婷婷，举杯举杯，赶快谢你嫂子一声，要不是她，你今天就被斧头砍了！

好的，老妈——钟欣婷忽然甩甩头发，郑重地站起身来，说：大家不急，今天我不仅要举杯，我还要发表一下新年献词，最后我这里也有两个大新闻，报告给全家。老爸？怎么样？我们今年元旦，搞得高大上一点好不好？

钟永胜被女儿逗笑了，其实钟欣婷性格更像他。钟永胜说：“好好好！吃不急。现在大家都不太知道饿，你就献个词吧，先。”

李雨青，给我一杯白酒！全家就都“哦”了一声。钟欣婷端白酒了，女中豪杰嘛，有气魄！钟欣婷端起一小杯白酒，身子站得笔直，咳咳两声，开始发表新年献词。

钟欣婷首先感谢了她的老爸老妈，因为过去的 2014 年，这个不平凡的一年中，她的人生大起大落大喜大悲，最后抱着儿子回家，全靠老爸老妈的大力支持、切实帮助、无私奉献、不计前嫌和宽容厚爱。以前她钟欣婷不懂事，性格火爆急躁，对老爸老妈多有得罪，对不起她们的养育之恩，2015 年了，新的一年开始了，钟欣婷也是孩子他妈了，从今以后，钟欣婷将会知恩图报，老爸老妈对钟欣婷母子，该教育教育，该打打，该骂骂，该说说，钟欣婷不会有任何意见。嘴巴比较翻，也是性格所致，狗改不了吃屎本性，一过性的脾气而已，大家都不要和钟欣婷计较，毕竟血浓于水，钟欣婷保证从 2015 年开始懂事！

然后钟欣婷感谢了嫂子今天的救命之恩。“正如老妈说的，要不是嫂子你，今天钟欣婷我就被斧头砍了。这个嫂子不简单，庄重起来硬是赛倪萍，以后还靠嫂子多多帮助小妹。哥哥钟鑫涛呢，就一并感谢了。2015 年祝你们备孕成功、怀孕成功、顺利得子——只是压力不要太大了，生男生女是老天爷安排，人算不如天算——这一点老爸老妈应该是有深切体会的，大家都不要着急，安心等候上天的给予。

最必须感谢的是两个小宝宝：过去的一年，给钟家增添了无穷的幸福和快乐。没有他们就没有钟家的香火传人。2015 年希望两个宝宝健康成长。

等等，再感谢一下李雨青。

等等，再感谢一下小张。

等等，再感谢一下过去的苦难——钟永胜插话：婷婷你献词也太长了吧？菜要凉了——钟欣婷笑了，笑得阴险。她得过渡一下，让全家有点心理准备，下面报告两个重大新闻：2015 年新年第一号，这个我们家的户口簿，钟欣婷刚刚修改成功。好不容易办妥的。看看户口簿，请大家轮流看。董超博的姓名改为：钟宇博。

2015 年新年伊始，钟家已经有嫡亲孙子了！他叫钟宇博。和姐姐钟宇涵，姓名辈分都顺排着，是不是很好啊！老爸老妈可以不要太紧逼哥哥嫂嫂生儿子。万一他们不成你们也不用崩溃。

2015 年新年第二号新闻：钟欣婷找到工作了。钟欣婷被武汉市女子监狱聘为警察，当然，是辅警。不过，现在的辅警与警察一样，待遇各方面都不错，算主流工作了。钟欣婷也跻身社会主流了啊，又算是接了老妈的班。今后钟欣婷会很忙，大家多多担待。好在今后钟欣婷不会在家发火了，她有的是地方训人、发火、耍威风——那是工作需要。钟欣婷在家里，有望开始做贤妻良母了。

钟欣婷说完，自己举杯：我先干为敬啊。一小杯茅台，一饮而尽了。

钟永胜、高红老两口，钟鑫涛、俞思语小两口，站在厨房门口的李雨青，那边的保姆小张，一时间，全都成木头人了。好像钟欣婷并不是在做新年献词，而是在和家人玩木头人游戏："我们都是木头人，拿起枪来打敌人。"——这个游戏的主持人，只要把这句咒语一念，大家都得定格在各自的姿态上，变成木头人。即便大家心里想要互相看一眼，都转动不了眼睛。木头人了。

作为父亲的钟永胜，关键时刻，挺身而出，率先打破僵局。哈哈！钟永胜哈哈笑道：有趣有趣！还是婷婷有趣啊！顽皮啊！这个新年礼物挺好！挺好挺好！来来来，婷婷都先喝了，大家碰个杯：新年快乐！

——新年快乐！

吃饭吃饭吃饭！

排骨藕汤——野猪、野藕！红烧鲷子鱼——长江野生鲷子鱼！好吃！还是野生的好吃！

2015年新年第一天，元旦，钟家没有过好。钟永胜、高红夫妇彻夜难眠。老夫老妻被女儿钟欣婷的咄咄逼人搞得有点害怕了。钟家将来的财富，看来钟欣婷是当仁不让了。钟永胜反复琢磨了女儿每一句话的实质意图，分析给高红听。其实今天这就是钟欣婷实施的一次"抢班夺权"行动了。这个行动显然早有预谋，早有策划，早有准备。钟欣婷真不懂事，女儿家不守女儿家本分，跟父母以及哥哥叫板，何必呢？她这一辈子，钟家肯定是养了，保证她吃喝不愁，她还要干什么呢？一个女人哎！高红又急又愁，掉了眼泪。钟永胜说她，现在哭什么！根本还不到哭的时候！他们夫妇还不老，公司都还自己执掌，女儿才二十几岁，她还翻得了天？钟鑫涛是儿子，当之无愧的钟家男嗣，又已经到了而立之年，再让他在外面磨炼几年，就可以回来接手了。现在，2015年，钟家的头等大事是，钟鑫涛、俞思语得生养！得生养个男孩！只要生了男孩，以后的事情，就顺理成章，就合情合理了。老祖宗规矩，历来女孩子连名字都不上家谱的，何况继承祖业？钟永胜叮嘱高红：生养的事，你就抓紧启动。我这个公公，和媳妇说话不方便，这种事情，具体就不参与。还是跟以前一样：你随时和我商量就行，要银子花银子，要金子花金子。总之，咱们这个儿子，就是必须给咱们生个孙子！高红应声虫那样，不住地嗯嗯，积极赞同。钟永胜、高红年轻时候，那什么气魄？立志生儿子，就是生了儿子！什么苦都能够吃下去！哎呀，现在年轻人啊，差远了！儿子媳妇，全靠高红督着了！高红回想当年自己为生养吃的苦头，也颇为感慨，颇为自豪。天快亮了，两人还是睡一会，打个盹吧，要不明天身体该难受死了。钟永胜、高红就放松了身体，个人转个身，背靠背，努力去睡觉。一切从明天开始！

2015 年新年第一天，元旦，钟鑫涛、俞思语也没有睡好。夜晚两人回到自己小家金观澜公馆，进门也都没有说话。带孩子玩了一个下午，两人都蛮累的。都歪在沙发上，刷手机上网玩游戏，就这样休息了一会儿。又打开电视，胡乱看了一会儿，电视节目越来越没有意思了，不是广告就是卖东西或是唱歌选秀，电视剧又都太雷人了，他俩智商似乎没那么低吧。两人就洗澡上床。躺到床上，都睁着眼。白天钟欣婷演的一出“我们都是木头人，拿起枪来打敌人”还在脑子里翻滚，但他们都不知道说什么。钟欣婷是钟鑫涛亲妹妹，俞思语不能妄议。嫂子在老公面前妄议小姑子，此乃大忌——俞奶奶再三再四告诫过俞思语的。钟鑫涛在老婆面前，更不能说自己亲妹妹不好。再说钟欣婷今天也没有什么不好，只是一贯都喜欢搞怪的一个小丫头嘛。于是钟鑫涛、俞思语久久不说话。又忽然说上几句话，说的都是外面社会上的新闻，同事朋友的糗事、倒霉事、好玩事。夜深了，很晚很晚了。睡眠它就是不肯来，这也是钟鑫涛、俞思语极其少有的情况，从来都是睡不够睡不醒的一对年轻人啊！偶尔深夜喝了咖啡才会这样。今夜无人喝咖啡。长江上早班渡轮的汽笛都响了，窗外也开始发白了。钟鑫涛、俞思语小两口子不知怎么就突然激动地做出了决定：生吧生吧！

一块石头落地。一块怎么样的石头？哪里来的石头？就不用说穿了。反正就是小两口同时心照不宣地，感觉一块石头落了地。可以睡觉了。俞思语说：这次就听你父母的——生个男孩吧。钟鑫涛说：太好了老婆！你愿意生真是我的好老婆！钟鑫涛就伸出胳膊把俞思语揽入怀中，两人亲了个嘴，闭上了疲倦的眼皮。进入钟鑫涛怀中之前，俞思语把自己长发一再地理了理顺，免得扎人。晚安，睡了。2015年元旦，已经悄然过去。

次日晚上，高红就来到了江边金观澜公馆。本来都是在花桥小区大家一起吃的晚饭，却还假装各走各的，生怕钟欣婷多心。钟鑫涛、俞思语先回到金观澜。不一会儿，高红也来到了金观澜。母亲、儿子、媳妇，三个人，点个头，也没有说什么。俞思语说：妈喝点什么？高红不喝。吃点网红饼干？高红不吃。高红说坐下。客厅有一圈沙发，高红直接坐在儿子媳妇对面，见儿子媳妇都不开口，她就开门见山了。

“涛涛、思思你们就不要不好意思了！你们是我儿子媳妇，最亲的人，就不要不好意思了！”高红做事情一向雷厉风行高效率，“今天该找的人，我都找了。该拿的东西，明天就拿得到——民间生子偏方—— 一个出身中医世家的老中医的祖传秘方——是已经被多人证明效果十拿九稳——就是很贵，贵没有关系！明天给你们拿来，你们必须就得开始按方子实施。整套包括：男女不同的中药，吃药、饮食、睡觉朝向、做那事的间隔时间以及做事的时辰，都必须严格遵守。对你们年轻人来说，生活习惯的改变，难是会难一点。但是！有人一个月就见效了。你们就不要不好意思了！赶紧行动！ 备孕开始了啊！不要瞎吃瞎喝了啊！思思你例假几号来？”俞思语脸一红，头低下了。“涛涛？”钟鑫涛也一脸蒙：“我怎么会记得？”高红严厉训儿子：“从今天开始你就得记得！”俞思语赶紧插嘴：“22号。”高红：“知道了。22号！每月22号！准吗？”俞思语用蚊子一样细的声音哼哼：“基本准。”高红很高兴，“准就好！老中医大师说了只要女方月经准时，没有月经不调，那就是很好的受孕条件了。明天啊！明天就可以给你们取来方子取来药——咱们办了一个加急——加钱呗。”高红再次要儿子记住，“她22号月经啊！千万不要忘记！事情如果顺利，老天爷如果保佑，说不定这个月就能够怀上。”钟鑫涛、俞思语还是有不好意思的感觉，面无表情，假装与高红说些别的什么事。事情说完了，走了啊。拜拜！拜拜！

2015年1月3日，钟鑫涛、俞思语开始正式实施中医大师的祖传秘方：钟鑫涛的男药，第一天要晚上，要夜里10点钟，入睡前服用，次日清晨8点再服用一次。晚早各一次。俞思语的女药是相反，第一次是早8点服用，晚10点再服用一次，早晚各一次。

夫妻夜晚睡觉方位：头东脚西；夫妻床上位置：男左女右。饮食禁忌：忌烟酒茶、辛辣食物、油腻食品。不宜在服药期间同时服用其他滋补性中成药以及膏方。

行房时间与时辰，见表格。方子叫作送子包。送子包里头配有一只自制的轮盘表格，得按月盈月亏时间和女方月经时间具体操作。

高红取来送子包，与儿子媳妇躲在金观澜小家，进行了认真的学习与研究。高红一再确认儿子媳妇弄懂弄通了，才不很放心地离去。钟鑫涛对他妈说：哎呀，你放心吧放心吧。

拜拜！拜拜！

1月22日，俞思语例假准时到来。没有怀上。

## 2. 2015年2月　没怀上

1月份行动才开始。没怀上，不意外。凡事总有过程，有磨合期。

2月份继续。

遗憾的是，2月份太难了。2月份过年。春节，总是中国最大的节日。过大年，放长假。铁定的，大年三十，除夕夜，必须全家团聚吃年饭。

钟鑫涛、俞思语在这一天得两边吃。俞家把团年饭提前到中午，俞思语钟鑫涛带着女儿钟宇涵，回到俞家吃一顿团年饭。晚饭一家三口再赶回钟家。钟家是儿子媳妇孙女，是自家人，得回家一起吃更加正规的年夜饭。入夜，钟鑫涛、俞思语还得赶出去参加派对。

是保罗和格瑞丝在保罗木梳品酒屋举办的新春派对。作为格瑞丝这么好的闺蜜，国际友人保罗也是钟家的好朋友，他们的派对，俞思语、钟鑫涛不可以不参加。而且，派对档次也是很高的。连续举办了几年，现在口碑在外，很多年轻人黑市高价求购邀请函。格瑞丝、保罗他们每年除夕夜派对，邀请的中国人并不多，基本都是在汉国际友人，隆重热烈，一起守岁，通宵达旦，演唱歌手都是老外他们自己，十分地放松和狂欢。俞思语肯定得去，钟鑫涛也就肯定得陪老婆一起到场，除夕夜呀，大过年啊！亲人必须在一起啊！

派对不可能不喝点有酒精的饮料。派对不可能按时服用中医大师的药。

大年初一，各处拜年。武汉的过年，风俗习惯总还是在的。除非外出旅游可以理解，别的没理由。钟宇涵小朋友，早上起床，穿得簇新，打扮得漂漂亮亮，由她的父母钟鑫涛、俞思语带着，钟鑫涛、俞思语也穿得簇新，首先在家里给爷爷钟永胜拜年，给奶奶高红拜年，给姑姑钟欣婷拜年，各位长辈就一一给红包，这叫“开门大发财，元宝滚进来”。

然后钟鑫涛、俞思语带着女儿，驱车前往俞家拜年。今天大年初一，小车也洗得比一年三百六十四天都干净铮亮。在俞家这又是更为隆重的事情，因为这边是四世同堂了。钟宇涵小朋友一进门，按老礼数，是要给俞爷爷俞奶奶下拜磕头的，现在是新风气，只口头说说就行了。二老就给红包了。

今年的新鲜事，是俞思语的父母大变样。钟鑫涛偷偷笑话俞思语说：“这是我的岳父岳母吗？三观刷新哎！” 俞思语说：“去！”心里却是特别高兴。此前，俞思语担心的就是爷爷奶奶，怕今年过年缺了伯伯婶婶俞洋一家三口，老人心里会难受。哪里知道，俞思语父母的表现，的确让她不敢相信自己的眼睛。

俞家爷爷奶奶年纪大了以后，每年春节，就都是大儿子俞非洲主持。由他预定餐馆年夜饭、大年初一拜年、初五迎财神之类等等。今年就是由二儿子俞亚洲来主办了。俞亚洲这是人生第一次，放下了工作和看书学习，主办俞家的过年。俞亚洲妻子任菲菲，也临时出院回家，在家帮忙。今年他俩主办，倒是蛮有亮点，办出了新意，也更加符合老人的心愿。俞亚洲请了一个厨子，来家里做的团年饭。虽说现在厨艺学校毕业的年轻人，学的都是大路菜、套路菜、模式化菜，满足不了俞爷爷的口味，做不出沔阳宴席的菜肴，但是俞亚洲还是找到了一个会做鱼圆子的。

除夕的团年饭，全家十几口人，围着厨子，参观鱼圆子的制作过程：一条新鲜大青鱼，剖背打开，去鱼骨，刮鱼茸，剁成鱼参，手打，打着打着就上劲了——上劲是一个神秘奇妙的手势——上劲了就有鱼参从手的虎口，轻轻一挤，就挤出一枚圆润光滑的小鱼圆了，紧接着，一枚一枚地，飞快地，挤在一大盆清水中，雪白雪白的鱼圆子，一只只，都魔术般地，浮动在水面上了——好看好看好看——钟宇涵小朋友喜欢得不行，蹦蹦跳跳，老想把她的小手也伸进鱼圆子里去。

俞思语也倍感新鲜和神奇，钟鑫涛也是。他俩都还没有见过最好吃的鱼圆子，竟然是完全手工的，是这样子创造出来的。他俩带着钟宇涵小朋友，这就很像一堂亲子教育课了。这感觉真是特别好，特别有意思，也特别有意义。

及至后来，一碗鱼圆子上桌，大家一品尝，不仅落口即化，还有弹性和韧劲，鱼的鲜香味道，都包含在一枚小小鱼圆子里头，舌头一抿，味道足足的。

钟宇涵小朋友吃了很多。俞爷爷吃了很多。一老一少，吃得最多，最开心。钟鑫涛、俞思语也吃了不少，他俩吃遍了餐馆也没有吃到过这么美味的鱼圆子。俞美洲一家，也是大开吃戒，俞美洲生病后原本是信菩萨吃花斋的。这顿团年饭，也就非常热闹和成功了。俞奶奶喜笑颜开，脸色红扑扑的。很多年没有这样了。

大年初一的拜年，钟宇涵小朋友就很积极地要去太爹爹太外婆家了。

俞亚洲给了红包，任菲菲也给了红包。以前都只是两人共同给一个红包。俞亚洲认为这种旧风俗不可取，刺激孩子的金钱物质感，不好。红包一般也就两百块钱，两张红钞票，图个吉利吧。今年红包的厚度，俞思语一看就忍不住看了钟鑫涛一眼，钟鑫涛没回应。他没有俞思语那么沉不住气。结果后来打开一看：俞思语父母两个人各给了两千元整，还是崭新的连号的红钞票，显然是费了心思，特意找银行熟人换的。

俞思语拍着胸口说：妈呀，吓坏宝宝了！

钟宇涵也跟着妈妈动作学，憨态可掬。钟鑫涛开玩笑：原来你家才是土豪啊！

皆大欢喜，皆大欢喜。俞思语终于与父母和解了。奇怪，这么快，和解的感觉突然就被感觉到了。原来子女与父母，还是心连心的。俞亚洲、任菲菲也是看在眼里，喜在心头：以往俞思语在家吃年饭，就是应个景，板凳都坐不热就要离开；刷手机，写信息，打电话，玩游戏，看电视，就是爱理不睬心不在焉的。今年好啊，把手打鱼圆子过程都看完了。看得饶有兴趣，吃得津津有味。看来俞思语现在才是真长大了。女儿长大了，还是懂得体恤父母的。俞亚洲看任菲菲，任菲菲看俞亚洲。夫妻俩交换了多少眼神，都是从来没有的惊喜。

前所未有。前所未有。俞家在俞亚洲主持下，2015 年春节，迎来了一个新的春天。

俞家都知道俞思语今年要生养。钟俞两家要添丁加口了。俞家吃年饭也都纷纷举杯祝福钟鑫涛、俞思语，祝福他们小两口今年得个健康壮实的小宝宝。俞亚洲亲自发话：年轻人事业前途为重，不要担心你们工作被耽误，俞家现在带孩子的人多着呢！最重要的是，俞亚洲、任菲菲他们省委那边的家附近，开办美国幼儿园和学校了，步行可达。这么好的教育资源，俞家肯定要为自家小宝宝们努力提供。名额有限，得提前预约。任菲菲也很贤惠，说她已经在联系学校的董事长。管它呢，先预约。先拿到名额再说。

2015 年刚刚开年，时间还早呢，大家就都已经翘首期盼了。

祝福祝福深深祝福！

接下来几天，到处玩，聚会，亲朋好友之间互相拜年。聚会拜年必有饭局，饭局必有大吃大喝，喝酒、抽烟、吃饭、打麻将必不可少。钟鑫涛公司上有领导下有同事，中间还有很多朋友，朋友的朋友，同学的同学。俞思语朋友同学也不算少。过年这种一年一次的大节日，谁都不可以得罪的。

春节例外。春节就是吃喝玩乐，别的就算了吧。不然，别人以为你们有毛病啊。

在春节长假这些个日子里，钟鑫涛、俞思语不可能严格执行送子包医嘱。

所以，2 月 21 日：俞思语来了月经。2 月份没有怀上。

## 3. 2015年3月　没怀上

新春来了。长江一江春水变黄，两岸植物现蕾吐绿。金观澜公馆小区院子里的小鸟，大清早就钻出窝来，振奋精神，整理羽毛，开始唧唧啾啾，纵情歌唱。一件不寻常的事，悄然发生。此前谁都没有料到，钟鑫涛、俞思语两人也都浑然不觉。

这一天是 3 月 5 日：农历惊蛰。两千多年前中国古代先贤研究并标注出来的物候现象，直至 2015 年，依然精准。2015 年 3 月 5 日深夜。当室内日历上面的 5 日转换成 6 日的刹那间，户外高空平地一声雷，这是惊蛰的第一声初雷，紧接着，惊蛰神力显现：云层骤起风波，闪电道道密集发射，一声声雷鸣犹如野马奔腾，大地随之抖动，地热随之发生，暖意随之灌注，冬眠动物都被唤醒，干瘦植物悄然复苏，所有有性繁殖的动植物生殖器，无一例外开始蠢蠢欲动，各种各样的荷尔蒙激素开始分泌，发情交配期即将到来，一部恢弘无比的生命交响曲，开篇就是排山倒海的激昂快板，以人脑难以想象的磅礴气势，奏响了新春旋律。

相形之下，人间城郭不过是苍穹之下的微缩景观。武汉这个拥有两条大江无数湖泊高楼林立千万人口的庞然大物，当然也不例外。惊蛰之雷在苍穹来回驰骋，阵阵翻滚，轻而易举冲击了满城酣睡的人。

而在表面形式上，人们依然是在酣睡，一如拥挤密集蚁穴的蚂蚁。最多有人翻了个身，最多有人似乎听到雷声，也只当是飘然而逝的梦的碎片，对于自己肉体深处的苏醒，人们早已与自己身体隔膜得浑然不觉。

浑然不觉是浑然不觉，内在苏醒的万钧之力，还是会突破重重隔膜，来到人间，大树小虫齐齐被震撼。 惊蛰之时，俞思语醒了。

惊蛰来临，俞思语醒了。这或许是一个巧合，或许不是巧合。这就无法猜测和揣度了。事实就是：俞思语醒了。与所有深度熟睡的人一样，俞思语的醒，不能够算是真醒，是迷迷糊糊的那种醒。是俞思语的尿液满了，她身体的排尿机能率先醒来，起夜撒尿。3 月的夜，乍暖还寒，被窝里好温和。俞思语就有点赖床。一直赖到再也赖不过去了，俞思语这才起床去卫生间，自然还是迷迷糊糊的。

撒尿的时候，更加直接的异乎寻常的事情发生了：坐在卫生间马桶上撒尿的俞思语，依然是迷糊状态，眼睛依然没有完全睁开，全凭日常生活的习惯使然。这是一泡长长的热尿，由于故意被憋，最初瞬间尿道口有点紧，接着，就撒得酣畅淋漓了。尿到最后，一个愉悦的尿噤袭来，类似于肉体的欢呼，让俞思语浑身打了个愉快的哆嗦。就在这个哆嗦的末梢，俞思语用一团手纸去擦干尿液，触碰到了阴蒂。这次的触碰与往常不一样，她忽然觉得，体内有一种兴奋，怦然而动，随之巨大的愉悦感油然而生。俞思语根本来不及过脑子，便迅速地对自己阴蒂，进行了再次触碰。这次下手更重，是手，不是手纸了。是手指，是亲手抚摸。是俞思语的身体要求她自己的手指，爱抚她自己！是俞思语的身体要求她自己的手指，与自己最隐秘的私处，谈谈爱情！俞思语根本还是迷迷糊糊的状态，但是，她身体里头的另一个自己、没有社会姓名的另一个女人、一个纯粹的女人，和自己闹恋爱了！俞思语的生殖之根，就如新春的大树小虫一样，迸发出强烈的生命力——很快，变得肿胀肥沃，温暖湿润，生机勃勃，汪洋恣肆。

异乎寻常的事情，就这样发生了。生命中从来不曾发生的事，就这样发生了。从来不曾见过的旗帜鲜明，斗志昂扬，欲罢不能。俞思语的灵魂，被她自己的肉体，彻底惊呆！

现实意识唰唰唰地疾驰而来，让俞思语刹那间清醒了许多。社会教育灌输的道德感、是非观、身心健康观等种种观念，一起涌现，叫停了俞思语的手指。俞思语再次惊呆了。心惊肉跳血脉贲张。幸亏光线暗淡，幸亏全世界都是黑暗，幸亏钟鑫涛睡得死沉死沉，幸亏女儿住在她爷爷奶奶家。天啦！幸亏没有被任何人发现。

俞思语返回床上。黑暗中脸也羞得赤红。她轻手轻脚，钻进被窝，背对老公钟鑫涛，尽量挂在床的边缘。然而，钟鑫涛身体的热气，阵阵袭来。两个微胖小夫妻睡在才一米五宽的床上——金观澜建筑商为了方便看江景，主卧室的设计就放不下一米八的床了。其实尺寸都是废话。女人一想要，宇宙都变小。床在发抖，被子在发烫，四肢扭动，躺不住睡不着。一个翻身，俞思语与钟鑫涛面对面了。男人，此时此刻，是一个多么恰到好处的归属。这是俞思语的男人。平时老公老公叫习惯了，想都没有想到老公就是一个公的！ 她需要他，突然，她是如此如此迫切地需要他。 只因为公母是一对、一体，他们夫妻是一体，合二为一的一体！

钟鑫涛即便在睡梦中，也无时不刻在与老婆互动。婚后的睡眠是两个人的习惯与自觉。俞思语身体扭扭的，钟鑫涛也就搂搂的了。但是！钟鑫涛的手，男人的手，也有自己的独立意志，它不会与身体一起沉睡，当它一摸到俞思语的私处水肥草美，突然，触电了！触电了！发抖了！并且立即，男人的武器，立刻亮剑，毫不犹豫，冲锋陷阵——社会姓名叫作钟鑫涛的男人，也是连眼睛都还没有睁开。

可见男女都有另外一个自己，躲藏在本人身体深处，从来不睡觉，只按季节过：有情与无情两个季节。

有情季节一到，男女都很自觉。钟鑫涛扬鞭跃马，俞思语积极迎合，床铺活色生香，小两口一句语言无需，一个眼神没有，无见无想，彻底关闭视线，灵魂冲出九霄，进入忘我境界，在想象中尽情遨游，劲往一处使，汗往一处流，如有神助，冲进天堂。

所有关于性高潮的表述文字，都因为词不达意而作废。唯有性高潮本身，闪闪发光、通体透亮、光焰夺目、灿烂辉煌，成功光临了钟鑫涛、俞思语一次。发射成功之后，肉体才像彗星那样，拖着一只完成了使命的尾巴，渐渐远去自然而然地，坠入尘埃，归入它的宿命。

男女重返人间，寂静美不可言。

翌日醒来，已经是上午 10 点。睡过头了，大师的药都没按时吃呢！钟鑫涛、俞思语都吓一大跳。看看钟，看看手机，都不敢相信自己的眼睛。当然，不相信不行。俗世就是有时间的规定。

男女都不好意思地笑了。俞思语把长发披下来，用手捧一大把，遮住脸。

男问：夜里怎么回事啊?！

女答：不知道。

男问：那你好不好呢?

女答：好。你呢?

钟鑫涛忽然想要飞翔，他振臂高呼：太好了！太好了！老天爷啊！太好了！

小两口子猛然又一个拥抱，亲嘴到很久很久很久。

春天啊春天，亲爱的 3 月！钟鑫涛、俞思语都以为这个月肯定会受孕的，他俩都有预感，这是如此绝妙的一次性爱啊。仅仅只是没有按送子包医嘱来做。

他俩这个月做早了。他俩这个月也做多了——多次想要重温绝妙美梦，多次想要 3 月 5 日那个凌晨再现一次、哪怕半次、哪怕一点点——没有。最美好的东西总归是转瞬即逝，仙踪难觅。

3 月 20 日：俞思语月经来了。没怀上。

## 4. 2015年4月　没怀上

从头说起，头发的头。

俞思语拥有一头完美的长发，完美到各项指数都超标。的确是举世瞩目与实属罕见。钟鑫涛对少女的长发，也是情有独钟。两人在汉口西北湖边一见钟情，也多亏了俞思语那天的飘飘美发。“待我长发及腰，少年娶我可好”——就这一句诗，其实算是一句网络顺口溜，迷死人了。钟鑫涛、俞思语一见钟情的前几天，正好开始在网络流行。他们俩都看到了，也都有心醉情迷之感。待到钟鑫涛一见俞思语，好一位长发及腰的美眉！

好了！够了！就想谈恋爱了！少男少女谈恋爱，还需要更多吗？

婚后。一到夜晚，清纯女神秒变贞子女鬼——这是俞思语所在的网聊长发部落的互相调侃。但，人人都以为调侃的是别人。俞思语自己从来、从来、从来都不曾意识到她自己的头发会变鬼，从来不可能意识到她的头发会有什么问题。每到夜晚，当她入睡，头发就不再听她使唤。就是一堆乱发，乱发就是满床流窜。

钟鑫涛既然享受了美发之美，也得忍受发丝之乱了。世界上没有什么东西，只有优点，没有缺点。成也萧何，败也萧何。

入夜，上床，关灯，睡觉。俞思语往枕头上一倒，在熟睡以后忘形地翻几个身，那一头长发乱是乱得好生了得。乱发的发梢，翻翻翘翘，钻钻营营，脱落的发丝似小蛇那样活的，四处游走，无孔不入。它们会粘上和刺痒钟鑫涛嘴角、眼皮、鼻孔、下巴、耳洞、耳根以及任意一处，甚至大腿窝、蛋蛋、鸡鸡等等，任意一处，无一幸免。

有时候钟鑫涛半夜下身忽然搔痒，搔着搔着，会从自己阴毛里拉出长长、直直的一根粗壮发丝。钟鑫涛的理智告诉他，把手伸到床沿，悄悄丢到地上就是了，继续睡觉。而钟鑫涛的本能，会奋起反抗，手会去拨开俞思语的头发，动作很不客气，很果断。不停地弄开、拨开、抓开、甩开。一再地，一再地，身体也会往床沿挪，一点点、一点点地，尽量拉开与俞思语的距离，单单只恨床不够宽，被子也不够宽。钟鑫涛、俞思语结婚了，是夫妻了，必须睡一起。人每天也必须得睡觉。这就是一个无法回避的严峻事实。

同时另一个严峻事实是：俞思语睡觉的时候头发总是乱七八糟，自由散漫，每根发丝长达 70 厘米左右，总数达 12 万根左右；还每根都又粗又硬又油又韧，直径达 90 微米，超过白种人的一倍还不止。自然，每一根发梢刺痒皮肤的能力，理论上说，的确不容小觑。钟鑫涛又习惯只穿男士背心和短裤头睡觉，遮住的地方少，赤裸的地方多。

钟鑫涛、俞思语小两口，正是能睡的年纪，一旦睡死，就稀里糊涂。两个人，四只胳膊四只手，在他们婚床上空打架。舞动、相遇、撞到、躲开。睡熟忘形，再次舞动、撞到、躲开。可是，躲不开。

这几天钟鑫涛上火，嘴唇上下有几颗青春痘正欲爆出脓头，牙龈红肿，嘴角烂了。

这一夜，睡到深处，俞思语的一丝头发或者两丝，总是拧成一股，先是夹在钟鑫涛嘴角，钟鑫涛一个转身，勒紧了，有点刺痛，他睡梦中偏偏头，迁就了一下。继续睡。忽然，熟睡的俞思语一个大翻身。是那种突然的、果断又勇猛的，一个熟睡中无知无畏的大翻身。猛然一下子，头发绞紧了钟鑫涛的嘴角。钟鑫涛嘴角又是烂的，溃疡渗出液还是稠的，已经粘住头发，这样被出其不意不知轻重地一拽，割肉一般，钟鑫涛发出了一声惨叫。俞思语没有被钟鑫涛的惨叫惊醒。钟鑫涛以为很大声的惨叫其实没有发出声，就跟梦中的许多惊叫一样，只是一种精神呐喊。懵懂的钟鑫涛手指头按住嘴角，还不知道发生了什么情况。感觉一下，嘴里竟有咸腥的鲜血味。出血了！钟鑫涛大吃一惊，警觉地坐起来，专注地做了一个吞咽动作，鲜血味更浓了。是的，钟鑫涛在出血！是更大的吃惊了。顾不上熟睡的俞思语了，钟鑫涛打开床头灯。一看手指头，真有血，还不算少，哎呦哎呦就真叫唤起来了。台灯一亮，光线刺醒了俞思语，她眼皮颤颤抖抖，眨眨地不肯睁开，模模糊糊看见钟鑫涛坐着，便口齿不清地问：你在搞什么搞？

我出血了。

俞思语惊醒了一点，也坐起来，到处看。

什么？哪里？

嘴巴！

嘴巴？嘴巴里头外头？

不知道啊！

俞思语赶紧查看。原来是嘴角。

钟鑫涛吃东西还是太重口味了！看看，还是上火的原因嘛！钟鑫涛说：是你头发！俞思语从钟鑫涛嘴角抽出自己的发丝。笑起来：对不起啊！俞思语忍不住笑：钟鑫涛的嘴角也太脆弱了吧。俞思语的发丝割裂了钟鑫涛的嘴角，说出去谁信？笑死人了！钟鑫涛不觉得好笑。烦了，就像弄开意外撞上脸的蜘蛛网那样，一把一把摸脸，将俞思语缠在他身上的头发丝，捋到俞思语那边，有点嫌烦和赌气的意思了。

俞思语也只是笑。不笑能够咋的?

好吧，睡觉吧，半夜三更的。两人重新睡下，一会儿也就重新进入梦乡。钟鑫涛溃疡的嘴角，凝聚起一粒粉色的滴状痂皮，是淡淡的血与浓浓的渗出液以及部分口水，封闭了毛细血管创口。

哪里料到，正睡到烂熟，俞思语的发丝，发生了再一次的割裂。刺痛惊醒，钟鑫涛大叫。再次开灯。一线血流，沿着钟鑫涛侧睡的嘴角，一直流到耳根，就像一只血盆大口。俞思语一看，也慌乱了。怎么可能?!

钟鑫涛、俞思语两人的胳膊，一通慌乱。睡梦初醒的不精准动作，导致钟鑫涛的胳膊肘子，不慎一拐，撞到俞思语鼻子。俞思语顿时鼻血涌流出来，十分澎湃。

啊啊啊——太多血了，弄床上了。赶紧起床。怎么弄?手纸塞住。塞不住，手纸已经又红了。往后仰，不行不行，鼻血咕噜咕噜都吞进去了。一吐一大口鲜血，一吐一大口鲜血。钟鑫涛慌死了。赶紧手机查百度。百度流鼻血怎么处理，一大堆方法，都是网友胡乱写的：有的说仰头；有的说不可以仰头；有的说直接送医院；有的说主要得看流血程度。

钟鑫涛干脆拨通了父母的电话。钟永胜一听，你这小子！现在几点?凌晨4点哎！也太没生活经验了吧?自己老婆流鼻血，把父母叫醒。高红倒是心疼儿子：别听你爸的！我来告诉你怎么办——

天亮了。这个清晨，是有使命的清晨。原本的计划，一是：6点10分响闹钟。测基础体温。然后做那事，一两分钟足够，射精完毕，俞思语继续平躺半个小时至一个小时，或者再睡着，都很好。钟鑫涛自己出去吃热干面蛋酒，很幸运，热干面是中医大师送子包秘方上的食物。再记住：8点，吃药。

由于头发引发了一场血案，钟鑫涛、俞思语都很困，很困，很困，都对闹钟置之不理，都没有做该做的事情，都不顾使命在身了。

随后几天，小两口子发生了几次口角，为俞思语的头发。钟鑫涛建议俞思语换个发型。俞思语的疑问是：为什么？不喜欢了？！看腻了？！钟鑫涛断然否定。钟鑫涛当然还是认为俞思语的头发是世界上最美的头发。

那为什么？就因为偶尔把你嘴角扯流血了一次？

本来嘛。就是扯破了嘛。

那是你爱吃重口味，嘴角本来就烂了。你自觉点，不吃重口味不就OK了？

那还是你头发太厉害了吧。

那你胳膊还把我鼻子碰了一大盆血，你是否应该换个胳膊？

你这个人，完全不讲道理！

你才完全不讲道理！

4月22日：俞思语月经又来了。4月份，没怀上。

## 5. 2015年5月　没怀上

5月气候好，出差增多。钟鑫涛是公司业务骨干，升职也不算慢，被重用是太好的事情，也是没办法的事，你得多干活。公司老总开会讲话总是说："你们年轻人打得死老虎，要多多出差多跑跑，搞矿的，不跑怎么行！"

钟鑫涛打得死老虎吗？就他这开始脂肪淤积的小胖子？但是就是公司的年轻人，就是得出差。

钟鑫涛出差多，也没有关系，俞思语闲着，有时间。那就计划一下，去北京怀孕吧。想想倒也是很浪漫的事。天安门广场清晨看升旗，回酒店实施造人计划，在首都植树造林，养育祖国花朵。挺有趣的，将来还有纪念意义。而且，也算弥补了一下蜜月没有旅行没有玩北京。

钟鑫涛、俞思语查对了一下大师表格上的日子以及排卵期，这样安排：钟鑫涛头一天先到北京，第二天有整天重要不得请假的会议，动不了。第二天，俞思语前往北京，当天晚上，小两口聚会北京，吃点全聚德烤鸭什么的，因为服药备孕期间不能够泡吧，到北京不能够夜里出去泡吧，那就吃烤鸭算了。吃了烤鸭，当晚静养、休整、不做、以逸待劳。第三天清晨，实施造人计划。天安门广场看升旗，那是说笑的了，还真看不成？他们年轻人，不会那么土。

在去北京之前的两个星期，小两口子按兵不动，不得同房，养精蓄锐，以免精子量不够，影响受孕几率。

就这样，计划不错。说好了，两边父母也都放心，别多问了。钟鑫涛出差是出差，但是俞思语灵活机动。神州大地，哪里受孕都一样。

到了那日，钟鑫涛出差了。

武汉去北京，现在都坐高铁。高铁准时、方便、舒适、快捷，一个下午就到。车上玩玩手机，打打盹，就到了，挺好的。钟鑫涛坐的是G518，武汉站至北京西，992 公里，近 5 小时。

钟鑫涛上车就是老一套，和每次一样。坐定之后，玩电脑，玩手机，上厕所，打盹睡觉，吃一次盒饭，再加一点零食小吃——刷手机时习惯性往口里塞，咀嚼吞咽，喝瓶装水。火车上的睡眠，和车厢一样，是一节一节的。在驻马店昏昏睡去，到漯河突然醒了；在郑州又昏昏睡去，到石家庄突然醒了。

怪异发生在石家庄。火车在石家庄站停靠，上下乘客以后，开足马力奔向北京西站。这个停站，有人上下，钟鑫涛在睡没醒。倒是突然开车，一个启动，钟鑫涛醒了。火车突然启动的动静，不知道从哪个通道进入钟鑫涛身体，给钟鑫涛造成了一个悸动。

钟鑫涛醒来，嘴角挂着半干的唾沫渣子，眼睛视而不见地瞪着其他乘客。满车厢乘客，在钟鑫涛视线里等同于无物。可是可是可是，就在这些无物的背景里，却凉飕飕地浮现出来一幅超级高清的画面，有情有景有人物：这是一个半明半暗的夜晚，钟鑫涛被俞思语头发刺痒、抓挠、醒来、努力再睡、怎么都睡不着。钟鑫涛爬了起来，是慢动作。只见钟鑫涛，慢慢地，从床上，爬起来，一步一步，蹑手蹑脚，走出卧室，来到客厅——钟鑫涛本来没有觉察到自己昨夜有梦，今天毫不经意。今天就是正常出差的一天。

可是，却在火车睡眠的初醒之中，朦朦胧胧又清清晰晰，夜梦复活，钟鑫涛可以看见自己昨夜的一举一动：钟鑫涛来到客厅，俞思语在客厅墙壁上的巨幅婚纱照里，朝他发出蒙娜丽莎的微笑。奇怪的是俞思语的长发，只有半边，另外半边，已经被剃掉，头皮泛着青光。钟鑫涛大吃一惊，正待细看，俞思语又变成了秃子，嘴唇发紫，笑容变形。哦原来是户外的激光灯，武汉的城市亮化工程正在升级，居民公寓高楼也都开始披挂花花绿绿的景观灯了，客厅落地玻璃门的帘子又忘了拉上，喜剧效果就这样产生了。喜剧效果中的秃头女子俞思语，让钟鑫涛既好笑又深受启发。秃头有秃头的明朗，长发有长发的阴森。钟鑫涛转转悠悠进入厨房，东看看西摸摸，碰到刀架，抽出一把厨房料理剪刀，又蹑手蹑脚，转回卧室，俯身细看俞思语。俞思语侧身而眠，只剩半侧脸，搁枕头上，眼睛紧闭，没表情，没活力，只是头发很多，一大堆，需要理发才好，是时候应该修剪修剪了——就在钟鑫涛动剪刀的关键时刻——和所有梦境一样，具体行动总是一事无成——俞思语忽然翻身了。

俞思语翻了个身，发出一声重重的呼吸，又发出一声嘘嘘的呼吸，好像远处起风了，也好像远处有提醒——钟鑫涛一个吃惊，发现了自己提着一把剪刀。这一下子，钟鑫涛真把自己吓着了，赶紧溜出卧室，还了厨房的剪刀。记得好像，还打开冰箱，喝了几口水——这是他妈高红送来的水。说是一种碱性养生水，浸泡过能量石的。高红已经四方奔走，听过了很多备孕专家的讲座，深信“酸生女碱生男”理论，购买了专卖的饮水机和能量石。高红为监督儿子媳妇坚持饮用碱性能量水，就亲自把水泡制好，过几天就送一提过来。可怜天下父母心，钟鑫涛、俞思语都很领情，表示他们会尽量饮用高红妈妈制作的水——这是题外话，总之钟鑫涛做梦，也都知道喝冰箱的碱性能量水。

剧情结束，好比突然停电。画面突然变黑。后面就是迷迷糊糊的记忆碎片了。好像是钟鑫涛回到床上，躺下，睡着了。

然后就是天亮了。太阳出来了。太阳底下，真相大白，没有黑暗梦境，连残片都没有。俞思语赶紧按时测量自己的基础体温。钟鑫涛一骨碌起床，忙碌清晨的洗漱、穿衣、排泄与进食，都必须一一完成。再驾车上路，还要祈祷不塞车，一切就如昨天。今天出差。收拾行李箱、资料、电脑、手机、充电器。掐着时间，赶火车。拥挤的候车室。候车室怎么会有这么多人？！都出差吗？不像啊！都要东奔西忙干吗？！搞得候车室很拥挤，人撞人，看到人脸就腻味，心情都不喜悦。上车，坐下。各就各位，终于有了一点秩序，人与人之间，终于有了一点被强行规定的距离。谢天谢地！高铁开了。

出差老一套开始——没有梦。完全、丝毫、根本就没有昨夜的梦。

然而！然而！然而！好像是为了佐证钟鑫涛在高铁石家庄段的重访梦境，俞思语微信来了：冰箱怎么是开的呀？！

图片：冰箱门的确是开的。

冰箱怎么是开的？

没有别的解释：肯定是昨夜钟鑫涛做梦了，梦游了，喝过冰箱的水，梦游的人不知道关门——这也太恐怖了！好可怕！钟鑫涛梦游？他从来没有的呀！女人的完美长发太压抑男人了？笑话！

钟鑫涛回复微信：冰箱门开着有什么奇怪的，关上就是。

好在现在的火车乘客都只顾自己。身边人都玩手机或者睡觉，对钟鑫涛蛮有催眠效果，很快就打断了钟鑫涛关于梦游的噩梦，重新进入另一段昏昏沉沉的打盹。

幸喜石家庄一过，北京西就要到了。有几个小孩子憋不住了，开始在走廊乱跑，吵闹哭叫，年轻妈妈紧追其后，以文明礼貌的腔调，大声呵斥教训自己小孩子，要注意文明低声；也有年轻妈妈不管不顾的。乘客就大声责问：这是谁家小孩子在走廊撒尿了？太不文明了！钟鑫涛打盹结束。保洁阿姨过来了，有节奏地对乘客说：来垃圾谢谢。来垃圾谢谢。垃圾谢谢。谢谢垃圾。垃圾吗，来腿抬抬。漫长的4小时55分，终于过去了。再快的交通工具，人们的适应能力比它更快，一旦适应就不觉得它快了，总是嫌它慢。快慢其实是个心情，就是没有谁认识到建设心情更重要。啊呀呀，坐得好累，漫长的4小时55分，终于过去了。

车厢立刻人声鼎沸，人们纷纷提前拿行李，乘客们好像被催眠以后又都重新回到现实中，前后左右都有人拥挤和碰撞到钟鑫涛，令钟鑫涛视线聚焦起来，不再目中无物了。把火车上的怪异残梦留在火车上吧，就跟垃圾一样，丢给收垃圾的阿姨。

冷不丁地，一个清亮甜美女声响起，就在钟鑫涛脑后，明确就是在对他说话："帅哥，帮我拿下箱子好不好？"

钟鑫涛听到就动手了，就帮脑后那个清亮甜美女声，从行李架上拿下一只旅行箱。小巧新颖的旅行箱，肯定是她的。就在转身交行李箱的时刻，怪异再次发生，钟鑫涛顷刻之间，咕咚一声，又跌入进梦境。是的这是大白天，钟鑫涛睁着眼睛，信不信他就是大有恍然若梦之感：就在他背后，几乎贴着他身，站着那位清亮甜美女声。由于人多拥挤，他俩面对面的距离，最多只有18厘米左右，钟鑫涛还得稍微后仰一点，视线才能够更为清晰：她一头俏丽短发，簇拥着一张光滑小脸蛋，头发染成时髦酒红色，刘海齐眉，这一头俏皮的短发，显得眼睛格外黑亮有神，脖子也格外直挺优美。钟鑫涛恨不得架子上所有旅行箱都是她的。

"嗨，嗨嗨，那不是我的，我就这一只！" 清亮甜美女赶紧提醒钟鑫涛。

钟鑫涛脸一红赶紧放开了别人的行李，别人也就对钟鑫涛嗤之以鼻，清亮甜美女也就对钟鑫涛的心思洞若观火，钟鑫涛也就发现了清亮甜美女对自己的心思洞若观火。

就这一瞬间，这对素不相识的男女青年，在洞若观火这一点上，完全知根知底贴心贴肺，眼神精准对接，火花啪啪直冒，钟鑫涛感觉自己都听见了啪啪的声音。清亮甜美女声对钟鑫涛抿嘴一笑，眼波送了一个流盼，用唇语对他说：Thank you！ 便兀自飘然下车。天啦，还是一个飙英语的，好配她那一头时尚酒红色短发！

钟鑫涛一个错愕，随即面红耳赤了。他这一羞涩与迟钝，就被其他乘客排挤到了一边。人人都在奋力抢先下车。待钟鑫涛终于从狭窄的火车门争抢出来，举目四顾，站台已是红尘滚滚人头涌涌，哪里还有什么酒红色短发清亮甜美女？钟鑫涛不由自主紧追几步，又明知徒劳，就停下，落寞地待到站台边缘去了。

钟鑫涛呆呆立在站台边缘，让急躁的乘客走完。钟鑫涛在想象中，用他娴熟的电脑技术，把刚才摄人魂魄的图片，做了一个处理：将其他闲杂人等都排除开去，框住钟鑫涛与清亮甜美女合影的局部，剪裁、放大、亮化、旋转 90 度、人物横放——等于是人物躺下了、保存。那么他们两人，相当于就是睡在一起了。钟鑫涛细波端详着睡在他眼前的清亮甜美女声，短发，哦，如此俏丽的一头短发，谁规定的一定是黑头发好看？酒红色——上好的法国干红葡萄酒的颜色——多谢格瑞丝的“格瑞丝木梳品酒屋”，多谢保罗的言传身教让钟鑫涛学会鉴赏法国干红——何等醉人的宝石红啊——从四周，簇拥一张光滑小脸蛋，刘海齐眉，眼睛被衬托得这么亮，脖子也被衬托得这么修长，脖子优美扭动——相比之下，长发是那么芜杂，埋没了优美的颈子，看上去好像是一个没有脖子的人。

怎么钟鑫涛的心窝窝里头，还有小鹿乱撞呢？怎么猝不及防地，忽然冲出一只健壮小鹿，在他胸口撞啊撞啊，猛烈地，都隐隐作痛了。这是钟鑫涛从未出现的症状啊，就连与俞思语一见钟情，那时刻也没有这种症状啊。

关键恨死人的是：这份奇遇，竟然发生在 4 小时 55 分的最后几秒。什么都来不及！真是揪心！真是揪心！真是揪心！

人生真他妈的揪心！

钟鑫涛在站台边缘静静站立，心里却波浪翻卷，呼天抢地，这都算怎么回事啊？！直至铁路工作人员都生疑了，十分谨慎，与钟鑫涛保持一定距离，大声问：喂，你干吗不出站？

哦，忘了！钟鑫涛赶紧出站。

钟鑫涛彻底懵圈，魂不守舍。他哪一回出差，快到目的地，不是火车还没有停稳就迫不及待打电话？约三朋，邀四友，还拖着旅行箱就直接奔餐馆。哪一次的饭局，不都是人叫人，不停加椅子，滚雪球一般十几人了又二十人了，许多新面孔，坐下就吃，举杯就干。名片撒满桌子，兄弟们一回生二回熟，都是朋友了，有去过非洲的没有？！讲讲刚果（金）的矿业！钟鑫涛正处于渴望交朋结友的年纪和状态，在外面做事情，特别需要人缘人脉，多个朋友多条路，朋友越多越好，况且善于交际、天南海北都玩得开，无疑是男人特有面子的一桩事，算大本事啊。这是人生头一回，钟鑫涛人还在北京西站的站台上，就已经丧魂落魄。一个电话没打出去，打进来的，一个也不接。郁闷到酒店，进门，一脚踢开旅行箱，把身体重重往大床上一倒，双手枕着后脑勺，两眼发直，直瞪天花板，嘴巴松弛，呈半开状，唾沫渣子干枯在嘴角，泛白，脏兮兮，钟鑫涛自己一点没觉察。钟鑫涛有心思了。

钟鑫涛有心思了：

“嗨，嗨嗨，那不是我的，我就这一只！”

“嗨，嗨嗨，那不是我的，我就这一只！”

“嗨，嗨嗨，那不是我的，我就这一只！”

就这主旋律，发自清亮甜美女声，唱歌一样在钟鑫涛耳边余音袅袅，挥之不去。酒红色短发，就是特别俏皮，眼波流转，就是这么电闪雷鸣。钟鑫涛仰望星空——他感觉他发直的目光锐利地穿透了酒店房间多层天花板，在仰望星空，若不是星空不足以舒展他浓烈的郁闷与他浓烈的人生质问。北京的星空啊，请你告诉钟鑫涛：今天这个世界上究竟发生了什么事情？

于是，北京的这个夜晚，钟鑫涛做了一件前所未有的事情。钟鑫涛冲澡很久，把自己身体洗得干干净净，溜进了酒店的大被子。大尺寸的洁白的被子，盖住了钟鑫涛的全身钟鑫涛的想象钟鑫涛虚构的电脑。钟鑫涛闭上眼睛，流利地操作了想像力，把那一头俏皮短发的清亮甜美女声，轻轻抱到床上，亲密地搂进他怀里。钟鑫涛抚摸她的短发，爱不释手，抚摸她那修长优美的脖子，爱不释手。虚拟变成真实：火花点燃，焰火冲天而起，射出，怒放，五彩缤纷。

钟鑫涛情不自禁，纵情欢呼——钟鑫涛做了三次。

一夜三次，又爽又嗨又野之感受，前所未有，史无前例，登峰造极，无以复加，无论质还是量，都首创他雄性生理功能的最高纪录。钟鑫涛想起了在哪里看到过的一句名言，是伍迪·艾伦或者别的谁？似乎是那次出差香港，站在街边，在一本杂志上翻到的。名言这么说："不要谴责手淫，那是我和我爱人之间的性。"以前没有看懂这句话，以为自己忽略过去了。上帝啊！没有忽略，今夜钟鑫涛发现这句话一直在心里。

至少有一个名人，试图帮助钟鑫涛卸下道德重负。

第二天晚上，俞思语到了。俞思语也是乘坐高铁 G518。一切按计划进行，晚饭钟鑫涛带俞思语去吃了烤鸭，他昨天已经预定了。夜里，两人各自休息，很快入睡。俞思语喜欢酒店的大床，够宽，随便滚。她的发丝，扯破钟鑫涛嘴角的小概率意外事件，在酒店阔大的双人床上，几乎可以被杜绝。真好。

第三天清晨，天刚蒙蒙亮，钟鑫涛叫醒俞思语。赶紧赶紧，到外面去看天安门广场升旗仪式。俞思语愣了：还真看?！

真看!

为什么不真看?！好不容易来一次北京，天气又不错，全国人民哪个不想看？好有国威好自豪啊!

俞思语莫名其妙。她来北京，不是来受孕的吗？今天原定计划，是按照大师秘方，早上 8 点得做那事啊。钟鑫涛竭力鼓动怂恿俞思语，说：嗨，先玩北京再说！正好我可以挤出一天时间，咱们看完升旗再玩故宫。人生在世，吃喝玩乐，管它三七二十一，将在外君命有所不受，只要你不告诉家里就行了。咱们还年轻得很，时间大把，不在乎这一次。

俞思语很快就被鼓动起来了，放下了受孕包袱。在大床上弹跳，欢呼雀跃：咱们玩北京来了——耶——!

因为钟鑫涛已经囊中空空，他做了也没用。况且他也没力气再做。更没有心情和俞思语做。那心思已被横刀夺爱——被一个虚构与现实混合的尤物。

三天后，小两口一起乘坐高铁回武汉，一路相安无事。只是钟鑫涛突然无聊地放出了一个承诺，他也不知道自己为什么要放出这种无聊的承诺。

钟鑫涛："你要是为我生个儿子，我送你一个大礼物。"

俞思语："生得先怀。怀就不送？先送后怀。"

钟鑫涛："好吧，我买你选，免得买了不满意白浪费。"

俞思语："那我选了啊？"

钟鑫涛："你只管选！"

俞思语："要送就送削骨瘦脸。"

"噢麦尬！"钟鑫涛悔恨不已。只能自打嘴巴。

5 月 25 日：俞思语月经来了。只是推迟了几天，让家长们空欢喜一场。

## 6. 2015年6月　没怀上

5月没怀上。5月还是生活不规律。钟鑫涛出差太多。那就6月努力。俞思语要按时、严谨地做好基础体温测量，在图表上标出曲线，让排卵期清晰可见，并把表贴在他们卧室墙上，一目了然，准时在排卵期同房。其他时间严格回避，确保养精蓄锐。俞思语太马虎了，走进药铺，随便买早孕试纸。高红还是特意去买了“大卫”和“秀儿”，这两种牌子的早孕试纸口碑最好，精确度高。俞思语随便买，容易出现意念水印。误导、误事，害得婆家娘家全都跟着瞎忙。喂喂，年轻人，莫稀里糊涂的啊！拜托你们认真做事啊！

高红嘴皮子都磨破了。钟鑫涛嗯嗯嗯，俞思语也嗯嗯嗯，钟欣婷哈哈大笑，或者阴阳怪气笑。

其实钟鑫涛、俞思语是有苦说不出，也有话不好说。毕竟是那事。实际上他们已经认真起来了。平时基本都不敢随意同房了。很想同，也不同，尽量克制自己，尽量遵守大师秘方的时间和时辰。还主动增加了许多科技知识的支持，什么基础体温、排卵试纸、早孕试纸、排卵曲线。然后结合两者，在排卵期前后每隔一天同房一次，然后再保持两个星期乃至三个星期不同房，建立有规律的同房节奏。

高红送的碱性能量水，他俩也都喝。小两口从网上看到的吃黑豆法，俞思语也吃。在月经走了以后第一天开始，每天吃 47 颗黑豆，连续吃 6 天。难道这样吃黑豆不辛苦吗？俞思语还是很能吃苦的。

钟鑫涛、俞思语已经做得很好了，家长就喜欢瞎抱怨。

5 月 31 日这一天，5 月份就算已经过去了。六一儿童节即将来临。钟鑫涛、俞思语还互相预祝了六一儿童节快乐！这是有深意的祝福。

只是，生活还是生活，还有更多别的内容，也都在按部就班环环相扣地进行，钟鑫涛还是得做一些他应该做的其他事情。钟鑫涛总公司副老总来武汉了。该老总马上接管非洲刚果（金）矿产开发这一块，是现阶段钟鑫涛最渴望巴结的人。该老总，四川人，酷爱吃四川老油火锅。武汉就有很地道的四川老油火锅，说实话钟鑫涛也酷爱这一口。当然，肯定，钟鑫涛必须请老总吃火锅去。事先给火锅店老板打过招呼了：加料！必须得加料！价钱好说！

钟鑫涛的这种工作应酬，他在家里是绝对不会说的。下午下班，还是回家点个卯，随便吃两口东西，说晚上有资料要看，就赶紧回金观澜了。没有料到，俞思语也说一起回去，她今晚也要看点资料。

钟鑫涛无奈了。

刚刚入夜，交通高峰过去，大街上不再塞车。钟鑫涛、俞思语一前一后，缓缓行驶，一如往常——往常这个时段，他们回自己小家，都会缓缓行驶。只因他俩的小车，都属于高档豪华车，摇下车窗，缓缓行驶，让车载音响摇滚轰鸣，一路博人眼球，真是好感觉。尤其钟鑫涛，一手夹香烟，一只胳膊肘架车窗窗框上，无忧无虑，满不在乎，哼哼唱唱，这画面只能是美国娱乐大片中才有的酷。俞思语亦然，画面也很不错的，年轻女子开豪车，妆容艳丽，美瞳天真，乌黑油亮的一头及腰长发，无忧无虑，满不在乎，哼哼唱唱，讲真这就是幸福。讲真俞思语还是不张扬的，她完全可以随时随地，随手手机自拍，随时晒出去，那些画面还不得亮瞎小伙伴们的眼睛。然而俞思语只偶尔晒晒。

画面感真是一个好东西。

钟鑫涛、俞思语的美满生活在手机自拍功能的辅助下得以大面积延伸。

金观澜公馆地库入口已在眼前。画风突变，眼皮子上头的美好与幸福，眨个眼睛，就变了。眼皮子的确太浅。

开车在前的钟鑫涛，没有进入金观澜地库，直接开过去了。钟鑫涛打开手机语音，在车载音乐的混响中大声告诉俞思语：你先回家。兄弟们喊我吃火锅。

俞思语大惊："还去吃火锅？"

不用说的！俞思语就知道是那种四川老油火锅！

传统大铁锅子的那种，麻辣重口味，十几个人围着开涮。涮一涮，酒一喝，兴头就上来了，热血沸腾，敞胸露怀，推杯换盏，割头换颈：哥俩好啊，六六六啊！涮涮就吃鸭舌、黄喉、毛肚、牛鞭、猪脑花、猪大肠、猪血、雄鸡睾丸、雄鸭睾丸、猪血鸭血、鸡肠鸭肠，所有猪下水，所有鸡零狗碎，五花八门乱七八糟东西，都吃，都好吃，都好吃极了！因为吃出了东道，因为长期熟客，老板还会给他们加料。加料是暗语，就是罂粟壳。罂粟壳是违禁品，说穿了是毒品，越煮越香，越吃越上瘾。

钟鑫涛就酷爱这一口。谈恋爱的时候一点没有暴露出来，婚后也偷偷去吃，使劲遮掩，但是猛撮一顿这种老油火锅，是遮掩不住的。钟鑫涛只要吃了老油火锅，哪怕嚼掉一盒绿箭口香糖，都不管用。半夜人回家，一进门活像直接进来一口大锅子，一种浓烈的麻辣气味，充满房间。然后整夜在床上不停地打嗝放屁，臭气熏天。然后隔一两天，钟鑫涛一准上火，嘴角烂了、牙龈肿胀、风火牙痛、扁桃体发炎、口腔黏膜溃疡。武汉人很容易上火，武汉人也很怕上火。武汉人烧鹅都不敢吃，只敢吃鸭。武汉人历来都知道，千万不要碰

“发物”。

可是，武汉人当中又有一支流派：好口味重。钟鑫涛不幸就属于这种人。俞思语属于武汉人的清流一派，吃东西喜欢原味，喜欢原味的不加糖的那种甜津津。两派冲突很严重，婚后小两口这方面一直有争吵。只不过俞思语性格温，言语少，吵不厉害。更主要原因是小两口都回家吃饭。家里李雨青烧菜，总归兼顾两种流派。如果餐桌上有一道麻辣红烧臭鳜鱼，就一定会另外有一道清蒸鳜鱼。这样的体制下，和谐社会还是比较容易得到保证的。

但是现在2015年了，本年度头等大事是备孕。早就开始了封山育苗，钟鑫涛、俞思语都在禁口忌嘴，过于辛辣油腻，一概不食，只吃健康食品。全家都在为此辛勤劳动，包括李雨青烧菜的菜谱，都得提前一个星期拿出构思，由高红、钟永胜审定。钟鑫涛怎么能够这么没心没肺?！就为一口酷爱的老油火锅?！5月份没怀上，明天就进入6月份了，又开始了新一轮努力和新一轮期盼，钟鑫涛就不觉得有压力吗?

可是钟鑫涛北京来的老总，四川人，就是酷爱四川老油火锅。武汉就是有很地道的四川老油火锅，比北京地道得多，只因食料和花椒原料海椒之类的正宗货色，来武汉比较顺路顺水。该老总早就风闻，才特别乐意来武汉的。而该老总，现在正是钟鑫涛的命中贵人。难道钟鑫涛能不请命中贵人吃一顿老油火锅?对老总说我在备孕?这顿老油火锅就是工作啊！就是前途和命运啊！难道你不想我在刚果（金）一铲子挖个金矿?！

俞思语不管，俞思语就不信。钟鑫涛就编吧，钟鑫涛就装吧。

俞思语一踩油门，超车，别住了钟鑫涛。

钟鑫涛差点撞到一辆飞驰而过的电动车，亏得他技术娴熟，刹车及时。急得钟鑫涛大喊一声：“你疯了干什么嘛?！”

俞思语说：“其实就是你自己憋不住了！其实禁嘴禁得太寡淡了你受不了了！其实你根本不把什么备孕放在心上！其实你肯定是吃上瘾了！”

四个“其实”一连串说出来，在俞思语，也是很少有的犀利了。因为，俞思语备孕有多辛苦，钟鑫涛知道吗？每天早晨测体温，标图表，每个月连续6天每天都必须吃他妈的黑豆47颗。晚饭后一个小时跳绳300下，据说能够防止宫外孕。木瓜炖雪蛤这道俞思语最爱的菜，都坚决不能吃。据说木瓜是转基因，雪蛤是发物。就因为无数的据说，全家都宁可信其有不肯信其无，害得俞思语好辛苦，想吃不能吃，想喝不能喝，还几个月都没有怀上！哦，钟鑫涛倒一点禁不住嘴。还扯什么工作应酬？怎么会有这样的老公？！就好意思吗？

什么叫做“一只大火锅，充满中国梦”，俞思语，你老公有梦想你懂不懂？

俞思语不懂！也不想懂！只想发狠和威胁！俞思语声音也大起来：“钟鑫涛，我告诉你，罂粟壳就是毒品！当心被警察捂住了啊！”

钟鑫涛大街叫喊起来：“你妈逼够了！”

再加一句：“你妈逼少管闲事好不好？！”

钟鑫涛恼了！他时间到了，要来不及了！贵人领导必须提前迎候！俞思语他妈逼哪里懂江湖规矩！钟鑫涛急速倒车，猛打方向盘，拐弯了。钟鑫涛大街小巷熟悉得很，单车道走了。回头钟欣婷有本事消掉罚单，亲妹妹是警察了哈哈。

“你妈逼够了”——这句粗话，一剑封喉，俞思语噎住了。

钟鑫涛急眼了。这是婚后第一次，钟鑫涛这么粗鄙地骂俞思语，俞思语目瞪口呆。就这被噎的一下子，漫漫长街都已经是别人的车，钟鑫涛已拐入街道不见踪影，吃老油火锅去了！俞思语把驾驶室里头的所有小装饰统统扯了，打了，撕了，摔了，拳打脚踢一番。特别是钟鑫涛送的那些纯金小坠子“一路顺风”小玩意儿，丢大街上，最好让穷人捡去：去你妈的！

好吧，俞思语也不是好惹的。咱们走着瞧！晚上就把金观澜房门关死了，就是不开门，任凭钟鑫涛怎么求饶和赔礼道歉，就是不开门，也不说话。俞思语本来就是一个不多话的人。没有什么好说的了。小两口子吵架了。俞思语属于不爱吵的人，反而更容易陷入死局。钟鑫涛只得回他父母家。车进花桥小区了，钟鑫涛一想不对，父母定会问个究竟。他妈高红什么人？火眼金睛啊！我的妈啊！这次准是俞思语有理，钟鑫涛麻烦就大了。又会惹出父亲钟永胜的雄才大略战略思考了：什么接手家族生意的事，要提上议事日程了！家族生意再大，有多大？！是父亲钟永胜自我感觉良好而已！钟鑫涛一心要去非洲刚果（金）开发矿产好不好！

钟鑫涛就调转车头，找酒店住去了。

次日，六一儿童节。晚上，俞思语家里出了大事。

俞思语的外婆外公，参加上海协和旅行社的夕阳红旅行团游三峡。本意说是辛苦了一辈子，这一次老两口一起出去轻松轻松，好好玩玩。可是万没想到，他们乘坐的这艘游轮“东方之星”，在湖北监利水域，翻船了，倾覆了。全团都是50岁以上七老八十的老人们，四百多人，都没了。出事就短短几分钟，抢救都来不及。

俞思语的妈妈任菲菲，此时人在上海，住院治病。也正是她和她的哥哥姐姐，三个子女一起买的单，热情张罗送给父母一个礼物：游三峡。当晚9点，任菲菲还和自己父母通了一个电话。母亲问：上海热吗？

任菲菲说：上海热，今天31度。你们呢？

母亲最后一句话是：“我们到监利了，这里狂风暴雨，船在风雨中行驶呢。”

随后，手机突然没有声音了。再拨打，就不通了。母亲从此，此生，就再也不会与子女们说话了！老天爷啊！任菲菲一听到消息就昏过去了。

船一倾覆，下沉很快，全船456人，全部落水，半个小时不到，江面就没有人声了——这是事后了解到的情况。

“六一”晚上9点多，俞思语讲电话讲得哇哇大哭，泪流满面。钟家、俞家，所有人都慌乱了。这可怎么得了啊！怎么会出这样的事情啊！大家都赶紧打开电视机，守在跟前，看现场救援新闻。

结果是：俞思语的外婆外公双双罹难。

任菲菲和她的哥哥姐姐，三个人在上海，捶胸顿足，死去活来，悔恨不该大力支持父母出去旅游，他们的良心备受煎熬。这怎么说得出去啊，子女亲手把父母送上了黄泉路啊！受不了啊！俞爷爷俞奶奶也深情回忆亲家，血防专家，人都是很好的人，很有涵养的学者，也很风趣，他们四个人曾经一起唱过《红灯记》。亲家公亲家母在中国消灭血吸虫的伟大战役中，那是立下了丰功伟绩的，这个应该写进追悼词。思思要记住啊！到上海以后，注意看看追悼词，不要漏掉外公外婆的丰功伟绩，做人最重要的是盖棺论定！俞思语连连点头，也不与钟鑫涛说话和商量。就跟随她父亲俞亚洲，飞上海了。

也许，俞思语可以不去上海。因为其实，俞思语和母亲那边的亲戚一直都不亲，平时少有走动，路上碰到都不会认识。有关外公外婆的记忆，也都停留在儿时。俞思语主要在生钟鑫涛的气，就倍感自己的爸爸妈妈亲；很生气武汉老油火锅，就倍感上海那边亲。

假如钟鑫涛昨夜没有骂她“你妈逼”。

假如钟鑫涛主动陪俞思语一块儿去上海。

情况很可能不一样。

但俞思语就是这样一个闷人，倔脾气。她死活就是不睬钟鑫涛，电话也不接，一点消息都不漏。在这种非常时刻，钟鑫涛能够说什么呢？钟家哪能责怪俞思语呢？人家里发生了这种天大不幸，尽孝老人，最后一刻，去送一程，怎么都是应该的。

俞思语一去上海，就是十好几天。

6 月份，没怀上。这就不用说了。

## 7. 2015年7月　没怀上

夏天到了。夏天在武汉人口语中，不说夏天，都说热天。

热天了，主题是热。一下子，气温冲上去，暴热。又是两条大江千湖之省，水面湿气被毒辣的太阳蒸腾起来，上面又有一道叫作副热带高压的气流，铁板一块，偏偏压在武汉的云空。所以武汉人口语中说的武汉，其实也叫“捂汗”。

人是多么脆弱的动物啊，只是自己不知。

自己健康的时候无知，一旦生病，就慌乱了。看病、吃药、打针，总归是这样的一套老三篇。不这样，又能怎么样？人真的是脆弱，无知还愚昧：还是可劲儿建筑那些高楼大厦啊！水泥钢筋玻璃幕墙啊！景观灯密密麻麻热爆了居民阳台都不敢打开通风啊！俞思语是城市人，居住于最好地段，汉口市中心，高楼林立的热带森林之中，热死了，又潮又闷，呼吸困难，跑到长江江滩深呼吸，江滩也是大工地，到处修建人工景点。更有发洪季节的江水，上游溺水淹死的动物，就漂浮在江面上，长江沿岸无数排污口的污水，污染气体都被高温蒸发出来，滚滚流动着的，是满江的瘴气。俞思语又不懂，深呼吸了几次，人就不舒服了，也就不敢去江边了，只能关在家里吹空调。

一天到晚吹空调，俞思语很怕自己感冒，问题就是怕什么来什么：俞思语感冒了。

开始还想挺住，不吃药。备孕期间，特别不能够使用抗生素。一感冒，就咳嗽，咳嗽得无法睡觉，无法躺下，眼睛都爆血丝了，咳出一泡泡粉红色痰。

李雨青照顾两天，效果不佳。高红亲自照顾，熬姜汤，煮金银花，熬薏米粥，俞思语终于有了好转，高红却感冒了。症状一上来，就很重，本来又是高血压，人就倒下了。隔一天，又把钟永胜传染了。再隔一天，家里两个小家伙都开始咳嗽。俞思语赶紧离开大家庭，躲到金观澜小家。小家还是热，前后左右都是几十层楼房，热死了，还是得吹空调。吃饭就只好随便，多是叫外卖算了。结果病情一个大反复。

俞思语感冒急转直下，突然发高烧，咳嗽变得肺部有啸声，痰里头血丝增多：有肺炎危险了——还是先救命吧，只好住院了。

住院当然就是挂水，吊抗生素，不然炎症消除不了。

俞思语住院一周，钟鑫涛开始感冒。

生病就不谈了，同房绝对停止。生病的好处也不是完全没有：日常生活恢复了。为吃老油火锅的吵架生气，自动过去了。小两口说话了，互相端茶递水了，一起看图标商量备孕事宜了。一起时刻关注女儿钟宇涵感冒好了没有。一起叫外卖，一起吃外卖。外卖不好吃，还是李雨青做饭吧。两口子哪个身体感觉好一点，哪个驾车回家，拿点饭菜过来吃。

七月流火，感冒发烧挂水抗生素灌进去满血管都是，索性不做，不怀了。

自然，2015年7月，没怀上。

## 8. 2015年8月　没怀上

中医大师使用的是农历。公历的8月，才是农历的夏至，才真正进入三伏。热在三伏，冷在三九，说的是一年最热和最冷的那么几十天。中医大师的观念是：三伏天最适合治疗三九的痼疾。比如阴虚体寒啦，脊椎发凉酸痛啦，颈椎病啦，老寒腿啦，三伏天就贴三伏贴，拔火罐。如果真是中医大师，都有祖传秘方，能够用得上他们真正的秘方三伏贴，那还是真有效果，贴几天身体就会感觉通泰舒服。但是！但是！三伏天不能够服用某些中药，比如送子秘方的中成药，就不得继续服用。

8月份，是中医大师主动打来电话，指挥高红停药。大师讲：三伏天吃药也没有用，都被汗水流走了。就算不流汗，四十多度的气温，皮肤也会主动散热，药效都会跑掉。

8 月 23 日：俞思语月经来临。没怀上。

其实这个月，小两口还是擅自同房了，在停药之前，在感冒好了之后。大热天俞思语衣衫单薄，几乎就是比基尼，腰间只挂一超短裙，里头内裤都不穿。进门换鞋，稍微弯腰，就向身后的钟鑫涛，撅起了半个大肥屁股。女人露肉太多了，怪不得男人。钟鑫涛就没有克制住，把眼前的大肥屁股一搂，就做了一回。

## 9. 2015年9月　没怀上

炎热的日子，熬过去了。立秋一到，藏在地缝里头。树根底下的小虫虫、蛐蛐儿，夜里就开叫了，尽管天气还热着，叫声带来了凉凉的秋意。备孕再次被提上议事日程。

钟家打电话，都是说这事。俞家打电话，也都是说这事。

每个家庭都总有最重要的事。

恢复的季节，终于盼到。不过当心啊，还有“秋老虎”，等在后面，要吞噬舒服的日子。人这个东西，就没有几天舒服日子的。

高红最忙。恢复身体靠吃啊！高红得张罗吃的。俞思语身体太虚了，得滋补，得喝汤——武汉人的滋补，一定是喝汤。得是那种土陶的砂铫子，文火煨几小时的汤。高红问了中医大师，中医大师认为俞思语肺虚，食疗嘛，喝心肺汤最好——吃什么补什么。现在大城市，都是物流配送，动物都是按部位分割，买鸡腿都是鸡腿，买排骨都是排骨。

怎么办啊？得找人！“设法弄到整副猪心肺，那样的一挂心肺，还要新鲜的，还要健康的猪，高红我的姐姐，你饶了我吧，哪里谋得到？！”“不急嘛，秋凉以后。”“别说秋凉，到冬至也难搞到啊！冬至杀猪的多，因为大家开始要腌腊肉了。”“那就冬至，冬至喝汤最好了。兄弟别叫苦，再托人，人托人吵，只要有了人，什么人间奇迹都可以做出来——钱我一点不含糊，多贵我都信你。”

那么，俞思语就先喝雪梨川贝老鸭汤和仔鸡炖红枣了。

那么，送子包的中成药，就可以重新开始服用了。

好在俞思语还算有耐性的年轻人，基础体温一直坚持每天测量，所以排卵期也就一直都有监控。

9 月份还要办了一件大事。这事吧，一直就搁在心里，搁在所有家长们的心里，钟鑫涛、俞思语心里没有。以前没有，办过了，心里倒有了。

驱邪祈福仪式。俞思语这种咳嗽，还有三岁之前不长头发，估计还是身上有邪气。头发的事，多亏俞奶奶拥有惊人的毅力，艰苦奋斗，战胜了邪气。这肺虚，咳嗽，可能根子上还是要找到源头：沔阳那幢老宅子，据说一直都还在。居住进去的人，都不顺，前前后后都生病，没人敢买。正好政府需要明清老建筑，修旧还旧，恢复老街文化。这老宅子，就等着政府收购了。沔阳老人都知道当年彭厨子被杀的事，都传说就在老宅子附近。那大屋本来就是彭家的，彭厨子当然一直就在他们自己家了，当然就是冤魂鬼不散了。俞思语小时候，俞奶奶多次带她回到沔阳，就是居住在那幢老宅子里。因为那时候食品匮乏，看守老宅子的彭家亲戚，在屋后院子里养了鸡种了菜，每天都有吃不完的新鲜鸡蛋和新鲜蔬菜。彭家的一个寡妇带一个生白化病的儿子，住在那里，门面开一个小超市，母子俩倒是过得很好。沔阳人都知道，这是彭厨子在护佑他们家的孤儿寡母。彭厨子本来就是彭菩萨嘛。

现在回想一下，历史上发生的事情，一定还是冤有头债有主的。

两家家长就商量好了，决定去沔阳老宅子做一场法事。

去的路上，钟鑫涛、俞思语都嘻嘻哈哈的，没有当回事情。当他们亲眼看到这座老宅子：尽管陈旧颓败，依然可见大气磅礴的三进三板十一柱、雕龙画凤琉璃瓦，前厅屋梁上还有燕子窝，据说每年春天燕子都回来，衔泥做窝。钟鑫涛、俞思语还有钟欣婷都还是震惊了。他们万万没有想到，从前的老宅子，这么高级，这么扎实，这么有艺术性，于是跑来跑去玩了一个够。

家长们主持了进贡、烧香、磕头。法师作法，道士驱鬼，和尚念经，灵姑招魂。一场一场地，所有仪式都来过一遍。且无论佛、道、巫啥流派，家长们都诚心实意。诚心实意，经由据说已经一百多岁的灵姑，俞奶奶与彭厨子，进行了低声细语的交谈。俞奶奶把俞思语这个孩子的由来以及前因后果，都报告了一遍，包括思思的外公外婆，也因此付出了生命代价，彭厨子您就高抬贵手，息怒吧。灵姑说彭厨子也愿意和俞爷爷说几句话。俞爷爷也就主动告知了他一直在为彭厨子跑平反昭雪的事，让彭厨子放心，只要俞爷爷还有一口气，他就会把平反昭雪的事，坚持到底。彭厨子自己也应该知道，俞爷爷没有杀他。那是一个大误会大混乱，怨不得谁的。历史往往就是这样：乱得很。彭厨子也一声叹息，表示理解。随即时间到了，彭厨子顿时被阴间收走——灵姑说没办法时间到了，我看不见他了。

这件事情，是对外保密的。如果外面人们认真起来，毕竟还算是封建迷信活动吧，全家人都嘱咐了不要对外说。

俞亚洲、任菲菲没有到场，任菲菲还在上海住院治病，俞亚洲信仰的是唯物主义，他肯定不可以参加。偷偷参加万一被人举报，就彻底完蛋。俞亚洲权当完全不知道家人在搞这回事。

在回返武汉的路上，钟鑫涛、俞思语钟欣婷三个人，倒是蛮有感慨的了，都不嘻嘻哈哈了，都有点若有所思。好像他们在历史文物中，有点长大了，有点懂事了。他们倒是认为：他们应该合伙，把这幢老宅子盘下来，完全恢复建筑，然后做一个小型博物馆，是不是挺好？

挺好挺好的!

只是现在钟鑫涛、俞思语忙备孕，先忙完这个。以后一定有机会。

该做的，都做了。心里疑惑的事，口里该进的食，中医大师的药。但是9月22日，俞思语月经还是照样光临。没怀上。

## 10. 2015年10月　没怀上

“金秋十月，丹桂飘香，在这美丽的收获季节，我们迎来了新的学期。”——俞思语纯属无聊，想起了她在小学写的作文。

这篇作文的开头很奇怪，总是能够得到老师的高分，总是被运用在各种秋季举办的活动上、会议中，总是各色主持人的开场白，总是每年一进入秋季武汉满城的桂花飘香，馥郁的香气总是夹带着这句由文字组成的语言进入人们的呼吸——人人都会说“金秋十月丹桂飘香”。俞思语可以发誓，这的确是她自己写的作文。这的确是她的原创。作文有没有知识产权呢？在俞思语年轻的年纪里，在俞思语备孕期间无所事事但又暗自焦急的日常里，她还有一份闲散的纯属无聊，还有一份不着边际的可爱的乱想。

这一天，俞思语把备孕该做的事情，一一都做了：该标记的图表标记好了，该喝的碱性能量水也喝了，该吃的“益生碱”也吃了——益生碱是一种保健品，权当点心吃吃，高红买来了一大堆，俞思语不好意思不吃。为生这个孙子，高红是两家家长中最上心、最投入、最不辞辛苦的。高红先是被这产品的广告打动了，微信转发给俞思语看：“亲，听到你家小王子的呼唤了吗？13 年专注女性碱性体质备孕，科学调理助你梦想成真！”俞思语还是暗中百度了产品商，是广州益生谷生物科技有限公司研发的。应该没有什么问题吧？反正人家也没有说是药品。开宗明义是保健品。说是有助于改善酸性体质。广告也是擦边球，又没有保证说你吃了就怀小王子。唉，现在做生意，都玩概念，都玩文字，开始还有新鲜感，慢慢现在也觉得肉麻和无聊，只能哄哄高红那一辈中老年人了。俞思语不忍心说高红。高红毕竟是长辈毕竟是婆婆毕竟是关心媳妇。当点心吃吃，就当点心吃吃呗。希望这个月，金秋十月，丹桂飘香，在这美丽的收获季节，我们迎来了美丽的收获——怀了就好了。怀了家长们都安心了。怀了全家就清静了。赶紧怀吧怀吧！

俞思语坐在阳台上。江边金观澜小家。桂花的香气，一阵阵飘进阳台，飘进家里。武汉桂花就是好。俞思语喜欢武汉的感情里包括这一点，或许她自己并不明确知道。俞思语上班的时候出差去过别的城市，别的城市桂花就是没有武汉的香。金观澜公馆对面就是江滩公园，十里江滩，桂树成片，秋季一到，真真香煞人。植物香气也是有巨大能量的，不由得让俞思语脑子里，自动开始构思作文，总想写点什么，一遍又一遍。

手机响了。一看来电显示：高红妈。俞思语立刻接听。一听，声音不对。语气格外冷硬和急促，问俞思语在哪？

“在金观澜。”

“你有事没有？”

“没事啊，妈怎么啦？”

“没什么！”

高红说是没什么，语气却是有什么。她吩咐俞思语做的事情，也是有什么的感觉。高红让俞思语赶紧驾车，到一医院来接她。不用找停车位，不停车。就在靠近天主教堂的那个后门口，马路边，高红上车。关键的关键的关键，高红严肃认真一点不开玩笑地叮嘱：“你谁都别告诉啊！任何人！思思你得确保做到这一点，才不枉我疼你一场！听清楚了？”

俞思语赶紧回答听清楚了！其实她没有听清楚。高红突然说出这种与日常态度迥异的话，又是劈头盖脑的，俞思语不仅不清楚，简直完全懵圈。

高红在医院。俞思语问：妈你生病了？

俞思语一边穿外衣，一边接着问：妈你血压出问题了？

妈你还需要我带上一点什么吗？吃的？喝的？

高红警察脾气就出来了：我在医院并不等于我病了！我没病！这多废话？！要你来，你来就是！废话少说！

俞思语看了看手机。不敢相信这个电话如此气势汹汹。也不敢相信自己眼睛和耳朵。俞思语嫁到钟家几年，基本一团和气，这还是头一次领教婆婆高红的警察脾气。高红一般是不对俞思语发脾气的，媳妇嘛，婆媳关系嘛，能够忍让都忍让了。再说高红、俞思语婆媳二人，也还是比较投缘。主要是俞思语话少，心机少，没是非，脑子慢，人单纯，高红看中这个媳妇的，就是这些优点。现在这一下子，倒是把俞思语给惊到了。俞思语脑子再慢，也能够想到肯定发生了什么重大事情。高红又没病，怎么在医院？婆婆高红自己有车，有专职司机，自己也开车。公公钟永胜有车，也有司机，也自己会开车。他们儿子钟鑫涛有车，自己也随时可以驾车。为什么一家人当中高红偏偏要俞思语去接她？还严厉要求俞思语谁都不要告诉呢？

肯定发生了什么！金秋十月，不光是丹桂飘香，肯定还有许多糗事。俞思语的小心眼怦怦直跳，赶紧驾车去一医院。

一医院很近，从金观澜公馆驾车，踩一脚油门就到了。一到俞思语就打电话给高红。果然在靠近天主教堂的那个后门口，无须停车，靠近路边就上人。

人却不止高红一个，是三个人。高红和李雨青，她俩还左右搀扶一人，看得出是一个女的，只是看不清脸。此女戴了一只大口罩，夹克衫的兜头帽子也戴得紧紧，拉得低低。俞思语看李雨青，想看出一点什么。李雨青神情凝重，只是和俞思语对了一下眼神。李雨青那里什么都看不出。三人默默上车，都不出声。车门一关，高红吩咐俞思语，过二桥，去武昌，东湖附近，“鸟语花香—英伦香墅”。

“‘鸟语花香—英伦香墅’是一生活小区？”

“是的哪来这多话！”

俞思语只得嗯嗯，遵嘱开车。车上二桥，开始塞车，慢慢移动，俞思语脑子开始飞转，就异想天开了：我的妈！这可别是在搞绑架吧？犯法的事情，俞思语可不干！大是大非面前，俞思语还是很有主见的——这种事情，不仅俞思语自己不想卷进去，她也不想高红做傻事。悬崖勒马回头是岸——警方通缉令上常见的词语，就浮现在俞思语眼前。

于是！

俞思语咬咬牙，就不顾高红保持沉默的要求，开口说话了。俞思语直接就说妈你不要做傻事啊！你别吓唬我啊！这女的谁呀？我认识吗？你把她带哪去呀？带去干嘛呀？妈妈妈，到底怎么回事啊？

高红眼睛往车窗外一扭，懒得理睬俞思语。李雨青当然也不敢吭气。被她们俩夹在中间那女的，显然口罩里头被塞住了嘴巴，无法说话，只能喉咙里头咳咳，但也老实，手脚并没有激烈反抗。

这不是一个事啊！俞思语一急，就急中生智了。俞思语威胁高红，她要停车了。假如俞思语就这样把车停在二桥中间，立马就有警察赶来。

啧啧啧！高红又嫌俞思语憨人也有憨办法。烦！俞思语只要绝对信任高红就好啊！这种架势还看不明白吗？笨死了——高红一把拉开了那女人的口罩和帽子。

俞思语一看，乐了，原来是韦漪，格瑞丝的妹妹，丑丑的胖猪猪的小丫头，估计也才十五六岁，成天在保罗木梳品酒屋跑出跑进，说说笑笑，顽皮个不停，大家都认识她，倒是觉得蛮可爱。韦漪看到俞思语也乐了，一边大口喘气，一边叫思思姐姐你也会驾车啊，一边又用胳膊肘拐李雨青和高红。对高红嚷嚷：阿姨你这是干吗呀？有没有搞错，是我主动找你的呀？不是说好大家一起谈谈嘛？不就是一个生意吗？好说好商量啊！干吗搞得吓死人！我知道“鸟语花香—英伦香墅”，这不就是你们自己家金屋藏娇的一处房子吗？我也来过一次哦——李雨青又把一团袜子，塞住了韦漪嘴巴。高红只给了李雨青一个眼色。李雨青在高红调教下，也很有警察素质了。李雨青脸色庄重地训斥韦漪：你这小东西！就会乱说，嘴贱得很！

韦漪的话，俞思语不懂。不仅不懂，还越听越糊涂，又在驾车，还是心无旁骛比较好。反正俞思语只要清楚一点就行了：这不是绑架。

俞思语还清楚了一点，有点小小吃惊和略带不满：以前钟家谁都没有告诉过她，他们家在东湖这边还购置了房产，“鸟语花香—英伦香墅”可是很有名的高档楼盘。俞思语还以为自己是钟家的人了呢。

算了，不计较。只要生个男孩子，将来都是他的。

车到“鸟语花香—英伦香墅”，的确是很漂亮的高档生活小区，与汉口江边的房子相比，又有不同风韵，湖水有湖水的秀美和绮丽。

高红有门禁卡，一行四人，顺利上电梯，到达八楼。高红却没有钥匙，低声凶韦漪，要她老老实实，正常敲门。这又是俞思语搞不懂的了。

韦漪敲了敲门，但韦漪不老实，突然大喊大叫起来：高红来了！她们来了三个人！

乱事、破事、糗事、荒诞事、糟糕透顶事——无论怎么描述都不过分的一桩事情，在这间房子里头，发生了——这是在俞思语眼里。

事实上，事情还是一桩人间日常事。这种事情以前有过发生，以后、将来、未来，人间还是会有发生。这里是钟永胜为格瑞丝购买的一处房产。钟永胜自以为这事办得绝密。几年来，这里就算是钟永胜、格瑞丝的香巢了。最初情热意浓的一段时间，他俩过来得还比较多，后来渐渐来少了。格瑞丝在汉口也另有自己的公寓了。这处房子，被格瑞丝精心布置，很有法式文化情调，窗帘布幔桌布流苏油画，到处是香烛。客厅墙壁上挂满相框，大多数都是钟永胜格瑞丝相依相偎的合影照片，还有格瑞丝仿油画的那种裸体艺术照。一进屋来，只看一眼，这是一处什么所在，就不言而喻了。所以高红一行四人进屋以后，屋内的钟永胜也没话可说了。他并不慌乱，只是最初有一点尴尬，然后就对高红摊了摊手，意思是终于被高红发现了——他知道迟早会有这么一天。钟永胜就说坐吧。房子里没有格瑞丝。主卧床铺没有凌乱或者香艳。捉奸在床的情节，当然就没有了，但是事实已经摆在这里了。只不过高红是暗中侦探了许久的，今天也是有人盯梢和通风报信的，情报说是格瑞丝也进屋了的。

高红蓄谋已久，今天是算总账来了。

钟永胜交不出格瑞丝。他发誓说格瑞丝今天是来过，但临时接到一个电话就走了，现在手机也不接。其实钟永胜和格瑞丝的关系，也不用格瑞丝出面来证实了。只是高红这口恶气出不来。高红认为钟永胜、格瑞丝欺人太甚，在她眼皮子底下搞三妻四妾，完全把高红当个傻子！钟永胜凭什么从来就不提离婚?！高红逼钟永胜坦白交代这一点。钟永胜不说。高红就用一只水晶烟缸，一只相框一只相框地砸。砸到一定程度，钟永胜就只好坦白：他是一个顾家的男人，他绝对不可能离婚，再说高红又没犯错，又是他儿女的母亲，凭什么钟永胜要离掉高红。

俞思语在一旁，愣住，目瞪口呆，眼睛睁得特别大。李雨青负责抓住韦漪。她倒是一点不愣，一副见怪不怪甚至有点麻木的神情。

再就是韦漪的事情了。

高红之所以要堵住格瑞丝，也是想要格瑞丝亲眼看看钟永胜和韦漪作的孽。高红敢打赌格瑞丝一定被蒙在鼓里。只要不是当面，只要一转眼，钟永胜会对格瑞丝说谎，韦漪也会对格瑞丝说谎，这个不要脸的小东西，一句真话都没有。关于韦漪，钟永胜倒试图否定，说：是的，这孩子胡说！别听这孩子胡说八道，她讹钱而已。

高红就让李雨青把韦漪嘴巴里的袜子拉了出来。果然韦漪就哇啦哇啦叫嚷开了。说是：喂喂大叔，这我就不懂了，我们不是说好做生意的吗？我差钱。我得筹钱为我爸治腿病。我是卖处，你是买处，这是事先讲好的，钱也付过了。问题是现在我怀孕了，怎么办？我们得谈谈吧？

钟永胜受到了一点意外打击，他还想争辩。高红就把今天带韦漪在医院验血的妊娠阳性化验单，丢给了钟永胜。韦漪甚至还帮腔高红，说阿姨我这里还有证据呢。韦漪人小心眼不小，每一次钟永胜做她，她都有偷拍并存档了。

俞思语的眼珠子都要得爆出眼眶了，她手指也捂住了嘴巴，信息太纷乱太意外太没有条理，她脑子轰轰响一片混乱。

今天韦漪是大赢家，看上去是弱智面容但的确最有智慧，简直都不像小孩子做的事情，阴谋实在太成熟了：韦漪可以把孩子生下来，也可以不生，但是价格都一样：一房一车一笔现款。因为，韦漪还有撒手锏：她是未成年人，可以告强奸罪的。比起钟永胜坐牢身败名裂，一房一车一笔现款，对于钟家应该不算什么吧？

钟永胜惨了。他不住地摇头。冷笑。坐在沙发上，下意识不停地抖腿。

韦漪还在笑嘻嘻大口大嘴说话：哇你们太不了解现在00后年轻人了，网上攻略多的是，打游戏也都是这些套路，所以你们不要杀人灭口啊，那样太傻了。我敢跟你们来这里，我肯定有准备的。我可不像我姐姐那么蠢，白给他玩，还自己辛辛苦苦做生意养活自己，被玩这么多年就这一套房子？！——高红再次忍无可忍，丢李雨青一个眼色，李雨青再一次愤怒地塞住了韦漪的嘴巴。

突然，情节突变：格瑞丝从一个房间跑出来了。

原来情报没错，格瑞丝真在这里，原来格瑞丝躲藏着。格瑞丝疯掉了，直着眼睛，手里握着一把水果刀，直接扑向钟永胜，一刀插进钟永胜腹部——可是，那是电影电视和游戏，水果刀根本插不进一个壮实高胖男人的厚厚衣服、结实和厚厚脂肪——以格瑞丝那细细的手腕之力。水果刀歪斜了，一下子就掉地上了。行刺失败的格瑞丝，转身夺门而逃。在场所有人，面对这突发状况，都没有反应过来。

高红怒吼了。就像母狮子。扑上去手撕钟永胜。为什么啊？你为什么这么不要脸啊！为什么这种猪猪女孩，你都要去搞啊？你是公猪啊！高红怒吼。哭喊。撕打。钟永胜唯有抵挡，老着脸皮，死不出声。格瑞丝的出现、行刺和跑掉，也摧垮了钟永胜，他满脸仓皇，失去了正常人的神态。高红要求钟永胜回答这一个问题！就这一个：既然已经有了情人，为什么还要搞这种猪猪女孩？钟永胜死活不回答。高红就突然冲向阳台，翻越栏杆，就要跳楼。俞思语一个箭步上前，拦腰抱住高红。婆媳俩脚下不稳，一起滚到地板上。高红放声痛哭，俞思语也放声痛哭。妈啊妈，别这样啊！千万别这样啊！高红哭喊道：我为这个人，跳过二楼，嫁给了他，现在我得再跳一次八楼，摆脱他。俞思语哭喊：爸你就说啊，都这样了，还有什么不好说的，你知道妈这脾气。李雨青也哭出了声，呜呜地，可没有忘记抓牢韦漪。

在女人们汹涌澎湃痛心疾首的哭声中，钟永胜开腔了。他承认他就是想睡个处女。作为男人，一辈子没有破个处，不甘心，总得尝个鲜吧？

高红就是处女嫁给钟永胜的。只是高红当警察训练，强度太大，处女膜自然破裂了。这是职业关系，可是，钟永胜悲伤地说：那也是破的呀！

男人就想破个处，中国男人哪个不想？千百年来，哪个？不想？男人就这点隐秘心愿，又不是做什么天大的坏事，难道就这么不好理解吗？

女人们的哭声，骤然停止。眼泪主动干涸。几个女人面面相觑，目瞪口呆，除了韦漪。韦漪眼睛骨碌转动，想着网上攻略，还有哪些出奇制胜的高招。

俞思语不敢相信自己的耳朵，当然也不敢相信自己的眼睛。

事实证明，高红还是一个很了不起的女人。当韦漪找她索赔。她的震惊和愤怒的程度，怎么想象都不过分。高红却还是保留了一定理智，考虑也还算周全。还是给钟永胜和家庭，留了后路的。要说真正顾家的，还是高红。还是做母亲的人。这种事情，她一个人肯定搞不定。助手不可以叫儿子钟鑫涛不可以叫女儿钟欣婷，以后子子孙孙还是要过下去的，钟永胜还是孙子辈的爷爷。也不可以叫公司任何人，司机，秘书，好朋友，都不可以，家丑不可外扬。当然，只能叫上这个憨厚的单纯的媳妇俞思语了。李雨青，是必须的，只有她对高红忠心耿耿，多年来，时间已经证明了这一点。

过了几天，高红还是跑回母亲家，对自己的妈，哭了一场，心里才好受了一点。高红的妈，詹鄂湘，默默听完了女儿的哭诉。临走，詹鄂湘对女儿说：记得我当年的话吧？你会有哭回来的那一天。

高红认输。点头了。眼睛又红了。

已经是耄耋之年的詹鄂湘，以她年迈的智慧，对高红说了一句智慧的话，也算是最能够宽慰人的劝慰了。老妪詹鄂湘岿然不动地说：你就当男人是条狗吧，你在家里备了世界上最好的狗粮，它出去还是要吃屎。

高红居然忍不住笑出来了。

詹鄂湘接着说：你也总不能因此就不养这条狗了吧？

高红就看着她妈，不笑了。

高红思谋着，哪一天要不要告诉俞思语，这句话，说男人，真是精准。只是，恐怕这种至理名言对儿子钟鑫涛没什么好处。钟鑫涛可是高红的儿子啊。高红还是护犊情深，没有告诉俞思语，不过俞思语这个媳妇真不错。关键时刻坚定不移站她一边。一贯动作迟缓的人救高红命的时候，反应箭一般快。俞思语这一次救了高红的命，她俩的感情程度，她俩心里有数了。无论是高红，还是俞思语，她们都还不曾与自己家人紧紧拥抱。可她俩这一次，这一刻，拥抱得紧紧的，贴心贴肺，俞思语生怕高红跳楼了，高红还真有可能跳楼。高红不是假跳，那一刻，她死的心，真有。特别是死在钟永胜面前，真有。

事后，钟鑫涛自然是知道了一些情况。故事版本都肯定有所变动了。总之他父亲钟永胜好像有点受骗了，被女人讹了。俞思语倒是不肯透露现场真相。总推诿说没有什么可说的。不管钟鑫涛怎么问。俞思语好像对这件事情有点漫不经心。可是钟鑫涛在俞思语面前，还是感觉非常丢脸。

按中医大师的时间和排卵期的时间，到了该同房的时刻。钟鑫涛不知道为什么，突然十分紧张，就是硬不起来了。

俞思语非常理解。也不过多劝慰。家里父母辈，出了这种事。钟鑫涛情绪肯定还是大受影响的。俞思语只有哑口无言最好。

当然，俞思语亲历了现场。她混乱到久久理不清头绪，也没有搞懂许多矛盾情节，更不理解其中某些逻辑。所以，还需要时间消化。也还是久久地、久久地，心情都无法平静。漫不经心，是装。就是怕钟鑫涛过分在意这件事。但也不是装，俞思语还能够怎么样？每天全家还是一桌子吃饭，都当没有发生任何事情。格瑞丝就像空气一样存在过，又不存在了，没人理会。

格瑞丝不知去向。随后的寻找，发现格瑞丝其实已经打点好了一切，是要离去的结局。她的两处房子，已经分别过户给弟弟韦千禧和妹妹韦漪。店铺也盘出去了。而保罗，早在9月份，就彻底离开中国，返回法国了。用钟永胜过后对高红的解释：那一天，的确是他和格瑞丝约好要谈彻底分手的。

亲爱的格瑞丝啊！

影响了俞思语人生和婚姻的格瑞丝啊！格瑞丝人走了，涟漪却在俞思语这里久久荡漾。俞思语也不知道会荡漾到什么时候。

金秋十月，转眼就是月底，俞思语月经照常来临。2015年10月，没怀上。

## 11. 2015年11月　没怀上

俞爷爷病了。

一病，就很重。老年痴呆症。住院没几天，俞思语一去，俞爷爷就喊她：小王同志你是谁呀？是来看望我的吗？

爷爷！是我呀！思思呀！

俞爷爷十分迷惘：思思是谁？又问隔壁病床的老头：谁是思思？

隔壁病床也是一个更老的老年痴呆患者，耳朵还聋了，就那样面无表情瞪着俞爷爷。两个人就像两只衰老又无知也无感的动物，看着就让人心难受。

俞思语当场就撑不住。转身跑出病房。跑到楼梯间就查百度。俞亚洲赶过来，俞思语就在楼梯间对她爸爸发急，很不客气地说：你什么儿子？！怎么早不带他看病？老年痴呆是慢慢发展的呀！

俞奶奶也赶了过来，讲了一下情况。早先俞亚洲带父亲看过病。由于俞爷爷记忆力明显减退、偏执和暴躁。俞奶奶就怀疑是不是老年痴呆了。俞亚洲带父亲先后看过两家三甲大医院，只是没有告诉俞思语。知道钟鑫涛、俞思语小两口在忙备孕啊!

每次看病，医生都是让俞爷爷画钟。据说画时钟测试，是英国首先使用的，医学界实践证实，诊断率相当准确。因为画时钟需要三种能力支持：一种是记忆，一种是执行力，一种是视觉空间能力。老年痴呆的额叶受损，正是这一块额叶的机能退化，只要是老年痴呆哪怕是早期，也是无法画好完整的数字指针的。

而俞爷爷，每次都完整画出了医生指定的时钟和表盘时间。而且比一般正常人，画得速度更快，更为熟练。所有医生，就都忽略了一点，也都没有问诊到一点，那就是：俞爷爷曾经是铁路上管调度的。时间的精准，是俞爷爷的使命。那一只圆形的钟表盘，是融化在俞爷爷血液中，铭刻在他灵魂里了。误诊了。等到发现俞爷爷在卫生间抓自己的大便吃。俞奶奶才知道大事不好。

发现迟了。总是发现之后才知道迟了。明白误诊了，也总是在被误诊之后才明白误诊了。

钟鑫涛知道俞思语是爷爷奶奶一手抚养大的，备孕的种种琐事，也就不盯着俞思语做了。但是，也不能停顿懈怠，老人生病很正常。钟鑫涛陪俞思语看过爷爷几次了。言下之意，还是想劝俞思语不要悲伤太过。老人生病很正常的。

俞思语开始并没有太在意钟鑫涛的意思。自己驾车，三天两头跑医院陪爷爷。俞思语就是不服。不服她的爷爷，会认不出他的小思思来！俞思语的倔劲又上来了：她就是不服！她就是要多跑几趟，来亲亲爷爷，来照顾爷爷，给他剪指甲，说小时候爷爷给自己讲过的故事，唤起爷爷的记忆和知觉，俞思语不服！俞思语不信她唤不回。

俞思语唤不回了。

有时候，俞爷爷偶尔会清醒，认出了俞思语。这不是思思吗？俞思语一听，就泪流满面。俞爷爷就会说：还是好哭。哈哈，你从小就好哭。羞羞脸，羞羞脸。爷孙俩就谈笑风生了，一起唱革命歌曲《没有共产党就没有新中国》，爷爷还记得歌词。

然而，不一会儿，俞爷爷又糊涂了。顿时不认人了。什么歌都不唱了。身体里头好像有什么地方非常非常难受，只能哎呀哎呀叫唤。医生护士赶紧过来。面对面，却千呼万唤回不来了。这种感觉很恐怖。

俞思语好恐怖。

俞爷爷消瘦得很快，整个人明显缩小了一圈。两只手，就是两挂干枯的老藤。其他病和并发症也都发作了。有时候一连好几天，得挂氧气，人只能躺着，最多把病床摇起来，坐坐，人不能站立，一站起来，血氧饱和度就会往下掉，从90％一下子掉到80％，脑子顿时就不清楚了，说话就不能够维持字句。

爷爷清醒的时候，还是能够像干部一样讲话作报告，他也知道抓紧机会，说一些他最想说的话：我这个人，一不怕死，二不想死。现在才过上好日子，改革开放经济腾飞，祖国形势一片大好，高楼大厦电灯电话，小康社会了我真舍不得死。我工资有存款，你们要舍得给我用进口的好药。我级别不够公费使用进口胸腺素，你们用我自己的钱买，三天打一针。政治待遇方面，离休工资待遇是最满意的，没意见，丧葬费也不少。关键是悼词怎么写？提法怎么提？忠诚的无产阶级革命战士、党的优秀干部，这是一定要的。亚洲美洲特别是亚洲啊，你们要给我保证，与组织上好好谈谈，组织要给我盖棺论定：我是从来没有背叛过革命，背叛过党，背叛过祖国的，我亲戚都在中国台湾和美国，我和他们素无交往，就怕被人抓住小辫子说通敌叛国，我这人毅力非凡，坚决不交往，信都撕掉不看。俞非洲去了美国，我在考虑这算不算投敌叛国——这已经又算不上是清醒的话了。

俞亚洲俞美洲姐弟俩，都向父亲保证会与组织谈要求。但是父亲只是暂时生病而已，才85岁，坚持配合治疗就会恢复健康的。

住院治疗效果并不佳，恢复健康似乎遥不可及。俞爷爷病情很快发展到白天睡觉，天黑醒来。刚刚入夜，病房需要安静下来了，俞爷爷开始大喊大叫起来。

妈妈！妈妈！妈妈啊——

兔子，俞兔子。爷爷使劲拨弄他自己的鼻唇沟。

彭厨子！血盆大口！大嘴巴，割、割、割到这里——都是血啊！彭厨子嘴巴都是血啊！

是他们用刀子割的，不是我，我不知道，我一发现就是血盆大口了。

我吓死了。彭厨子，我对不起你！我向你请罪！磕头！我给你平反昭雪！朝鲜战争解密了。彭厨子没有造谣，我没有杀彭厨子啊——我杀的是土匪啊！

俞爷爷不知道什么时候，拿到了女护工的口红，对着病房的电视机屏幕，把自己嘴巴涂得血红，并一直画到两侧耳根——自己又惊恐得大哭大叫喊救命，这是彭厨子的嘴，嘴，嘴啊！

护士长就急忙跑过来，麻利且无情地指挥护士执行医嘱。医嘱是早就写好了。不得让俞爷爷彻夜叫喊！全病房都听够了彭厨子的血盆大口！女护工负责把俞爷爷捆绑在病床上，防止深夜俞爷爷闹，溜下床。女护工也有打盹的时候啊，女护工也是人啊，不能彻夜不睡啊！对不起，裤子必须脱掉，只戴尿不湿。

俞奶奶静静站立一边，就这样看着老伴。静静地，站立一边。没有表情。

俞爷爷也并不总是认识老伴，有时候还会问俞奶奶是不是女特务。女护工就会大声强调：这是你老伴！

女护工是俞奶奶特意挑选的。一个特别壮实的乡下进城务工妇女，有一双格外肥硕的大腿，裤子总是紧绷到爆。有时候女护工忙完，坐在病床旁边嗑瓜子，俞爷爷就会公然地，把手搁在女护工大腿上。谁都说不清做这个举动的俞爷爷，是清醒是糊涂还是出于本能。

女护工厌恶，想拨开，俞奶奶不许：他都快死的人了，你还不让他舒服一点?!

女护工笑说：奶奶啊，这可是额外服务啊。

俞奶奶说：我知道。我加钱。

俞奶奶没有表情。

这都是一些什么事啊?!这就是人有病吗?!这就是在住院治疗吗?俞思语不知道奶奶何以如此淡定，俞思语简直有点无法面对，总是眼睛睁老大，她不敢相信自己的耳朵，也不敢相信自己的眼睛。

俞奶奶就不要俞思语来医院了。年轻人少看这些阴暗面。俞思语不听。

俞奶奶就背地里给高红打了电话，要高红想个办法让思思少来医院。这边情况看多不好。思思这孩子真孝顺，是太好了。只是老人总是要走的，自然规律。思思得抓紧备孕，思思再生一个孩子就是对老人最大的孝敬。

高红就和钟鑫涛商量，他们母子设法，找了一些事情给俞思语做，牵扯住了俞思语。

俞思语也没感觉。不知道是设计。但是，没有时间了，总归没有办法老跑医院。俞思语就给爷爷做了这样一件事情：把俞爷爷一天到晚吵着要吃的菜，写了出来，配上手绘的菜肴图片，贴在病房墙上。让女护工指给爷爷看。当俞爷爷不肯吃饭的时候，女护工就对照菜单，哄俞爷爷说，你看，这个菜，就是彭厨子做的什么什么，这个菜，也是彭厨子做的什么什么，不信尝一口。

彭厨子的菜单，据说是沔阳1950年冬季，俞爷爷娶俞奶奶那天的婚宴酒席菜谱，因为当时状况特殊又紧迫，菜式就因地制宜了，但菜肴还是非常美味。菜品如下：小尖元。笋衣炒肉。红烧牛腩。黄花菜炒肉。扣酥（鱼肚档过油，再码进瓷碗，上蒸笼，蒸透，出笼就扣到另一只瓷碗，再打卤浇汁，浇汁主要是香醋酱油小麻油，须趁热吃）。鱼圆子（酸汤）。黑木耳笋片炒肉。红烧鸡块。甜汤（米酒桂花小汤圆）。大肉丸子。油炸枯鱼（刮过了鱼茸的大青鱼中段与头尾）。

结果病房人们都来看，还用人手机拍照，发到网上。大家纷纷喝彩，说这个孙女真孝顺。

俞思语知道了，很开心。钟鑫涛也很开心。钟永胜、高红、俞亚洲、任菲菲，双方父母，都很开心。都说看到就想吃，也都没人搭腔，说真去做菜试试。

金观澜公馆这边，钟鑫涛、俞思语，也还是在继续努力造人。

但 11 月 20 日，俞思语月经来了。这个月，又没怀上。

## 12. 2015年12月 真相大白

进入12月，一夜寒风，树叶纷纷黄了。再一夜寒风，黄叶纷纷掉落。钟家俞家的家长们，走在路上，踩上枯叶，嚓嚓作响，大家突然觉得，好快呀，时间都快一整年了！

不成。有问题。不对劲。哪有一年不怀孕的？这么尽心尽力。时时刻刻。严格按照大师规定的时辰与排卵期同房。哪有一年都不怀孕的？

去医院一检查：钟鑫涛有病。

不信，再去一家医院。不信，再去一家医院。三家。事不过三。算了。只能信了。

钟鑫涛的精液分析结果是：前向精子15%，精子密度1000万。

然而，总精子数至少得有3900万，其中前向精子至少得达到总数的32%以上，才能够正常受孕。专家不愿意让病人尴尬，很客气地开玩笑说：这位钟先生啦，你那些能够向前冲锋陷阵的小蝌蚪，太少了太少了。

钟鑫涛、俞思语、高红都没有笑。尴尬了专家。

回家四处翻找，找出了4年前怀女儿钟宇涵之前的检查单，结果写的是：前向精子70%，精子密度4000万。

大跌眼镜!

才4年，钟鑫涛就暴跌了。还是父亲钟永胜比较懂得安慰儿子以及大家。不久拿回一张晚报，丢在茶几上大家看。大标题写着：40年来全球男子精子数量暴跌六成，武汉男子精子质量6年降低15%。

如此说来，全球都有问题，钟鑫涛也就不是个例了。再说都有问题，也许也就不是什么问题了，至少个人不须担责了。

真相大白。

当然，钟家俞家还是要孙子的，人丁兴旺总归是最重要的事情。中央也已经全面放开二胎了，一点政策风险都没有了，可以理直气壮生二胎了。不急，慢慢来，调理身体。建立健康生活方式。戒烟戒酒。杜绝垃圾食品。尽量少吃外卖。加班不熬夜。打麻将不搞成整天不动窝。手机不放裤兜。穿宽松内裤。

开始运动——动起来：慢跑、打球、游泳，都不错哦。

2015年圣诞节就要到了，商城、广场到处都是圣诞老人了。钟鑫涛、俞思语带女儿钟宇涵出去玩。钟宇涵特别喜欢气氛浓浓的圣诞节。自然了，与很多小孩子一样，钟宇涵也会问父母：真的有圣诞老人吗?

俞思语不假思索回答：有啊。

结果钟鑫涛同时回答：编的。

“为了过节，就要编一些故事啊！”——钟鑫涛认为自己的回答更加负责。

俞思语目瞪口呆了，一会儿，噗的一声，说算了。说不清。不说了。

2015年最后一天，俞爷爷在医院病逝。

转眼就是2016年元旦了。想想都怕。又是任重道远的一年。谁知道将会发生什么?

这个元旦，钟俞两家一起吃饭，大聚会，人口众多，本来菜肴上桌了大家就要动筷子的。钟欣婷举手要求暂停，她还是要来一段新年献词。现在这年头，又不缺吃的，大家又不是饿死鬼，还是应该有点新年的仪式感和气氛感吧?接着，钟欣婷就发表了她的新年献词。没想到耄耋老人高主席，越老越小了，很有点人来疯了，他等不及钟欣婷说完就闹，拍打桌子，迫不及待要求讲话。大家也就依了他。高主席举杯祝词，尽管他近年已经有点老糊涂了，已经有间歇性老年痴呆症了，这一番新年献词，还是极为出色，非常励志，有气魄，超潇洒，风头盖过了钟欣婷。

颤颤巍巍、流着口水的高主席说:“天要下雨，娘要嫁人，随他去吧!天要打雷，爹要出轨，随他去吧!管他三七二十几，有土就有苗，有苗不愁长，现如今，还有高科技来帮忙!面包会有的，牛奶会有的，小宝宝肯定也会有的。新年快乐!”

大家鼓掌。又是高红巴掌拍得最响，两只巴掌的动作幅度也是最大，其间听到“天要打雷，爹要出轨”，不免狠狠挖了钟永胜一眼。钟永胜装没看见。当说到“小宝宝肯定也会有的”，钟鑫涛极不自在，瞥了俞思语一眼，眼神紧张。俞思语躲了，眼神也紧张，假装去看碗筷洗没洗干净。新年伊始，小两口压力山大，都笑不起来。

岁月可不管钟鑫涛、俞思语压力山大，新年钟声一响，人类齐刷刷地，将他们的日历，翻开了新的一年。

构思于2010—2015年

初稿于2015—2016年

二稿于2016—2017年

完稿于2017—2018年

修改于2018冬—2019年春